GESETZ UND WANDEL
Band I
Wolfram Mauser: Karl Hillebrand

GESETZ UND WANDEL

INNSBRUCKER LITERARHISTORISCHE ARBEITEN

HERAUSGEGEBEN
VON KARL KURT KLEIN UND EUGEN THURNHER

BAND I

WOLFRAM MAUSER · KARL HILLEBRAND

DRUCK UND VERLAG
VORARLBERGER VERLAGSANSTALT DORNBIRN 1960

KARL HILLEBRAND

LEBEN · WERK · WIRKUNG

VON WOLFRAM MAUSER

DRUCK UND VERLAG
VORARLBERGER VERLAGSANSTALT DORNBIRN 1960

Für die Fertigstellung dieser Arbeit wurde dem Verfasser ein Förderungspreis des Theodor-Körner-Stiftungs-Fonds zuerkannt. Gedruckt mit Unterstützung der Tiroler Landesregierung und des Universitätsbundes Innsbruck.

Copyright by Vorarlberger Verlagsanstalt Dornbirn. Printed in Austria

Karl Hillebrand. Ölgemälde von Albert Lang aus dem Jahre 1873.

Florenz, Università degli Studi, Sala Adunanze. (Photo Pineider, Florenz)

MEINER LIEBEN FRAU

VORWORT

Karl Hillebrand hat bisher nicht jene Anerkennung gefunden, die sein Werk, seine Persönlichkeit und seine Wirkung verdienten. Diese Tatsache erklärt sich daraus, daß ein Großteil des vorhandenen Materials im Ausland oder an schwer erreichbaren Stellen liegt. Julius Heyderhoff und Hermann Uhde-Bernays haben sich große Verdienste um die Erforschung von Hillebrands Leben und um die Vervollständigung der Bibliographie erworben. Durch Briefausgaben, Neuauflagen der Essays und Übersetzungen aus dem Englischen und Französischen haben sie das Werk Hillebrands dem deutschen Leser näher gebracht. Beide konnten aber, bedingt durch Kriegs- und Nachkriegszeiten, nur in beschränktem Maße außerhalb Deutschlands arbeiten und waren im wesentlichen auf die Bibliotheken und Archive Deutschlands und der Schweiz angewiesen.

Das Zusammentreffen glücklicher Umstände hat es dem Verfasser ermöglicht, durch längere Aufenthalte in Frankreich, Italien und England dem Leben und Schaffen Karl Hillebrands nachzuforschen. Diese Arbeit wurde dadurch erschwert, daß Hillebrand keine Nachkommen hat, seine nachgelassenen Schriften verstreut sind und sein literarischer Nachlaß in Bremen den Bomben zum Opfer fiel. Auch in Gießen, Douai und St. Cyr ist alles zerstört. Eine Sammlung von sechzig Briefen, die Julius Heyderhoff zusammengestellt hatte, ist in Düsseldorf verbrannt. Dennoch ist vieles und Neues zu Tage getreten. Bei systematischer Durchsicht aller erreichbaren französischen, englischen, amerikanischen, italienischen und deutschen Zeitschriften und Zeitungen konnten zahlreiche Arbeiten Hillebrands entdeckt werden, die auch Hermann Uhde-Bernays unbekannt geblieben waren, darunter umfangreiche und ausgezeichnete Essays über Goethe, Winckelmann, Caroline Schlegel, Hemsterhuis, Wilhelm von Humboldt, Lessing, Wieland und Laboulaye, sowie eine längere Darstellung der Einnahme Roms 1870. Einige dieser Essays waren unter dem Pseudonym Ch. A. Fuxelles erschienen. Unter den nachgelassenen Schriften des Bildhauers Adolf von Hildebrand fanden sich zwei Tagebücher Hillebrands und fast hundert Briefe an Karl Hillebrand, darunter wichtige, bis dahin ungedruckte aus der Feder Carduccis, Renans, Sainte-Beuves, Visconti-Venostas, Sidney-Sonninos und der Mme D'Agoult. Daraus ergaben sich neue Ansatzpunkte für die Forschung. Mehr als zweihundert ungedruckte Briefe Hillebrands, die zum Teil in Privatarchiven liegen, konnten eingesehen und gesammelt werden. Sie harren der Herausgabe.

Ohne die Hilfe und das Entgegenkommen der vielen Bibliotheken und Archive, die bemüht werden mußten, wäre diese Arbeit nie zustandegekommen. Ihnen allen sei an dieser Stelle gedankt. Prof. Vittorio Santoli, Florenz, dem Kunstmaler Bernhard Sattler, der den Nachlaß Adolf von Hildebrands verwaltet, und dem Leiter des Institut Français in Innsbruck, Prof. Maurice Besset (jetzt Berlin), hat der Verfasser für Hilfe und Rat zu danken. Besondere Dankbarkeit schuldet der Verfasser Prof. Eugen Thurnher, der die Anregung zu dieser Arbeit gab. Ohne seine vielfachen Hinweise und ohne seine Aufmunterung in Jahren des Suchens und Forschens wäre diese Arbeit wohl zu keinem Abschluß gekommen.

Innsbruck, Frühjahr 1960

INHALT

EINLEITUNG 11
LEBEN 17
   Grundlage: *Vaterhaus - Studium - Flucht - Revolution - Paris* 19
   Wandlung: *Bordeaux - Freundeskreis - Studium - Tocqueville*
      - Hegel - Schopenhauer - Deutscher Idealismus . . . 26
   Wachstum:
      Erstes Auftreten: Douai - Études Italiennes -
        Otfried Müller 38
      Paris: Gesellschaft - Publizistik 48
      Reisen: Italien - Deutschland - England 57
      Wirken: ‚La Prusse' - ‚De la réforme de l'enseignement
        supérieure' - Mitarbeit an Zeitschriften . . . 61
      Krise und Katastrophe: Schwierige Lage in
        Frankreich - Flucht 74

   Reife:
      England: ‚Times' - Freier Schriftsteller - ‚Six Lectures' . 78
      Italien: Florenz - Jessie Hillebrand - Deutsche Kolonie -
        Italienische Freunde - Rom - ‚Italia' -
        Vermittlungsbestrebungen 86
      Deutschland: Reisen - Freunde - Kritik an Deutschland -
        Nietzsche - Gervinus - ‚Deutsche Nationalliteratur' . 110
      ‚Zeiten, Völker und Menschen'
        ‚Geschichte Frankreichs' - Bremer Vortrag 123
      Ende: Letzte Arbeiten - Krankheit - Siechtum - Agli Allori 127

GEISTIGE WELT 133
   Der Mensch:
      Das Bildungsideal 135
      Wege der Bildung 145
      Gefahren eines Bildungsdünkels 150
   Die Gesellschaft:
      Bildungsaristokratie 152
      Politische Ideen 161
   Die Geschichte:
      Das Wesen des Historischen 170
      Der Geschichtsschreiber 180
   Kunst und Kritik:
      Der Kritiker 187
      Das Kunstwerk 195
      Der Künstler 200
      Der Ästhet 207

ESSAYSCHAFFEN 211
    Amor intellectualis 213
    Innerer Rhythmus 220
    „Charm of personality" 226
    Formbewußtsein 231
    Der sprachliche Zugriff 236
    Essay und Gesellschaft 245
    Essay und Geschichte 253
    Essay und Kritik 257

SCHLUSSBETRACHTUNG 263

SCHRIFTTUM 269

NAMEN- und SACHWEISER 291

ABKÜRZUNGEN 300

EINLEITUNG

Die folgende Darstellung will in dreifacher Hinsicht einen Beitrag zur Kenntnis des 19. Jahrhunderts leisten: Der erste biographische Abschnitt hat das Leben und Wirken Karl Hillebrands zum Gegenstand. 1849 als revolutionärer Student aus seiner hessischen Heimat vertrieben, floh der junge Deutsche nach Paris und Bordeaux. Die Kriegsjahre 1870/71 führten ihn weiter nach England und Italien. Durch Ausdauer, Fleiß, Geschick und Können errang er sich im Ausland und später auch in Deutschland Anerkennung und Geltung. Als Schriftsteller, ‚causeur' und blendender Geist fand er in die gesellschaftlich und politisch führenden Kreise Frankreichs, Englands, Italiens und Deutschlands Eingang. Sein Weg vom Literaturprofessor und gelegentlichen Mitarbeiter an Tageszeitungen zu einem der führenden deutschen Essayisten des 19. Jahrhunderts spiegelt den Werdegang vom jugendlichen Umstürzler zum Vertreter jenes nachklassischen deutschen Idealismus wieder, der im liberalen, aufgeklärten und humanen Geist Goethes seine höchste Lebensweisheit sah.

Im zweiten Abschnitt der Studie wird versucht, Hillebrands geistige Welt darzustellen. Sich zu bilden und die eigenen Naturanlagen zu letzter Vollkommenheit auszuformen, war Hillebrand oberstes Lebensgesetz. Es erschien daher geraten, vom Bildungsideal Hillebrands auszugehen und zu untersuchen, ob und wieweit die Ideen und Ideale des deutschen Idealismus, angesichts der veränderten geistigen Lage in der zweiten Hälfte des 19. Jahrhunderts, einem Menschen mit europäischem Horizont als Grundlage dienen konnten. Im gesellschaftlich-politischen Leben, in der geschichtlichen Betrachtung und in der künstlerischen Anschauung hatte sich seine Weltauffassung zu bewähren.

Der dritte Teil befaßt sich mit der literarischen Form von Hillebrands Essays. Im Mittelpunkt stehen die Fragen: Auf welcher geistig-seelischen Grundlage und auf welchen Voraussetzungen baut sich Hillebrands Essayschaffen auf? In welcher Weise steht es mit dem Geist und der Bildung jener Volksschichten in Zusammenhang, die Hillebrand ‚die Gesellschaft' nannte? Wo liegen die Berührungspunkte zwischen Essayschaffen, geschichtlichem Interesse und geschichtswissenschaftlichen Bemühungen? Welche Beziehungen bestehen zwischen essayistischer Darstellungsform und kritischem Geist? — Durch die Klärung dieser und ähnlicher Fragen will der Verfasser zugleich einen Beitrag zur Theorie des Essays leisten.

Hillebrands Leben, das so reich an Erlebnis und Erfahrung war, fiel in eine geistig bewegte Epoche der deutschen Geschichte. Als er geboren wurde (1829), war Goethe noch am Leben, war der zweite Teil des Faust noch nicht vollendet. Hegel feierte Triumphe an der neuen Berliner Universität, aber die führende geistige Bewegung jener Jahre, die allgemein als Romantik bezeichnet wird, war schon im Abklingen. In die Kritik am Bestehenden mischten sich neue Töne: Grabbes ‚Scherz, Satire, Ironie und tiefere Bedeutung' entstand 1822 und erschien 1827. In Platens ‚Verhängnisvoller Gabel' (1826) und im ‚Romantischen Ödipus' (1828) war die Romantik nicht mehr Lebensform, sondern schon Gegenstand literarischer Betrachtung und Kritik. In Heines ‚Reisebildern' (ab 1826) wurde sie dann das Ziel zynischen Spottes. Die wissenschaftlichen Erfolge, die die deutsche Romantik begleiteten, begannen ins Ausland zu wirken und das Deutschlandbild zu verändern. Wenn es auch den politischen Begriff ‚Deutschland' im Sinne eines Nationalstaates noch nicht gab, so stellte der Deutsche Bund doch einen gewissen Machtfaktor dar. Angeregt durch die kriegerischen Erfolge gegen Napoleon und gefördert durch die geistig-literarischen Bemühungen der deutschen Romantik bereitete sich im Schatten des Deutschen Bundes eine mächtige Einigungsbewegung vor, an der Hillebrand später aktiven Anteil hatte. Uneinigkeit, Partikularismus und das Kräftespiel zwischen Preußen und Österreich verhinderten aber zunächst eine Lösung der brennenden nationalen Frage.

Als Hillebrand fünfundfünfzig Jahre später starb (1884), war die Welt voller neuer Ideen und Probleme. 1835 war das ‚Leben Jesu' von David Friedrich Strauß erschienen. Auf philosophischem und religiösem Gebiet hatte es in weite Kreise gewirkt. Durch das ‚Kommunistische Manifest' von Karl Marx (1848) war eine Fülle neuer Ideen ins Volk getragen worden. Darwins Schrift ‚Über den Ursprung der Arten durch natürliche Auslese' (1859) hatte auf naturwissenschaftlichem Gebiet eine ebenso tiefgreifende Veränderung des Denkens verursacht, wie sie auf dem gesellschaftlichen durch Karl Marx ausgelöst worden war. Den ersten literarischen Ausdruck fanden die neuen Ideen, das gewandelte künstlerische Empfinden und das veränderte menschliche Interesse in Emile Zolas ‚Thérèse Raquin' (1867). Was sich außerhalb Deutschlands als neue literarische Richtung angekündigt hatte, fiel auch in Deutschland auf fruchtbaren Boden. 1889, wenige Jahre nach Hillebrands Tod, erschien Gerhart Hauptmanns Drama ‚Vor Sonnenaufgang'. Es löste einen Theaterskandal aus. Das wohllebende, materialistisch gesinnte, allen sozialen und politischen Problemen gegenüber interesse- und verständnislose Bürgertum empörte sich. Nur langsam begann es zu erkennen, daß neue revolutionäre Kräfte am Werk waren. Vorerst täuschten die großen äußeren Erfolge noch über die geistigen und sozialen Probleme der Zeit hinweg. Der Ruhm der deutschen Wissenschaften drang über die Grenzen des Landes. Deutschland war geistig kein Trabant Englands oder Frankreichs mehr, sondern stand wissenschaftlich, literarisch und künstlerisch weitgehend selbständig da, war anerkannt und vielfach bewundert. Und wenn es darum ging, die Leistungen der beiden Generationen aufzuzeigen, denen Karl Hillebrands Vater und er selbt angehörten, konnte man auf große technische Errungenschaften und Fortschritte hinweisen. Hillebrand war sieben Jahre alt, als die erste deutsche Eisenbahn eröffnet wurde. Als er 1860 nach Florenz zog, mußte er noch weite Strecken im Pferdegespann zurücklegen. Zwanzig Jahre später war das europäische Eisenbahnnetz so weit ausgebaut, daß er mühelos von einem Badeort zum anderen eilen und in kurzer Zeit Europa kreuz und quer durchmessen konnte. Mächtige Industrieanlagen entstanden. Die Städte wuchsen. Ganze Zonen, wie das Ruhrgebiet, erhielten durch Industrie und Wirtschaft ein neues Gepräge. Auch auf gesellschaftlichem Gebiet kam es zu großen Umschichtungen. Ingenieure, Baumeister, Entdecker und Erfinder wurden zu Helden des Tages. Das Interesse breiter Schichten befaßte sich mit ihren Leistungen. Industrielle, Großkaufleute und Bankiers erhielten Einfluß und Macht. Die Illusion des leichten Erfolgs, die Hoffnung auf müheloses Geldverdienen und die Beispiele märchenhaften Aufstiegs zogen einen Großteil der Jugend an. Die klassischen Ideale der Menschenbildung wurden vernachlässigt und gerieten in Vergessenheit. Leistung, Erfolg und Bewährung im irdischen Dasein traten dagegen in den Vordergrund. Neben den Bevorzugten und Auserwählten, neben den vielen, die durch Glück oder Geschicklichkeit zu Macht und Ansehen gelangten, entstand eine immer größere Zahl Benachteiligter, Entrechteter und Ausgebeuteter. In den Industriegebieten bildeten sich Massen von Proletariern, die in ihrer Armut und Hilflosigkeit dazu neigten, den Worten verantwortungsloser Demagogen zu folgen. Die Masse wurde zu einem politischen Werkzeug, die Massenbeeinflussung zum Schlüssel des Erfolgs. Zwei Fronten, die man mit den Schlagworten ‚Bürgertum' und ‚Proletariat' zu charakterisieren suchte und so in folgenschwerer Weise gegeneinander ausspielte, begannen sich auszubilden und immer deutlicher voneinander abzuheben. Auch im staatlichen Leben entstand Neues: Deutschland errang seine Einheit und seine Selbständigkeit. Das Recht auf völkischen Zusammenschluß hatte den Sieg davongetragen. Die Macht des Reiches wuchs von Tag zu Tag.

Das ist der Hintergrund, vor dem das Leben Hillebrands abrollte. Die großen geistigen, gesellschaftlichen, wirtschaftlichen und politischen Umwälzungen bestimmten mit sein Leben und seine geistige Entwicklung. Dabei stand Hillebrand den Grundproblemen des 19. Jahrhunderts fern. Er war kein moderner Mensch. Die Kunst stand ihm höher als Leistung, Glück oder Macht. Den modernen Rationalismus lehnte er ab. Die Gleichberechtigungsbestrebungen seiner Zeit hielt er für naturwidrig. Daß die Menschen ungleich an Talent, Begabung, Charakter und Glück seien, erschien ihm selbstverständlich. Das Streben, sich zu bilden und zu vervollkommnen, sah er dagegen in allen Menschen in gleicher Weise, wenn auch nicht in gleicher Stärke angelegt. Aufklärerisch-humanen Geist trug er so bis tief ins 19. Jahrhundert. Das ist kein Zufall. Seine Entwicklung und sein Werden hingen ganz von seinem Erleben und seinen Erfahrungen ab. Die Enttäuschung über das Scheitern der Revolution 1848, das Versagen der Demokratie und die Errichtung eines reaktionären Kaisertums in Frankreich machten ihn an den bewegenden Ideen seines Jahrhunderts irre: an der nationalen ebenso wie an der freiheitlichen. Der Mißbrauch der sozialen Errungenschaften ließ ihn auch allen sozialen Utopien gegenüber skeptisch sein. Sein Blick wanderte in die Vergangenheit. In der Antike und in der Renaissance fand er wesensverwandte Epochen. Dem 18.

Jahrhundert fühlte er sich geistig zugehörig. Die Namen Herder, Goethe und Wilhelm von Humboldt deuten die Weite, zugleich aber die Begrenztheit seines Weltbildes an. Ein unversiegbarer Quell lebendigen Bildungsgutes floß ihm aus den Werken der Vergangenheit zu. Die Lebensgesetze der deutschen Klassiker wurden sein Ideal. Alles, was in der Epoche des deutschen Idealismus für groß galt, und alles, was der Bildung des Menschen förderlich sein konnte, nahm Hillebrand in sich auf und verkörperte er in schöner Weise. Noch einmal wurden in ihm die Ideale der deutschen Klassik zu einem das Leben bestimmenden Prinzip. Hillebrands Glaube an die Einmaligkeit, Größe und Würde des Menschen hat aber nichts mit dem Kult zu tun, der um Prominente, Arrivierte, Stars und Weltmeister getrieben wird. Seine Menschenbildung wuchs aus der privaten Sphäre. Im kultivierten Haus, im exklusiven Kreis, in der Gesellschaft geistreicher Männer und Frauen fand er Anregung, wurden sein Geist und sein Charakter geformt. Wo geistvolle Menschen verkehrten, fühlte sich Hillebrand zu Hause: In den Pariser Salons, in den Londoner Klubs, in den literarischen Zirkeln Deutschlands und Italiens. Wer in dieser „gereinigten Atmosphäre" lebte, aus humanem Geiste urteilte, mit innerer Ausgewogenheit und im Glauben an die irdische Sendung des Menschen ans Werk ging, mußte die fortschreitende Vermassung, die Verflachung in Dingen des Geschmacks und des Gefühles und die rein numerische und nicht geistig-moralische Demokratisierung des damaligen Europa als Unglück und als Schande empfinden. So ist es zu erklären, daß sich der politisch und gesellschaftlich konservative Denker, auf den Tocqueville und Burke bestimmenden Einfluß geübt hatten, zu Urteilen hinreißen ließ, die wir heute als Bildungsdünkel oder als beschönigenden Idealismus abzutun geneigt sind. Damit können wir aber dem Ernste und dem Eifer von Hillebrands Bemühungen um Bildung und menschliche Größe nicht gerecht werden. Auch wo sein Urteil verzerrt, ist es Ausdruck seines umfassenden Geistes, der in der Epoche des Zerfalles das Schöne und das Gute des vergehenden Zeitalters retten oder noch einmal verwirklichen wollte. Hillebrand vermochte die Welt nicht mehr naiv zu schauen, sondern nur mehr am Ideal zu messen. Das liegt in seinem Schicksal als Nachfahre begründet. Sein Epigonentum aber als Eklektizismus abzulehnen, sein sublimes geistiges Epikureertum, dem jeder Naturalismus wesensfremd war, zu belächeln, hieße die eigentlichen Anliegen eines Mannes mißverstehen, der geistig sein Bestes in der geschichtlichen Zusammenschau, im humanen Bildungsbestreben und im vermittelnden und ausgleichenden Wirken geleistet hat.

Hillebrand war aber nicht nur Epigone. In seinem Versuch, die geistiggesellschaftlichen Erscheinungen eines Zeitalters oder eines Volkes mit jenen anderer Zeiten und anderer Völker in Beziehung zu setzen und deutend zu vergegenwärtigen, weist er wie kaum ein zweiter über seine Zeit hinaus. Seine im Grunde geistesgeschichtliche Methode und seine soziologische Betrachtungsweise kamen erst im 20. Jahrhundert, dann allerdings mit geschliffener Wissenschaftlichkeit und Systematik, zur Geltung. Friedrich Gundolf, Max Weber, Alfred von Martin und viele andere haben in Hillebrand einen Vorläufer.

Wegweisend wirkte Karl Hillebrand in künstlerisch-formaler Hinsicht. An Kraft und Farbe essayistischer Darstellungsweise überragt er alle seiner an Essayisten reichen Generation, auch Herman Grimm, Otto Gildemeister, Karl Frenzel und Ferdinand Kürnberger. „Als größten Essayisten empfinde ich immer wieder Karl Hillebrand", schrieb Rudolf Kayser. Völlig allein steht Hillebrand mit der Fähigkeit, Essays in deutscher, französischer und englischer Sprache (seine italienischen ließ er sich übersetzen) mit derselben Gewandtheit und darstellerischen Frische zu schreiben.

Breite und Tiefe von Hillebrands Wirken erschöpfen sich nicht in seinen Schriften. Die Bedeutung seiner Persönlichkeit ist größer als seine Essays vermuten ließen. Vieles, was Hillebrand im Reichtum des Besitzes hergab, fand nie den Weg zum geschriebenen Wort. Es erstand im Gespräch und blieb auf einmalige Wirkung beschränkt. Als Nehmender, noch viel mehr aber als Gebender stand er an den geistigen Wirkensstätten des damaligen Europa: in den Salons, in den Klubs und in den Redaktionen der großen Zeitungen und Zeitschriften. Dort trug er seinen Teil mit dazu bei, nationale Vorurteile zu zerstreuen, primitives Demagogentum zu bekämpfen und einer europäischen Gesellschaft freier, gebildeter, human denkender und gerecht empfindender Menschen den Weg zu weisen. Von Mensch zu Mensch, von Volk zu Volk zu vermitteln und klärend zu wirken, war ihm kein politisches, sondern ein menschliches Anliegen.

Hillebrand ist einer der Großen unter den vergessenen Deutschen. Der Kreis, für den er schrieb und in dem er wirkte, war immer nur beschränkt. Die feine Geistigkeit und die erlesene Darstellungskunst im Geschriebenen wie im Gesprochenen konnten nur von einer kleinen Zahl gebildeter und human empfindender Europäer geschätzt werden. In diesem Kreis wird Hillebrand immer seine Freunde haben.

LEBEN

GRUNDLAGE

Vaterhaus - Studium - Revolution - Flucht - Paris

Wenige Menschen und Künstler haben sich im Laufe ihres Lebens so weit von den Idealen, dem Geschmack und den Überzeugungen ihrer Jugend entfernt wie Karl Hillebrand. Und dennoch haben Jugend und Elternhaus dem späteren Essayisten und Historiker gerade das vermittelt, was zu den auffallendsten Zügen seiner Persönlichkeit gehört: umfassende Bildung, aufrechten Charakter, selbstsicheres Auftreten und den Mut, zu den eigenen Ideen und Überzeugungen zu stehen.

Diese Charakterzüge erbte Karl Hillebrand von seinem Vater, Joseph Hillebrand, der ihm sein Leben lang Vorbild war. *Joseph Hillebrand* (1788—1871) [1] stammte aus Großdüngen bei Hildesheim, wo er in bescheidenen Verhältnissen aufwuchs. Früh wurde man auf seine Begabungen aufmerksam. Katholische Geistliche ermöglichten es ihm, das Gymnasium in Hildesheim zu besuchen. Nach dem Abitur wandte sich Joseph Hillebrand der Theologie zu, ohne sich aber darauf zu beschränken. In Göttingen studierte er Philosophie und klassische und orientalische Sprachen. Kurze Zeit unterrichtete er am Josephinum, einem katholischen Gymnasium in Hildesheim. 1815 legte er das Priestergelübde ab. Bald darauf verließ er aber die katholische Kirche. Beruf und Pflichten eines Geistlichen schienen ihm unvereinbar mit seinem Forscherstreben und seinem Unabhängigkeitswillen. Im protestantischen Bekenntnis glaubte er das zu finden, was er sich in seinem jugendlichen Drange ersehnte: „Die Möglichkeit, daß jeder Glaube geachtet, jede Überzeugung geehrt wird, daß auf tausend Wegen die Annäherung zum Göttlichen versucht werden kann" [2]. Diese Ideen des Vaters wirkten im Sohne stark nach, auch ihr etwas polemischer Charakter. Denn Karl Hillebrand vermochte sich Zeit seines Lebens, wenn es um religiöse Dinge ging, nur schwer einer gewissen Schärfe zu enthalten.

Im Jahre 1817 erhielt Joseph Hillebrand die venia legendi an der Universität Heidelberg. In den ersten Monaten hielt er neben Friedrich Hegel Privatvorlesungen über Ästhetik. Nach Hegels Abgang nach Berlin 1818 blieb das Ordinariat des großen Philosophen drei Jahre lang unbesetzt. Erst 1821 berief man Joseph Hillebrand. Der Ärger über die Mißgunst, die ihm die Heidelberger Fakultät entgegenbrachte, war wohl die Ursache dafür, daß Hillebrand schon 1822 den Ruf der Universität Gießen annahm. Dort hatte er bis zu seiner

---

[1] Zu Joseph H. vgl.: HANS ULRICH SCHREIBER: J. H., sein Leben und Werk. Eßlingen a. N. o. J. (1936); Hinweise: ADB, Bd 12, S. 415; UE, 283—314; LUDWIG NOACK: Philosophiegeschichtliches Lexikon. Leipzig 1879, S. 384—86; RUDOLF UNGER: Aufsätze zur Prinzipienlehre der Literaturgeschichte, Bd 1 (= Neue Forschungen, Bd 1) Berlin 1929; JEAN ROLAND: Marie H., Frankfurt/M., 1894. FRIEDRICH BEISSNER: J. H. In: Nachrichten der Gießener Hochschulgesellschaft 12, S. 15—20.

[2] SCHREIBER, J. H., S. 9.

Enthebung (1850) das Ordinariat für Philosophie inne. Zugleich wirkte er als Pädagogiarch am Pädagogium der Universität und am Gymnasium. Später wurde er auch in die pädagogische Kommission Hessens gewählt. Joseph Hillebrand war 1841—1842 Rektor der Universität Gießen. Siebenmal wurde er zum Dekan gewählt. Auch auf politischem Gebiet war er tätig: 1847—1849 als Abgeordneter des Wahlkreises Gießen, 1851—1856 im Wahlkreis Mainz und 1862—1865 im Wahlkreis Offenburg.

Joseph Hillebrands Lehrtätigkeit war sehr erfolgreich. Er war ein Meister der freien Rede. Seine menschliche Wärme und sein offenes Wesen gewannen ihm reiche Sympathie bei der Hörerschaft. „Die charaktervolle, edle, vornehme Haltung, die rastlose, sich nie genugtuende wissenschaftliche Energie des Mannes fesselte die Jugend an ihn." „Sittigend-veredelnder Einfluß" ging von seinem Wirken aus [3]. Joseph Hillebrand las nicht nur Logik und Ethik, sondern fast alles von der Ästhetik und Literaturwissenschaft bis zur Staatswissenschaft und Anthropologie. Nur einem Eklektiker und außerordentlich regsamen Geist konnte es gelingen, auf so verschiedenen Gebieten erfolgreich zu wirken. 1845/46 erschien seine dreibändige ‚Deutsche Nationalliteratur seit dem Anfang des 18. Jahrhunderts', die sich trotz der Literaturgeschichte von G. G. Gervinus (1835—42) Geltung verschaffte. 1875 kam sie in dritter Auflage heraus. In seiner Literaturgeschichte steht Joseph Hillebrand unter dem Einfluß Friedrich Hegels. Er übernimmt die Grundgedanken des Berliner Philosophen und deutet die historische Abfolge als logisch-ideelle Entfaltung. Dabei schematisiert und systematisiert er stark. Doch zeigt sein Werk den Literaturgeschichten von Karl Rosenkranz (Allgemeine Geschichte der Poesie, 3 Bde, 1832/33) und Gervinus gegenüber Fortschritte. Neben der reinen Schematisierung des historischen Geschehens stehen erste Versuche, die Stilentwicklung von der Welt- und Lebensansicht her zu begreifen. Das Individuum tritt in den Mittelpunkt, seine Einmaligkeit wird ein bestimmender Faktor bei der Betrachtung von Literatur, Kunst und Kultur. Joseph Hillebrands Bestrebungen um ein tieferes Verständnis der Literatur waren allerdings nicht frei von Absicht. Mit Studium und Lehre verband er das Ideal der Menschenbildung im Sinne der Humanitas. Volle Entfaltung aller Tugenden und die fortschreitende Veredelung des Menschengeschlechtes waren sein höchstes Ziel. Diesem Ziel versuchte er aber nicht nur im Hörsaal zu dienen. Auch in seinem Hause stand das Erzieherische im Vordergrunde. Ein hohes Ethos beherrschte den Alltag. Goethe war das große Vorbild, dem man nacheiferte. Und man empfand es als natürlich und selbstverständlich, daß sich mit dieser edlen Gesinnung ein reges Freiheitsbewußtsein und warme vertrauende Vaterlandsliebe verbanden.

In diesem Hause und in dieser Atmosphäre wurde am 17. September 1829 *Karl Arnold Hillebrand* geboren. Er war das siebte Kind Joseph Hillebrands, das dritte und letzte aus seiner zweiten Ehe. 1824 war Hillebrands erste Frau

---

[3] OTTO HARTWIG: K. H. In: Aus dem Leben eines deutschen Bibliothekars. Marburg 1906, S. 136; zuerst in: AZ 1885, Nr. 98—100.

gestorben. Ein Jahr später heiratete er Karoline Hoffmann (1806—1847), die Tochter eines Lehrers in Rödelheim. Karoline Hoffmann, die Mutter Karl Hillebrands, wird als „geistig hochbegabte Frau" gezeichnet, „voll eigentümlicher Ideen und selbständiger Überzeugungen, wohl unterrichtet, voll einfacher biblischer, nicht kirchlicher Frömmigkeit."[4] Sie war „eine jener Rheinländerinnen, denen die Natur zu allen anderen Gaben deutscher Frauen die unbewußte Anmut, die holdseligste Natürlichkeit gefügt hat."[4a] Die gewinnenden, sympathischen Züge, die Karl Hillebrand so viele Freunde warben, scheint er von Vater und Mutter in gleichem Maße geerbt zu haben. Aber nicht nur Geist, Empfinden, menschliche Wärme, Freiheitsgefühl und Vaterlandsliebe gaben die Eltern dem Sohne mit auf seinen Lebensweg, sondern auch ein beträchtliches Allgemeinwissen, das die Kinder, wenn auch unsystematisch, so doch in reichem Maße in sich aufnahmen.

Die gepflegte, geistig aufgeschlossene, gesellige Atmosphäre im Hause Hillebrands war für den heranwachsenden Knaben bedeutungsvoll, denn Gießen bot damals wenig an Anregung und Unterhaltung. Es war ein Städtchen von etwa 6.000 Einwohnern. Das Leben glich dem vieler anderer mittelgroßer deutscher Städte. Der Klassen- und Standesdünkel trat in voller Schärfe zutage. Auch innerhalb der Universität herrschte wenig Einigkeit. Der Gegensatz zwischen Joseph Hillebrand und Justus Liebig, der von 1824 bis 1852 in Gießen lehrte, zerriß die akademischen Kreise der Stadt in zwei Lager und trug viel dazu bei, Joseph Hillebrands Leben zu verbittern. Es zeugt aber für die Größe seiner Persönlichkeit, daß er es verstand, Zwist und Ärger weitgehend von seiner Familie fernzuhalten und den Söhnen und Töchtern eine ideales Bild von Leben und Welt zu erhalten.

Von Karl Hillebrand wird berichtet[5], daß er sehr unregelmäßig gelernt, aber auf Grund seiner Begabung alles, vor allem die Sprachen, spielend aufgenommen habe. In dieser Leichtigkeit, sich Fremdsprachen anzueignen, mag sich schon jene Anpassungsfähigkeit Karl Hillebrands geäußert haben, die es ihm später so sehr erleichterte, sich in fremden Ländern einzuleben. Wie wenige genoß er die Freiheit, die ihm seine Eltern gewährten. Stundenlang trieb er sich in der Umgebung von Gießen herum. Immer traf man ihn in Gesellschaft von Kameraden und Mitschülern. Gewandt und unbekümmert war er bei ihren gemeinsamen Spielen, und er wurde oft zum Anführer der Gleichaltrigen und nicht selten auch der Älteren. Die Spiele und Unterhaltungen der Jugendlichen trugen früh literarische Züge. „Wir lebten im Zauberbann des jungen Werther", schrieb Dernburg, einer der ältesten Freunde Hillebrands, „stolz fühlte sich derjenige von uns, der auf die Verwandtschaft mit ihr (Werther Lotte) Anspruch

---

[4] HARTWIG, K. H., S. 137.

[4a] FRIEDRICH DERNBURG: K. H. In: Nationalzeitung, Berlin, März 1885.

[5] Über K. Hs Jugend vor allem: DERNBURG, K. H. In: NZ März 1885; OTTO HARTWIG, K. H. a. a. O.; JEAN ROLAND: Marie H. Frankfurt/M. 1894, bes. S. 22—25. — Über Gießen: KARL VOGT: Aus meinem Leben. Erinnerungen und Rückblick, Stuttgart 1896.

erheben konnte. Am Wertherbrunnen verzehrten wir unser Mahl aus der Tasche und in ‚Garbenheim' rezitierten wir bei einem Glase Bier homerische Verse." [6]

Bald aber änderte sich die Haltung Karl Hillebrands. Er hatte neben Börne, Heine und Fielding auch Bulwers ‚Pelham' gelesen. Das Buch wirkte stark auf seine rege, jugendliche Phantasie. Im ‚Pelham' sah er das Ideal des Aristokraten verkörpert, den Typ des englischen gentleman. Diesem wollte er nachstreben [7]. Dabei blieb es freilich bei einer sehr äußerlichen Nachahmung der Kleidung, der Haltung und der Anschauungen. Alles, was dem Muster ‚Pelham' nicht entsprach, verwarf er, ohne es weiter geprüft zu haben. Aus dieser vorübergehenden Schwärmerei des jugendlichen Dandy zog Karl Hillebrand aber einen nicht unbeträchtlichen Nutzen: Er eignete sich ausgezeichnete Englisch-Kenntnisse an, die ihm später von großem Vorteil sein sollten. Sein Studium des Englischen wurde auch dadurch erleichtert, daß sich in jenen Jahren viele Engländer in Gießen aufhielten, die Liebigs oder seines Vaters Vorlesungen hörten.

Schon in der Mittelschule begann Hillebrand, sich literarisch zu betätigen. Es blieb allerdings bei der Herausgabe der Studentenzeitung und bei einigen Gelegenheitsgedichten, die nicht erhalten sind. Zugleich wuchs sein Interesse an Studentenverbindungen. So war es nicht schwer zu erraten, in welcher Richtung sich seine Tätigkeit entfalten würde, als er zu Ostern 1848 die Mittelschule verließ und sich an der juridischen Fakultät der Universität Gießen einschreiben ließ. In den paar Monaten, die er die Universität besuchte, studierte er wenig oder nichts. Als begeisterter Starkenburger mit roter Mütze verbrachte er die meiste Zeit im Kreis seiner Kommilitonen. Nicht selten soll er mit einem aufgerissenen Gesicht nach Hause gekommen sein. Das Korpsleben stellte für ihn aber kein oberflächliches Treiben dar. Er fühlte sich dazu hingezogen wie Wilhelm Meister zum Schauspielertum. Mit dem Gemeinschaftsleben verband er die Idee und die Absicht, seine Persönlichkeit auszubilden und sich in der Gemeinschaft zu bewähren. Wie alle seine Korpsbrüder besaß auch er ein übertriebenes Freiheits- und Vaterlandsgefühl. Die deutsche Einigung und Freiheit hielt er für die gerechteste Sache der Welt. Bourgeoisie, Mittelmäßigkeit und alles Plebejische fanden seinen Haß und seine Ablehnung. Mit Friedrich Wilhelm Bopp und August Becker zusammen war er Vorsitzender des republikanischen Vereins an der Universität [8]. Seine besten Freunde waren Otto Roquette, Hermann Welcker und Moritz Bardeleben [9]. Wie sie alle fühlte er sich berauscht von den gemeinsamen Ideen, und jeder sehnte sich danach, für das Vaterland zu leiden, womöglich zu sterben. Von einer wirklichen Menschen- und Charakterbildung kann bei dieser romantischen Schwärmerei wohl nicht die Rede sein.

[6] DERNBURG, K. H., In: NZ März 1885.
[7] In späteren Jahren stand H. viel kritischer zu Bulwers ‚Pelham', vgl. III, 130—32.
[8] Hessische Biographien, 1934, Bd 3, 261.
[9] Hermann Welcker (1822—97), Anatom und Anthropologe, daneben Dialektdichter: Dialektgedichte, 1889.

Die Verhältnisse und Ereignisse im Elternhaus standen zu diesem wilden Treiben in scharfem Kontrast. 1847 starb Hillebrands Mutter an Lungenschwindsucht, jener heimtückischen Krankheit, der auch Karl Hillebrand und zwei seiner Brüder erliegen sollten. Karl Hillebrands älteste Schwester Maria [10], die sich später als Erzieherin einen Namen machte, führte fortan die Wirtschaft. Die Last des Berufes und die Sorge um die große Familie schwächten den Vater. Er wurde schwer nervenleidend und war häufig zur Ruhe gezwungen. So trafen die Ereignisse der Revolutionsjahre die Familie doppelt hart. Die wirtschaftliche Not steigerte sich nach 1848 ins Unerträgliche. Joseph Hillebrand stand als Vertreter freisinniger Ideen und nach 1848 als Präsident der zweiten Kammer der hessischen Landesstände an exponierter Stelle. Als 1850 sein politischer Gegner, der reaktionäre Minister Dalwigk in Baden zur Macht gelangte, wurde Joseph Hillebrand ohne Pension in Ruhestand versetzt. Von diesem Schlag, noch mehr aber von der Nichtachtung alles dessen, was er als Universitätslehrer und Pädagogiarch geleistet hatte, konnte er sich Zeit seines Lebens nicht mehr erholen. Er zog sich zurück und lebte bis 1871 einsam, abgeschlossen von der Welt, seinem Schicksal ergeben, innerlich aber aufrecht, im Institut seiner Tochter Maria in Rödelheim und später in Sodem bei Frankfurt.

Karl Hillebrand und seine Brüder beteiligten sich mit feuriger Begeisterung an den Aufständen. Wie so viele mußten sie ihren jugendlichen Rausch teuer bezahlen. War es schon Karl Hillebrands lebhaftes Interesse für die Politik und im besonderen für die französische sozialistische Schule, das ihn bewog, das Rechtsstudium zu ergreifen, so gab es für den jugendlichen Schwärmer jetzt keine andere Lektüre mehr als die Memoiren der Mme Roland und die Schriften Proudhons und kein schöneres Beispiel menschlichen Heldentums als die französische Revolution. In der revolutionären Zeitung Gießens ‚Der jüngste Tag', die seine Freunde herausgaben, veröffentlichte er damals seine ersten politischen Schriften, die leider nicht erhalten sind [11].

Ernst wurde die Lage, als im September 1848 in Frankfurt das Kriegsministerium seine Entlassung genommen und Preußen im Waffenstillstand von Malmö auf Schleswig-Holstein verzichtet hatte. Große Volksmassen sammelten sich und zogen mit dem Lied ‚Schleswig-Holstein meerumschlungen' durch die Straßen von Frankfurt. Da war auch Karl Hillebrand dabei. Eines Morgens war er verschwunden. Auf seinem Nachttisch fand man einen Brief, in dem er schrieb, daß er für das Vaterland sterben ginge. Erst von dritten erfuhr der besorgte Vater, daß Karl gesehen wurde, als er mit seinem Bruder Wilhelm und Fritz Kapp [12] zusammen in Frankfurt Barrikaden stürmte. Bald

---

[10] Über Marie Hillebrand (1821—1894): JEAN ROLAND: Marie H. Ihr Leben und erziehliches Werk. Frankfurt/M. 1894 und Gießen 1895; H. HAUPT: Marie H., Schulvorsteherin. In: Hessische Biographien 1918, Bd 1, 203—207; Erinnerungen an M. H. In: Zeitschrift für Philosophie und Pädagogik. Langensalza 1894, S. 368—373.

[11] Sie erschienen anonym und sind nicht mehr festzustellen.

[12] Fritz Kapp ging einen ähnlichen Weg wie H. — Er floh nach New York. Als

war die Stadt aber in den Händen der preußischen Truppen, und die jungen Feuergeister mußten fliehen. Die Brüder Hillebrand zogen sich nach Beinheim im Odenwald zurück. Von dort gingen sie nach Straßburg, wo sie von Freunden aufgenommen wurden. Karl Hillebrand blieb den Winter über in der damals französischen Stadt, studierte Jus und genoß das etwas anders geartete Studentenleben. Als im Frühjahr wieder alle Gemüter in Flammen standen und man sich davon überzeugt hatte, daß Karl Hillebrands Frankfurter Abenteuer von den Behörden unbemerkt geblieben war, kam er nach Gießen zurück. Der Dresdener Aufstand war eben niedergeschlagen worden, da entzündete sich an einem Soldatenkrawall in Baden eine neue Revolution. Wieder zog eine enthusiastische Jugend von zu Hause fort, Karl Hillebrand als einer der ersten. Es ging darum, die deutsche Reichsverfassung in Baden und in der Pfalz aufrecht zu erhalten. Über Hillebrands Heldentaten weiß man nur, daß er bei Waghäusl focht, alles tat, was dem Adjutanten zustand, und daß er bis zum letzten aushielt. Jedenfalls wurde er zusammen mit den Truppen Corvins gefangen und in der Festung Rastatt festgehalten. Täglich erwartete man seine Hinrichtung.

Joseph Hillebrand, der von allem Anfang an gegen die umstürzlerische Tätigkeit seiner Söhne war — nicht zuletzt war sie mit an seiner Entlassung schuld — schrieb damals in einem Gesuch an das Ministerium in Darmstadt: „Und kann ich auch diesen Schritt an sich keineswegs billigen, aus seiner Jugend läßt sich die traurige Übereilung wohl zumeist erklären." [13] Der Vater war hilflos. So eilte Maria Hillebrand nach Darmstadt und mit einer Empfehlung des Ministers Jaup weiter nach Rastatt. Es gelang ihr nach großen Schwierigkeiten, in den inneren Gefängnishof einzudringen und den Bruder zu sehen. Mit ihrer Hilfe floh er dann auf abenteuerliche Weise aus der Festung. Unter dem Kugelregen der Verfolger setzte er über den Rhein auf französisches Land über [14]. In Straßburg traf Karl wieder mit Maria zusammen.

Die Flucht Karl Hillebrands stellt einen großen Einschnitt in seinem Leben dar. Mit ihr sind jene ersten Jugendjahre zu Ende, in denen er im Banne

Meister der englischen Sprache wirkte er in seiner neuen Heimat vor allem für den neuen deutschen Staat. Sein Denken blieb aber ganz in demokratischen Bahnen.
[13] Aus den Akten des Großherzoglich-Hessischen Ministeriums des Inneren und der Justiz in Darmstadt. Zitiert bei SCHREIBER, J. H., S. 20.
[14] Die Flucht hat H. selbst dargestellt. In etwas ungenauen spanischen Trochäen erzählte er sie 1880 Frl. Meta Sattler, der Nichte Otto Gildemeisters. Das lange Gedicht ist mit einer genauen Fluchtskizze versehen und befindet sich im Staatsarchiv Bremen. Eine Darstellung der Flucht auf Grund dieses Gedichtes gibt LUDWIG BAMBERGER in seinem Nachruf: K. H. In: DR 1884, Bd 41, 443—456. Ergänzungen zu dieser Darstellung gibt GIACOMO BARZELLOTTI: Carlo H. In: Studi e ritratti. Mailand o. J. S. 208—235. — Auch Hs Brüder mußten fliehen. Julius wandte sich in die Schweiz, wo er sich mit großer Mühe eine akademische Laufbahn an der Universität Zürich erarbeitete. Er wurde später als Jurist an den Universitäten Zürich und Freiburg bekannt. Wilhelm und Edgar, beide Ärzte, gingen nach Amerika. Edgar starb in Cincinnati, wo seine Schwester Lotte eine Pension leitete, Wilhelm blieb im wilden Westen verschollen. Vgl. ADB 12, 417—18.

national-freiheitlichen Schwärmertums Dinge vollbrachte, die er später als „Jugendeseleien" abtat und die er am liebsten aus seinem Leben gestrichen hätte. „Illusion und Naivität waren ihre eigentümlichen Merkmale", schrieb er später über diese Revolution, „daher ihre ansteckende Kraft und ihr praktisches Mißlingen." (II, 405).

Von Straßburg wandte sich Hillebrand nach Paris. Bis auf weiteres bestand keine Hoffnung, nach Deutschland zurückkehren zu können, und Straßburg bot wenige Möglichkeiten, Geld zu verdienen. Seine Schwester Maria kannte Paris aus ihrer Pensionatszeit (1845). Der Freundeskreis, den sie sich damals geschaffen hatte, kam den beiden nun zugute. Hilfe war umso wichtiger, als sie sich zur Gänze selbst erhalten mußten. Mit Unterstützung durch den Vater war nicht zu rechnen. In der ersten Zeit gaben beide Nachhilfestunden. Im Spätherbst 1849 wurde Karl Hillebrand durch den Zeitungskorrespondenten Löwenthal [15] bei Heine vorgestellt. *Heinrich Heine,* der die Werke Joseph Hillebrands kannte und dem Sohn die freisinnigen Ideen des Vaters nicht übel nahm, stellte den Flüchtling aus Deutschland als Sekretär an. Hillebrand war begeistert und bemühte sich, dem hochgeschätzten Dichter jeden Wunsch zu erfüllen. Er hatte Heines Briefe zu schreiben und dem Dichter täglich einige Stunden aus wissenschaftlichen und theologischen Werken vorzulesen. Auch einige Dichtungen diktierte Heine dem jungen Jus-Studenten, darunter fast den ganzen Romanzero. Hillebrands Arbeit mit Heine dauerte bis Anfang Mai 1850 [16]. Im Frühjahr 1855 sah Hillebrand Heine zum letzten Mal in seiner neuen Wohnung an der Champs Elisées. In einem langen Brief an Heinrich Hüffer [17] beschreibt Hillebrand Heines Schaffensweise und erzählt er kleine reizvolle Episoden aus den Monaten gemeinsamer Arbeit. Theodor Heyse gegenüber erklärte Hillebrand, daß er Heine sehr viel verdanke: „Er ist es gewesen, welcher mir von Anfang an, da ich als blutjunger, unerfahrener Mensch nach Paris und in Berührung mit ihm kam, zugeredet hat, alle Examina in Frankreich zu machen, welche zur Ergreifung einer regelrechten Karriere dort notwendig sind. ‚Sie haben alle Brücken hinter sich abgebrochen', sagte er zu mir, ‚und müssen hier festen Fuß fassen, wollen Sie nicht ein Leben

---

[15] HERMANN HÜFFER: Aus dem Leben Heinrich Heines. Berlin 1878, S. 158.

[16] HEINRICH HEINE: Briefe. Erste Gesamtausgabe nach den Handschriften. Herausgegeben, eingeleitet und erklärt von Friedrich Hirth. 6 Bde. Mainz 1950/51. Bd 6, S. 89: Hinweis auf zwei Briefe Hs an Heine aus den Jahren 1850, die sich in der Heine-Sammlung Strauß befinden. Der Brief vom 2. Juni 1850 bestätigt die Annahme, daß H. Heine bereits Anfang Mai 1850 verließ. Vgl. auch: ERNST ELSTER: Die Heine-Sammlung Strauß. Marburg 1929.

[17] HÜFFER, Heine, S. 157—63. Ein Großteil des Briefes ist wiedergegeben in UE, 382—83. Der Brief wurde ins Italienische übersetzt und in der Wochenschrift ‚Prometeo' vom 12. Februar 1885 veröffentlicht. In Frankreich erschien er in der RCr 1878/2, S. 189. Später wurde er häufig abgedruckt. Hinweise auf Hs Verhältnis zu Heine auch bei GUSTAV KARPELES: Heinrich Heine und seine Zeitgenossen. Berlin 1888, S. 231—38; HEINRICH HUBERT HOUBEN: Gespräche mit Heine, 2. Auflage. Potsdam 1948, S. 709—12, 724, 986—87; LUDWIG KALISCH: Pariser Leben. Bilder und Skizzen. Mainz 1880, S. 332—40 (Auch: Gartenlaube 1874, S. 745—48).

führen wie die Mehrzahl der hiesigen, deutschen Flüchtlinge; das geht aber nicht ohne die üblichen Prüfungen'. Das habe ich Heine nie vergessen und stets dankbar seines Rates gedacht." [18] Auch an Heines Ratschlag, in Französisch zu schreiben und vor dem dreißigsten Lebensjahr nie etwas zu veröffentlichen, hat sich Hillebrand dankbar erinnert [19].

Die Tätigkeit bei Heine war für den jungen Emigranten, der völlig aus der Bahn geworfen war, von großem Nutzen. Trotzdem tat die um vieles ältere und reifere Schwester Maria alles, um Karl von Paris wegzuführen. Sie hatte berechtigte Angst, daß der junge Feuerkopf in Paris auf falsche Wege kommen könnte, und sah mit Besorgnis, daß er begann, sich aufs neue mit demagogischen Kreisen einzulassen und in der Kleidung die großen Terroristen von 1793 nachzuahmen. Dabei empfand sie wie viele andere, daß das revolutionäre Wirken gar nicht zu dem aristokratischen Wesen Hillebrands paßte. Nur die Verquickung der nationalen und revolutionären Bewegung hatte ihn auf diese Bahn gebracht. Erst sträubte er sich gegen die Absicht seiner Schwester, Paris zu verlassen. In einem erregten Brief warf er ihr vor, daß sie daran schuld sei, wenn das Vaterland an ihm nicht habe, was er ihm sein könnte [20]. Kurz entschlossen nahm Maria Geld auf, bezahlte alle seine Schulden, gab ihm eine größere Summe als Taschengeld und ein Empfehlungsschreiben an Freunde in Bordeaux und schickte ihn damit in die Hauptstadt der Gascogne. Karl Hillebrand fügte sich dem Druck der Schwester und reiste im August 1850 nach Bordeaux. In späteren Jahren hat Hillebrand oft dankbar der besseren Einsicht seiner Schwester gedacht. Ohne ihr energisches Eingreifen wäre sein Leben wohl anders verlaufen. Maria Hillebrand verließ Paris und ging nach England, um dort als Gouvernante Geld zum Abzahlen der Schulden zu verdienen. Später gründete sie in Rödelheim bei Frankfurt ein Mädchenpensionat. Sie starb 1894, weithin als Erzieherin bekannt.

WANDLUNG

Bordeaux - Freundeskreis - Studium - Tocqueville - Hegel - Schopenhauer - Deutscher Idealismus

In Bordeaux erwarteten den gestrandeten Revolutionär neue, für sein Werden entscheidende Einflüsse. B o r d e a u x , diese heitere, weltoffene südfranzösische Stadt, war wie keine andere geeignet, den jungen ausländischen

---

[18] HARTWIG, K. H., S. 142—43.
[19] HÜFFER, Heine, S. 163; Vgl. IV, 347—48.
[20] HARTWIG, K. H., S. 143. Vgl. HOUBEN, Gespräche, S. 987; HEINRICH HÜFFER: Heinrich Heine. Gesammelte Aufsätze. Herausgegeben von Ernst Elster. Berlin 1906; HEINRICH HÜFFER: Aus dem Leben Heinrich Heines. Berlin 1878.

Hitzkopf in französisches Leben und französischen Geist einzuführen, ihn aber zugleich für ein europaweites Wirken vorzubereiten. Seit Jahrhunderten bestanden in Bordeaux große ausländische, vor allem deutsche und englische Kolonien [1]. Das verdienstvolle Wirken dieser Kolonien trug viel dazu bei, daß die Bürger der Stadt einem Ausländer kein Mißtrauen entgegenbrachten, sondern ihn freudig in ihren Kreis aufnahmen. Das Gesellschaftsleben pulsierte hier wie in wenigen Provinzstädten Frankreichs. Die Kunst der schönen und treffenden Rede spielte eine wichtige Rolle. Ein alter, verbreiteter Wohlstand, Reichtum des Bodens, Überseehandel und ein mildes Klima erlaubten eine Fülle von Lebensgenüssen. In dieser heiteren, anregenden Atmosphäre war es für Hillebrand ein leichtes, sich der Sprache und der Sitten des französischen Volkes zu bemächtigen [2]. Nach der deutschen Zucht, die er in Gießen noch erlebt hatte, und dem Ernst schöpferischer Arbeit, der ihn bei Heine so sehr beeindruckt hatte, lernte er hier feinstes, geistvolles Epikureertum kennen. Das leichte und doch anspruchsvolle gesellschaftliche Spiel war Hillebrand von Gießen her vertraut; hier war es aber mehr als Spiel, hier war es eine Kunst, die gelernt sein wollte. Wer diese Kunst beherrschte, der hatte den Schlüssel zum Erfolg in Händen. Von Montesquieu sagte Hillebrand: „Er war in die Freundschaft vernarrt (je suis amoureux de l'amitié, sagt er) und er liebte die Unterhaltung, wie sie nur liebt, wer darin glänzt oder darin Nahrung findet." (V, 13). In den ersten Jahren, so berichten Freunde, sei die Gefahr groß gewesen, daß sich Hillebrand an das Blendwerk der eigenen Sprache und Unterhaltung verlieren könnte. Im Laufe der Zeit aber wurde ihm das geistvoll-interessante, allen Fragen aufgeschlossene, leichte, aber dennoch nicht unverbindliche Gespräch zum Lebenselement. Er lernte darin „diejenige Form geistiger Tätigkeit" sehen, „in der Dinge, Gedanken und Gefühle eher als Anlässe gebraucht werden, um unsere Fähigkeiten anzuregen und in freie Bewegung zu setzen, als daß sie Zweckgegenstand dieser Fähigkeit bildeten". Das Gespräch war für ihn „die laute Zeugung der Gedanken in lebendiger Berührung." (VII, 47). Es war für ihn geistige Nahrung. Und später, in der durch Krankheit erzwungenen Einsamkeit seiner letzten Lebensjahre fühlte er nichts stärker als das „Bedürfnis nach einem Stück Leben, nach dem Aufeinanderschlagen gesprochener Worte, lebender, die Leben erzeugen." [3] So wurde er zum ‚causeur' im besten Sinne

---

[1] Zur deutschen und englischen Einwanderung und zum Einfluß fremder Gruppen in Frankreich: LOUIS REYNAUD: L'influence allemande en France au XVIIIe et XIXe siècle. Paris 1922; GASTON ZELLER: La France et l'Allemagne depuis dix siècles. Paris 1932; J. MATHOREZ: La pénétration allemande en France au XIXe siècle. In: Revue des Études Historiques, Paris 1923, Bd 89, 71—112; LUDWIG BAMBERGER: Les allemands à Paris. In: RM 1867, Bd 41, 384—411; HEINZ-OTTO SIEBURG: Die deutsch-französischen Verhältnisse im Geistesleben des frühen 19. Jahrhunderts. In: Antares, Baden/Baden 1954, Jg. 2, Heft 4, 3—10; J. MATHOREZ: Les Étrangers en France sous l'ancien régime. 2 Bde. Paris 1921. Vgl. LEO HAUPTS: Karl Hillebrand als Publizist und Politiker. Diss. Köln 1959. S. 30—31; dort weitere Angaben.

[2] Vgl. Hs Essay über Montesquieu, V, 1—3; vgl. I, 149.

[3] H. an Adolf von Hildebrand, Juli 1882.

des Wortes, zu jenem in allen Kreisen des französischen Lebens so geschätzten Weltmann der Gesellschaft, der die Kunst des menschlichen Umganges und des wirkungsvollen, zugleich aber untheatralischen Gespräches bis zur Vollendung, ja Virtuosität beherrschte. Sein heiteres Wesen und seine Liebenswürdigkeit, die sich mit einer starken, gewinnenden Persönlichkeit verbanden, taten das ihre, um Karl Hillebrand den Weg in die höhere Gesellschaft zu ebnen. Man war dem jungen Deutschen, der noch im Ruf eines Revolutionärs stand, gewogen und man war ihm behilflich, wo man konnte, um ihn auf die rechte Bahn zurückzuführen. Mit fremder Hilfe, eigener Einsicht und unbeugsamem Willen war Hillebrand denn auch imstande, das zu vollbringen, was ihm Heine in Paris geraten hatte: den gesamten französischen Studiengang mit allen Prüfungen nachzuholen und den Weg in Frankreich zu machen.

In den ersten Monaten seines Aufenthaltes in Bordeaux nahm sich die Witwe des englischen Advokaten Edgar Taylor (1793—1839), der mit dem damals weithin bekannten Vater Hillebrands befreundet gewesen war, fürsorglich seiner an. Hillebrand verkehrte viel im Hause Taylor. Er befreundete sich mit der geistreichen Tochter *Jessie* (1826), die mit dem Weinhändler Eugène Laussot in unglücklicher Ehe lebte. Sie wurde die hilfsbereite und einflußreiche Freundin, in späteren Jahren die besorgte Begleiterin und 1879, nach dem Tode Eugène Laussots, seine Gemahlin. An Bildung und Begabung stand Jessie Karl Hillebrand kaum nach. Sie besaß ein umfangreiches Wissen auf dem Gebiet der englischen, deutschen und französischen Literatur und war eine ausgezeichnete Musikerin. Früh ermöglichte ihr der Vater, der sich viel mit der deutschen Literatur beschäftigte [4], Reisen durch Deutschland und Italien. Sie verbrachte viele Monate als Gast im Hause der Familie Ritter in Dresden und im Hause Mendelssohn in Berlin. Nach einer Tannhäuser-Aufführung 1848 in Dresden, von der Jessie Laussot begeistert war, wurde sie von Karl Ritter Richard Wagner vorgestellt. Wagner machte auf die junge Engländerin einen überaus großen Eindruck. Sie überredete ihre Mutter, Wagner eine monatliche Unterstützung zu gewähren. Die Mutter war dazu bereit. Wagner sandte als Zeichen der Dankbarkeit sein Porträt (von Kietz) nach Bordeaux. Aber nicht nur durch diese materielle Hilfe, sondern auch durch ihre Anmut, ihren Geist

---

[4] Edgar Taylor (1793—1839), ein Nachkomme des John Taylor von Norwich, des berühmten Verfassers der ‚Hebräischen Konkordanz‘, war Rechtsanwalt in London und machte sich vor allem mit der Einführung der italienischen Buchführung ein Vermögen. Sein Privatinteresse galt den fremden Literaturen, vor allem der deutschen. Er übersetzte als erster ‚Grimms Märchen‘ ins Englische (1823). Für die Übersetzung gewann er den berühmten Illustrator Georg Cruikshank, der sich durch seine Illustrationen von Charles Dickens Romanen einen Namen gemacht hatte. Die Ausgabe der Märchen wurde zu einem großen Erfolg. — 1839 erschien eine Auswahl Grimmscher und anderer deutscher Märchen. Eine Neuauflage kam 1869 mit einer Einleitung von John Ruskin heraus. — 1825 veröffentlichte Edgar Taylor eine Übersetzung deutscher Minnesänger: „The Lays of the Minnesänger or German Troubadours of the 12th and 13th century." Mit dieser Übersetzung wirkte Taylor bahnbrechend für das Verständnis der mhd. Dichtung in England. Zur Familie der Norwich-Taylor: VI, 109.

und ihre Intelligenz gelang es Jessie Laussot, Wagner vorübergehend an sich zu fesseln. Im April 1850 weilte er zu längerem Besuch in Bordeaux. Gemeinsame Aussprachen und gemeinsame Stunden der Musik stärkten die freundschaftliche Bindung. Die beiden trugen sich sogar mit dem Gedanken, nach dem Orient zu fliehen, um der schwierigen Situation, in der sie sich befanden, zu entgehen. Jessie war bereit, die Mittel für die Flucht aufzubringen. Die Sache kam aber ans Licht. Durch das Eingreifen von Jessies Mutter, Eugène Laussot und Maria Planer, der Frau Richard Wagners, wurde der Plan vereitelt. Das führte zum Bruch. Die persönliche Verbindung riß ab. Diese Episode und das Scheitern der Pläne hinderten aber Jessie nicht, bei jeder sich bietenden Gelegenheit für Wagners Musik einzutreten und den Ruf des Künstlers in Frankreich, England und Italien zu verbreiten. In den späteren Jahren klärte sich das persönliche Verhältnis, und Richard und Cosima Wagner waren im Hause Taylor-Hillebrand in Florenz [5] gern gesehene Gäste.

Zu Hillebrands engerem Freundeskreis in Bordeaux gehörte auch eine Reihe von jungen Männern, die sich in späteren Jahren als Wissenschaftler auszeichneten: so *Giovanni Merlo*, ein junger oberitalienischer Revolutionär, den es nach Blaye verschlagen hatte; *G. H. Desbats* [6], ein junger gebildeter Franzose, von dem wir wissen, daß Hillebrand eingehende philosophische Gespräche mit ihm führte; *Jean Lespine* [7], der ausgezeichnete Kenner der italienischen Literatur, der Hillebrand bei seinen Études Italiennes beistand; und *Kenelm Digby Winfield*, der Verfasser einer zweibändigen Geschichte Frankreichs. Mit diesen strebsamen jungen Wissenschaftlern traf sich Hillebrand fast täglich. Ihr Einfluß hat nicht unwesentlich dazu beigetragen, eine Wandlung in seinem Denken und seinen Urteilen herbeizuführen.

Hillebrand verkehrte auch viel im Hause des Rechtsanwaltes *Delprat*. Die geistreiche Gemahlin Delprats spielte in der Gesellschaft Bordeaux' eine führende Rolle. Der Sohn Delprats, Edouard, war Mitarbeiter am ‚Courrier du Dimanche', den Ferdinand Duval herausgab. Über diese Freundschaft erhielt Hillebrand Verbindung mit der liberalen Opposition, die sich damals in Bordeaux um den ‚Courrier' scharte und das Kaiserreich bekämpfte. Diese Beziehungen Hillebrands blieben während seines ganzen Aufenthaltes in Frankreich aufrecht und sind für seine Stellung im geistigen Frankreich der damaligen Zeit bedeutsam. Ebenso wichtig ist Hillebrands Freundschaft mit *André Laver-*

[5] Zur Affäre Jessie Laussot-Richard Wagner: MAURICE FERRUS: R. W. à Bordeaux. Une aventure amoureuse. Bordeaux o. J. (1935); R. W.: Mein Leben. München 1923; R. W.: Briefe. Die Sammlung BURRELL. Herausgegeben und kommentiert von John Burk. Frankfurt/M. 1953, S. 373—414; MAX VON MILENKOVICH-MOROLD: Dreigestirn. Wagner-Liszt-Bülow. Leipzig 1940, S. 292—93; R. W. UND JULIE RITTER: Briefwechsel. Herausgegeben von Siegmund Hausegger. München 1920.

[6] G. H. Desbats blieb mit H. bis zu dessen Tod eng verbunden. Vgl. Uno scritto inedito del Prof. Hillebrand. In: RSI 1886, Bd. 3, 964—70. Diese Schrift enthält Hs Widmung des dritten (nicht mehr ausgeführten) Bandes seiner ‚Geschichte Frankreichs' an Desbats.

[7] SAINTE-BEUVE: Nouveaux Lundis VII. Vierte Auflage. Paris 1883, S. 7.

tujon, dem Journalisten und späteren Diplomaten, der Hillebrand die Mitarbeit an der Zeitung ‚La Gironde' [8] ermöglichte.

In freundschaftlichem Verhältnis stand Hillebrand auch zu einigen Universitätsprofessoren in Bordeaux. Der Historiker *Matthieu-Auguste Geffroy*, der später an die Académie de France in Rom berufen wurde, blieb bis an sein Lebensende mit Hillebrand in enger Verbindung. Der Philologe *Dezeimeris* war Hillebrand in väterlicher Weise zugetan. Die weitreichenden Beziehungen dieses ausgezeichneten Wissenschaftlers halfen Hillebrand sehr bei der Begründung seiner akademischen Laufbahn in Frankreich.

In den ersten Jahren nach 1850 scheint Hillebrand wenig dem eigentlichen Studium nachgegangen zu sein. Umso unermüdlicher war er bestrebt, französische Sitten, französischen Geist und französisches Wesen in sich aufzunehmen und die Sprache des Landes zu meistern. Als er zehn Jahre später seine ersten wissenschaftlichen Arbeiten in französischer Sprache abfaßte, war er imstande, schwierigste Probleme in Französisch zu diskutieren. Im Vorwort zu seiner Übersetzung der griechischen Literaturgeschichte von Otfried Müller beherrschte er das Französische wie seine Muttersprache. Anmutig, leicht und gewandt vermochte er sich darin auszudrücken.

Im Jahre 1854 begann Hillebrand sein S t u d i u m der Philologie, der Geschichte und der klassischen und neueren Literaturen. Mit Eifer und Ausdauer betrieb er seine Studien. Es waren keine leichten Jahre, die nun folgten. In materieller Hinsicht war er ganz auf sich selber gestellt. Das Glück kam ihm aber zu Hilfe und seine Freunde taten das ihre. Kurz nach seinem Eintreffen in Bordeaux erhielt der damals erst Einundzwanzigjährige eine Deutschlehrerstelle übertragen, die durch den Abgang des Molière-Forschers Adolf Laun frei geworden war. Deutschunterricht und Nachhilfestunden in verschiedenen Fächern waren in den folgenden Jahren seine Haupteinnahmsquellen. „Faticai come un cavallo", sagte er später einmal zu Mario Pratesi. Und zu seinem Freund Giovanni Merlo, als er ihn knapp vor dessen Tod in Mailand besuchte: „Ti ricordi, eh? — qunado mangiavamo insieme pane e miseria?" [9] Nichts scheint dem heiteren, geselligen jungen Manne erspart geblieben zu sein. Selbst das undankbare Los eines ‚Pion', eines Studentenaufsehers in einer französischen Mittelschule, dieses „grausamste aller Martyrien" vieler unbemittelter Studenten (IV, 14), mußte er auf sich nehmen. Der Lohn für diese unausgesetzte Mühe kam 1858, als er die Licence ès-Lettres ehrenvoll bestand. Zugleich aber, und das wog noch mehr, hatte er sich eine breite wissenschaftliche Grundlage und damit die Voraussetzung für ein erfolgreiches Wirken als Schriftsteller geschaffen.

[8] HARTWIG, K. H. S. 147; dazu Tagebuch-Eintragungen vom 29. Sept. 1860 in Florenz anläßlich der Einnahme von Ancona: „Éxcellentes Nouvelles. Ancone prise. Peu d'émotion dans la ville; j'en suis furieux. Écrit une longue correspondance pour la *Weserzeitung*, traduit en français pour la *Gironde*."

[9] MARIO PRATESI: K. H. In: Illustrazioni Italiane 1884, Bd 11, 310—11.

Das Jahr 1858 verlangte Hillebrand noch eine schwere Entscheidung ab. In Deutschland wurden in diesem Jahre die Verurteilten von 1849 begnadigt. Hillebrand hätte nach Hause zurückkehren können. Er zog es aber vor, dem Rate Heines folgend, in Frankreich zu bleiben und in den französischen Staatsdienst einzutreten. 1857 hatte er das Wohnrecht erworben und damit nach außen hin die Gleichberechtigung mit den gebürtigen Franzosen.

In Bordeaux hatte Hillebrand die Vorzüge und Annehmlichkeiten eines geordneten Lebens kennengelernt. In der verfeinerten Gesellschaft fühlte er sich wohl. Gebildete Menschen zogen ihn an. Tradition, Kultur und Geistesadel begannen sein Denken zu bestimmen. Eine radikale Umwandlung seiner Jugendideale trat ein. Der eigentliche Anstoß dazu ging von den politischen Ereignissen des Jahres 1851 aus, wie ja die Politik stets großen Einfluß auf sein Denken und auf seine Entwicklung hatte. Am 2. Dezember 1851 vollführte Louis Napoleon den Staatsstreich. Die angesehensten Mitglieder der Nationalversammlung wurden verhaftet. Ein Jahr später ließ sich Napoleon zum Kaiser der Franzosen wählen. Sogar in der Heimat der Freiheit, Gleichheit und Brüderlichkeit war damit aus der Demokratie eine reaktionäre Gewaltherrschaft geworden, die nicht davor zurückscheute, zu den übelsten Mitteln der Tyrannei zu greifen. Die Masse des Volkes, in deren Beteiligung an den Regierungsgeschäften man das Heil der neuen Zeit gesehen hatte, war von Demagogen verführt und mißbraucht worden. Anstatt die Diktatur zu verhindern, öffnete ihr die breite Volksmasse Tür und Tor. Diese Erkenntnis machte Hillebrand an seinen Jugendidealen irre. Und wie viele andere begann auch er sich jenes Mannes zu entsinnen, der diese Entwicklung vorausgeahnt hatte: *Alexis de Tocqueville*. In seinen Schriften fand Hillebrand den Gedanken ausgesprochen, daß Freiheit und Demokratie nicht unbedingt Hand in Hand gehen müßten, ja, daß Freiheit in keinem Staate mehr als in der Demokratie der Gefahr ausgesetzt sei, an einem Diktator zuschanden zu gehen. Mit Feuereifer widmete sich Hillebrand dem Studium der Werke Tocquevilles. Die ‚Demokratie in Amerika' erschien ihm wie eine Offenbarung. „Er ist doch der größte Staatsrechtslehrer (oder soll ich sagen Geschichtsphilosoph) des Jahrhunderts und dabei ein interessanter Mann", schrieb er an Rodenberg [10]. Hillebrand fand sich ganz mit Sainte-Beuve einig, der Tocquevilles analytische Kraft neben die Montaignes, Pascals und Montesquieus stellte. Häufig kam Hillebrand auf Tocqueville zu sprechen. Er wurde zu einem der ersten Verfechter und Verbreiter Tocquevillescher Ideen in Deutschland. Diltheys Würdigung dieses großen Geschichtsdenkers und -sehers kam erst dreißig Jahre später [11].

[10] H. an Julius Rodenberg, 25. März 1878; vgl. IV, 203, 212, 218 und UE, 183. Vgl. auch: JACOB PETER MAYER: Alexis de Tocqueville. Prophet des Massenzeitalters. 2. Auflage. Stuttgart 1955; CARL JACOB BURCKHARDT; Bildnisse. Frankfurt/M. 1958, 89—125.

[11] Vor H. wiesen die Staatswissenschaftler Robert von Mohl und J. C. Bluntschli auf Tocquevilles Bedeutung hin. — WILHELM DILTHEY: Der Aufbau der geschichtlichen Welt in den Geisteswissenschaften (1910) In: Gesammelte Schriften VII. Leipzig

Nicht weniger Einfluß auf Hillebrands politisches Denken jener Jahre hatte die Lektüre der Schriften *Burkes*. In ihnen fand Hillebrand jenen höheren Konservativismus vertreten, der Skepsis voraussetzt und daher die Grundlage jeder Toleranz ist [12]. Konservativismus, Skepsis, Zurückhaltung allem Neuen und Gewaltigen gegenüber, das war der äußere Ausdruck des radikalen inneren Wandels, der in jenen Jahren in Hillebrand vor sich ging. In einem langen aufschlußreichen Brief an Angelo de Gubernatis schrieb Hillebrand selbst [13], daß er mit zwanzig Jahren Demokrat und mit fünfundzwanzig Konservativer gewesen sei. Viele Jahre lang hatte er sich wegen dieses politischen Lagerwechsels zu verteidigen. Und was er später einmal, nicht ohne Bitterkeit, von Sainte-Beuve sagte, scheint aus seiner eigenen Erfahrung zu kommen: „Wie ehrenhaft eine solche Desertion sei, wieviel Mut und Wahrheitsliebe zu solch' einem Überlaufen gehörte, konnten die blöden Soldaten, die nur die Disziplin, die Fahne und das Losungswort der Partei kennen, weil ihnen alles Partei ist, nicht begreifen und folglich nicht verzeihen." (VI, 41—42). An anderer Stelle schrieb er mit der seinen Schriften nicht selten eigenen Ironie: „Nur eine gewisse Entwicklungslosigkeit und Oberflächlichkeit des Geistes macht die Konsequenz der Anschauungen möglich, welche die Welt als ‚Charakter' zu bewundern gewöhnt ist." (VI, 66). Die weitere Entwicklung des jungen Deutschen zeigt deutlich, daß er bei seiner ‚Desertion' dem Wahrheitsdrange gefolgt war. Sie war ein Schritt zu sich selber. Das eigene Urteil über seine Jugend charakterisiert sein inneres Verhältnis dazu am besten: „Wie unklar, dumpf und verworren erscheint mir meine Jugend, wie weit fühl ich mich von ihr getrennt." [14]

Indes, die Änderung der politischen Ansichten war nur der sichtbarere Teil der großen inneren Wandlung, die in Hillebrand in diesen Jahren vor sich ging. Während er in seiner Jugend gelegentlich englische Romane und deutsche Dichter gelesen hatte, kannte er in seiner Gießener Studentenzeit kaum anderes als sozialistische und revolutionäre Schriften. Selbst ‚Wilhelm Meister', den er mit Begeisterung las, beurteilte er damals nicht vom künstlerischen Standpunkt aus. Er sah in ihm nur das Vorbild des in der Gemeinschaft wirkenden Menschen. Er erkannte aber nicht, wie sehr er ihn mißverstand, wenn er die Gemeinschaft der Bühne mit der einer revolutionären politischen Partei vertauschte. In den Jahren der Ernüchterung und Klärung mag ihm dies aufgegangen sein. An Stelle des juristischen Studiums, das er seiner politischen Interessen wegen gewählt hatte, wandte er sich nun humanistischen Fächern zu. Er studierte klassische Philologie, Geschichte, Philosophie und vor allem deutsche, französische, englische, italienische und spanische Literatur. Während

und Berlin 1927, S. 99 und 104. — Diltheys früheste Hinweise auf Tocqueville finden sich m. W. in der DR 1889, Bd 58, 365 f. — Als Geschichtsschreiber Frankreichs fand Tocqueville schon früher Würdigung, vgl. DR 1879, Bd 21, 29—48 (Sybel); DR 1885, Bd 43; HEINRICH JACQUES: A. v. T., Wien 1876.

[12] Vgl. HEINRICH HOMBERGER: Selbstgespräche. München 1928: „Hillebrand pflegte zu sagen: Die einzigen Ehrlichen sind die Skeptiker."

[13] Der Brief ist undatiert, wahrscheinlich 1872.

[14] DERNBURG, K. H. In: NZ, März 1885.

Hillebrand die englischen und die romanischen Literaturen um der formalen Geschlossenheit und der menschlichen Wahrheit willen, die sich in ihnen aussprach, hoch schätzte, wandte er sich der deutschen Literatur und Philosophie, vor allem jener der klassischen und romantischen Periode, mit dem ganzen Feuer seiner Begeisterung zu. Im Hause Hillebrand in Gießen war Goethe das große menschliche Vorbild, der regierende Geist aber war Hegel. Noch in der Fremde war nun *Hegels* Ästhetik das erste Buch, zu dem Hillebrand griff. In Bordeaux las er aber Hegel unter völlig neuen Voraussetzungen. Aus den geordneten Verhältnissen seines Vaterhauses in Gießen mit den festen Anschauungen, Grundsätzen und Idealen war er hinausgeschleudert worden in eine Welt, die sich aus ganz anderen Anschauungen aufbaute. Viele von Hegels Grundgedanken, die ihn einst begeisterten, stießen ihn nun ab. Den Weltgeist hielt er nicht mehr für absolut. Die Schicksalhaftigkeit im Einzelleben, die er selbst bitter erfahren hatte, erschien ihm als stärkster Gegenbeweis gegen die Anonymität des Geistes. Das Einzelwesen hat Schicksal. Aus den vielen Einzelschicksalen leitet sich erst das Gesamtschicksal einer Nation ab. Der umgekehrte Weg vom Geist der Nation zum Einzelwesen schien Hillebrand nicht gangbar. Die abstrakte, rationalistische Konstruktion, die Aufstellung nüchterner, rein logisch gegründeter Systeme, die blinde Mechanik im Ablauf von Welt und Geschichte, all das konnte ihn nicht befriedigen. So wie der Gaskogner Montesquieu hat auch Hillebrand erfahren, daß Klarheit, Schärfe und Unbedingtheit des Geistes das Gefühl und das Empfinden keineswegs ausschließen. Im Gegenteil, erst in der harmonischen Vereinigung von Geist und Gefühl, von Wollen und Können, von Ideal und Lebensgesetz des einzelnen entsteht menschliche Größe, entsteht Schicksal. Die Einmaligkeit und die Eigenwilligkeit des menschlichen Daseins widerstreben jeder historischen Schematisierung und jeder blind abrollenden Mechanik. Auch an die Allmacht des Staates konnte Hillebrand nicht mehr glauben; höchstens eine funktionelle, aber keine absolute Bedeutung war er gewillt, ihm zuzugestehen. Hillebrand war auch nicht mehr der Meinung, daß das deutsche Volk auf Grund seiner Tugenden und Begabungen zur Weltherrschaft bestimmt sei. Dazu hatte er in der Fremde zu viel gesehen und erlebt. Überhaupt, weder den absoluten Staat, noch ein absolutes System war er bereit anzuerkennen, sondern einzig und allein das Recht der sich zu letzter geistiger und sittlicher Freiheit entwickelnden Einzelpersönlichkeit.

Die Ablehnung von Hegels Philosophie war aber keineswegs so schroff, wie es aus mancher seiner Äußerungen klingen mag. Wenn Hillebrand auch vielen seiner Ideen widersprach, so war er doch bereit, das geschichtliche und philosophische Verdienst Hegels voll anzuerkennen: „Nicht einsehen wollen, daß Hegel eigentlich den Grundgedanken der deutschen Bildung in ein System gebracht — folglich auch zuweilen ad absurdum getrieben — heißt entweder die geistige Geschichte Deutschlands, von Herder bis auf Feuerbach, ignorieren, oder Deutschlands Beitrag zur europäischen Zivilisation als wertlos darstellen." (II, 355).

Hillebrands Kritik an Hegel läßt sich nicht nur aus seinem Frankreich-Erlebnis erklären. Sie war auch ein Zeitphänomen. Die große Enttäuschung in Deutschland nach 1848 führte zu Skepsis und Pessimismus. Die Folge davon war eine allgemeine Überprüfung der geistigen Positionen. Der Glaube an die alles beherrschende Vernunft war erschüttert. Man hatte nichts, was man an die Stelle der Hegelschen Vernunft hätte setzen können. In der geistigen Leere und Ausweglosigkeit, im Bedürfnis vor allem der liberalen Kreise, eine zeitnahe Deutung der Welt zu finden, griff man zu den Werken *Schopenhauers*. Der Philosoph, dessen Werke Jahrzehnte hindurch auf den Regalen verstaubten, trat nun plötzlich in den Mittelpunkt der philosophischen und ästhetischen Diskussion. Hillebrands Vater hatte schon früh die Bedeutung Schopenhauers erkannt. In seiner ‚Deutschen Nationalliteratur im 18. und 19. Jahrhundert' schrieb er 1844: „Schopenhauer... hebt sich... zu einer höchst eigentümlichen und originellen Auffassung der weltlichen und menschlichen Dinge." Er sah in seinem Werk „ein Zeugnis des ernsten Denkens, geistvoller Auffassung, vielseitiger Kenntnisse und trefflicher wissenschaftlicher Darstellung", was ihn berechtige, es „den vorzüglichsten Arbeiten seiner Art zur Seite" zu stellen [15]. Durch das aufkommende Schopenhauer-Interesse nach 1848 fühlte sich Joseph Hillebrand in seinem Urteil bestätigt. Er riet seinem Sohn, sich die Werke des Philosophen anzuschaffen und sie zu studieren. Hillebrand las sie 1852 durch [16], war damals aber noch zu sehr in den Gedankengängen Hegels befangen, als daß er zur geistigen Welt von Hegels großem Gegner Zugang gefunden hätte. Im Herbst 1854 zog sich Hillebrand in die Einsamkeit eines Försterhauses in Soulac bei Bordeaux zurück. Zwei Monate lang waren die Werke Schopenhauers seine einzige Lektüre (II, 354). Hillebrand studierte sie aber nicht systematisch, sondern wie alle Philosophie, in Beziehung zu seinem Leben und seinen eigenen Ideen. Es war daher nicht so sehr die philosophische Grundlegung von Schopenhauers System, die sein Denken beeinflußte, sondern die Fülle von Ideen und Folgerungen, die Schopenhauer selbst daraus ableitete. Allem voran war es Schopenhauers Auffassung, daß es neben dem Staat noch Kunst, Religion, Wissenschaft und Familie gebe, die in ihrer Berechtigung und Bedeutung über dem Staate stünden. Das Ideal des Menschen verkörpere sich nicht nur im Bürger und Patrioten, sondern vor allem im Denker, im Künstler und Heiligen. Mit Schopenhauer traf sich Hillebrand auch in der leidenschaftlichen Ablehnung allen Philistertums und der breiten Masse, die er für dumm hielt, und in der

---

[15] JOSEPH HILLEBRAND: Die deutsche Nationalliteratur im 18. und 19. Jahrhundert. Historisch und ästhetisch dargestellt. 3. Auflage, durchgesehen und vervollständigt vom Sohne des Verfassers. Gotha 1875. Bd 3 (19. Jh.), S. 203—04. In einer Fußnote weist K. H. darauf hin, daß der Vater den Abschnitt über Schopenhauer 1844 geschrieben habe, in einer Zeit, in der der Philosoph noch totgeschwiegen wurde.

[16] Erst zwei Jahre später erschien das erste Buch über Schopenhauer: JULIUS FRAUENSTÄDT: Briefe über die Schopenhauersche Philosophie. Leipzig 1854. In Frankreich wurde Schopenhauer durch FOUCHER DE CAREIL: Schopenhauer et Hegel, Paris 1862, bekannt.

Einsicht, daß die Quelle allen Glücks in der Autarkie der Persönlichkeit liege. Es war zweifellos im Sinne Schopenhauers und nicht Hegels, wenn Hillebrand von Tasso sagte, daß das Ausschlaggebende für das Glück des Menschen weder Geist noch Charakter, noch weniger die Umstände seien, sondern daß es das Temperament sei (IV, 344); oder wenn er von Balzac meinte, daß leserlicher als irgendwo das Gesetz, wonach des Menschen Natur sein Schicksal ist, unter dem Bildnis dieses seltsamen Mannes zu lesen sei (IV, 55). Am stärksten beeindruckte Hillebrand der künstlerische Weisheitsdrang Schopenhauers. Seine Überzeugung von der Philosophie als Kunst wandelte er in Geschichte als Kunst ab. Und der intellektuelle Genuß des Erkennens, das Wohlgefallen am ruhigen Anschauen, wurde bei Hillebrand zu einem amor intellectualis. Hillebrand ging aber über Schopenhauer hinaus. In der Kunst sah er nicht nur den höchsten Lebensgenuß, sondern auch die höchste Stufe menschlicher Betätigung. Die Weltanschauung des Künstlers war ihm die gerechteste und in der Leistung des Künstlers sah er die denkbar größte (VII, 240). Der Kunst verlieh Hillebrand damit fast religiösen Charakter. Bei Schopenhauer stand neben der tröstenden Kraft der Kunst die erlösende der Religion, neben dem Künstler noch der Heilige. In Hillebrands Welt gab es keine Heiligen, es sei denn die Künstler in der höchsten Form der Selbstverwirklichung (DC 362). Im Letzten konnte Hillebrand Schopenhauers Ästhetik nicht gerecht werden, denn das Tiefste in seiner Kunstanschauung ist Hillebrand, dem „Böotier" in der Musik [17], der „kein Moll von Dur unterscheiden" kann, verschlossen geblieben.

Mit Schopenhauer verwandt fühlte sich Hillebrand in seiner Auffassung vom Staate. Der Staat hatte für ihn keinen absoluten Wert. Er sah in ihm kein geistiges Wesen, sondern eine Zweckgemeinschaft, die dem Prinzip der Klugheit und des Praktischen unterzuordnen sei. Im Sinne Schopenhauers meinte Hillebrand, daß die gute Politik keine Prinzipien kenne, also weder legitimistisch noch republikanisch, weder religiös noch areligiös, sondern in ihren Zielen patriotisch und in ihren Mitteln gerecht sein müsse. Der tiefste Ausdruck von Schopenhauers praktischer Vernunft findet sich in Hillebrands Auffassung, daß eine Kultur der Wirklichkeit entsprechen müsse, für die sie da ist. (VI, 372). Im Glauben an die Weltklugheit ging Hillebrand aber nicht so weit wie Schopenhauer. Das Weder-lieben-noch-hassen-können hielt er nicht für die erste Weltklugheit und das Nichts-sagen-und-nichts-glauben durchaus nicht für die zweite. Offen sich auszusprechen und dem Ruf des Herzens zu folgen, war eine der größten Stärken, aber auch eine der Schwächen Hillebrands.

Auch auf dem Gebiet der Geschichte vermochte Hillebrand Schopenhauer nicht zu folgen. Während Schopenhauer der Geschichte jeden metaphysischen Wert absprach, sah Hillebrand gerade in ihr eines der schönsten Gebiete künstlerischer Betätigung und künstlerischer Anschauung (II, 322). In seinem Aufsatz über das „Schopenhauerdenkmal" nahm Hillebrand klar zu Schopenhauers System Stellung. Er meinte dort, daß er weder Schopenhauers

---

[17] PJb 1931, Bd 226, S. 48.

Ästhetik noch seine Moral unterschreibe. Zur ersteren stehe er ganz „oppositionell", von der letzteren könne er nur gewisse Seiten annehmen. Und er fuhr fort: „Niemand hat das Problem der Willensfreiheit tiefer ergründet als Schopenhauer, niemand die Lehre vom Mitleiden, als dem Fundament der Moral, plausibler begründet; aber die daraus gezogenen Schlüsse sind doch meist in offenem Widerspruch, sei's mit den Prämissen, sei's mit der Metaphysik der Philosophen. Wenn der Wille wirklich das Primat in der Welt hat, wie Schopenhauer annimmt, so hat auch der Optimismus Recht gegen den Pessimismus, als welcher er nur vor dem Intellekte besteht, und es ist nicht abzusehen, warum der Schwächere, d. h. der Intellekt, durch Verneinung des Willens zum Leben den voraussichtlich erfolglosen Kampf gegen den Stärkeren, d. h. eben den Willen, aufnehmen soll. Denn erfolglos, hoffnungslos muß der Kampf immer sein, solange das philosophische Moralsystem sich nicht in einer Religion verkörpert hat, und das will ja gerade Schopenhauer um keinen Preis. Wissenschaftlich mag nichts interessanter sein, als das Studium der Grundlage der Moral; aber auf die Handlungen der Menschen hat ein solches Studium auch nicht den geringsten Einfluß; erst wenn Nächstenliebe, Fatalismus, Prädestination zu religiösen Dogmen geworden, d. h. aufgehört haben, Philosophie zu sein, beginnen sie bestimmend auf die Tätigkeit des Menschen zu wirken." [18] Trotz gelegentlicher pessimistischer Äußerungen („Die Menschheit überhaupt taugt nicht viel" oder: „Der Mensch ist eine elende Pflanze überall." [19]) wich Hillebrand Schopenhauers Pessimismus entschieden aus. In allem seinem Tun und Lassen ließ er sich „von dem auf instinktivem Optimismus beruhenden Selbsterhaltungstrieb leiten." Es komme nur darauf an, meinte er, nie zu vergessen, daß „dieses reelle Leben nicht das Ding selber sei; daß alles Vergängliche nur ein Gleichnis ist." (II, 361). Zu schaffen, sich zu betätigen, human mitzuempfinden und an die fortschreitende Entwicklung des Menschen zu glauben, das war Hillebrands Lebenselement. „Man verkennt nicht ungestraft das Gesetz der Arbeit und der gesellschaftlichen Tätigkeit; ein Sichbeschränken auf das innere Leben, so rein und schön es sein mag, muß zum Pessimismus führen. Der Pessimismus aber mag das letzte Wort des Metaphysikers sein; für den zum Handeln berufenen Menschen ist er der Anfang alles Übels." (VII, 112). Und noch 1881 schrieb Hillebrand, schwer krank und gerührt von der tätigen Hilfe und dem warmen menschlichen Empfinden, das ihm entgegengebracht wurde, aus den Tiroler Bergen: „Se avessi mai seguito Schopenhauer in questa parte della sua filosofia che spinge il pessimismo fin a considerare tutti gli uomini come egoisti impenitenti e scellerati... la mia malattia sarebbe bastata a convertirmi!" [20]

Ganz besonders schätzte Hillebrand die großen schriftstellerischen Qualitäten Schopenhauers. „Nun haben wir endlich an Schopenhauer unsern Mon-

---

[18] GW 1884, Bd 25, 278—79.

[19] H. an Richard Wagner, 12. März 1877 und an Frau Emma Guerrieri-Gonzaga, 29. März 1874.

[20] H. an Villari, 16. Sept. 1881.

taigne gefunden!" (II, 363), rief er aus. Vor allem pries er die erwärmende Leidenschaft seiner Sprache, die Lebendigkeit, Klarheit, Einfachheit seines Stiles und die in allen Einzelheiten abgewogene Komposition seiner Schriften. In bezug auf ihre Form stellte er sie jenen Pascals zur Seite. Und häufig kam er auf Schopenhauers Wort zurück, daß die einzige Schule für einen reinen, klaren, einfachen und guten Stil die alten, vor allem die griechischen Schriftsteller seien.

Hillebrands Beschäftigung mit Schopenhauers Werk dauerte bis zu seinem Tode. Immer wieder griff er zur ‚Welt als Wille und Vorstellung' und vor allem zu den seiner eigenen Art verwandteren ‚Parerga und Paralipomena'. Noch knapp vor seinem Tode bemühte er sich, Max Müller, Rudolf von Ihering und Ludwig Noiré in ihrem Bestreben zu unterstützen, dem Philosophen und Schriftsteller Schopenhauer ein Denkmal zu errichten, das in Frankfurt am Main aufgestellt werden sollte. In alle Teile Europas, selbst nach Amerika, schrieb der damals schon Schwerkranke, um bei Freunden und Bekannten für dieses Unternehmen zu werben und um Beiträge zu bitten. In Italien selbst organisierte er eine Schopenhauer-Gemeinde, die unter dem Vorsitz des italienischen Philosophen und Anhängers der Schopenhauerschen Lehre Giacomo Barzellotti stand [21]. Sein früher Tod riß ihn mitten aus diesen Bestrebungen.

Fand Hillebrand auf politischem und sozialem Gebiet reiche Anregungen bei Tocqueville und Burke und auf ästhetischem und künstlerischem Gebiet ebenso große bei Schopenhauer, so wurzelte seine Weltanschauung im geistigen Erbe des *deutschen Idealismus*. Mit Eifer und Interesse studierte er in seinem französischen Exil die Werke Winckelmanns, Lessings, Herders, Jacobis, Wilhelm von Humboldts, Goethes, Schillers und anderer. Was ihm weder seine neue Heimat noch Tocqueville oder Schopenhauer zu geben imstande waren: ein neues Ideal, das fand er im deutschen Geistesgut des ausgehenden 18. Jahrhunderts. Und Hillebrand bedurfte wie wenige Menschen großer Ideen und hoher Ziele, die seinen Geist beflügeln und ihm Schöpferkraft verleihen konnten. Die Ideale, denen sich der enttäuschte Revolutionär nun zuwandte, waren die der Humanitas. Den Zweck seiner Bemühungen sah er in der allumfassenden Ausbildung des ganzen Menschen. In Lessing und Herder fand er das humane Ideengut der deutschen Klassik zusammengefaßt, in Goethe das lebendige, fleischgewordene Idealbild eines wahrhaft humanen Menschen, einer freien Persönlichkeit auf ihrer höchsten Stufe. Diese innere Erhöhung war kein Geschenk Gottes, sondern ein Ideal, dem man nachstreben und das man erreichen konnte. Aufklärerisches Denken klingt hier im späten 19. Jahrhundert nach. ‚Bildung' hieß das Zauberwort, das die Menschen vor Hillebrand in seinen Bann schlug. Als später Nachfahre des deutschen Idealismus hing Hillebrand diesem schicksalhaften deutschen Ideal mit seinem ganzen Feuer an. Freilich,

---

[21] Aus zahlreichen nachgelassenen Briefen geht hervor, daß H. alles tat, um Ludwig Noiré zu unterstützen. Vgl. vor allem H. an Barzellotti, 6. April 1883.

diese hohen Ideen hatte er nicht erst zu erobern. Er fand sie ausgeformt und erprobt in den Werken der großen Denker der klassischen Periode vor: den unerschütterlichen Glauben an das Menschliche; das Vertrauen auf das Vermögen und die Einsicht des menschlichen Geistes; das tolerante Verstehenwollen des Andersdenkenden; die Überzeugung, daß das geistige und körperliche Ideal des vollendeten Menschen in Griechenland zu suchen sei; und die Gewißheit, daß das letzte Geheimnis des Historischen im ständigen Werden, in der Entwicklung und Ausbildung von Einzelwesen begründet liege. Hillebrand nahm diese Ideen auf, verkörperte sie in seltener Reine und brachte sie im Wirbel einer zuendegehenden Epoche noch einmal zum Aufleuchten. Mit Stolz und Überzeugung konnte er später von sich sagen: „In the whole tendency of my mind, in my entire way of looking at things — religious, moral, historical and scientific — I have remained a thorough Continental, nay, a thorough German, whereas the younger generation of Europe is entering more and more every day into the intellectual current which sprang up in this island (Britain) towards 1860." (SL 3). Hillebrand blieb Deutscher, und das vor allem in dem von Winckelmann geahnten und von Herder gestifteten festen Glauben, daß das griechische Vorbild am reinsten und schönsten im deutschen Wesen neu verwirklicht werden könne. Es gehört zur Tragik im Leben Hillebrands, daß er sich inmitten einer zerfallenden Welt nicht dessen bewußt wurde (oder es nicht eingestehen wollte), daß die letzte Ursache der allgemeinen Entmenschlichung des Menschen, die er so schmerzlich beklagte, darin ihre Wurzel hatte, daß man den Menschen vergöttlicht und zum Maß aller Dinge gemacht hatte.

WACHSTUM

Erstes Auftreten: Douai - Études Italiennes - Otfried Müller

Im Herbst 1858 schrieb sich Hillebrand an der Sorbonne ein. Außer den gut bestandenen Prüfungen in Bordeaux hatte er, von einigen Artikeln in der ‚Gironde' abgesehen, nichts, womit er sein Wissen und sein Talent hätte beweisen können. Umso größer war nun der Eifer, mit dem er an die Arbeit ging. Es galt zu zeigen, was ein Deutscher konnte. Vom ersten Tag an verband er sein Wirken in Paris mit der Absicht, ein Beispiel deutschen Gelehrtenfleißes und deutscher wissenschaftlicher Methode zu geben.

Die nun folgenden Jahre waren angefüllt mit ernstestem Studium. Im Mittelpunkt des Interesses standen die italienische Renaissance und der deutsche Idealismus. Im Jahre 1861 (1860 von der Universität Paris als Dissertation angenommen) erschien als erste Frucht dieses Studiums Hillebrands kleine lateinische Schrift *De Sacro apud Christianos Carmine Epico,* Dissertationem seu

Dantis, Miltonis, Klopstockii, poetarum collationem, Facultati litterarum Parisiensi proponebat ad Doctoris gradum promovendus [1]. Hillebrand ging es in dieser Arbeit um einen stofflichen und formalen Vergleich zwischen den Werken der großen Dichter. Damals ahnte er wohl noch nicht, daß er in der vergleichenden Betrachtung von Menschen, Völkern und Zeiten einmal Glänzendstes leisten würde.

Hillebrands Hauptwerk dieser ersten Pariser Jahre, eine größere Studie über die Chronik des *Dino Compagni* [2], verriet schon deutlich Geist und Form seiner zukünftigen schriftstellerischen Art. Diese Studie über den großen Florentiner Geschichtsschreiber bot ihm auch die Gelegenheit, seinen Lehrern und Kollegen zu zeigen, daß er sich eine ausgezeichnete philologische und historische Bildung angeeignet hatte. Stolz wies er schon in der Einleitung darauf hin, wieviel er der deutschen philologischen und historischen Schule zu danken habe.

Bei der Ausarbeitung des Themas zog Hillebrand die alten mittelitalienischen Handschriften heran. Er wollte bis zu den Quellen vorstoßen. 1860 reiste er zum Studium der alten Handschriften und der geschichtlichen Hintergründe der Zeit Dino Compagnis nach Florenz. Mehrere Wochen lang arbeitete er in den verschiedenen Bibliotheken der Stadt, vor allem in der Magliabecchiana (heute Nationalbibliothek) und in der Marucelliana. Bei der Lektüre der mittelitalienischen Handschriften hatte er mit großen Schwierigkeiten zu kämpfen. Jean Lespine, ein Freund aus Bordeaux, half ihm über die schwersten Klippen hinweg.

Im August 1861 verteidigte Hillebrand an der Sorbonne seine Arbeit über Dino Compagni [3]. Noch im selben Jahr erschien das Buch in Druck. Es brachte ihm nicht nur die Doktorwürde, sondern auch volle Anerkennung in breiten Fachkreisen.

Die Chronik des Dino Compagni (1257/60—1323) war 1726 von Muratori herausgegeben worden. Lange Jahre war man von der Echtheit dieser Chronik überzeugt. Erst Pietro Fanfani äußerte 1858 Bedenken über die Datierung der Chronik. Für ihr Entstehen setzte er das 16. Jahrhundert fest und nicht das 13., wie allgemein angenommen worden war. Das Hin und Her hat dann bis zum Erscheinen der umfangreichen Arbeit Del Lungos nicht mehr aufgehört. Hillebrand war einer der ersten, der die Theorie Fanfanis zurückwies. Mit Entschiedenheit und Geschick verteidigte er die Echtheit der Chronik und die ursprüngliche Datierung. Er berief sich dabei auf historische, formale, philologische und psychologische Beweise. Darüber hinaus wollte er dazu bei-

---

[1] Paris 1861, 83 S. — Die Dissertation war folgendermaßen gegliedert: Prooemium — Actio (Fabula, Fontes, Ordo) — Sententia (Affectus, Religiones) — Mores (De personis poematum, De poetis eorumque temporibus) — Dictio (Sermo et versus) — Oratio.

[2] Das Buch ist dem Vater gewidmet. Zum Inhalt und zu seiner Bedeutung vgl. UE, 321—23 und HAUPTS, K. H., S. 54—61.

[3] Damals bestand die Vorschrift, daß eine lateinisch und französisch geschriebene Dissertation vorgelegt und verteidigt werden müsse.

tragen, dieses treffliche historische Kunstwerk der Frührenaissance der Vergessenheit zu entreißen.

Im ersten Abschnitt, dem historischen Überblick, gibt Hillebrand einen ausgezeichneten und glänzend geschriebenen Abriß der Geschichte von Florenz in der Zeit zwischen der Erhebung der Bürger (1280) und der Herrschaft der Mediceer (1378). Im zweiten Teil untersucht er die Chronik selbst, ihren Stil, ihren historischen Wahrheitsgehalt, ihre Gliederung und die Bedeutung Dino Compagnis als Historiker, indem er ihn mit Herodot und Macchiavelli vergleicht. Abschließend feiert er den Redner und Dichter Dino Compagni. Er nennt ihn „un des plus grands historiens des temps modernes." (DC, 360). Neben der Fülle an historischen Tatsachen, die Hillebrand in dieser Studie bietet, rührt er auch an eine Reihe allgemeiner Fragen, so an das Problem der Entstehung der Sprache, an das Problem des Historischen und der Geschichtsdarstellung. In der Behandlung dieser Fragen zeigt Hillebrand, daß Herder, W. v. Humboldt und Ranke entscheidenden Einfluß auf sein Welt- und Geschichtsbild geübt hatten. Nie gibt er aber die Ideen Herders oder Humboldts als eigene Ideen aus. Diese Ehrlichkeit dem Leser gegenüber liegt in Hillebrands Charakter begründet, erklärt sich aber auch aus seiner Absicht, die Ideen des deutschen Idealismus und die Methoden der philologischen und historischen Schule in Frankreich zu vertreten.

Hillebrands Studie hat bei den Fachleuten sogleich Anerkennung gefunden. Das ‚Journal des Savants'[4] und das ‚Archivio Storico Italiano'[5] äußerten sich eingehend dazu. Neben einiger Einzelkritik lobten sie den Geist und den Gesamtplan der Arbeit. Giosué Carducci, den Hillebrand 1862 in Florenz persönlich kennengelernt hatte, nahm einigemale lobend dazu Stellung[6]. Carducci hatte die Absicht, Hillebrands Buch in der ‚Nazione' zu besprechen, scheint aber nicht dazugekommen zu sein[7]. Am schwersten wiegt das Urteil Isidor Del Lungos, der in seinem großen Werk über Dino Compagni Hillebrands Studie eingehend besprach. Nach der Prüfung vieler Einzelheiten stimmte er besonders in der „unité ideale", die Hillebrand als das auffallendste Merkmal der Chronik hinstellte, mit ihm überein. Damit unterschrieb Del Lungo, ohne sich darüber im klaren gewesen zu sein, Hillebrands These vom organhaften Zusammenhang allen geschichtlichen Daseins, die Hillebrand seiner Betrachtung der Chronik und der Person Dino Compagnis zugrunde gelegt hatte[8].

Für Hillebrand hatte dieses wissenschaftliche Erstlingswerk große Bedeutung. Mit einem Schlage wurde er in der Fachwelt bekannt. Ihm selbst gab

---

[4] Journal des Savants, Paris 1862, 191—92. Vgl. Il Politecnico 1867, Bd 5, 4.

[5] CESARE PAOLI: Dino Compagni In: ASI 1868, Ser. 3, Bd 7, 121—38.

[6] GIOSUÉ CARDUCCI: Lettere. Edizione Nazionale delle Opere, Bd 3, S. 220 (Brief 498) und Bd 6, S. 24 (Brief 1083).

[7] CARDUCCI: Lettere, Bd 3, S. 279 (Brief 530) und Bd 4, S. 163—64 (Brief 703).

[8] ISIDORO DEL LUNGO: Dino Compagni e la sua Cronaca. 2 Bde. Florenz 1880, bes. Bd 2, S. 957—69. Dazu wichtig: del Lungos Auseinandersetzung mit der Compagni-Literatur: La critica italiana dinanzi agli stranieri e all'Italia nella questione su Dino Compagni. Florenz 1877, S. 7 f.

dieses erste größere Werk Aufschluß über seine eigentliche Begabung. Hier hatte er mit Erfolg versucht, eine essayistisch-künstlerische Darstellungsweise mit wissenschaftlichem Ernst und strenger Methode zu vereinigen.

Hillebrand dachte daran, die in der Einleitung zu ‚Dino Compagni' begonnene Geschichte der Stadt Florenz fortzuführen. Es kam nicht dazu, obwohl er schon umfangreiches Material dafür gesammelt hatte [9].

Im August 1861 kehrte Hillebrand als Doktor der Sorbonne nach B o r d e a u x zurück. Im folgenden Jahr hielt er dort eine Reihe von Vorträgen über *Goethe und seinen Einfluß*. Das war ein Thema, das ihn zeitlebens beschäftigte. In diesen Vorträgen, die stark geistesgeschichtlich gehalten waren, zeigte Hillebrand vor allem die Größe und die Bedeutung des deutschen idealistischen Denkens. Zugleich wies er darauf hin (und dies lange vor der allgemeinen Erkenntnis dieser Tatsache), daß die neuen englischen Ideen von Darwin, Buckle, J. S. Mill, A. Bain die stärksten Gegenkräfte gegen die herrschende deutsche Philosophie seien und diese ablösen würden [10].

Im Winter 1862—63 verfaßte der junge, begabte Absolvent der Sorbonne eine Schrift, die preisgekrönt wurde: *De la condition de la bonne comédie*. Angeregt wurde er zu dieser Studie durch die Akademie in Bordeaux, die das Thema mit der Fragestellung ausschrieb: *Quels étaient l'état des mœurs et la disposition des esprits aux époques où brilla la bonne comédie? — Des éléments analogues existent-ils aujourd'hui en France?* Diese Arbeit, die eine Darstellung großer Linien und zugleich psychologische Einzeluntersuchung erforderte, kam dem Talent Hillebrands sehr gelegen. Trotzdem er nur zwei Monate vor Ende des Termines von dem Wettbewerb erfuhr, beteiligte er sich daran. In wenigen Wochen schrieb er die Studie nieder, größtenteils ohne die einschlägige Literatur heranziehen zu können. Inhaltlich ist seine Arbeit außerordentlich originell. Sie bringt eine Reihe neuer Ideen, aber auch gewagter Theorien. Die Grundlagen einer guten Komödie faßt er, empirisch vorgehend, folgend zusammen: „Ces éléments et ces circonstances, selon moi, sont: l'esprit public, une vie nationale et un gouvernement populaire, le terme d'une époque ascendante et l'aurore d'une période de puissance, la centralisation et une société nationale, un degré avancé de civilisation générale sans décadence, la culture littéraire de la langue et des formes poétiques, à côté de laquelle s'est maintenu

---

[9] HARTWIG, K. H. S. 148. In einem Schreiben an Gino Capponi vom 1. Dez. 1861 schrieb H.: „... je prépare un travail sur le XIVe siècle florentin, notamment sur les épisodes du Duc d'Athènes et sur la Révolte du Ciompi." Gedruckt in: GINO CAPPONI: Lettere di Gino Capponi e di altri a lui, raccolte pubblicate da Alessandro Carraresi. Florenz 1890, Bd 6, 336—37. — Carducci schrieb über Hs Plan an Chiarini: „Vedi chi li sa scegliere i grandi temi della nostra storia?" In: CARDUCCI, Lettere, Bd 3, S. 220. — An Stelle der florentinischen Geschichte wollte H. später (1869) eine Geschichte der Renaissance in Deutschland schreiben. Auch dieser Plan blieb in den Vorarbeiten stecken. Vgl. H. an Villari, Karfreitag 1869, wo er schreibt, daß er dabei sei, die letzte Hand an die Arbeit zu legen.

[10] Die Vorträge sind nicht erhalten. Nachrichten darüber IV, 222 und HARTWIG, K. H., S. 152.

vivant un théâtre national et populaire." (BC, 82). Die Aussichten für eine neue Blüte der französischen Komödie beurteilt Hillebrand nicht günstig. Interessant und bezeichnend für die Ideen Hillebrands ist die starke Betonung der gesellschaftlichen Grundlage der Komödie. Tocquevilles scharfe Analyse des Gesellschaftslebens und seine eigenen Erfahrungen in Frankreich hatten ihn gelehrt, wie sehr das gesellschaftliche Leben einer Nation ihr geistiges Schaffen bestimmt. Hillebrands Arbeit wurde trotz mancher Mängel und Längen, nicht zuletzt der sprachlichen Darstellungskraft wegen, von der Akademie in Bordeaux preisgekrönt. Sie hat wesentlich dazu beigetragen, Hillebrands Ruf als Kritiker und Literat in Frankreich zu festigen. In Deutschland ist die Schrift unbekannt geblieben.

Hillebrands wissenschaftliche Arbeiten machten seinen Namen bekannt, eine gewisse materielle Besserstellung in den ersten Sechzigerjahren ermöglichte ihm Reisen ins Ausland, aber sein Wunsch, in den höheren Lehrdienst aufgenommen zu werden, ging nicht in Erfüllung. Enttäuscht wandte er sich im Herbst 1862 an den Marchese Anselmo Guerrieri-Gonzaga, den er in Florenz kennengelernt hatte [11]. Er bat ihn, sich beim italienischen Unterrichtsminister Brioschi dafür einzusetzen, daß ihm eine frei werdende Stelle in Turin übertragen werde. Neben der Möglichkeit, eine Mittelschul-Lehrstelle in Deutschland (Frankfurt) oder irgendwo in Frankreich anzutreten, sehe er keine Aussicht auf Anstellung, aber seine Vorbereitung und Berufung bestimme ihn nicht für die Mittelschule, sondern für die Universität. Die Verhandlungen zogen sich hin. Inzwischen wurde die Stelle eines Deutschlehrers an der berühmten Militärakademie in St. Cyr bei Paris frei und Hillebrand angeboten. Er wollte ausschlagen. Auf das Drängen seiner Freunde hin nahm er aber doch an. Sein Wirken in St. Cyr war nur von kurzer Dauer. Im Sommer 1863 wurde der liberale Victor Duruy von Napoleon III. zum Unterrichtsminister bestellt. Duruy war der Sekretär Michelets gewesen. Als Mann von Weitblick, großer Energie und vorbildlichem Charakter war er eine der Stützen des Regimes. In ihm fand Hillebrand nun den Protektor, der ihm den Weg zur Universität ermöglichte. Duruy war auf Grund einer Empfehlung aus Bordeaux (wahrscheinlich von Dezeimeris) auf den jungen Gelehrten aufmerksam geworden. Er berief den Deutschen nicht ungern, denn er trug sich mit der Absicht, das französische Schulwesen, vor allem die Universität, zu reformieren. Dabei wollte er sich weitgehend an das vorbildliche deutsche Schulsystem halten.

So hatte es Hillebrand Duruy zu danken, daß er 1863 an die Fakultät von Douai berufen wurde [12], um dort die Professur für ausländische (d. h. vergleichende) Literatur anzutreten. Er hatte wöchentlich einen Vortrag zu halten, der sich von einer üblichen Vorlesung darin unterschied, daß er bis ins letzte, vor allem in formaler Hinsicht, ausgearbeitet sein mußte. Über die *Vorlesungs-*

---

[11] H. an Anselmo Guerrieri-Gonzaga, 25. Oktober 1862.
[12] In Frankreich wurde im Anschluß an die Revolution die Bezeichnung ‚Universität' abgeschafft. Es gab nur noch ‚Corps des Facultés'. Erst durch das Gesetz vom 10. Juli 1896 wurden die Universitäten dem Namen nach wieder hergestellt (I, 88).

themen sind wir zum Teil unterrichtet. Im ersten Winter sprach Hillebrand über die Literatur der deutschen klassischen Periode. Für diese Vorlesungen waren ihm die Vorträge, die er in Bordeaux ausgearbeitet hatte, von größtem Nutzen. 1864—65 befaßte sich Hillebrand in 25 Vorträgen mit dem englischen Roman des 18. Jahrhunderts. In den darauffolgenden Jahren hielt er dreißig Vorlesungen über Dante und weitere dreißig über die italienische Literatur, vor allem über die religiöse Dramatik im Zeitalter der Renaissance. In kleineren Vortragszyklen sprach Hillebrand über die Literatur der Karolingerzeit, über die Berliner Gesellschaft und die Berliner Salons um 1800 und über die damals neu entdeckten Dokumente zum Schicksal Johannas der Wahnsinnigen. Alle diese Themen — und das ist für Hillebrand sehr bezeichnend — waren nicht einfache Vorlesungsgegenstände, sondern standen auf die eine oder andere Art mit den Hauptproblemen, die ihn stets beschäftigten, in Beziehung: mit dem Persönlichkeitskult der Renaissance, dem Menschenbild der deutschen Klassik und der Idee des Werdens geschichtlicher Wesen.

Ein Teil dieser Vorträge lag bei Hillebrands Tod gedruckt vor [13]. Hillebrand hielt es wie viele seiner französischen Kollegen, die ihre besten Vorlesungen in fast regelmäßigen Abständen in der ‚Revue des Cours Littéraires' oder in anderen Zeitschriften veröffentlichten, sei es, um sich einen literarischen Namen zu schaffen, sei es, um einen finanziellen Vorteil aus den Arbeiten zu schlagen. So erschienen von Hillebrand in den Jahren nach 1865 in der ‚Revue des Cours Littéraires' die Arbeiten ‚Tom Jones', ‚Robinson Crusoe', ‚La jeune Allemagne de 1775', ‚La politique dans les Mystères du XVe siècle — Laurent de Médicis' und ‚De l'apostolat de Dante et de son influence'. Das ‚Journal des Débats' brachte seine Arbeiten über ‚Laurence Sterne' und über ‚Savonarola'. Die ‚Revue des deux mondes' druckte die Essays über ‚Johanna die Wahnsinnige' (‚Une énigme de l'histoire') und die Berliner Gesellschaft (‚La société de Berlin').

Eine Reihe der besten Vorlesungen über die italienische Literatur der Renaissance und über die karolingische Dichtung faßte Hillebrand zu einem Sammelband *Études Italiennes* zusammen, denen unter dem Titel *Études Germaniques* ein weiterer Band folgen sollte. Leider ist es nicht mehr dazu gekommen. In der ‚Études Italiennes' hat Hillebrand den rhetorischen Ton beibehalten, wodurch die Arbeiten sehr lebendig wirken. Im einleitenden Vortrag über ‚La divine comédie et le lecteur' kommt Hillebrand auf seine eigene Zeit zu sprechen. Er bekennt sich zu einem Weltbürgertum im Sinne Goethes. Es werde eine Epoche anbrechen, meint er, der ein weltweiter Blick gewährt sei, und die zugleich genug Abstand von der Vergangenheit besitze, um imstande zu sein, sie besser und gerechter zu beurteilen. ‚Notre temps', so schreibt er, „est bien le commencement d'une ère nouvelle et la fin d'une période longue et importante de l'histoire humaine. Il est vieux à bien des égards: ayant beaucoup

---

[13] Der weitaus größere Teil, der noch ungedruckt war, ist im Laufe der Zeit verloren gegangen, vieles bei Hs Flucht aus Frankreich 1870, der Rest durch Bomben in Bremen, wo der literarische Nachlaß verwahrt wurde. Auf die ungedruckten Teile kann nur indirekt geschlossen werden.

vu et comparé beaucoup, il est arrivé á comprendre et à tolérer beaucoup, et comme il est improductif lui-même... l'engouement de ses propres œuvres ne l'empêche pas d'être juste pour les œuvres du passé." (EI, 3—4). Und Hillebrand fügte hinzu: „... cette culture cosmopolitique dont Goethe prévoyait déjà l'avènement à la fin de sa vie, devient de plus l'apanage de tous les esprits ouverts, libres et vivants de l'Europe." (EI, 4—5). Das humane Traditionsbewußtsein Hillebrands mündet schon hier in liberale Ideen ein: Dem Geist Goethes und Dantes und aller Großen der Vergangenheit könne man nur bei absoluter Offenheit und Aufgeschlossenheit und bei völliger geistiger Freiheit gerecht werden. In diesem Freiheitsbewußtsein, das keineswegs doktrinär oder politisch zu begreifen ist, sah Hillebrand nicht nur die Grundlage für das Verstehen des Vergangenen, sondern auch für die Entwicklung des Zukünftigen, das bei aller Traditionsgebundenheit für ihn nicht anders denn als Frucht vollkommener geistiger Freiheit zu denken war und das sich in der Form einer Weltliteratur, einer Weltgesellschaft und einer Weltkultur verwirklichen werde.

Die Sammlung von Hillebrands Vorlesungen erregte in Fachkreisen allgemeine Anerkennung. Der sonst so kritische Carducci zollte den ‚Italiennes' uneingeschränkte Zustimmung [14]. Heute sind die Arbeiten wissenschaftlich größtenteils überholt. Einige unter ihnen, so der Vortrag über ‚Macchiavelli', über ‚Dante' und über ‚Savonarola' sind glänzende Essays. Dank dem psychologischen Scharfsinn, mit dem Hillebrand die Persönlichkeit jedes dieser Großen zeichnet, und dank der formalen Geschlossenheit, die diese Studien auszeichnet, werden sie stets ihren Wert behalten. Sie haben nicht den Charakter professioneller Arbeiten, sondern sind, trotz tiefem Gehalt, leicht und in ihrer Kürze umfassend. Sie bringen reiches Einzelwissen, ohne die großen Züge zu verwischen, und verraten eine außerordentlich feine Darstellungskunst. So wuchs Hillebrand auch in seinen rein wissenschaftlichen Arbeiten immer mehr in seine eigentliche Darstellungsform und Wirkungsart hinein. Es ist nicht überraschend, daß die ‚Italiennes' nicht unwesentlich dazu beitrugen, Hillebrand über den Kreis der Fachkollegen hinaus unter den freien Literaten bekannt zu machen und ihm den Weg zu den großen Pariser Zeitschriften zu ebnen.

Die geringe Lehrtätigkeit in Douai vermochte den temperamentvollen, geistig gewandten und allseitig interessierten jungen Professor nicht auszufüllen. Je älter Hillebrand wurde, um so unerträglicher erschien es ihm, an ein und demselben Ort verweilen zu müssen. Abwechslung, Gespräche mit Freunden, Unterhaltung in vier Kultursprachen, das war sein Element. Ein kon-

---

[14] CARDUCCI, Lettere, Bd 6, S. 25 (Brief 1083, 9. Feb. 1869): „... perché nessuno da vero o pochissimi, fra gli stranieri, hanno mai parlato delle cose nostre con tanta dottrina e gusto, amore e veritá, con tanta competenza in somma. Volevo dirvi che, fra le innumerevoli pagine scritte a questi ultimi anni in Italia e fuori sopra Dante, non mi è avvenuto di trovarne molte che valgano quelle poche vostre, ove con tanta profondità e finezza e finitezza è assegnato e descritto il carattere, l'officio, la parte che tiene la Divina Comedia nella letteratura d'Europa. Volevo dirvi che dai vostri capitoli sul siclo carolingio ho imparato con sollecitudine e con chiarezza, più che da molti libri." — Zu den ‚Italiennes' vgl.: UE, 323—26; RCr 1869/1, 386—88.

tinentweites Wirken und Auf-sich-Wirkenlassen wurde mehr und mehr zur notwendigen Voraussetzung für sein Schaffen. Douai konnte einem so gearteten Menschen auf die Dauer nichts bieten. Um aber den erzwungenen Aufenthalt in dieser trostlosen Provinzstadt möglichst vorteilhaft zu nützen, ging Hillebrand im Einvernehmen mit seinem väterlichen Freund Dezeimeris daran, die griechische Literaturgeschichte von *Otfried Müller* ins Französische zu übertragen und mit einer Einleitung über die deutsche historische Schule und die Persönlichkeit Otfried Müllers herauszugeben [15]. Aber es waren nicht nur die Einsamkeit und die Büchernot von Douai, die ihn auf den Gedanken brachten, gerade dieses Werk zu übersetzen; er tat es auch aus eigenem Bedürfnis. Hillebrand war davon überzeugt — und das hatten ihn auch W. v. Humboldt und Schopenhauer gelehrt —, daß nur eine umfassende Kenntnis der griechischen Literatur das Verstehen der modernen ermögliche. Der beste Weg zum Verständnis der literarischen Erzeugnisse der Antike geht, so glaubte Hillebrand, über die Schule der deutschen klassischen Philologie. Denn kein Land hat auf dem Gebiet der Erforschung der Antike so viel geleistet wie Deutschland. Und von der ganzen historischen Literatur hätte Hillebrand nichts besser und leichter den Zugang zur griechischen Literatur ermöglicht als Otfried Müllers Standardwerk der deutschen klassischen Philologie. An keinem anderen Autor hätte Hillebrand überdies wirkungsvoller zeigen können, was die deutsche Wissenschaft auf Grund ihrer philologischen Methode geleistet hat. Die einleitende Studie über die historische Schule und über Otfried Müller gehört zum Besten, was Hillebrand geschrieben hat. Voll von Wissen und Verstehen, genährt von der Begeisterung für den Gegenstand und beseelt vom Wunsche, dem Vorbild des großen Philologen nachzueifern, zeigt sie zugleich eine Beherrschung der französischen Sprache, wie sie bei einem Ausländer als einzigartig angesehen werden kann [16]. Noch heute stellt diese Einleitung das Umfassendste und Treffendste dar, was es über den Gegenstand gibt.

Im ersten Abschnitt der langen Einleitung bringt Hillebrand einen Abriß der Geschichte der klassischen Philologie und eine Charakteristik der Methode Friedrich August Wolfs. In seinem Schaffen sieht er eine Bestätigung von Winckelmanns idealistischem Glauben, daß das Schöne Grundzug und Gesetz der antiken Kunst und des antiken Lebens gewesen sei. Ebenso entschieden habe aber Herders Idee von der organischen, vollständigen und harmonischen Einheit des Altertums auf Wolf gewirkt. Dieses gesteigerte Menschentum der

---

[15] KARL OTFRIED MÜLLER: Geschichte der griechischen Literatur bis auf das Zeitalter Alexanders. Nach der Handschrift des Verfasssers herausgegeben von Eduard Müller. 2 Bde. Breslau 1841. Die Übersetzung Hs ist Reinhold Dezeimeris, der den Fortgang der Arbeit mit ‚soin paternel' überwachte, gewidmet. Die Einleitung wurde von Hermann Uhde-Bernays übersetzt und gekürzt in den UE veröffentlicht. Dort auch eine Würdigung der Bedeutung von Hs Einleitung und Übersetzung: UE, 332—40. Weiters: RCr 1866/1, 297—300. Vgl. ALFRED BÄUMLER in seiner Einleitung zu: Johann Jakob Bachofen: Der Mythus von Orient und Occident. Hrsg. von Manfred Schröter. München 1956.

[16] HARTWIG, K. H. S. 151.

Hellenen sollte, und darin sah Hillebrand das große Ziel der deutschen Philologie, in seiner Größe begriffen und der Gegenwart vermittelt werden, „um auf diese Weise selbst ein Organismus, eine vollständige Welt zu werden." (UE, 197). Im zweiten Abschnitt gibt Hillebrand einen Überblick über Wesen und Methode der historischen Schule. In ihren Vertretern feiert er die Männer, die die deutsche Wissenschaft zu einmaliger Blüte und internationaler Geltung emporgeführt haben. Mit „geheimnisvoller und scheuer Verehrung" betrachtet er sie, „so sehr überragen sie durch ihre Bedeutung die heutigen Menschen". (UE, 186). Und in Otfried Müller sieht er den „letzten, wirklichen Bahnbrecher der glänzenden Generation von 1820" (UE, 189), dessen Leben, Werk und Leistung er im dritten Abschnitt der Einleitung behandelt.

Bedeutend und für die damalige Zeit (1864) unerhört klar gesehen ist Hillebrands Charakteristik und Kritik der historischen Schule. Die Philologie und die historische Schule, meint er, seien bemüht, vermittels der unvollständigen oder verstreuten Überlieferung der Sprache in den Geist der geschichtlichen Völker einzudringen und dessen Tätigkeit zu erfassen. Inhalt und Bedeutung des religiösen, sittlichen, philosophischen und sozialen Lebens der Völker sollten dargestellt werden. Dies sei aber nur in Griechenland möglich, weil allein die griechische Kultur harmonisch, organisch, vollendet und in sich abgeschlossen gewesen sei. Sie stelle einen Idealtyp der Menschheit dar, der in der Welt kein zweites Mal vorkomme. Dieser organische Körper der Antike spreche aber mit mehr als einer Stimme zu uns: durch Poesie und Prosa, durch Mythos und Kunstwerk, durch Sitte und Gesetz, durch Geschichte und Sprache. Daher könne das Lebendige, Organische, in sich Verbundene und Abgeschlossene nur durch eine zusammenfassende Tätigkeit der Seele, durch ‚Intuition' erfaßt werden. „Die Intuition bringt die Lösung des Problems, das wir historisches Leben nennen." (UE, 208) In der Kraft der Intuition sieht Hillebrand die Größe Otfried Müllers.

Aber nicht allein in der Methode liege die Bedeutung der deutschen historischen Schule. Sie beruhe auch auf der besonderen Fähigkeit der Deutschen, durch die Kraft der Anschauung und der Ahnung Dinge zu sehen, die einem weniger glücklichen Auge verborgen bleiben. Ihr Anpassungs- und Einfühlungsvermögen komme ihnen dabei zu Hilfe und erleichtere es ihnen, sich in fremde Länder und ferne Zeiten zu versetzen. Diese Begabung der Deutschen habe der historischen Schule größte Dienste erwiesen. Sie wäre auch dazu angetan, ihren Werken einen poetischen Charakter zu verleihen, wenn ihnen nicht Maß und Form fehlten und an Stelle dessen Schwerfälligkeit und Ungeschicklichkeit ihren Stil kennzeichneten. Denn das Geschichtswerk müsse ein Kunstwerk sein, in Geist und Form gleich vollendet. Viele der wissenschaftlich wertvollen Geschichtswerke Deutschlands seien es aber nicht, weil ihnen die gefällige Form fehle.

Mit Begeisterung legte Hillebrand die Ideen der historischen Schule dar, trotzdem er nicht in allem gleicher Meinung war. Die historische Schule stützt sich auf die Entwicklungs- und Organismusidee Vicos und Herders. Jedes Volk gleicht einem Individuum, einem Organismus, der eine eigene geistige Grundlage besitzt. In ihr ruhen die Gesetze seines Werdens, ist seine Entwicklung vorgezeichnet. Wenn man, wandte Hillebrand ein, die Entwicklung der Völker als eine „Art von schicksalhaftem Wachstum" ansehe, vergesse man „die ungeheure Macht des Einflusses der großen Persönlichkeiten auf dem Wege der Nationen". (UE, 212). Die großen Persönlichkeiten seien die Beweger der Welt, die Schöpfer unserer geschichtlichen Zustände und unseres geschichtlichen Werdens. Hillebrand ist nicht bereit zuzugeben, daß die künstlerische Tätigkeit allein Ausfluß der Zeit und der Gesellschaft sei. Für ihn ist der Künstler eine freie, nach eigenen Gesetzen (wenn auch nicht völlig unabhängig von Zeitverhältnissen) sich entwickelnde Persönlichkeit, deren Wesen sich jeder Schematisierung, auch jener der historischen Schule, widersetzt.

Hillebrands Übersetzung von Otfried Müllers Geschichte der griechischen Literatur, und vor allem seine Einleitung, brachten ihm wie fast alle seine Schriften schlagartig Anerkennung. Sie fand schnelle Verbreitung, nicht nur in Frankreich, sondern auch in Italien, wo man sich für die neuen wissenschaftlichen Erzeugnisse Deutschlands immer mehr zu interessieren begann und Französisch doch leichter las als Deutsch [17]. 1865 erschien die erste Auflage, 1866 schon die zweite und knapp vor Hillebrands Tod (1883) die dritte [18]. Das Bedeutendste, was über Hillebrands Übersetzung und seinen einleitenden Essay gesagt wurde, stammt aus der Feder Hippolyte Taines. In einer langen Besprechung im ‚Journal des Débats' schrieb er unter anderem, daß niemand besser als Hillebrand dazu geeignet gewesen sei, die historischen und philologischen Forschungsmethoden der Deutschen in Frankreich einzuführen [19]. Selbst Napoleon III. wurde durch die Übersetzung von Otfried Müllers Werk auf Hillebrand aufmerksam [20]. Und der bedeutende liberale französische Publizist Édouard René Laboulaye schrieb am 11. November 1865 an Hillebrand: „... je suis bien privé de ne pouvoir pas lire votre introduction (er war blind) dont on m'a fait de grands éloges."

[17] In England gab es schon eine Übersetzung von George Cornwall-Lewis, dem gelehrten Innenminister (1859).
[18] Die 3. Auflage brachte eine stark erweiterte Bibliographie. H. war nicht mehr imstande, sie selbst durchzusehen. Er mußte die Arbeit einem jungen Philologen und seiner Gemahlin überlassen, die sie nach seiner Anleitung ausführten.
[19] HIPPOLYTE TAINE: Otfried Müller... In: JdD, 6. Nov. 1865. Ein Teil der langen Besprechung abgedruckt bei: VICTOR GIRAUD: Essai sur Taine, son oeuvre et son influence. (= Collectanea Friburgenna, NS 1, Nr. 10) Freiburg-Paris 1901, 243—44.
[20] HIPPOLYTE TAINE, sa vie et sa correspondance. 3. Auflage. Paris 1908, Bd 2, S. 278.

Intensive Arbeit und eingehendes Studium konnten Hillebrand seine Abgeschiedenheit und das spießbürgerliche Dasein in Douai auf die Dauer nicht erträglicher machen. Schon während der ersten beiden Jahre seines Aufenthaltes in der nordfranzösischen Provinzstadt zog es ihn oft nach Paris. Hier sah er die Möglichkeit freier wissenschaftlicher Arbeit und anregenden Gedankenaustausches im Kreis von Professoren und in der Gesellschaft der Stadt. 1866, knapp nachdem Hillebrand die französische Staatsbürgerschaft erhalten hatte [1], entschloß er sich, in Paris eine Wohnung zu nehmen und nur mehr einmal wöchentlich zu den Vorträgen nach Douai zu fahren. Die knappen vier Jahre, die Hillebrand in der Folge in Paris verbrachte, waren reich an Erleben. Sie zeichneten sich aus durch Hillebrands regelmäßige Teilnahme am gesellschaftlichen Leben der Stadt, durch seine vermehrte Tätigkeit im französischen Staatsdienst, durch ausgedehnte Reisen nach Italien, Deutschland und England und durch umfangreiches publizistisches Schaffen. Dieses rastlose Wirken und Tätigsein war getragen vom Wunsch und der Absicht, deutsches Denken und deutsches Wesen dem gebildeten Franzosen verständlich zu machen.

Ähnlich wie fünfzehn Jahre zuvor in Bordeaux fand der mit „behaglicher und natürlicher Weltmannseleganz auftretende junge Mann" [2] schnell Eingang in die G e s e l l s c h a f t der Stadt und in die führenden literarischen Salons. Die Zeitgenossen rühmen Hillebrands große Gewandtheit im Umgang mit Männern und Frauen der höheren Gesellschaft. In Unterhaltung und Diskussion nahm er dankbar auf, was ihm an Wissenswertem geboten wurde. Im selben Maße war er aber auch bereit, den anderen zu geben und sie anzuregen. Bamberger, der mit Hillebrand in diesen Jahren viel beisammen war, beschreibt die gesellschaftliche Kunst des jungen Deutschen auf eindringliche Weise: „Seine (Hillebrands) Konversation war vortrefflich, immer reich, genährt und fließend, dabei für die Gegenrede dankbar und empfänglich im höchsten Grade. Sie war mehr gedanken- als geistreich; er hatte viel Sinn für Humor; ohne dessen viel zu produzieren. Das ironische Über-den-Dingen-Schweben war sein Streben, aber Sarkasmus blieb ihm fern. Er gehörte zu den Menschen, von denen die Robinsonade des reifen Lebens sich träumend ausmalt, wie schön es wäre, sie einem Konvikt auserlesener Freunde einzuverleiben, mit denen man ein beschauliches Dasein führen könnte. Denn er hatte auch die Eigenschaften des Herzens und die Liebenswürdigkeit des Umgangs, welche dazu gehören. Allem Pathetischen widerstrebend, hatte er einen wahrhaft zärtlichen Sinn, und die Freundlichkeit der romanischen Verkehrsformen gab diesem Sinn die zugleich wohlbemessene und doch warme Ausdrucksweise." [3]

---

[1] 1872 erhielt H. die deutsche Staatsbürgerschaft zurück: vgl. Jessie H. an Barzellotti, 7. Dez. 1884.
[2] BAMBERGER, Schriften II, S. 147.
[3] BAMBERGER, Schriften II, S. 167.

Für diesen regsamen und stets schaffenden Geist konnte es kein höheres Vergnügen und keine größere Genugtuung geben, als sich in diesem „foyer intellectuel" frei zu bewegen, „auquel nul autre en ce monde ne saurait se comparer et dont la flamme, sans cesse nourrie par ce concours d'éléments et de forces, est sans cesse animée aussi par le souffle de la vie politique qui se produit à ses côtés". [4] In dieser „ville d'artistes", wo man sich besser als anderswo dem „charme d'une forme exquise" hingeben konnte, fühlte sich Hillebrand zu Hause, wurde er vollends zum Ästheten, zum Vertreter jenes höheren geistigen Epikureertums, das die französische Gesellschaft der vergangenen Jahrhunderte auszeichnete.

Paris bedeutete für Hillebrand aber nicht nur Gesellschaftsleben. Wie vielen Deutschen, vor allem Friedrich Schlegel, wies auch ihm die Seinestadt den Weg zu Europa. Die Pariser Gesellschaft war damals, mehr als heute, weltmännisch. Führende Geister aus aller Welt nahmen am intellektuellen Leben der Salons teil. Eindringlicher aber als die Bekanntschaft mit Besuchern aus anderen Ländern wirkte auf Hillebrand die Atmosphäre der Stadt, die, herausfordernd und versöhnend zugleich, wie keine andere zur Geistestätigkeit und zum Nachsinnen über Europa und sein Schicksal anregt. Seit je galt hier der Geist mehr als die Natur, standen hier die Kultur und die Pflege des Menschentums im Vordergrund [5]. Und europäisch ist eben, wie Jacob Burckhardt sagte, „nicht bloß Macht und Götzen und Gold, sondern auch den Geist zu lieben." [6] Geist, das war für Hillebrand Paris. Paris, das war für ihn Europa. In diesem Sinne schrieb er in seinem Theodor-Heyse-Nachruf: „Was ist denn Leistung, greifbare Leistung, selbst die höchste, gegen die darauf verwandte Geistestätigkeit? — ein Attestat, oft ein ganz unzureichendes, daß der So und So ein bedeutender Kopf gewesen; viel mehr nicht; für den der sie geliefert, war sie der Inhalt eines ganzen reichen Lebens." [7]

Paris war für Hillebrand die schlechthin ‚europäische' Stadt, ein geistiger Mittelpunkt ersten Ranges. Doch mehr als das. Aus vielen seiner Äußerungen geht hervor, daß er nicht nur das große Paris kennenlernte, sondern auch die Schattenseiten der Stadt, die einem Ausländer im allgemeinen verborgen bleiben. Diese schicksalhafte Stadt, in der die Persönlichkeit zählt, der Rang aber gar nichts (I, 139), meinte Hillebrand einmal, „ist für die Schriftstellerwelt wie ein großes Konvikt... man kann sich nicht ausweichen, selbst wenn man möchte; man ist gezwungen, ausschließlich mit Konkurrenten zu leben; und

---

[4] H. im JdD über die ‚Revue Critique', 13. Feb. 1870. Über das Paris jener Jahre: LUDWIG BAMBERGER: Erinnerungen. Herausgegeben von Paul von Nathan. Berlin 1899 und: Gesammelte Schriften, 5 Bde, Berlin 1913, bes. Bd 1. PAUL LINDAU: Nur Erinnerungen. Stuttgart und Berlin 1917; und: Aus Paris, Stuttgart 1865.

[5] Vgl. ALBERT JUNCKER: Die Bedeutung des französischen Geistes im Rahmen der europäischen Kultur. In: GRM 1956, Bd. 37, 357—82. KARL EPTING: Das französische Sendungsbewußtsein im 19. und 20. Jh., Heidelberg 1952.

[6] JACOB BURCKHARDT: Historische Fragmente. Aus dem Nachlaß gesammelt von E. Dürr. Neudruck mit einem Vorwort von Werner Kaegi. Stuttgart 1942, S. 142.

[7] GW 1884, Bd 25, S. 185.

dies gezwungene Zusammenleben bringt alle von der Zivilisation zurückgedrängten schlimmen Instinkte des Menschen wieder an die Oberfläche". (VI, 14) Haß und Neid begleiteten auch Hillebrands Erfolge. Doch war es nicht die Mißgunst der anderen, die ihn veranlaßte, 1870 aus Frankeich zu fliehen. Der Kreis der Freunde, den er sich geschaffen hatte, war größer als der seiner politischen und literarischen Gegner.

Als Hillebrand in die Seinestadt zog, hatte er schon einen begründeten, wenn auch nicht allzu verbreiteten literarischen Namen. Der literarische Name war der beste Paß für die höhere Gesellschaft und die literarische Welt von Paris. Bald war Hillebrand in den drei bedeutendsten schöngeistigen Salons der Stadt Stammgast. So vor allem bei *Mme D'Agoult* (Daniel Stern), mit der Hillebrand auch in späteren Jahren in freundschaftlicher Verbindung blieb. In ihrem Salon verkehrte ein Kreis von „vielseitigen, toleranten, feinen, geschmack- und geistvollen Leuten aller Parteien, Stände und Richtungen, mit Vorherrschen des liberalen Bonapartismus." (IV, 82) Hier traf sich Hillebrand mit Ernest Renan und mit den großen Publizisten jener Jahre, so mit Schérer, Nefftzer, Havet, Janet, Charles Blanc, Grévy und anderen. Über Mme D'Agoult trat Hillebrand auch mit Hans von Bülow, ihrem Schwiegersohn, und mit Franz Liszt in Verbindung.

Stammgast war Hillebrand auch im Salon der *Mme de Peyronnet,* einer geborenen Engländerin, der Schwiegertochter des letzten Ministers Karls X. Unter dem Namen Horace de la Gardie schrieb sie Satiren gegen die kaiserliche Herrschaft. Bei ihr trafen sich Männer der Opposition, denen Hillebrand schon in Bordeaux nahe gestanden hatte. Dieser Salon hatte auf politischem Gebiet großen Einfluß, und nicht ohne Berechtigung sagte Hillebrand in späteren Jahren einmal, daß die Leute von wirklichem Wert damals nur in den Salons der Opposition zu finden waren. Außer vielen Franzosen verkehrten im Salon der Mme Peyronnet auch zwei Deutsche, die sich, ähnlich wie Hillebrand, einen Namen in der literarischen Welt von Paris gemacht hatten: Rudolf Lindau und Ludwig Bamberger [8]. Mit Lindau, dessen literarisches Werk zu Unrecht vergessen ist, blieb Hillebrand bis an sein Lebensende eng befreundet. Nicht weniger herzlich war seine Bindung an Ludwig Bamberger, der sich als politischer Schriftsteller große Verdienste um die Annäherung zwischen Deutschland und Frankreich erwarb. Aber auch seine Erfolge im Sinne eines deutsch-französischen Verständnisses wurden vom Siebzigerkrieg zunichte gemacht.

Mittelpunkt des gesellschaftlichen Lebens von Paris war auch der Salon des *Grafen Circourt* und seiner Gemahlin Anastasia Klustine, der Tochter eines russischen Offiziers und der Gräfin Véra Tolstoi. Der Graf, der in Italien, Deutschland und England in gleicher Weise zu Hause war, konnte sich der Freundschaft bedeutender Männer, wie Alexander von Humboldts, Gino Cap-

---

[8] Über Rudolf Lindau vor allem: HEINRICH SPIERO: Deutsche Köpfe. Leipzig 1927, S. 149—54; über Bamberger: OTTO HARTWIG: L. B., Marburg 1900, und WOLFGANG KELSCH: L. B. als Politiker. Diss. Jena 1933.

ponis, George Ticknors und vieler anderer rühmen. Er hatte häufig Staatsmänner, Gelehrte und Dichter aus allen Ländern Europas in der rue des Saussaies zu Gast [9], Hillebrand war oft mit ihm beisammen und erinnerte sich gerne dieser Stunden: „... was lernte man nicht alles von ihm! Wie oft habe ich ihn nicht ausgefragt über Dinge, Verhältnisse, Menschen, über die man aus den Büchern eben absolut nichts lernen kann." (VI, 99) Im Salon des Grafen Circourt traf Hillebrand auch mit *Prosper Mérimée* zusammen. Die Bekanntschaft mit Mérimée, den Hillebrand sehr schätzte, war aber, so wie jene mit *Gustave Flaubert* und *Ernest Legouvé*, flüchtiger Art und blieb ohne tieferen Einfluß auf Hillebrands Denken und Entwicklung.

Was Hillebrand in diesen Salons der Pariser Gesellschaft besonders anzog, ja, was für ihn als gebildeten Menschen und Schriftsteller geradezu eine Lebensnotwendigkeit darstellte, war nicht nur der Umgang mit bedeutenden Männern seiner Zeit, sondern auch die Gesellschaft geistreicher und anmutiger Frauen. In ihrer Gegenwart zeigte sich Hillebrand als vollendeter Kavalier, glänzte er im gepflegten, pointierten Gespräch. Erst in der Begegnung entzündete sich sein Geist so recht. Nie wurde er müde, den veredelnden Einfluß der Frau zu rühmen. Einigen dieser gebildeten und einflußreichen Frauen widmete Hillebrand feinsinnige Studien, so Rahel Varnhagen, Henriette Herz, Caroline Schlegel und der Mme D'Agoult. Es erschien ihm als Widersinn, daß mit dem Fortschreiten der Emanzipation der Frau ihr Wirken im geistigen Leben Europas aufhören sollte. „Moment unique", rief er aus, „dans l'histoire de la société allemande que ces trente ans (1780 à 1810)! Ce fut la première et la seule fois que les femmes régnèrent en Allemagne." Und er charakterisierte dann „ce règne social de la femme qui, présente à toutes les conversations, impose une bienfaisante réserve par sa seule présence; qui prend part au mouvement des idées et compte pour quelque chose dans ce mouvement; qui, en s'intéressant aux choses de l'esprit, reste femmes jusque dans ses idées politiques et littéraires, se souciant plus de plaire que de briller, devinant plus qu'elle n'examine, mêlant volontiers ses petits intérêts de cœur aux grands intérêts des États et de la pensée, n'étalant ni une vertu revêche ni un cynisme choquant, respectant les conventions sans fétichisme, mais capable encore d'inspirer et de ressentir de vives passions." [10] Diesen heilsamen und versöhnenden Einfluß der Frau in der höheren Gesellschaft hat Hillebrand oft hervorgehoben, am schönsten in seiner langen Arbeit über die Berliner Gesellschaft um die Jahrhundertwende.

Unabhängig vom Pariser Gesellschaftsleben verkehrte Hillebrand viel im Kreis von Gelehrten und Professoren. Unter ihnen hatte er seine treuesten

[9] Vgl. vor allem das schwer zugängliche, als Privatdruck erschienene Buch: HUBER-SALADIN: Le comte de Circourt, son temps, ses écrits — Mme de Cirtourt, son salon, ses correspondance. Paris 1881. Wichtig auch die Einleitung zu: Le comte de Cavour et la Comtesse de Circourt. Lettres inédites publiées par le Comte Nigra. Turin-Rom 1894; FRIEDRICH HEINRICH GEFFCKEN: Politische Federzeichnungen. 2. Auflage. Berlin 1888.

[10] JdD, 13. Mai 1869. Aufsatz über W. v. Humboldt.

Freunde und Gönner. Mit *Ernest Renan* verband ihn jahrzehntelanges freundschaftliches Empfinden [11], das wohl auch in Renans Wertschätzung alles Deutschen, vor allem vor 1870, seine Wurzeln hatte. Renan bewunderte die deutsche Wissenschaft und sah in Hillebrand einen ihrer Vertreter. Nach 1870 war er einer der wenigen, der sich nicht von der allgemeinen Haßwelle hinreißen ließ. Trotz aller Kritik, die er an Preußen übte, blieb er Deutschland gegenüber freundlich gesinnt. Auch an der Verleumdung Hillebrands beteiligte er sich nicht. Bei seinen häufigen Italienreisen hat er sich noch nach 1870 mit Hillebrand getroffen, so im Salon der Donna Emilia Peruzzi in Florenz. Im selben Jahre (1877) schrieb Renan an Hillebrand: „Croyez que vous avez ici plus d'une personne qui garde un profond souvenir de relations qu'elles regrettent de voir interrompues." [12]

Hillebrands Verbindung mit *Hippolyte Taine* dagegen war, trotz oftmaligem Zusammentreffen, weniger herzlich und dauerhaft. Taine ließ sich 1870 zu starkem Hasse hinreißen: „Nous ne pouvons plus être impartiaux" [13]. Völlig zu Unrecht hat er in Hillebrand einen chauvinistischen Vertreter Preußens gesehen. Aufschlußreich sind seine Aufzeichnungen eines Gespräches, das er im Winter 1869/70 mit Hillebrand führte [14]. Taine wollte ein Buch über Deutschland schreiben und hatte sich dafür bei Hillebrand Auskunft geholt. Viel von den damaligen Spannungen und dem allgemeinen Mißverstehen der Jahre vor 1870 scheint in die Feder Taines mit eingeflossen zu sein, als er sich die wichtigsten Punkte des Gespräches mit Hillebrand nachträglich aufzeichnete. Hillebrand hat z. B. nie in seinem Leben Rassenresentiments gespürt [15], und gerade das warf ihm Taine vor. Von den politischen Ereignissen der Zeit abgesehen, standen Taine und Hillebrand auch geistig einander ferne. Hillebrand hat nie an den Wert der positivistischen Betrachtungsweise, an Milieu- und Klimatheorien geglaubt. Nie war er der Meinung, daß man etwas so Komplexes wie die menschliche Psyche auf eine „maitresse qualité" zurückführen könne. (II, 156)

Hillebrands Bekanntschaft mit *Sainte-Beuve* blieb oberflächlich. Bei der Zurückgezogenheit und Verbitterung, in der der große Kritiker lebte, konnte das nicht anders sein. Hillebrand hat Sainte-Beuve viele Jahre lang als sein großes Vorbild betrachtet und sich bei ihm Rat geholt [16]. „Unser aller Meister", rief er aus. (V, 353). Er sah in ihm den größten Geist seiner Zeit und bewunderte die Redlichkeit, den Ideenreichtum, die Fruchtbarkeit, die Darstellungskunst und den Fleiß Sainte-Beuves. In den späteren Jahren hat sich Hillebrand

---

[11] In der Bibliothèque Nationale von Paris befinden sich die Werke Hs aus der Bibliothek Ernest Renans; sie tragen herzlich gehaltene Widmungen an den französischen Philosophen.

[12] Renan an H., 23. Mai 1877.

[13] HIPPOLYTE TAINE, sa vie et sa correspondance, 3. Auflage, Paris 1908, Bd 2, S. 356.

[14] TAINE, vie et correspondance, Bd 2, S. 357—59.

[15] Unter anderem: I, 2.

[16] Im Nachlaß Hs befinden sich zwei unbekannt gebliebene Briefe Sainte-Beuves, in denen er auf Fragen Hs Auskunft gibt.

von seinem Vorbild frei gemacht. „Nur das einzige habe ich mit Sainte-Beuve gemein", schrieb er damals, „daß mir Tatsachen über Ansichten, Wahrheit über Vorteil (auch idealem Vorteil) stehen." [17]

Zu den vielen Gelehrten und Publizisten, mit denen Hillebrand in Paris in naher persönlicher Verbindung stand, gehörten vor allem der freisinnige Republikaner und Historiker *Henri Martin*, der Professor für Philosophie an der Sorbonne *Elme-Marie Caro*, der damals sehr gefeiert war und mit seiner Schrift über die Philosophie Goethes sehr zum Verständnis der deutschen Literatur beitrug, der Professor für Rhetorik am Lycée Saint-Louis und spätere Nachfolger Nisards an der Sorbonne *Jacques-Claude Demogeot*, der deutschfreundliche *Jean Jacques Weiss* und *Alfred Jean François Mézières*, der u. a. ein zweibändiges Werk über Goethe schrieb (1874). Gleiche Interessen und gemeinsame Arbeit in den Pariser Zeitschriften führte Hillebrand auch mit dem späteren Professor an der Sorbonne *Charles Joret* zusammen. Joret, normannischer Abstammung, hatte in Bonn und Heidelberg studiert und selbst geäußert: „.. . la tête devint en partie allemande, le cœur restâ bon français." [18] Mit einer Dissertation über Herder und das deutsche Geistesleben erwarb er sich seine Doktorwürde, und Herder galt zeitlebens sein Hauptinteresse. Die menschlich wärmste und dauerhafteste Freundschaft verband Hillebrand mit dem Philologen und Herausgeber der ‚Revue Historique' *Gabriel Monod*. Der wesentlich jüngere Wissenschaftler war ein begeisterter Verehrer Deutschlands, vor allem der deutschen philologischen Schule, deren Methode er selbst bei Philipp Jaffé und Georg Waitz studiert hatte. Dieser „ausgezeichnete und nicht genug zu schätzende Mensch" [19] war nach Hillebrands Flucht aus Frankreich und nach dem Bruch mit vielen seiner Freunde einer der wenigen, der es wagte, öffentlich für Hillebrand einzutreten und die Rechtmäßigkeit seiner Sache zu verteidigen [20].

Hillebrand war nach seinen schlimmen Erfahrungen von 1848/50 fest entschlossen, sich von jeder Politik, vor allem von jeder Parteipolitik fern zu halten. Sein reges Interesse für politische Dinge und seine festen Überzeugungen, die er nicht zurückzuhalten vermochte, führten ihn aber immer wieder mit Männern zusammen, die sich aktiv an der Politik beteiligten oder an exponierter Stelle standen. Schon in Bordeaux war er mit den Männern der liberalen ‚Gironde' in Verbindung getreten und hatte viel im Kreis der Opposition verkehrt. Einer seiner Freunde der Gaskogner Jahre war *Ernest Bersot*. Wesentlich älter als Hillebrand, wurde er schon 1846 Professor am Lycée in Versailles. 1851 legte er als Protest gegen den Staatsstreich Napoleons seine Stelle nieder. Hillebrand empfand tiefe Sympathie für diese mutige Handlungsweise. In seinem mitfühlenden Nachruf schrieb er: „... vom moralischen,

---

[17] H. an Schott. In: PJb 1931, Bd 226, S. 50.
[18] RAYMOND BONAFOUS: Éloge de M. Charles Joret, Aix 1902, S. 10.
[19] FRIEDRICH NIETZSCHE: Werke und Briefe. Hist. krit. Gesamtausgabe. München 1940. Briefe, Bd 3, S. 292.
[20] Vgl. Rothan-Affäre; Abschnitt ‚Krise und Katastrophe' S. 77—78.

ja auch vom historischen (Standpunkt) gereicht es Frankreich zur großen Ehre, daß wenigstens dieser eine Protest eingelegt ward." (VI, 91). Hillebrand besuchte seinen Freund, der sich nach 1851 ganz zurückgezogen hatte und nur mehr seinen literarischen und philosophischen Studien nachging, häufig in Versailles. Nach 1870 wurde Bersot Direktor der École Normale Supérieure. Durch seine erzieherische Tätigkeit und durch seine moralischen Schriften übte er auf die Jugend Frankreichs großen Einfluß.

Hillebrand verdankte Bersot vor allem die Aufnahme in den M i t a r b e i t e r kreis des *Journal des Débats,* in dem Bersot selbst seit 1859 als mutiger Verfechter der Freiheit schrieb. Durch die Mitarbeit am ‚Journal' lernte Hillebrand wiederum viele ausgezeichnete französische Publizisten kennen. Namen wie Philarète Chasles, Silvestre de Sacy, Jules Janin, Lucien-Anatole Prévost-Paradol, Saint-Martin Girardin sind bis heute in Frankreich unvergessen. Wie stark Hillebrands Bindung an die Herausgeber des ‚Journal' war, zeigt die Tatsache, daß Hillebrand noch im Herbst 1870 und 1871, wenn auch unter dem Pseudonym Ch.-A. Fuxelles, mit großen Aufsätzen zu Wort kam [21].

Die Mitarbeit am ‚Journal' war für Hillebrand und sein späteres Wirken von entscheidender Bedeutung. Vor seiner ersten großen Artikelserie im ‚Journal des Débats' (1866) hatte er wenig in großen Zeitungen veröffentlicht. Mit den fünfzehn Aufsätzen über Preußen, die noch später im Jahrbuch des ‚Journal des Débats', trotz seiner offensichtlichen Deutschfeindlichkeit, als „très remarquables" [22] bezeichnet wurden, rückte er fast über Nacht zum Publizisten auf, dessen Namen ganz Paris kannte. Schlagartig eröffnete sich ihm der Zugang zu den großen Zeitschriften. In den anderen, in denen er schon vorher veröffentlicht hatte, wuchs die Nachfrage nach Essays aus seiner Feder. Die *Revue des Cours Littéraires* druckte weitere Vorträge von ihm ab. Die *Revue Moderne* bemühte sich um seine Mitarbeit. Und gerade an Veröffentlichungen in dieser Zeitschrift war Hillebrand sehr gelegen, denn sie hatte sich nicht nur zum Ziele gesetzt, deutsches Denken zu verbreiten, sondern war auch liberal im Sinne des Wortes, den Hillebrand voll mitunterschrieb: Fortschritt bei größtmöglicher

---

[21] Zum Pseudonym Ch.-A. Fuxelles vgl.: RICHARD GRAF VON MOULIN-ECKART: Cosima Wagner. München-Berlin 1929, S. 672; Brief von Elme-Marie Caro an H.: „Mon cher Monsieur Hillebrand, J'avais lu avec le plus vif intérêt l'article publié par le Temps, le 3 octobre dernier, et j'avais écrit à l'adresse de ce savant inconnu, M. Ch. Fuxelles, une lettre de remercîment très sincère qui se sera sans doute égarée dans le bureau de Journal où M. Fuxelles n'était pas inscrit au tableau des collaborateurs. Je regrette que cette lettre ne vous soit pas parvenue. Elle vous aurait apporté l'expression immédiate de mes sentiments pour ce travail si bien informé, si instructif et de tout point si bienveillant. Je ne me doutais pas, en écrivant cette lettre, que je connaissais si bien le véritable auteur de cette article et votre révélation d'hier, en m'apportant votre nom, n'a fait qu'augmenter mon plaisir. Je m'étais cependant bien aperçu que j'avais à faire à un vrai connaisseur, à un homme du métier..." Diese Briefstelle bezieht sich auf Hs ‚Goethe', Le Temps, 3. Oktober 1866. Der Brief ist datiert mit 29. Nov. 1866.
[22] Le Livre du Centenaire du Journal de Débats. 1789—1889. Paris o. J. (1889), S. 486 und 612.

Freiheit des einzelnen [23]. Besondere Sympathie brachte Hillebrand der *Revue Critique* entgegen, mit deren Herausgebern Gaston Paris und Marie-Paul Meyer ihn persönliche Freundschaft und gemeinsame Interessen verbanden. In dieser mehr kritisch als schöngeistig und wissenschaftlich orientierten Zeitschrift veröffentlichte Hillebrand von 1866 bis 1872 zahlreiche, darunter sehr umfangreiche Rezensionen, vor allem über deutsche und italienische Publikationen. „Décidément cette petite Revue me plaît infiniment; elle prend tout à fait les allures du Centralblatt de Leipzig", schrieb er an Villari [24]. Die ‚Revue Critique' war neben dem ‚Journal des Débats' die einzige Pariser Zeitschrift, die Hillebrand auch nach 1870 die Treue wahrte; ihr Direktor kam kurz vor Hillebrands Tod nach Florenz, um dem geschätzten Mitarbeiter noch einmal die Hand zu schütteln. Nach 1870 trat die Zeitschrift gegen alle Verleumdungen entschieden für Hillebrand ein.

Die erfolgreiche Mitarbeit am ‚Journal' öffnete Hillebrand auch den Zugang zu *Le Temps*. Die 1861 gegründete Zeitschrift wurde von Edouard Schérer herausgegeben. Sie stand in der Opposition. Hillebrands Arbeiten in ‚Le Temps', sein großer Goethe-Aufsatz und seine Hemsterhuis-Besprechung, erschienen 1866 und 1867. Sie sind, wohl mit Rücksicht auf seine übrigen journalistischen Verpflichtungen, mit dem Pseudonym Ch. Fuxelles gezeichnet.

Als Krönung seines literarischen Schaffens in Frankreich wurden Hillebrand 1869 die Tore zur *Revue des deux mondes* geöffnet, der damals bedeutendsten literarischen Zeitschrift Frankreichs, wenn nicht Europas. Dort Mitarbeiter zu sein, war Anerkennung und Auszeichnung zugleich.

Das ‚Journal des Débats' hatte Hillebrand den Weg zu seinen publizistischen Erfolgen geebnet. Die Mitarbeit am ‚Journal' war aber nicht nur der Beweis, daß man der Pariser Publizistik angehörte. Im ‚Journal' war das literarische Feuilleton erfunden worden und wurde der künstlerisch-anspruchsvolle Essay gepflegt. Der damalige Herausgeber Ernest Bertin war ähnlich Buloz von der ‚Revue des deux mondes' mit größter Sorgfalt auf die äußere Form der Beiträge bedacht. Er wußte, was er seinem Ruf in Dingen des guten Geschmacks und des vorbildlichen Stiles schuldig war. Mit Kritik an den Beiträgen seiner Mitarbeiter hielt er in keiner Weise zurück. In der Schule Bertins machte Hillebrand seine Lehrjahre als Essayist durch. Hier lernte er das, was ihm später in Deutschland so großen Erfolg, aber auch Mißverstehen eintragen sollte: leicht, gefällig und doch nicht oberflächlich und unverbindlich zu schreiben. Hillebrand wußte, wieviel er Bertin zu danken hatte. Später nannte er sogar seine ausgezeichnete Übersetzung von Otfried Müllers ‚Griechischer Literaturgeschichte' „mauvaise" und „empâtée", denn erst durch die Schule von Bertin und Buloz habe er die „coupe germanique" in seinem Stile verloren [25].

---

[23] Vgl. das programmatische Vorwort der ‚Revue Moderne', Paris 1868, Bd 45, S. 5—7.
[24] H. an Villari, 5. Februar 1866.
[25] HARTWIG, K. H., S. 151.

Wie es im damaligen Frankreich, in dem die geistig führenden Kreise in der Opposition standen, nicht anders sein konnte, führte Hillebrands Weg zum anerkannten Publizisten zugleich immer tiefer in die Opposition gegen das kaiserliche Regime. Napoleon III. war es nicht gelungen, die großen Zeitschriften, vor allem das ‚Journal des Débats' und die ‚Revue des deux mondes', für sich und seine Politik zu gewinnen. Sie blieben zuerst abseits, wurden dann aber immer mehr zu Sammelbecken seiner Gegner. Auf diese Weise vereinigten die Zeitschriften ihren bestimmenden Einfluß in Dingen des Geschmacks mit dem Widerstand gegen die kaiserliche Herrschaft. Hillebrands Ehrgeiz, in Paris nicht ein kleiner Zeitungsschreiber zu sein, sondern in den großen Revuen anzukommen, führte ihn zwangsweise in das gegnerische Lager. Es ist aber bezeichnend für das damalige Frankreich, daß trotz der Gegnerschaft der Zeitschriften Hillebrands publizistische Arbeit, die sich nicht auf literarische Beiträge beschränkte, in Regierungskreisen keineswegs als kompromittierend empfunden wurde. Die Zeitschriften stellten eben auch in der Kaiserzeit das geistige Forum der Nation dar. In dieser für die Jahre Napoleons III. so charakteristischen Trennung von kulturellem und politischem Leben, die die Nation außerordentlich schwächte, sah Hillebrand die eigentliche Ursache der allgemeinen Übelstände. Erst das gemeinsame Anliegen des Krieges und noch mehr der Sturz Napoleons III. brachten eine Änderung dieses Zustandes, aber die sollte Hillebrand nicht mehr in Frankreich erleben.

Zu den Pariser Gegnern des napoleonischen Regimes stieß sehr bald Hillebrands Freund aus Bordeaux, *André-Justin Lavertujon*. Er gründete mit anderen die Zeitschrift ‚La Tribune', die in scharfer Opposition gegen die kaiserliche Herrschaft stand. 1870 trat er dann, wie viele der früheren Freunde Hillebrands aus der Zeit der Opposition, in die Regierung ein und führte eine Reihe von diplomatischen und journalistischen Missionen aus. Zum Kreis um Lavertujon in Paris gehörte auch *Jules Simon*, der schon 1839 Professor an der Sorbonne war und 1848 als Abgeordneter im Department Côtés-du-Nord ins Parlament einzog. Nach dem Staatsstreich Napoleons verweigerte er seinen Schwur. Er ging in die Opposition, aus der er 1870 als Abgeordneter der Marne und für kurze Zeit als Unterrichtsminister in die Regierung Thiers zurückkehrte. Während Lavertujon und Jules Simon, mit denen sich Hillebrand mehr durch sein politisches Interesse als auf Grund rein menschlicher Zuneigung zusammenfand, radikale Republikaner waren, blieb sein viel engerer Freund *Eduard-René Laboulaye* sehr gemäßigter Anhänger der Republik. In Laboulaye sah Hillebrand den großen Schüler Tocquevilles, der freilich über seinen Lehrmeister hinausging. Denn während sich Tocqueville noch nicht programmatisch für den Liberalismus einsetzte, wurde Laboulaye der eigentliche Theoretiker des neueren französischen Liberalismus. Nicht Allmacht des Staates, auch nicht vollkommene Demokratisierung standen als Absicht hinter seinem Programm, sondern die Schaffung einer starken, zentralen Autorität. In ihr sah er den besten Schutz für die Freiheit und die Freiheiten des einzelnen. In diesem Grundgedanken stimmte Hillebrand, freilich mehr vom aufgeklärten Absolutismus herkommend, ganz mit Laboulaye überein. In der Rechtswissenschaft vertrat Laboulaye die von Savigny angebahnte historische Methode, sodaß sich Hillebrand auch methodisch mit ihm auf einer Linie fand.

Vorübergehend kam Hillebrand auch mit *Jules Michelet* (II, 140-41), *Adolphe Thiers* (IV, 125) und *Jules Ferry* in persönliche Verbindung [26]. Ohne Übertreibung konnte er 1870 von sich sagen, daß er das ganze geistig führende Frankreich seiner Jahre persönlich gekannt hatte.

Reisen: Italien - Deutschland - England

Trotz seiner vielfachen und engen Beziehungen zur geistig führenden Gesellschaft Frankreichs ging Hillebrand nicht in ihr auf. Er blieb bewußt Außenseiter. Auf diese Weise war er imstande, im Hinblick auf seine Wahlheimat den zum klaren Urteil nötigen inneren Abstand zu bewahren. Diese innere Distanz wurde ihm dadurch erleichtert, daß er, vor allem in den späteren Jahren, sehr häufig Reisen nach Deutschland, England und Italien unternahm und mit bedeutenden Männern dieser Länder in Verbindung blieb.

1858 verließ Hillebrand nach achtjährigem Exil das erstemal französischen Boden, um Gießen und andere Teile D e u t s c h l a n d s zu besuchen. 1866 weilte er wiederum in Deutschland, vor allem in Gießen und Frankfurt. In den folgenden Jahren fuhr Hillebrand noch sehr oft über den Rhein auf deutsches Gebiet. Es lag ihm sehr daran, zu deutschen Kollegen Beziehungen anzubahnen und die bestehenden aufrecht zu erhalten. Mit Eifer und Interesse verfolgte er die politische Entwicklung in Deutschland.

Das Jahr 1860 brachte Hillebrand die Erfüllung eines seiner größten Wünsche. Im Herbst dieses Jahres reiste er nach F l o r e n z. Der Renaissance galt ja, neben der Antike, der Periode des deutschen Idealismus und dem englischen 18. Jahrhundert, sein regstes Interesse. Über diese Reise wissen wir bis in alle Einzelheiten Bescheid. Hillebrand führte darüber vom 11. September bis 18. Oktober Tagebuch [1]. Diese Tagebuchblätter zeigen, mit welch brennender Begeisterung und mit welch großen Erwartungen der Doktoraspirant der Sorbonne über den Simplon stieg. Nicht allein das Studium der Renaissance zog ihn nach Florenz, politische, literarische und gesellschaftliche Interessen waren ebenso stark. Ein unerhört intensives Leben in Florenz spiegelt sich in seinen hingeworfenen Aufzeichnungen: morgens in der Bibliothek, mittags mit Freunden beim Essen, nachmittags Arbeit, Ausflüge oder Besuche, abends Gespräche, Diskussionen, Geselligkeit oder Theater (Hillebrand sah und bewun-

---

[26] Unter den Briefen an H. befinden sich ein Brief Michelets und eine Karte Jules Ferrys an ihn. Mit Michelet wurde H. durch Heine bekannt.
[1] Das Tagebuch, in Deutsch und Französisch abgefaßt, befindet sich im Besitz des Verfassers. Es stammt aus dem Nachlaß des Bildhauers Adolf von Hildebrand, dem es die Witwe Jessie H., für die Karl H. das Tagebuch verfaßt hatte, vor ihrem Tode übergab.

derte Adelaide Ristori). Mit der ganzen Beweglichkeit seiner jungen Jahre stürzte er sich in das Gesellschaftsleben der Arnostadt. Und in den wenigen Wochen, die er in Florenz weilte, schuf er sich nicht nur Zugang zu einer Reihe bedeutender Männer, sondern auch Verbindungen und Freundschaften, die noch Jahre, viele bis zu seinem Tode dauern sollten: so mit Gino Capponi, dem adeligen Vertreter des alten vornehmen Florenz, mit Niccoló Tommaseo, dem politisch hochaktiven Republikaner, mit dem Philologen Alessandro D'Ancona, mit dem bedeutenden Archivar Francesco Buonaini und mit vielen anderen Literaten und Wissenschaftlern, die sich bei Vieusseux trafen. Im literarischen Kabinett von Vieusseux kam Hillebrand überdies mit den Herausgebern der beiden wichtigsten Organe des geistigen Italien, der ‚Nuova Antologia' und dem ‚Archivio Storico Italiano', in Verbindung. Im darauffolgenden Jahr (1861) wiederholte Hillebrand seine herbstliche Italienreise. Sie führte ihn nach Turin in das Haus des preußischen Gesandten Graf Brassier de St. Simon. Hier traf er das erste Mal mit Alfred von Reumont zusammen, der ähnlich Hillebrand sein Dauerndstes im Vermitteln von Volk zu Volk geleistet hat. In Florenz machte Hillebrand die Bekanntschaft von Emilio Teza und dem revolutionären Dichter und Kritiker Giosué Carducci.

In den Jahren nach 1864 begann Hillebrands erfolgreiches Wirken in Douai erste Früchte zu tragen. Der französische Unterrichtsminister Duruy, der den jungen Deutschen sehr hoch einschätzte, räumte ihm bald ein weiteres Betätigungsfeld ein. In einem Brief an Villari faßte Hillebrand selbst sein Wirken und seine Leistung als *inspecteur général*, als Mitglied der *jury d'agrégation* und als Beauftragter für die *correction des épreuves de concours* zusammen [2]. Neben dieser Tätigkeit im höheren Schuldienst erhielt er Aufträge, die ihn immer wieder ins Ausland führten. So wurde er 1865 eingeladen, als Vertreter des Département de l'Instruction Publique zur *Dante-Feier* nach Florenz zu reisen [3]. Hillebrand kam diese Mission sehr gelegen. Er verbrachte mehr als zwei Monate in der Stadt am Arno und benützte die Zeit dazu, in den Archiven zu arbeiten und alte Freundschaften zu erneuern. In Florenz traf Hillebrand mit

---

[2] H. an Villari, 15. Nov. 1868: „Vous savez... que c'est moi qui ai, en grande partie, organisé ou au moins réorganisé l'enseignement des langues vivantes en France: en ce but, on a doublé le nombre d'heures consacrées à cet enseignement dans les lycées français; on l'à fait commencer trois ans plus tôt; on l'à rendu obligatoire pendant ces trois premières années; on a fait une place à cette branche dans les examens de baccalauréat; on a institué dans les grands concours généraux de France un concours spécial pour les langues vivantes; on a établi une agrégation des langues vivantes, égale aux autres agrégations et donnant droit aux mêmes avantages; enfin on a organisé des inspections générales de cet enseignement. Vous n'ignorez pas qu'une partie importante de toute cette organisation m'a été confié :dans l'inspection générale, dans le jury d'agrégation, dans la correction des épreuves de concours etc etc. — Nous avons pu en cinq ans constater de très-notables progrès et nous n'avons point eu à nous repentir de ce que nous avons fait."

[3] Der Bericht über die Mission von HIPPEAU in: Archives des Missions Scientifiques et Littéraires. Paris 1865/10, 433—35 und 531.

Heinrich Homberger zusammen, der als Vertreter deutscher Zeitungen bei der Dante-Feier weilte. Homberger beschreibt den damals in der Blüte des ersten Mannesalters stehenden Wissenschaftler in eindrucksvoller Weise: „... eine hohe, schlanke Gestalt, bestimmt im Auftreten, geschmeidig in der Bewegung, ein länglicher, leise nach vorne geneigter Kopf mit aschblondem Haar und Vollbart, edlem Profil, hellen graublauen Augen, aus denen Güte strahlte und ein Schalk winkte, — im Spiel der Mienen, im Lächeln, in der fließenden Rede heiter und maßvoll, bequem und sich beobachtend, in der Kleidung von der unaufdringlichen Eleganz, die Polonius dem nach Paris ziehenden Sohne empfiehlt, die ganze Erscheinung wohlgefällig und auffällig als seltene Vereinigung germanischer Männerschönheit und jener aus Haltung und Gelassenheit gemischten ‚tournure‘, welche Goethe den Deutschen abspricht." [4]

In den folgenden Jahren zog es Hillebrand immer wieder ins ‚bel ovile‘. Im September 1867, 1868 und 1869 sind längere Aufenthalte in Florenz nachgewiesen. Die Stadt wurde ihm eigentliche, geistig-menschliche Heimat. Hier in der mild-reizvollen Landschaft am Arno und inmitten großer Zeugen der Renaissance, jener seinem Wesen verwandten Epoche des abendländischen Geistes, fühlte er sich so recht zu Hause. Es darf nicht verwundern, daß er nach seiner Flucht aus Frankreich gerade Florenz zu seinem Aufenthalt wählte.

1866 hielt sich Hillebrand einige Monate in D e u t s c h l a n d auf. Ende Februar dieses Jahres bereiste er im Auftrage des Unterrichtsministers Deutschland, Belgien, Holland und die Schweiz, um das Hochschulwesen dieser Länder zu studieren. In der Beauftragung Hillebrands war Duruy dem Rate des Kaisers gefolgt. Duruy hatte große Reformabsichten. Er wollte das stark veraltete französische Schulwesen radikal modernisieren. Zu diesem Zwecke sammelte er in den ersten Jahren seiner Ministerzeit umfangreiches Tatsachenmaterial über das Schulwesen anderer europäischer Länder, besonders über jenes Deutschlands, das damals als vorbildlich galt. Hillebrand besuchte im Auftrag Duruys eine große Zahl von Lehranstalten, vor allem in Deutschland, und ließ sich von Professoren und Schulmännern beraten. Sein Bericht, den er 1867 vorlegte, erschien in Auszügen in der ‚Revue Moderne‘. Im Anschluß an den Bericht

---

[4] HEINRICH HOMBERGER: Essays und Fragmente. München 1928, S. 67. Vgl. dazu: „Bei der Arbeit über Hillebrand habe ich so wahr zu sein gesucht als es Sache und Gelegenheit erlaubten; das heißt, ich habe die Einwände, die ich, so lange er lebte, oft auf dem Herzen hatte gegen seine Denkweise, seine Urteile und seine Darstellung zwar nicht völlig unterdrückt, aber doch nur leise angedeutet, wie dies dem Freunde und Toten gegenüber das Gefühl gebietet. — Abgesehen davon bin ich insofern nicht mit der äußersten Gewissenhaftigkeit verfahren, als ich ihm mehrfach meine eigenen Anschauungen mit voller Bestimmtheit zugesprochen habe, ohne sicher zu sein, daß nicht zwischen den seinigen und meinigen in den betreffenden Punkten ein erheblicher Unterschied bestand. Was mich aber immer hindern wird, absolut genau zu sein, das ist das künstlerische Bedürfnis in mir. Um dem Bilde die innere Einheit zu geben, muß der Künstler dem von der Wirklichkeit gelieferten Stoffe Gewalt antun. Ich kann nicht anders; ich kann für das Werk, das ich schaffe, nur die Materialien gebrauchen, die das Werk selbst zuläßt." HOMBERGER, Selbstgespräche. München 1928, S. 72.

über das Schulwesen der genannten Länder sollte Hillebrand auch Reformvorschläge für das französische Schulsystem unterbreiten. Diese erschienen 1868 zusammen mit seinem Bericht in Buchform: ‚De la Réforme de l'Enseignement Supérieure' [5].

Kaum hatte Hillebrand diese Untersuchung beendet, beauftragte ihn das ‚Journal des Débats', über die Vorgänge während des Krieges zwischen Deutschland und Österreich zu berichten. Zur Erfüllung dieser ehrenvollen Aufgabe kam ihm die eben beendete Reise durch Deutschland sehr zustatten. So konnte er schon im Juli 1866 seine ersten Artikel, die viel mehr waren als bloße Korrespondenzen über den Verlauf des Krieges, an die Zeitung nach Paris schicken. Seine umfangreichen Korrespondenzen, acht Essays über den „État actuel de l'Allemagne" und sieben weitere über die Einrichtungen des preußischen Staates, erschienen zwischen dem 20. Juli und dem 24. November 1866. Erweitert und zum Teil überarbeitet kamen sie 1867 unter dem Titel ‚La Prusse contemporaine et ses institutions' in Buchform heraus. Diesen beiden offiziellen Reisen nach Deutschland folgten vor 1870 noch einige private Besuche.

Aber nicht nur Deutschland und Italien, auch alle Teile Frankreichs und Englands bereiste Hillebrand in den Jahren vor 1870. Mehr und mehr wurde er nicht nur in seinen Interessen und in seinem Gehaben, sondern auch in der wirklichen Lebenserfahrung Kosmopolit, Weltmann im besten Sinne des Wortes: E u r o p ä e r. Sein Wissen und seine Einsicht in das Leben und die tieferen Impulse der vier europäischen Kulturvölker ließen ihn zum klugen, verstehenden und toleranten Betrachter des Weltlaufes werden. Trotzdem er die französische Staatsbürgerschaft angenommen hatte, fühlte er sich im Grunde als Deutscher. In seinem Denken, Urteilen und Handeln war er aber unendlich weit von seinem jugendlichen Rebellentum und Nationalismus entfernt. Er hielt es vielmehr, wie er in einem Brief an Sigmund Schott schrieb, mit den Männern aus Lessings Gemeinde, mit jenen Strebern nach Wahrheit, die wissen, daß die Wahrheit absolut unverträglich ist mit der Partei [6]. Und es war sein fester Grundsatz, sich nie dazu verleiten zu lassen, „einen Menschen anders anzusehen, weil er ein Franzose, Katholik und Radikaler ist, als wenn er ein Deutscher, Protestant und Konservativer wäre." (VII, 199). Das war ein humaner Liberalismus, wie ihn Lessing, Wilhelm von Humboldt und Goethe vertreten hatten. Diese menschlich aufgeschlossene, verständnisvolle Einstellung erwarb Hillebrand Freunde in allen Teilen Europas. Sie war die eigentliche Grundlage für sein völkerverständigendes Wirken.

---

[5] Das Buch ist Hs Freund Heinrich Dernburg gewidmet. Dernburg, der damals als Rechtslehrer in Halle wirkte, hatte H. umfangreiches Material zur Verfügung gestellt. Die Berichte in der RM erschienen 1868, Bd 45, 193—220 (Das deutsche Schulsystem); 1868, Bd 46, 589—610 (Frankreichs Schulsystem); 1868, Bd 47, 282—98 (Reformvorschläge). Vgl. H. an Villari, 5. Feb. 1866 und 21. April 1866.

[6] H. an Schott, in: PJb 1931, Bd 226, S. 48.

Wirken: ‚La Prusse' - ‚De la réform de l'enseignement supérieure' - Mitarbeit an Zeitschriften

In den letzten fünf Jahren seines französischen Aufenthaltes waren Hillebrands Leben und Schicksal untrennbar mit dem Bestreben verbunden, als Vermittler zwischen Frankreich und Deutschland zu wirken. Einige Jahre lang trat das Interesse an Italien und England zurück. Sein schriftstellerisches Bemühen galt nicht mehr allein der wissenschaftlichen Wahrheit. Er begann damit eine Absicht zu verbinden. Fast über Nacht verließ er 1866 die Studierstube und die philologische Kleinarbeit, die seinem Temperament doch nicht so recht entsprachen, um seinem eigentlichen Anliegen zu folgen: Ideen und Tatsachen in anspruchsvoller Form zu verbreiten. In der großen Stunde der deutschen Einigung wollte er nicht abseits stehen, sondern in seinem kleinen Kreise und auf bescheidene Art beitragen, Einheit und Freiheit zu fördern. Es genügte ihm nicht mehr, Wahrheit zu erkennen; er wollte ihr dienen, für sie kämpfen. Sein ganzes Dasein erfuhr in diesen Jahren eine Straffung. Es galt nicht für eine Partei einzutreten. Die Aufgabe, die ihm zuteil wurde, war viel schwieriger. Es hieß, zwischen Parteien zu stehen, zwischen ihnen zu vermitteln, als freiwilliger Unterhändler von einem Lager ins andere zu gehen, um jedem Teil das zu sagen, was er für die Wahrheit hielt. Unter Wahrheit verstand Hillebrand die schlichte Tatsache: einfach, unverziert und nicht von Leidenschaft verzerrt. Solch ein Wirken müßte, meinte er, zum gegenseitigen Verstehen beitragen und damit eine allgemeine Konsolidierung herbeiführen. Eine Beruhigung in Mitteleuropa käme der deutschen Einigung zugute, noch mehr aber dem Ideal der Menschlichkeit. Das war im Geiste Herders und Lessings gedacht, das war beste deutsche Tradition .Und wenn Hillebrand auch wenig erreichte, so soll doch nicht übersehen werden, daß er einige Jahre seines Lebens dem hohen Ideal der Verständigung von Volk zu Volk geopfert hat. Mit 1870 wurde vieles anders. Rückblickend sagte Hillebrand später über die Bemühungen dieser Jahre: „Auch wir hofften, eine solche geistige Mitarbeiterschaft im Sinne der englisch-französischen des achtzehnten Jahrhunderts könne sich zwischen Deutschland und Frankreich herstellen lassen; auch wir trugen unser Scherflein dazu bei, dieses Friedenswerk zu fördern; auch uns war's nicht wohl zumute, als diese ‚Chimäre' auf immer zerstört ward." (I [1], 274—75). Hillebrands Wirken nach 1870 trug nicht mehr jenen militanten Charakter der Sechzigerjahre. Er sagte selbst, daß er sein Buch ‚Frankreich und die Franzosen', das 1872 entstand, nicht mehr in der Absicht geschrieben habe, zwei feindliche Nationen miteinander zu versöhnen. Er habe eingesehen, daß guter Rat und moralische Überlegungen gegen „passion and interest" nichts ausrichten könnten. Allein völkerpsychologisches, historisches und allgemein kulturelles Interesse veranlaßten ihn zur Abfassung des Buches [1].

---

[1] France and the French in the second half of the nineteenth century. Translated from the third German edition. London 1881, S. IX—X.

In das Spiel der Beziehungen zwischen Frankreich und Deutschland wollte Hillebrand vor 1870 fördernd eingreifen. Diese Beziehungen, vor allem die kulturellen, waren in den Jahrzehnten nach den napoleonischen Kriegen außerordentlich gut. Während im 18. Jahrhundert Deutschland ganz im Banne französischen Geistes und französischer Kultur stand, gab es in den Dezennien vor dem Krieg von 1870 wenige bedeutende Franzosen, vor allem kaum einen französischen Geisteswissenschaftler, der nicht über den Rhein gesehen und die Erfolge des geistigen Deutschland als groß und wegweisend erkannt hätte [2]. In manchen Kreisen Frankreichs herrschte ein ausgesprochener Deutschlandkult. Der Anstoß zur Umwertung des Deutschlandbildes am Anfang des Jahrhunderts war von Mme de Staëls ‚Voyage en Allemagne' ausgegangen. Das Buch blieb lange Zeit in Mode und übte großen Einfluß auf das allgemeine Deutschlandurteil. Victor Cousin und Edgar Quinet förderten die Verbreitung der neuen, romantischen Ideen Deutschlands (das damals politisch noch nicht bestand), weil sie glaubten, daß sie für ihr Land heilsam und nützlich seien. Quinet war selbst in Deutschland (1826), um dort den neuen romantischen Geist zu studieren. 1827 brachte er seine berühmte Herder-Ausgabe heraus, die großen Einfluß übte. Viele folgten dem Ruf Mme de Staëls, Quinets, Cousins und anderer. Michelet machte 1842 eine Reise nach Deutschland. Gérard de Nerval begleitete Dumas in die ‚neue Heimat des Geistes', die er selbst schon einmal durchzogen hatte. Lamartine und selbst Musset überquerten den Rhein. Taine machte eine große Studienreise nach Deutschland, und die einflußreichen Wissenschaftler und Kritiker Gaston Paris und Gabriel Monod hatten sich in ihrer Studentenzeit unter die deutschen Kommilitonen gemischt und einige Semester an deutschen Universitäten zugebracht. B. Constant, V. Hugo, J. J. Ampère, Xaver Marmier, S. M.-Girardin, S. R. Taillandier und viele andere pilgerten zu Goethe und den deutschen Romantikern. Schérers, Monteguets, Renans, ja selbst Sainte-Beuves Schriften zeigen den Einfluß des deutschen Denkens. „Les Allemands sont assurément les plus admirables travailleurs classiques que l'on puisse imaginer; depuis qu'ils se sont mis a défricher le champ de l'antiquité, ils ont laissé bien peu à faire pour le détail et le positif des recherches; ils ont exploré, commenté, élucidé les grandes œuvres." [3] Gérard de Nerval, Victor Hugo und Chateaubriand sahen im Lande jenseits des Rheins das „pays de l'âme". Quinet rühmte den deutschen Lyrismus und viele der französischen Romantiker sahen in Deutschland die Heimat ihrer eigenen romantischen Ideen. Der ‚Globe' gab 1827 der damaligen Stimmung

---

[2] Vgl. Hs Essay über Lessing, JdD, 2. Nov. 1867. Weiters: VIRGILE ROSSEL: Histoire des relations littéraires entre la France et l'Allemagne. Paris 1897; LOUIS RAYNAUD: Français et Allemands. Histoire de leurs relations intellectuelles et sentimentales. Paris 1930; JOSEPH REINACH: De l'influence intellectuelle de l'Allemagne sur la France. In: RPL 1878, Bd 14, 1031—41. Vgl. RPL 1877, Bd 13, 1—8. Vgl. HAUPTS, K. H. S. 17—31.

[3] SAINTE-BEUVE: Euphorion ou de l'injure des temps. In: Portraits contemporains III. Paris 1855, S. 501—09.

in den Worten Ausdruck: „La poésie allemande nous apparaît comme un ange aux ailes de flammes qui, franchissant l'espace, remonte éternellement vers la source mystérieuse de l'invisible beauté."[4] Und Renan meinte, „que la race gauloise ait besoin, pour produire tout ce qui est en elle, d'être de temps en temps fécondée par la race germanique."[5] Noch 1870 nannte er Deutschland seine „maitresse" und vor dem Ausbruch des unseligen Krieges unterschrieb er zusammen mit Taine einen Aufruf zur Schaffung eines Hegel-Denkmales in Paris[6].

Dieses idealisierende, einseitige Deutschlandbild mußte unter dem Eindruck der Wirklichkeit früher oder später zerbrechen. Der erste, der sich gegen die Deutschlandmode wandte, war Edgar Quinet selbst[7]. Seine große Begeisterung begann nach 1832 immer mehr in Haß umzuschlagen. Das kritische Jahr war 1840, da man zu spüren begann, daß Preußen daranging, Deutschland an sich zu reißen. Heines und Börnes Wirken hatte stark ernüchternden Einfluß. Die Gegenstimmen blieben aber vereinzelt, die allgemeine Stimmung war für Deutschland. Hillebrand und andere Deutsche, die damals nach Frankreich flüchteten, hatten einen Teil ihres Erfolges dieser weit verbreiteten und nicht selten übertriebenen Deutschfreundlichkeit zu verdanken. Mit dem Jahre 1864, vor allem aber mit 1866, trat eine fühlbare Wandlung ein. Die kriegerischen Erfolge Preußens 1864 und dann bei Königsgrätz ernüchterten mit einem Schlage alle, die an die Deutschen als das Volk der Dichter und Denker geglaubt hatten und die in Deutschland nur die Heimat der Romantiker sahen. Plötzlich mußten sie erkennen: Deutschland hat auch Soldaten und Feldherren. Das hatte man in den langen, im großen doch friedlichen Jahrzehnten völlig vergessen gehabt. Der Einfluß der katholischen Kirche, die schon aus konfessionellen Gründen dem aufsteigenden Preußen nicht wohlgesinnt sein konnte, begann sich zu verstärken. Eine allgemeine Unruhe bemächtigte sich der Geister. Die Zahl der warnenden Artikel wurde immer größer[8]. Am treffendsten faßte Guizot das allgemeine Empfinden zusammen: „Au milieu d'une profonde tranquillité matérielle, une inquiétude obstinée possède les esprits et suspend les affaires. Aurons-nous la paix ou la guerre? Les imaginations et les conver-

---

[4] Globe 1827, Bd 62, S. 326.

[5] ROSSEL, Relations, S. 284.

[6] ‚Pour une statue à Hegel', JdD, 25. Januar 1870. Dem Stil nach scheint der Aufruf von RENAN zu sein. Über Renans Stellung zu Deutschland siehe vor allem seinen Brief an Strauß in: Réforme intellectuelle et morale. Paris 1872. Weiters GEORG BRANDES: Moderne Geister. Frankfurt 1882; HENRY PSICHARI: Renan et la guerre 1870. Paris 1947.

[7] Edgar Quinets antideutsche Aufsätze erschienen gesammelt: PAUL GAUTIER: Un prophète, Edgar Quinet. Paris 1917. Weiters: EDGAR QUINET: La France et l'Allemagne. In: Le Temps, 5., 7., 9. und 27. Januar 1867.

[8] Vgl. die antideutschen Aufsätze in der Rddm: LOUIS BULOZ (Okt. 1866), E. DE LAVELEYE (Juni 1869), VICTOR CHERBULIEZ (6 Folgen, Nov. 1869 bis April 1870) und F. DE ROUGEMONT (1870). Vgl. dazu: L. TELLENBACH: Die Rddm und das Deutschtum. In: Unsere Zeit, 15. April, 15. Mai und 15. Juli 1878.

sations tournent sans relâche autor de cette question." Und etwas später: „C'est l'Allemagne qui est aujourd'hui la nation révolutionairement belliqueuse en Europe" [9]. Nach und nach stellte sich die Furcht ein, Preußen könnte in einem Kriege dem beherrschenden Frankreich gefährlich werden. Der geistigen könnte die politische Hegemonie folgen. Diese Möglichkeit schwebte wie ein Alb über der französischen Nation, um so mehr, als man sich darüber im klaren war, daß in der Monarchie nicht alles so ging, wie es gehen sollte, daß trotz der Liberalisierungsversuche Napoleons III. die Opposition stets wuchs und daß der ständige innere Kampf die Nation schwächte.

In dieser politischen Lage und psychologischen Verfassung inmitten des wachsenden, zum Teil absichtlichen, zum Teil ungewollten Mißverstehens und der einmal entfachten politischen Hetze sah Hillebrand als Deutscher, als der er sich im Gegensatz zu anderen Emigranten immer noch fühlte, seine höchste Aufgabe darin, den Franzosen, vor allem der gebildeten Mittelschichte, das wahre Deutschland klar und eindringlich vor Augen zu führen. In diesem Bestreben, Verstehen durch Wissen zu fördern, stand Hillebrand nicht allein. Rudolf Lindau, Ludwig Bamberger und Heinrich Schmidt wußte er an seiner Seite [10]. Diese Männer, die dem Zeitalter der Vermassung noch nicht erlegen waren und in der Geschichte nicht die Verwirklichung anonymer Gesetze sahen, glaubten fest daran, daß auch ein einzelner in diesem internationalen Kräftespiel Gutes stiften könne. Diese Ansicht war insofern gerechtfertigt, als sich starke Elemente aus der allgemeinen Hetze heraushielten, ja sogar gegen sie arbeiteten. Die Landbevölkerung war in keiner Weise kriegerisch gestimmt und die Wissenschaftler waren längst davon abgekommen, die französische Wissenschaft als die allein führende anzusehen. Gerade sie erkannten Deutschland voll an. Auf diese Elemente zählte Hillebrand. Und daß er mit seiner Hoffnung nicht ganz unrecht hatte, zeigt die Haltung so bedeutender Denker, Wissenschaftler und Publizisten wie Ernest Renan, Gaston Paris, Gabriel Monod, Jean Jacques Weiss und anderer. Der Krieg zerbrach alle Hoffnungen, nicht nur für Hillebrand, sondern für alle jene, die mit ihm fühlten und dachten und die zu den Besten ihrer Generation zählten.

Hillebrands Wirken für das allgemeine Verständnis Deutschlands führte ihn immer weiter ab von der reinen Wissenschaft und immer tiefer in die P u b l i z i s t i k, in jene höhere Journalistik, die dem Tag dient, dies aber auf geistig anspruchsvoller Ebene zu tun versucht. Manche seiner Schriften, vor allem seine Korrespondenzen und Rezensionen jener Zeit, sind nur mehr von historischem Interesse. Andere dagegen, so seine literarischen Essays, tragen trotz ihrer Absicht und Zweckbestimmung die bezeichnenden Züge von Hillebrands darstellerischer Kunst.

[9] FRANÇOIS GUIZOT: La France et la Prusse responsable devant l'Europe? In: Rddm, 15. Sept. 1868, S. 257—66.
[10] H. SCHMIDT, ein Elsässer, verfaßte eine ‚Étude sur la littérature allemande', Paris 1869, die H. im JdD vom 10. Februar 1869 rühmend besprach. Schmidt schrieb u. a. eine Reihe von Studien über Herder.

Von den frühen revolutionären Schriften abgesehen, begann Hillebrand seine politische Schriftstellerei als gelegentlicher Mitarbeiter der ‚Gironde' in Bordeaux und der ‚Weserzeitung' in Bremen [11]. In die breite Öffentlichkeit trat er erst 1866, als er im Auftrag des *Journal des Débats* fünfzehn Aufsätze über den Verlauf des Krieges zwischen Deutschland und Österreich und über die deutschen Zustände schrieb. „Faire connaître l'Allemagne" war dabei seine Absicht. (PC, xiii). Die Vorgänge in Preußen und Deutschland wollte er ins rechte Licht rücken und zugleich die deutsche Einigung als innere Notwendigkeit begreiflich machen, als Konsequenz der seit Jahrhunderten sich fortdrängenden organischen Entwicklung dieses literarisch und kulturell längst einigen Teiles von Europa. Dabei wandte sich Hillebrand vor allem gegen den Vorwurf des Militarismus. Er versuchte, die Franzosen davon zu überzeugen, daß sich die preußische Volksarmee allein aus der Notwendigkeit erkläre, daß Preußen im Ernstfalle nicht nur seine eigenen Grenzen, sondern die ganz Deutschlands zu verteidigen habe. Die Armee, meinte Hillebrand, sei kein Kriegswerkzeug, sondern die beste Schule für Vaterlandsliebe, Pflichtgefühl und Bürgersinn. Die Grundlage des modernen Preußen sah er im niederen Adel und im Bürgertum, das sich auf drei Tugenden stützt: Sittlichkeit, Kraft und Mäßigung. Allein mit diesen drei Tugenden sei die Wiedergeburt möglich gewesen und „... malgré toutes les réserves qu'on est obligé de faire, la Prusse, par les vertus de ses souverains et de ses citoyens, par sa constance politique, par ses sacrifices, par ses institutions et par sa supériorité intellectuelle, a mérité de devenir l'Allemagne." (PC, 265). Preußen ist für Hillebrand nicht ein Land, sondern ein Begriff, eine Idee, eine deutsche Aufgabe, die Überzeugung einer Berufung, die aus siebenhundertjähriger Geschichte Kraft und Berechtigung schöpft. Feurige Begeisterung für ein einiges Deutschland, das im Konzert der Völker gleichberechtigt neben den anderen Völkern stehen sollte, beseelte diese Berichte Hillebrands an das ‚Journal des Débats', das an der taktvollen Form, in der Hillebrand seine Ideen darbot, keinen Anstoß nahm und auch nichts zensurierte. Das nicht zuletzt deswegen, weil auch der französische Leser aus den Berichten des jungen Deutschen spürte, daß dem Autor über der Einigung Deutschlands noch viel Höheres stand: die Kultur des Abendlandes. „L'alliance de la France et de la Prusse n'est pas, aux yeux de l'auteur, une question d'opportunité seulement, désirable dans l'intérêt momentané des deux États; ce n'est pas moins que la cause même de la civilisation qu'il y croit engagée." (PC,vii).

Der bis heute interessanteste Teil des Buches ist der Abschnitt über *Bismarck* [12]. Er stellt eine der wenigen Stimmen jener Zeit dar, die in objektiver Weise versucht, die Fehler und Tugenden des Staatsmannes gegeneinander abzu-

---

[11] Hs Mitarbeit an den Zeitschriften ‚Weserzeitung' und ‚La Gironde', die erwiesen ist, sowie seine wahrscheinliche Mitarbeit an anderen Zeitschriften, sind heute im einzelnen nicht mehr festzustellen.
[12] PC, 34—48. Der Abschnitt über Bismarck wurde von Hermann Uhde-Bernays übersetzt und in der ‚Neuen Schweizer Rundschau' veröffentlicht: Zürich 1951, NF 19, Heft 2, 66—77. Der Aufsatz wurde in die UE übernommen, S. 274—82. — LUDWIG

wägen. Was Hillebrand in diesem ausgezeichneten Essay über den preußischen Kanzler hervorhebt, sind die „Klarheit des Blicks und die Kraft der Ausführung". Demgegenüber tadelt er den Mangel an Ruhe und parlamentarischer Erziehung.

Aber nicht nur das Schicksal Deutschlands und Europas, nicht nur die Berichterstattung von Tatsachen an Stelle von Meinungen war sein großes Anliegen in diesen Essays, es ging ihm auch um die liberale Sache, die er im aufgeklärten Staate am besten vertreten sah und für die er gerne bereit zu kämpfen war. „... il abandonna", sagte er von sich „la chaire et le cabinet pour se faire soldat-journaliste, heureux de combattre dans ce corps d'élite de l'armée libérale, le Journal des Débats". (PC, xiii).

Die Wirkung von Hillebrands Essays war außerordentlich groß. Sie war viel stärker als jene von Ludwig Bambergers Deutschlandschriften, die etwa zur selben Zeit erschienen. Vor allem in Deutschland und England, wo man dem Liberalismus aufgeschlossener gegenüberstand als in Frankreich, war man des Lobes voll [13]. Nicht so ungeteilt war verständlicherweise die Zustimmung in Frankreich. Treitschke gegenüber klagte Hillebrand, daß er sich mit ‚La Prusse' viele Feinde zugezogen habe [14]. Das Buch wurde aber im allgemeinen positiv aufgenommen, wenn man auch skeptisch blieb, denn so ungefährlich, wie Hillebrand die deutsche Entwicklung darstellte, wollte sie vielen Franzosen doch nicht erscheinen. Auch wurde es von manchen trotz der Kritik an Preußen, mit der Hillebrand nicht zurückhielt, eher als ein Zeugnis für den Patriotismus des Autors denn als ein verläßliches Dokument für die Kenntnis der deutschen Zustände betrachtet. Damit hatte man nicht ganz unrecht, denn selbst aus Deutschland kam freundschaftliche Kritik. Heinrich Dernburg, der als Rechtsgelehrter in Halle die deutschen Verhältnisse zweifellos besser kannte als Hillebrand, schrieb in einem Brief, der erhalten ist: „Hie und da siehst Du freilich meiner Ansicht nach zu rosig. Vielfach stehen wir immer noch im Staate Friedrich Wilhelm I. —" [15].

In den Jahren nach 1866 erschien eine Reihe weiterer kleiner politischer Aufsätze im ‚Journal des Débats'. Sie stellten im allgemeinen Kommentare zu Einzelereignissen und Einzelproblemen der Zeit dar. So schrieb Hillebrand über die Affäre Tweeden, über die deutsche Landwehr, über den Bancroft Brief, über das Problem der Dezentralisierung in Deutschland, über die Lage Bayerns, über die preußische Verwaltung, über das Verhältnis Deutschland-Österreich (Klein-

---

BAMBERGER verfaßte 1868 eine Studie über Bismarck: ‚M. de Bismarck'. In: RM 1868, Bd 45, 8—49 und 1868, Bd 46, 256—83. Bamberger sieht Bismarck rein politisch (wirft ihm u. a. vor, den Bruderkrieg entfacht zu haben), während H. auf die Persönlichkeit größeren Wert legt und den geschichtlichen Rahmen zeichnet.

[13] Rezension in der ‚International Review' 6, 425 und in der NAR 1871, Bd 112, 113—59 (H. W. Hemons).

[14] H. an Treitschke, 15. Juni 1869. In: SMh 1914, Jg. 12/1, 97.

[15] Heinrich Dernburg an H., 16. Juni 1867. Ein sehr anerkennendes Schreiben erhielt H. von der deutschen Königin. Es wurde von Johannes Brandes, dem bedeutenden Archäologen (gest. 1873) verfaßt. Zum Problem Frankreich und die deutsche Einheit: JACQUES BAINVILLE: Geschichte zweier Völker. Hamburg 1940.

deutschland erhält seiner Meinung nach den Frieden besser), über Bismarck und die Nationalliberalen, über die Todesstrafe und in der ‚Revue Moderne' über die Organisation der preußischen Armee. In allen diesen Arbeiten herrscht ein protestantisch-liberaler, zugleich aber humaner Geist eines im Ausland lebenden Patrioten vor, der die deutsche Einigung, ebenso wie die italienische, als organische Notwendigkeit und daher als historisch gerechte und wünschenswerte Sache betrachtet und begrüßt und der diese Ansicht dem skeptischen Ausländer zu erklären versucht. Hillebrand mag dabei für empfindliche französische Ohren manchmal zu weit gegangen sein. Aus einem nachgelassenen Brief des Sekretärs des ‚Journal des Débats', A. Léo, geht hervor, daß Hillebrand noch weitere Arbeiten mit politischem Thema an die Zeitschrift gesandt hatte. Diese Aufsätze wurden aber nicht gedruckt, weil das ‚Journal' wohl bereit war, wie sich Léo ausdrückte, die deutsche Einigung anzuerkennen, aber nicht, dafür zu kämpfen [16].

Die entschiedene Stellungnahme zu schwierigen und umstrittenen Problemen hinderte Hillebrand aber nicht, duldsam und verständnisvoll andere Meinungen und Auffassungen zu respektieren. Seine Ansichten, die er mit Mut und Eifer vertrat, mußten ihm aber bei den steigenden Spannungen zwischen Deutschland und Frankreich Mißverstehen und persönliche Schwierigkeiten eintragen, umso mehr, als er bestrebt war, über die reinen Tatsachen hinaus etwas von den Gefühlswerten mitzuteilen, die hinter den politischen Bestrebungen in Deutschland standen.

Hillebrands vielseitige erzieherische Tätigkeit als inspecteur général und als Mitglied von Prüfungskommissionen gab ihm die Möglichkeit, auch auf dem Gebiet des S c h u l w e s e n s aufklärend und vermittelnd zu wirken. Schon in seinen ersten Jahren in Douai stellte er eine Sammlung leichter, anspruchsloser, aber literarisch wertvoller Texte zusammen, die unter dem Titel ‚*Lectures allemandes élémentaires*' erschienen und bis 1894 eine Reihe von Auflagen erlebten [17]. Hillebrand versah sie mit Fußnoten und Erklärungen und hoffte, durch sie den Studenten etwas von deutscher Literatur und deutschem Wesen vermitteln zu können.

Der Auftrag des französischen Unterrichtsministers Duruy, Deutschland, Holland, Belgien und die Schweiz zu bereisen und über das Schulwesen dieser Länder zu berichten, kam Hillebrand sehr gelegen. Nun konnte er ausführlich darstellen, was er in kurzen Aufsätzen kaum hätte klarlegen können.

Im ersten Teil seines Berichtes, der unter dem Titel ‚*De la Réforme de l'Enseignement Supérieur*' erschien, erörterte er das deutsche Schulsystem in aller

---

[16] Brief A. Léos vom 17. März 1868: „M. Bertin me charge de vous dire que, tout bien consideré, il ferait quelque inconvenient à l'insertion de l'article et de la correspondance que vous lui adressez; que le JdD tout en croyant à l'avenir de l'unité allemande, juge que la France ferait bien de ne pas la combattre par les armes."

[17] H. brachte folgende Autoren: Arndt, Schiller, Rückert, Goethe, Heine, Kopisch, Claudius, Campe, Uhland, Hebel, Wieland, Chamisso, Grimm (Märchen), Bechstein, Münchhausen, Aesop, und eine Auswahl aus ‚Des Knaben Wunderhorn'.

Breite. Er wies darauf hin, daß es geschichtlich gewachsen, d. h. aus sich geworden sei und daher allen Bedürfnissen des Volkes entspreche, daß es absolute Freiheit gewähre und auf freiem Wettbewerb beruhe, keinen Programmzwang kenne und daher, ohne vollkommen zu sein, doch viele Vorteile besitze. Im Anschluß daran empfahl er eine Reihe wichtiger Reformen für das französische Schulsystem. Sie alle zielten darauf ab, die durch die Schulordnung Napoleons I. herbeigeführte Ausrichtung der Schule auf den reinen Zweck, auf die Prüfung hin, durch ein freieres System zu ersetzen. Freier Geist und freie Forschung müßten gepflegt werden. Die Universität selbst sollte keinerlei Bindung unterliegen, dabei aber unter staatlicher Kontrolle stehen. Die Bezahlung der Professoren sollte direkt durch die Studenten erfolgen, um so einen freien Wettbewerb zu garantieren. Die Bibliotheken sollten ohne Beschränkung benutzbar sein. Die Zahl der Stipendien sollte erhöht und die neue philologische Methode durch großzügigen Austausch von Professoren weiter verbreitet werden. Aber, so meinte Hillebrand am Schluß seiner Ausführungen, „ce n'est pas la lettre, c'est l'esprit qu'il faut emprunter á nos voisins et cet esprit ne se transmet que par des hommes." (RE, 182). Hillebrand stand mit seiner Kritik und mit seinen Forderungen in Frankreich nicht allein, vor allem Père Didon, aber auch Taine und Albert Duruy hatten ähnliche Forderungen erhoben [18].

Der praktische Erfolg von Hillebrands Schrift war nicht sehr groß. Immerhin wurde auf dem Sektor der modernen Fremdsprachen die Stundenzahl erhöht und in den Lyceen der Fremdsprachenunterricht um drei Jahre früher begonnen. Dazu richtete man einen ‚grand concours' und ‚inspections générales' für die lebenden Fremdsprachen ein. Eine dieser Stellen wurde Hillebrand übertragen. Auch wurden gewisse Ansätze zu einer Liberalisierung des Universitätslebens erreicht. Wäre das Regime Duruy geblieben, so ist wohl anzunehmen, daß nicht nur eine Erweiterung des Lehrprogramms, sondern auch eine spürbare Vergrößerung der studentischen Freiheiten gewährt worden wäre.

Hillebrand ging es bei seiner Schrift aber nicht nur darum, alle seine Reformvorschläge angenommen zu sehen. Die Möglichkeit, auf offizieller Basis vermittelnd wirken zu können, war für ihn eine ausreichende Rechtfertigung für seine Bemühungen.

In einem langen Aufsatz im ‚Journal des Débats' über ‚L'instruction publique en Italie' (1868) erweiterte Hillebrand seinen Überblick über ausländische Schulsysteme auf Italien, um so nicht nur ein möglichst umfassendes Bild des europäischen Schulwesens zu geben, sondern auch auf indirekte Weise die recht offensichtlichen Mißstände im französischen Unterrichtswesen zu kritisieren. Sein Lob des praktischen Geistes und der Freiheit, die das neue italienische Schulgesetz von 1859 auszeichneten, war insgeheim gegen die Starrheit, den

---

[18] Vgl. I, 64—105. — Zu Hs Buch vgl. auch: ALBERT DURUY: La Liberté dans l'Enseignement Supérieur en France. In: Rddm 1870/1, 736—57. Dort eine eingehende Darstellung des Problems mit Hinweisen auf Hs Werk. FRIEDRICH SCHNEIDER: Geltung und Einfluß der deutschen Pädagogik im Ausland, München und Berlin 1943, dringt nicht bis zum eigentlichen Problem vor. Vgl. auch: HAUPTS, K. H., S. 61—65.

Mangel an Wirklichkeitssinn und gegen die Unfreiheit gerichtet, die im französischen Schulsystem vorherrschten. Unter einem liberalen Schulsystem verstand Hillebrand eine Schulordnung, die den jungen Menschen mit gewissen Freiheiten ausstattet und darauf abzielt, sein freies Urteilsvermögen zu fördern. Der Student sollte lernen, innerhalb der Freiheit sittlich und menschlich zu handeln. In der Freiheit sah Hillebrand die Grundvoraussetzung für eine umfassende, verantwortungsbewußte und zugleich menschenwürdige Bildung. Und Bildung war für Hillebrand, den Nachfahren Goethes und Wilhelm von Humboldts Sinnerfüllung des menschlichen Lebens.

Hillebrands Bestreben, zu vermitteln und gegenseitiges Verständnis zu fördern, fand sein reichstes Betätigungsfeld auf literarischem und historischem Gebiet. Im Rahmen seiner literar-historischen Untersuchungen wurde es auch am fruchtbarsten. Literatur verstand Hillebrand freilich im weiteren Sinn. Nicht allein als Verwirklichung eines bestimmten Gedanken- und Gefühlsgehaltes in einer ihm angemessenen Form, sondern auch als Ausdruck gesellschaftlicher Zustände und Bewegungen. „Erlauben Sie mir daher", schrieb Hillebrand in seinem Essay über ‚Fremdensucht in England' „innerhalb des Gebietes zu bleiben, das ich als Publizist wesentlich als das meinige betrachte: bei dem Studium der gesellschaftlichen Zustände verschiedener Nationen und der Beobachtung der Gedanken- und Gefühlsströmungen in den letzten Jahrhunderten". (VII, 200) Das gesellschaftliche Interesse trat also gleichwertig neben das literarische. Seine literar-soziologischen Studien erschöpfen sich aber nicht in der Aufzählung von Einzeltatsachen, wie etwa bei seinem bedeutenden englischen Zeitgenossen Leslie Stephen. Sie streben darüber hinaus ins Geistige. Zwischen dem rein Wissenswerten leuchten in seiner Darstellung Einsichten auf, die dem Leser mehr Verständnis des Werdens und der Zustände gesellschaftlicher Erscheinungen geben als lange detaillierte Abhandlungen. Hillebrand schreitet dabei über sein eigentliches Ziel der Beobachtung des Menschlichen hinaus und stößt, geleitet von der Absicht, den gesamten Lebensprozeß einer Zeit in verschiedenen wichtigen Funktionen zur Anschauung zu bringen, zu völkerpsychologischen und völkervergleichenden Betrachtungen moderner Art vor. Diese Betrachtungen blieben jedoch, vom positivistisch-wissenschaftlichen Standpunkt aus gesehen, unsystematisch. Hillebrands schon von seinen Zeitgenossen gerühmte völkerpsychologische Betrachtungsweise [19] beruhte weitgehend auf seiner Darstellungskunst. Durch Auswahl, Zusammenstellung und Beleuchtung des einzelnen kommen die verstreuten Tatsachen zu ihrer Geltung, nicht aber als Teile einer Statistik. Die einzelnen mitgeteilten Fakten haben charakteristischen Wert und können als Grundlage und Ausgangspunkt für eine allgemeine Kulturgeschichte angesehen werden, die sich wie jede Kulturgeschichte stark am Soziologischen orientiert und orientieren muß [20]. Der feine historische Sinn, den Hillebrand wie wenige Geschichtsforscher und

---

[19] Gabriel Monod in RCr 1874/2, 247.
[20] JOHAN HUIZINGA: Wege der Kulturgeschichte. München 1920, vor allem S. 56.

Geschichtsdarsteller seiner Zeit besaß, kam ihm dabei zugute. Nicht die Vermittlung neuen Stoffes, sondern der originelle Blick auf Bekanntes zeichnet seine Betrachtungen aus. Nicht im Mitgeteilten wird das Tiefere offenbar, sondern im Angedeuteten. Dieser keineswegs erlernbare historisch-soziologische Sinn ist es auch, der Hillebrands Schriften, selbst dort, wo sie heute wissenschaftlich als überholt angesehen werden müssen, noch immer interessant erscheinen läßt; als Zeugnis eines originellen Kopfes, in dessen Schaffen sich ein unübersehbarer Reichtum an Erfahrungen und Begegnungen spiegelt.

Adolf von Hildebrand hat Heinrich Homberger gegenüber die negative Seite von Hillebrands Talent treffend gezeichnet. Er meinte: „Hillebrand sah das Relative der Erscheinungen, nicht ihr inneres Wesen. Wie Montesquieu oder welch immer eine Persönlichkeit der Geschichte oder Gegenwart zu seiner Umgebung stand, welche Stellung er einnahm, welchen Einfluß er übte, dafür hatte er einen merkwürdigen Blick. Aber was im Grunde in dem Menschen und an ihm war, darauf ging er nicht ein, darin drang er nicht ein." Und Homberger fügte hinzu: „Der gescheite Bildhauer hat damit meinem dunklen Gefühl über den Freund scharf umrissene Gestalt gegeben." [21] Was Adolf von Hildebrand, der Künstler, mit seinem Vorwurf meinte, war jener historische Sinn Hillebrands, der ihn zum Kritiker, zum Historiker, zum Essayisten werden ließ, der es ihm aber verbot, selbst Künstler im höchsten Sinne des Wortes, d. h. Menschen- und Schicksalsgestalter zu werden.

Hillebrands erste literarische Beiträge in französischen Zeitschriften, seine Aufsätze über ‚Laurence Sterne', ‚Robinson Crusoe' und ‚Tom Jones' und seine Essays über ‚Dante', ‚Macchiavelli', ‚Ariost' und ‚Savonarola', gingen auf Vorträge von Douai zurück. Nach dem großen publizistischen Erfolg 1866 fand Hillebrand die Möglichkeit, in einer Reihe von Essays auch über das literarische Deutschland etwas zu sagen. Beiträge über Lessing, Goethe, Hemsterhuis, Wilhelm von Humboldt, Wieland, Heine und über Lord Byron folgten im ‚Journal' und in ‚Le Temps'. Bezeichnend sind die Essays über Lessing, Humboldt und Wieland. Unter dem Titel ‚Le christianisme moderne' zeichnete er in einer längeren Arbeit (von der Redaktion gekürzt wiedergegeben) *Lessing* als den Deutschen, in dem sich alles Neue am reinsten vereinigte. Die Toleranz, schrieb er, „pour lui est la première des vertus". Und „sa méthode, si l'on veut appeler méthode l'absence de parti pris et la recherche désintéressée de la vérité, est devenue la méthode de toutes les sciences historiques en Allemagne, et les a complètement renouvelées. Lessing a été, de la sorte, l'instigateur de tout ce mouvement critique de notre siècle". [22] Auf ähnliche Weise versuchte Hillebrand, die Wesenszüge *Wilhelm von Humboldts* darzustellen, der wie kein zweiter auf ihn selbst gewirkt hat. Nachdem er eingangs ein Bild von Humboldts Persönlichkeit gezeichnet und dem Manne einen gewissen Mangel an Einbildungskraft, Feingefühl, Leidenschaft und Kunstempfinden vorgeworfen

---

[21] HEINRICH HOMBERGER: Selbstgespräche. München 1928, S. 74—75.
[22] JdD, 23. Nov. 1867.

hatte, führte er aus, wie sehr alles Handeln dieses moralisch so hochstehenden Mannes von seinem Verstande beherrscht wurde. Im weiteren würdigte er sein Wirken als Schulreformer, als Politiker, als Philologe, und wies eingehend darauf hin, wie sehr dieser Vertreter modernen Menschentums zur allgemeinen „émancipation, ou, si l'on aime mieux, de l'individualité" beigetragen habe. Das hohe liberale Bildungsideal fand er in seinen Schriften wieder: „... la chose essentielle que l'État doit assurer à l'individu, c'est la liberté de se développer comme lui plaît, car la liberté est supérieure même à la sécurité." Hillebrand erkannte aber auch die Grenzen seiner Doktrin, die weniger Humboldt selbst als seinen Nachfolgern zum Schaden gereichten: „... je n'hésite pas à le dire, malgré tout le respect que m'inspirent la sincérité et la noblesse des hommes qui professèrent cette doctrine, elle aboutit à un idéalisme égoiste, contemplatif, presque passif; elle méconnaît la plus puissante des facultés humaines: l'activité pratique." [23]

In seinem großen *Goethe*-Essay wandte sich Hillebrand zuerst gegen alle, die versuchten, Goethe zu einem Jupiter oder aber auch zu einem Stubengelehrten zu machen. Ganz besonders wies er auf die „santé" und „virilité" des Dichters hin: „C'est bien l'homme de la nature, avec ses robustes appétits et sa joie vigoreuse". Und in geistvoller Weise meinte er dazu: „En un sens, c'est une organisation plutôt anglaise qu'allemande". Zu dem lebensnahen, aktiven Wirken Goethes gesellten sich sein dichterisches Empfinden und sein vielseitiges unermüdliches Interesse. Es sei gerechtfertigt, daß sich das ganze Jahrhundert „presque malgré lui" zu ihm hingezogen fühlte. „Ce n'est pas seulement que Goethe est le plus grand génie poétique que le monde ait possédé depuis Shakespeare" schließt er die lange interessante Studie ab, „ce n'est pas seulement qu'il a été le moins national et le plus humain des poètes, ce n'est pas même qu'il a touché à tous les intérêts de l'esprit et à toutes les cordes du cœur: ce qui explique mieux que tout cela l'intérêt général qu'il inspire, c'est qu'en un sens, tout notre siècle relève de lui qui a enseigné le mieux, sinon le premier, la voie de la haute impartialité morale, poétique, scientifique, historique surtout, et qu'il faut bien se garder de confondre avec l'indifférence. Ce qui distingue la grande école historique de notre siècle, la philosophie qui domine de plus en plus, la science naturelle, dont le champ va s'élargissant tous les jours, n'est-ce pas cette justice suprême que Goethe a si bien pratiquée et qui consiste à aborder les choses et les hommes sans parti pris et sans système préconçu; d'aller à la recherche des faits et des éléments, sans nous soucier si le résultat doit nous donner tort ou raison, pourvu que nous trouvions la vérité; à reconnaître à tout un droit d'existence, même à ce qui ne nous paraît point absolument bon; à mépriser les formes et les mots pour aller au fond des choses". [24]

Den Geist der Herder-Goethe-Zeit erkannte Hillebrand nicht nur an den Großen, sondern auch an weniger bekannten Männern, wie *Hemsterhuis* (1721

[23] JdD, 1. Juni 1869.
[24] Le Temps, 3. Okt. 1866.

—1790), dem „holländischen Sokrates", der wie Herder, Jacobi, Humboldt, Goethe und alle anderen großen Nordländer mithalf, den neuen Idealismus in die Welt zu setzen, zu pflegen und zu verbreiten, jene Religion, der man „cet admirable esprit de tolérance" verdanke, „qui a si longtemps régné dans ce pays, et qui a permis l'essor incomparable de sa vie scientifique. La science, qui ne se proposait de rien prouver, ni l'orthodoxie, ni l'athéisme, ni le principe parlementaire, ni l'absolutisme; la science qui se contentait de rechercher la vérité pour elle même, ne fut jamais cultivée avec plus d'ardeur et plus de succés que pendant cette époque d'absolue tolérance". [25]

Wieland dagegen, dessen Leben Hillebrand in aller Breite darstellt, war für ihn der Vertreter des französischen Geistes im Deutschland des 18. Jahrhunderts, genauer, in der Zeit Ludwigs XV. Mit wenigen Pinselstrichen zeichnete er die Lebensphilosophie dieser Epoche, für die er, der Deutsche mit französischer Staatsbürgerschaft, so viel übrig hatte: „Philosophie tempérée, légèrement épicurienne, fort optimiste, et fort liberale, plus agréable que profonde". [26]

In seinem Essay über Heinrich *Heine* brachte Hillebrand in erster Linie Betrachtungen über den Charakter und das Talent des Dichters. Er zeichnete ihn als Menschen, der im Gegensatz zu Goethe, mit seinem Talent sparsam umgehen mußte. Heftig verteidigte er ihn gegen den Vorwurf des Egoismus und meinte, daß man sein Leben und Handeln nur dann verstehen könne, wenn man bedenke, wie schwer Heine sein Leben lang unter Kopfschmerzen, Armut und Judentum zu leiden hatte. Und man müsse es ihm hoch anrechnen, daß er trotzdem herzlich und menschlich sein konnte. Interessant ist Hillebrands Hinweis auf Heines Talent. Hillebrand meint, Heine habe sein Dichtertum für ein ‚métier' gehalten und nicht für eine große Berufung, und er ist der Ansicht, daß Heine in Frankreich eine gewisse Entwicklung vom Dichter zum Schriftsteller durchgemacht habe [27].

In Anschluß an die aufsehenerregenden Veröffentlichungen von Beecher-Stowe über die „véritable histoire de la vie de Lady *Byron*" ergriff Hillebrand das Wort zu einer großen Verteidigung Byrons, dessen ‚Don Juan' er für das größte Werk neben dem ‚Faust' hielt. Hillebrand wies alle Angriffe der Moralisten, die Byrons äußeres Leben kritisierten, energisch zurück. Die Leute, meinte er, gäben bloß vor, sich an verschiedenen Schwächen des Menschen Byron zu stoßen, in Wirklichkeit freuten sie sich, wenn sie am Genie einen dunklen Fleck entdeckten, und glaubten sie, das Genie dadurch zu ihrer Mittelmäßigkeit herabziehen zu können [28].

In einem sehr langen Essay über ‚*Ludwig Häusser*' in der ‚Revue Moderne' und in einem Nekrolog auf den deutschen Historiker im ‚Journal des Débats' fand Hillebrand Gelegenheit, nochmals eingehend über die deutsche historische Schule zu sprechen. Er würdigte Häusser als den Historiker, der eine Fülle von

[25] Le Temps, 4. Februar 1867.
[26] JdD, 5. Mai 1870.
[27] JdD, 24. März 1867.
[28] JdD, 21. Nov. 1869.

Tatsachenmaterial mit Leidenschaft und Gesprächigkeit vermittle, dem aber schöpferische Kraft und die Fähigkeit kunstvoller Darstellung, zwei grundlegende Eigenschaften des Geschichtsschreibers, fehlten. Hillebrand lobte Häussers wissenschaftliche und liberale Einstellung und hob besonders seine Ehrlichkeit dem Leser gegenüber hervor. In bezug auf die Methode ergriff Hillebrand gegen die nationale Geschichtsschreibung Häussers zugunsten der objektiven Rankes Partei [29].

Neben diesen großen Essays auf der dritten Seite des ‚Journal des Débats', der ‚Le Temps' und in der ‚Revue Moderne', die Hillebrands festen Platz in der Welt der Pariser Publizistik bezeugen, kam Hillebrand in einer Reihe von *Rezensionen* zu Wort. Während er in den ersten Jahren (1866—68) sehr häufig Themen des italienischen Mittelalters besprach, trat gegen 1870 ein auffallender Wandel in der Thematik der besprochenen Bücher ein. An die Stelle von Themen wie Dante, Savonarola, Poliziano, Lorenzo il Magnifico, traten die Namen Goethe, Brüder Grimm, Fritz Reuter, Heinrich von Sybel, Friedrich Gentz, Kanzler Müller, Johann Heinrich Merck, Friedrich Heinrich Jacobi, Caroline Michaelis, Heinrich Hettner und andere mehr. Dieser Wandel ist aufschlußreich für das veränderte Interesse Hillebrands in diesen Jahren. Die Zahl der Besprechungen englischer und französischer Gegenstände ist in diesen Jahren noch gering. Der deutsche Idealismus steht eindeutig im Vordergrund. Wie in den größeren Aufsätzen setzte sich Hillebrand auch in diesen Rezensionen dafür ein, rechtes Verstehen der neuen, in Deutschland oder Frankreich über deutsche Gegenstände erschienene Werke zu verbreiten. Ein Großteil der Besprechungen hat den Aufschwung der deutschen historischen Wissenschaften zum Gegenstand.

Im Jahre 1869 fand Hillebrand Eingang in die ‚Revue des deux mondes'. Nach einem kleineren Aufsatz über Johanna die Wahnsinnige brachte Buloz Hillebrands großen Essay über die *Berliner Gesellschaft* zwischen 1789 und 1869. Diese Studie Hillebrands fand allgemein Beachtung und Anerkennung. Die Mitarbeit an der ‚Revue' war der schönste literarische Erfolg, den der vierzigjährige Deutsche für sich buchen konnte. Freilich, die Früchte dieses Erfolges blieben aus, da Hillebrand, ehe noch alle Fortsetzungen seiner Arbeit erschienen waren, Frankreich verlassen mußte. Mit einer Fußnote der Redaktion versehen, erschien der dritte Teil des Gesellschaftsbildes noch nach Beginn der Kampfhandlungen. Laut Bambergers Mitteilungen soll Buloz aber immerhin zwei Drittel des Manuskriptes unterdrückt haben. Später ist ein Teil dessen, was die ‚Revue' nicht mehr gebracht hatte, in der ‚Nuova Antologia' erschienen, sodaß dennoch ein abgerundetes Bild zustande kam [30].

---

[29] RM 1867, Bd. 43, 57—90; JdD, 5. April 1867; UE, 242—73 (gekürzt). Vgl. WILLY ANDREAS: Ludwig Häusser und K. H. Eine geistesgeschichtliche Studie. In: Zeitschrift für die Geschichte des Oberrheins 1957, Bd 104, 489—507.

[30] Hermann Uhde-Bernays übersetzte einen Großteil dessen, was in der Rddm erschienen war (UE, 13—81). Die Fußnote der Redaktion der Rddm in der Übersetzung von Uhde-Bernays: UE, 388 (47). — H. hatte die Absicht, die etwa zweihundert Seiten lange Arbeit über die Berliner Gesellschaft in Englisch herauszubringen

Bei diesem langen und ausgezeichneten Essay fühlte sich Hillebrand in seinem Element. Auf Grund zahlreicher, neu gedruckter Briefwechsel und Memoiren entwarf er ein großes Bild des gesellschaftlichen und literarischen Lebens von Berlin, in dessen Mittelpunkt Rahel Varnhagen und die literarischen Salons der Stadt stehen. Nur ein Mann, der sich so wie Hillebrand jahrelang in der Gesellschaft einer Weltstadt bewegt hatte und diese glänzende Darstellungsgabe besaß, war dazu berufen, diese so jäh aufkommende und so schnell wieder vergehende Blüte des Berliner gesellschaftlichen Lebens jener Zeit nachzuzeichnen. Aus jeder Zeile spürt man das warme Interesse, das ihn mit dem Gegenstand verband. Menschliche Zuneigung und menschliches Verstehen führten seine Feder, wenn er von einer Gestalt wie Rahel Varnhagen sprach. Dieses breite Gemälde gesellschaftlicher und literarischer Zustände zeigt Hillebrand als phantasiebegabten Historiker, der es versteht, nackte Tatsachen zu verlebendigen und bildhaft, anregend und gefällig darzustellen.

Es war für Hillebrand eine große Genugtuung, daß gerade dieser gelungene Essay in die ‚Revue des deux mondes‘, der „permanenten Literaturausstellung Frankreichs" (IV, 93) aufgenommen wurde. Noch größere Genugtuung brachte ihm aber das Lob, das Buloz dem Deutschen zollte, als er einmal äußerte, daß die Kunst, einen Gegenstand anständig darzustellen, in Frankreich verloren gegangen sei und daß nur zwei „prussien" noch etwas davon verstünden: Rudolf Lindau und, so fügte er schalkhaft hinzu, den Namen des anderen habe er vergessen [31].

Krise und Katastrophe: Schwierige Lage und Flucht

Während Hillebrands Wirken in Frankreich vom brennenden Wunsch einer Annäherung zwischen Frankreich und Deutschland beseelt war und er seine eigentliche wissenschaftliche Arbeit zurückstellte, um mit ganzer Kraft auf politischem, pädagogischem und literarischem Gebiet vermittelnd wirken zu können, ging die Geschichte Europas, vor allem aber die französische Innenpolitik, einen Weg, der immer mehr die Hoffnung schwinden ließ, daß sein Bemühen wirklich zu einer günstigen Entwicklung der Verhältnisse zwischen den beiden Staaten beitragen könnte. Nach dem Sieg Preußens bei Königsgrätz stieg das Unbehagen in Frankreich. Napoleon III. forderte Kompensationen, die das Anwachsen der preußischen Macht ausgleichen sollten. In Luxemburg mußte er eine diplomatische Niederlage hinnehmen, die weite Kreise in Frankreich verbitterte. Dazu wuchs die Opposition im eigenen Lande. Nervöse Rückwirkungen auf die

---

(vgl. Bamberger, K. H. S. 448). Dazu ist es nicht gekommen. Das französische Manuskript wurde mit fünfzehn Tonnen Manuskripten und Briefen, die sich in der Redaktion der Rddm in Paris angesammelt hatten, vor einigen Jahren verbrannt. Hs eigenes Manuskript ist in Bremen den Bomben zum Opfer gefallen. Der volle Umfang des hochinteressanten Essays ist nicht wiederherzustellen.

[31] Vgl. IV, 101; Hartwig, K. H., S. 155.

Außenpolitik erschütterten die Beziehungen zu anderen Staaten. Emile Ollivier, der 1870 berufen wurde, versuchte, zwischen der Regierung und der Opposition zu vermitteln. Es war aber zu spät. Körperlich leidend und nicht mehr ganz Herr der Lage ließ sich Napoleon durch den Herzog von Gramont in eine Herausforderungspolitik gegen Deutschland hineintreiben. Zugleich wuchs die antideutsche Hetze und steigerte sich der Wunsch, für Sadowa Rache zu nehmen.

Hillebrand nahm an dieser Entwicklung regen Anteil. Verbittert schrieb er an Malwida von Meysenbug über die Gefahr eines neuen Krieges: „... er wäre doch so leicht zu vermeiden. Aber die Menschheit opfert gern ihr besseres Wissen und sogar ihr Interesse der Leidenschaft" und resigniert fügte er hinzu: „Wer weiß, ob sie so nicht am besten die Gesetze der Geschichte befolgt?[1] D'Ancona in Florenz gegenüber klagte er offen: „Nous avons encore eu une alarme bien chaude (Luxemburg-Affäre). Je n'ai pas craint un instant la guerre immédiate; mais cela m'a prouvé une fois de plus que la guerre est inévitable; la blessure faite à l'amour propre français par Sadowa est trop profonde: quoiqu'on puisse vous dire des dispositions pacifiques de la France, n'en croyez rien; elle veut la guerre et elle l'aura."[2] Aus vielen anderen Briefen Hillebrands dieser Jahre spricht dieselbe Angst vor einem offenen Krieg. Nach dem 2. Jan. 1870 atmete Hillebrand erleichtert auf. Ollivier aus der Opposition wurde berufen. Hillebrand begrüßte das neue Ministerium, von dem er sich politischen Realismus erwartete; denn Freiheit könne im Staate nur dann herrschen, wenn an die Stelle der Schwärmerei kühler Realismus trete. In drei ‚Briefen aus Paris', die Hillebrand anonym in den ‚Preußischen Jahrbüchern' veröffentlichte, beschrieb er den allgemeinen Optimismus, der der Berufung Olliviers folgte[3], und berichtete er Einzelheiten über das Geschehen der ersten Monate des Jahres 1870. Seine Freude wurde freilich bald gedämpft. Schon im August des Jahres bekannte er seinen Irrtum ein und klagte er Ollivier als den Schuldigsten an[4].

Bei der steigenden Gegnerschaft zwischen Frankreich und Deutschland geriet Hillebrand in immer größere Schwierigkeiten. Rein äußerlich hatte er dieselbe Stellung wie noch wenige Jahre zuvor. Aber er konnte keine Hoffnung auf ein Weiterkommen sehen. 1868 hatte er sich mit der Bitte an das Ministerium gewandt, ihm endlich eine Stelle in Paris zu geben, was man ihm schon 1863 versprochen habe und was bis zu diesem Zeitpunkt nicht gehalten worden sei, trotzdem sich dafür Gelegenheiten geboten hätten[5]. Sein Ansuchen wurde aber nicht erledigt. Dem Freund Pasquale Villari vertraute Hillebrand Näheres über

---

[1] Karfreitag 1869. In: Corona 1934, Jg. 4, S. 565.

[2] ALESSANDRO D'ANCONA: Pagine sparse di letteratura e di storia, con appendice ‚Dal mio carteggio'. Florenz 1914. H. an D'Ancona vom 22. Februar 1870, S. 393. Zur Luxemburg-Affäre vgl. bes. HAUPTS, K. H. S. 72—78.

[3] PJb 1870, Bd 25, S. 185.

[4] H. an Sybel, 15. Aug. 1870. In: SMh 1914, Jg. 12/1, S. 98.

[5] H. an das Unterrichtsministerium in Paris. In einer Abschrift Hs im Besitz Villaris. Datiert: 3. Mai 1868.

das Ausmaß der Schwierigkeiten an, die sich ihm entgegenstellten: „... oui, je suis un peu las de la France; is y a si longtemps qu'on me promet de m'appeler à Paris d'une manière définitive, sans jamais remplir la promesse; j'ai dans ma chaire tant de phrases à débiter et si peu d'enseignement sérieux à faire; les questions d'hiérarchie, de préséance, d'avancement etc. m'ennuient si fort; on gêne tellement la libre expression de ma pensée dans les journaux; enfin et surtout la situation de l'allemand en France a si complètement changé depuis 1866 et est devenue, malgré toute la politesse et toute l'amabilité françaises, si insoutenable au fond, surtout lorsqu'on veut défendre des idées de son pays natal..."[6] Und zu D'Ancona meinte Hillebrand: „... moralement je ne pense pas qu'on puisse plus souffrir que moi."[7] Unter diesen Umständen war er bereit, Frankreich zu verlassen und auf alles zu verzichten, was er sich geschaffen hatte. Aber nicht nur die äußeren Umstände verbitterten ihm sein Emigrantendasein in Douai und Paris. Durch die politischen Leidenschaften, die nun einmal entfacht waren, erschienen ihm manche Züge am französischen Wesen unerträglich, die ihm bislang neben all der Hilfe, Gastfreundschaft und Anerkennung seiner Leistung nicht sonderlich aufgefallen waren. „Ja, es bedarf für den in Frankreich lebenden Deutschen nicht einmal solcher Katastrophen", schrieb er später, „um sich manchmal recht hinauszusehen aus den weichen Formen des schönen Scheines in die Atmosphäre schroffer Wahrheitsliebe, aus der Heiterkeit und dem verfeinerten Lebensgenuß in die ärmliche Einfachheit und den Ernst des Vaterlandes." (I, 87). Trotz der Mißgunst, die Hillebrand in Frankreich erleben mußte, blieb er seiner zweiten Heimat gegenüber stets dankbar und hat er sich nie zu einer unloyalen Handlung hinreißen lassen.

Da es aussichtslos war, in Frankreich je weiterkommen zu können, begann sich Hillebrand um eine Professur außerhalb Frankreichs umzusehen. 1865 hatte er einen Ruf nach Freiburg und einen nach Gießen ausgeschlagen, was er nun ernstlich bereute[8]. Als ihm Pasquale Villari im Sommer 1867 eine Stelle am Instituto di Studi Superiori in Florenz anbot, sagte Hillebrand freudig zu. Die Verhandlungen um die Bezahlung, die in Florenz nur etwa ein Drittel dessen ausgemacht hätte, was Hillebrand in Frankreich zu Gebote stand, zogen sich jedoch Jahre hin. Im Herbst 1868 wurde Hillebrand dem damaligen Unterrichtsminister vorgestellt. Ein Jahr später schien die Sache entschieden und Hillebrand sah sich schon um Pariser Korrespondenzen um. Da kam die Flucht aus Frankreich. Und als die Frage der Bezahlung endgültig geregelt war und Villari sich erneut an Hillebrand wandte (1873), hatte er sich so sehr in die freie Schriftstellerei hineingearbeitet, daß er die ehrenvolle Berufung ausschlug[9].

[6] H. an Villari, 15. Nov. 1868. Vgl. H. an de Gubernatis, undatiert (1872?).
[7] D'ANCONA, Pagine, S. 394.
[8] Ebenda.
[9] H. an Villari, 7. Nov. 1868, 15. Nov. 1868, 7. Dez. 1868, 26. Dez. 1868. — Villari an H., 3. März 1869. — H. an Villari, 14. März 1869, Karfreitag 1869, 1871, 26. Aug. 1873, 14. Okt. 1873. — Der Briefwechsel Hillebrand-Villari ist sehr aufschlußreich. Er zeigt H. in seiner Einstellung zu finanziellen Fragen. Dazu auch: PJb 1931, Bd 226, S. 43—44.

Die Aussicht auf materielle Sicherheit durch den gemeinsamen Haushalt mit der wohlhabenden Jessie Taylor-Laussot in Florenz (ab 1875) mag bei diesem Entschluß eine gewisse Rolle gespielt haben.

So befand sich Hillebrand bei Ausbruch des Krieges, auf dessen Verhinderung er bis zuletzt gehofft hatte, in Douai. Trotzdem er sich keiner frankreichfeindlichen Haltung bewußt war, also nichts zu fürchten gehabt hätte, entschloß er sich zu fliehen. In einem Land, das gegen Deutschland Krieg führte, konnte er aus inneren Gründen nicht länger bleiben. Es traf ihn schwer, seine jahrelangen Bemühungen endgültig scheitern zu sehen. „Wie greulich ist dies Schauspiel in Frankreich", schrieb er einige Wochen später an Sybel, „mir däucht einen lieben, geistreichen Freund plötzlich dem finstersten Wahnsinn verfallen zu sehen"[10]. Nach Deutschland konnte Hillebrand nicht mehr fliehen. Das zweite natürliche Zufluchtsland wäre Italien gewesen. Doch bestand Gefahr, daß Italien auf Seite Frankreichs in den Krieg ziehen könnte[11]. So beschloß er kurzerhand, nach England zu gehen. Auf der Fahrt nach Lille wurde er jedoch erkannt. Die aufgebrachte Menge stürzte sich auf ihn, weil sie in ihm einen preußischen Spion vermutete. Nur seiner Kraft, der Arbeit seiner Fäuste und der Nähe des Polizeikommandos hatte er es zu danken, daß er nicht auf offener Straße gelyncht wurde[12]. Mit seiner Flucht gab Hillebrand alles auf: Stelle, Staatsbürgerschaft und Wirkungskreis. Zugleich zerriß er viele Bande der Freundschaft, die er in zwanzigjähriger Tätigkeit in Frankreich geschlossen hatte. Man war nun erst recht der Meinung, gut daran getan zu haben, seinen deutschfreundlichen Ideen gegenüber skeptisch gewesen zu sein. Von einigen Seiten kamen heftige Angriffe, die aber nur in einem einzigen Falle klar gefaßt waren. G. Rothan klagte Hillebrand an, in der ‚Augsburger Zeitung', in der ‚Times' und in der ‚Kölner Zeitung' Frankreich „avec passion" angegriffen zu haben. Hillebrand schwieg zu allen Beschuldigungen, weil er es vermeiden wollte, Aufsehen zu erregen. Nach seinem Tode aber wurde nach eingehender Prüfung aller Beschuldigungen durch Pasquale Villari eindeutig bewiesen, daß Hillebrand mit den Hetzartikeln gegen Frankreich nichts zu tun gehabt hatte. Man konnte feststellen, daß die Berichte in der ‚Augsburger Zeitung' von Heinrich Homberger und jene in der ‚Times' von Antonio Gallenga stammten. In der ‚Kölner Zeitung' hatte Hillebrand überhaupt nie geschrieben[13]. Auch was der Larousse

---

[10] H. an Sybel, 15. Nov. 1870. In: SMh 1914, Jg. 12/1, S. 98.

[11] Diese Befürchtung drückte H. schon 1869 aus: „Car l'Italie prendra parti pour la France (grâce à la canaillerie de Rattazzi et à la bêtise de Garibaldi qui vous ont remis les menottes aux bras)..." In: D'Ancona, Pagine, S. 393.

[12] Darüber bes. H. an Sybel, 15. August 1870. In: SMh 1914, Jg. 12/1, S. 98, und Bamberger, K. H., S. 449.

[13] GUSTAVE ROTHAN: Souvenirs Diplomatiques. L'Allemagne et l'Italie, 1870—71. 2 Bde. Paris 1885, Bd 2, S. 261. Die Widerlegung von Rothans Behauptungen erschien als Vorwort zu: PASQUALE VILLARI: Uno scritto inedito. In: RSI 1886, Bd 3, S. 964—70. — Die Korrespondenz, die Villari zur Richtigstellung und zur Zurückweisung der Vorwürfe diente, befindet sich im Besitz von Luigi Villari, Rom. — Villaris Klarstellung wurde von der RCr 1887/1, 233—34 und von der Revue

und die Grande Encyclopédie über seine „violentes attaques contre la France" und seine „aversion pour la France" schrieben und schreiben, war und ist durch keinerlei Tatsachen zu begründen. Hillebrand hat Frankreich so wie andere europäische Staaten gelobt und kritisiert, ohne dabei auf die augenblickliche politische Lage Rücksicht zu nehmen. Die Besten in Frankreich, wie Renan, Monod und andere, haben das auch erkannt und haben sich auch nach 1870 wohlwollend über Hillebrands Wirken geäußert und in seinem Buch ‚Frankreich und die Franzosen' nicht eine Propagandaschrift gesehen, sondern den aufrichtigen Versuch, Wesen und Charakter des französischen Volkes zu erfassen.

REIFE

England: Times - Freier Schriftsteller - ‚Six Lectures'

Die Nachricht von Hillebrands geglückter Flucht nach England gelangte bald nach Deutschland und Italien. Von vielen Seiten kamen Angebote, die dem bewährten Lehrer und Publizisten eine neue Lebensbasis sichern sollten. Die Universitäten Bonn, Gießen, München, Straßburg und Harvard boten ihm unter günstigen Bedingungen (vor allem die Universität München, wo sich Michael Bernays und Wilhelm von Giesebrecht für ihn einsetzten) Professuren für Geschichte oder Literaturgeschichte an [1]. Die ‚Times' und die ‚Indipendence' (Belgien) luden Hillebrand ein, ins deutsche Lager zu gehen, um von dort über den Fortgang des Krieges Bericht zu erstatten [2]. Die ‚Augsburger Allgemeine' trug Hillebrand sogar die Stelle des Chefredakteurs an [3]. Hillebrand lehnte alle diese Einladungen ab. Ebenso auch das ehrenvolle und hochinteressante Angebot von Seiten Preußens, im Elsaß das deutsche Schulwesen einzuführen und zu reorganisieren. Sybel gegenüber rechtfertigte Hillebrand seinen Standpunkt: „Zu nichts fühle ich mich besser befähigt, nie ward mir die Gelegenheit meinem Vaterland besser zu dienen, und doch schlage ich aus? Es muß aber so sein. *Jede* andre Gunst, Anerkennung oder Auftrag, die mir von Preußen kämen, nähme ich dankbar an; aber im Elsaß den Unterricht deutsch organisieren, ist ihn intellektuell erobern; dies darf *ich* nicht tun, so sehr ich's billige und wünsche; denn wie soll ich vergessen, daß ich zwanzig Jahre lang in Frankreich Gastfreundschaft, sieben Jahre Staatsdienst, vier Jahre Bürgerrecht genossen(?) Das Fragezeichen gilt dem Genuß, nicht dem Satz. — Ich habe viel und eifrig für Preußen gekämpft, mir viel Unannehmlichkeiten, Verdruß und falsche

Historique, März 1887, übernommen. — Vgl. dazu zwei Briefe Gabriel Monods an Pasquale Villari, ebenfalls im Besitze von Luigi Villari.

[1] H. an Villari, 14. Okt. 1873.
[2] H. an de Gubernatis, 1872 (?).
[3] H. an Franz Liszt, 26. August 1875; H. an Otto Braun, 24. Jan. 1875.

Beurteilungen zugezogen, aber ich war mit meinem Gewissen einig, solange ich auf jenem Boden stand: ich wäre es nicht in diesem Fall." [4] Deutschland war Hillebrands Heimat, Frankreich sein zweites Vaterland, dem er Sicherheit, Ausbildung und Werden verdankte. Und wenn er sich nun in der großen Auseinandersetzung zwischen diesen beiden Ländern dem einen oder dem anderen zugewandt hätte, wäre dieser Schritt zweifellos als Verrat ausgelegt worden. In dieser Lage blieb Hillebrand nichts anderes übrig, als sich auf ‚neutrales' Gebiet zu begeben. So nahm er das Angebot der ‚Times' an, als Korrespondent nach I t a l i e n zu gehen und über den Fortgang der Operationen gegen Rom zu berichten.

Ende August 1870, also kurz nach seinem Eintreffen in England, reiste Hillebrand über Belgien, Deutschland und den Brenner nach Italien. Am 15. September erschien sein erster vom 9. September aus Florenz datierter Bericht über ‚Italy and Rome' [5]. Fürs erste blieb Hillebrand in der provisorischen Hauptstadt Italiens. Dann zog er mit den Soldaten des Generals Cadorna gegen die Heilige Stadt. Am 17. September schrieb er von Monteviso, dann von Ponte Lamentano, dem Hauptquartier Cadornas, und Casale d'Pazzi und am 20. September aus Rom. Er lebte mit den Soldaten bei „Brot und Käse" und wurde Augenzeuge der Beschießung der Porta Pia und des begeisterten Einzugs der Truppen in die neue Hauptstadt Italiens. Die schnell hingeworfenen Skizzen und Eindrücke Hillebrands sind anschaulich und lebendig und vermitteln ein ausgezeichnetes Bild von dem großen geschichtlichen Ereignis. Mit seinem ganzen Herzen war Hillebrand bei den Soldaten Cadornas und den stürmisch jubelnden Römern, die in dieser Stunde die Einigung Italiens erlebten. Hillebrand wußte freilich nicht, daß sich in den Mauern der heiligen Stadt ein anderer Deutscher erschüttert in seine Arbeitsstube zurückgezogen hatte, um nicht Zeuge dieses Ereignisses zu sein, das wie ein Sturmwind das Mittelalter hinwegfegte und die heilige Stadt entzauberte: Ferdinand Gregorovius.

Mitte Oktober kehrte Hillebrand wieder nach Florenz zurück, von wo er noch bis zum Februar 1871 Berichte an die ‚Times' sandte. Sein letztes Telegramm ist vom 11. Februar datiert.

Das römische Unternehmen hielt Hillebrand einige Monate lang beschäftigt. Es lenkte ihn von seinem schwierigsten Problem, dem Aufbau einer neuen Existenz, ab. Früher oder später mußte er aber darüber entscheiden, welchen Weg er gehen wollte. Die Flucht aus Frankreich kam einem vollständigen Bruch

---

[4] H. an Sybel, 15. Nov. 1870. In: SMh 1914, Jg. 12/1, S. 99.

[5] Die Berichte Hs an die ‚Times', die nicht gezeichnet sind, konnten auf Grund von Mitteilungen der ‚Times' und auf Grund zweier Briefe des British Museum an Jessie H. vom 4. und 8. Juli 1885 genau ermittelt werden. Eine Stiluntersuchung führte zum selben Ergebnis. H. faßte die Berichte in Englisch ab. Jessie Laussot sah jeden einzelnen auf Unkorrektheiten hin durch, ehe er in die Redaktion der ‚Times' gelangte. Vgl. dazu Hombergers Bericht in: HEINRICH HOMBERGER: Essays und Fragmente, München 1928, S. 70. — Eine zusammenfassende Darstellung der Einnahme von Rom gab H. im JdD unter dem Pseudonym Ch.-A. Fuxelles (24. Juni 1871 bis 1. Sept. 1871).

gleich, ähnlich seiner ersten Flucht aus Deutschland. In den ersten Monaten war Hillebrand tief deprimiert. Seine Bestrebungen vieler Jahre sah er vernichtet. „Tout cela a été détruit, cassé comme verre!" [6] Hillebrand ahnte damals aber nicht, daß auch seine zweite Flucht günstig auf seine weitere Entwicklung wirken würde. Denn hatte ihn die große Ernüchterung nach der Revolution erst zu einer seinen Anlagen entsprechenden Tätigkeit geführt, so begann 1871 mit seinem Entschluß, freier Schriftsteller zu werden, erst das seinem Talent angemessenste, daher auch erfolgreichste und für die Nachwelt bedeutendste Wirken. Ohne den bestimmenden Einfluß der äußeren Ereignisse hätte Hillebrand noch Jahre lang nicht den Mut gefaßt, unter seine akademische Lehrtätigkeit den Schlußstrich zu setzen und sich mit ganzer Energie und Arbeitskraft der Schriftstellerei zu widmen. Dieser Entschluß kam aber auch nach 1870 noch nicht von heute auf morgen. Erst im Sommer 1873 hatte Hillebrand sich endgültig entschlossen, unabhängig von Intrigen und Fakultätspolitik und unabhängig vom politischen Kräftespiel seinen eigenen Weg zu gehen. Die erfolgreiche Mitarbeit an französischen Zeitschriften und unmittelbar nach 1870 an den besten englischen und deutschen mag ihm das nötige Vertrauen dazu gegeben haben. Eine weitere Tatsache spielte bei Hillebrands endgültigem Entschluß, die reine Wissenschaft zurückzustellen, eine nicht unwesentliche Rolle. In einem langen Schreiben an Villari erklärte er, daß es ihm unmöglich geworden sei, die Stelle an der Universität Florenz anzunehmen. Bis 1870 sei er noch in der exakten Wissenschaft tätig gewesen, seitdem sei er aber immer mehr in den h ö h e r e n J o u r n a l i s m u s hineingewachsen, sodaß er Angst habe, seine Stelle nicht mehr entsprechend ausfüllen zu können. Und er fügte hinzu: „... j'ai bien peur que le journalisme ne m'ait gâté — si jamais j'ai été un savant au vrai sens du mot — et que je ne suis plus guère aujourd'hui qu'un littérateur. Or, quand même je serais un Sainte-Beuve, ce n'est pas un littérateur qu'il vous faut, c'est un professeur" [7]. Hillebrand hatte bei der ‚Pall Mall Gazette' und bei der ‚Augsburger Allgemeinen Zeitung' feste Korrespondenzen gefunden [8], die ihn nicht mehr in einer „esclavage doré" hielten wie die ‚Times', sondern ihm volle Freiheit und materielle Unabhängigkeit sicherten: „un travail libre, littéraire, tout à fait dans mes goûts" [9]. Freiheit und materielle Unab-

[6] H. an Gaston Paris, 20. Okt. 1871.
[7] H. an Villari, 26. Aug. 1873.
[8] Aus den Briefen geht hervor, daß H. Jahre lang Korrespondent verschiedener Tageszeitungen war, so in erster Linie der ‚Augsburger Allgemeinen', für die er wöchentlich drei bis vier Korrespondenzen schrieb (1872—1876), die zur Geheimhaltung von Hs Namen von Rom aus datiert waren. (Vgl.: H. an Cotta, 24. April 1873, 10. Juni 1873, 10. Juli 1873, 9. Okt. 1874, 30. Dez. 1874). Haupts stützt sich des öfteren auf anonyme Beiträge Hs in der ‚Augsburger Allgemeinen' (S. 143, 144 usw.), ohne im einzelnen die Autorschaft Hs nachzuweisen. — Fester Mitarbeiter war H. ab 1872 auch an der ‚Pall Mall Gazette' (Vgl.: H. an Villari 1873?) Leider sind alle Korrespondenzen der ‚Pall Mall' ungezeichnet; sie können heute kaum mit Sicherheit ermittelt werden.
[9] H. an Villari, 14. Okt. 1873.

hängigkeit bedeuteten Hillebrand alles. Fast ein Leben lang hatte er Wissen und Erfahrung gesammelt. Nun konnte er in allem, was er schuf, aus dem Vollen schöpfen. „Voilà plus de trois ans que je ne suis plus en contact, moins encore en conflict d'intérêts avec les hommes, je suis confortablement assis dans ma stalle d'orchestre à contempler la comédie comme la tragédie humaine; je n'ai vraiment pas le courage de quitter mon fauteuil et de monter sur la planche." [10] An Nietzsche schrieb er in ähnlichem Sinne und fügte hinzu: „Das klingt eitel; im Grunde ist's bescheiden; es liegt darin das Bekenntnis, daß ich mich nicht im Stande fühle, auch nur e i n Tau- oder Segel-Endchen auf dem Schiff zum Nutzen anderer handhaben zu können." [11] Die Jahre aktiven Wirkens, die Jahre der Erfahrung, des Werdens und Sammelns waren vorüber. Die Jahre ruhevoller Weltbetrachtung, die Jahre des Erntens begannen. Mit reifem Blick auf das Leben, aber unabhängig von der Welt, am Höhepunkt seiner geistigen und seelischen Kraft ging Hillebrand nun daran, nicht nur höhere Publizistik zu treiben, sondern künstlerische Gebilde zu schaffen, die in ihrer Art neben den Essays von Montaigne und Bacon stehen und deren Frische und geistige Anmut bis heute nicht verblaßt sind.

Ehe sich Hillebrand aber endgültig in Florenz niederließ, um dem menschlichen Treiben zuzusehen wie „Micromégas dem Schifflein, das er auf seine Hand gestellt" [12], weilte er viele Monate in E n g l a n d. Er kannte die Insel schon von früheren Besuchen, aber erst nach seiner Flucht aus Frankreich fand er vollends Eingang in die höhere englische Gesellschaft. In seinen ersten Briefen aus England, datiert mit London, Ende Juni 1873, gab er selbst einen Hinweis darauf (III, 5—6), wie breit die gesellschaftliche Basis war, auf der er sich bewegte. Hier in England war sein Leben ebenso intensiv wie zuvor in Paris oder in anderen Städten. Wie früher war ihm der Umgang mit bedeutenden Menschen das tägliche Brot. In ihrer Gesellschaft konnte er mehr vom Charakter, von den geistigen Bewegungen des Landes und von den eigentlichen Problemen erfahren als aus den besten Büchern. 1873 wurde Hillebrand durch die Vermittlung des ‚Italian Englishman' Sir James Lacaita in die Carlton-House-Terrace, die Residenz *Gladstones*, geladen [13]. Im freundschaftlichen Gespräch mit dem englischen Staatsmanne und damaligen Ministerpräsidenten und in anregenden Unterredungen mit vielen Männern seines Kabinetts hörte Hillebrand aus erster Hand über die neue Orientierung der Whigpartei und deren liberale Reformpläne, die ihn brennend interessierten. Und Lord Russel (1832 —1890), Lord Aberdeen oder der Unterstaatssekretär im Ministerium Gladstones, Grant Duff, wußten ihm mehr über die Lage der englischen Aristokratie und deren Bedrängung durch das Bürgertum mitzuteilen als die geist- und

---

[10] H. an Villari, 14. Oktober 1873.
[11] H. an Nietzsche, 22. April 1878. In: SMh 1909, Jg. 6/2, 132.
[12] Ebenda.
[13] H. an Gladstone, 1. April 1875. Vgl. CHARLES LACAITA: An Italian Englishman, Sir James Lacaita K. C. M. G. 1813—1895. Senator of the Kingdom of Italy. Introd. of Lord Rennel. London 1933.

tatsachenreichsten Berichte. Auch zu den Vertretern der liberalen Presse hatte Hillebrand enge Beziehungen. So zu *John Morley*, dem Staatssekretär für Irland und Herausgeber der ‚Fortnightly Review' und der ‚Pall Mall Gazette'. Er war es auch, der Hillebrand in den Athenaeum-Club einführte, eine Ehre, die nur wenigen Ausländern zuteil wird. Sehr eng waren seine Beziehungen zum Mitarbeiter der ‚Academy' in Italien, *M. Creighton*. Oft traf sich Hillebrand mit dem Direktor der British Museum Library, dem Italiener *Panizzi*, der in England außerordentliche Karriere gemacht hatte. Hillebrand rühmte seine seltene Bücherkenntnis und „sein offenes einnehmendes Wesen" (VI, 156). Darüber hinaus gewann Hillebrand einen weiten Bekanntenkreis durch seine spätere Gemahlin Jessie Laussot. Ihr Vater, Edgar Taylor, aus der Familie der Norwich-Taylor, hatte in der Londoner Gesellschaft eine nicht unbedeutende Rolle gespielt. Hillebrand war auch mit Max Müller bekannt [13a]. Näheres über das Verhältnis konnte aber nicht ermittelt werden.

Hillebrands freundschaftliches Verhältnis zu vielen Engländern und seine häufigen Reisen über den Kanal erklären sich aus seiner Sympathie für das „gelobte Land des tätigen Lebens" (VII, 310). Schon als Knabe sah er im Typ des englischen gentleman, den seine Phantasie damals Bulwers ‚Pelham' entnahm, das erstrebenswerte männliche Vorbild. Inzwischen hatten sich seine Anschauungen geändert, aber seine Vorliebe für den Typ des gentleman und für dieses faire, ernste, sachliche, gerechte und tätige Volk ist ihm geblieben [14]. Innere Toleranz, nicht äußere Duldung, sah er nirgends tiefer eingewurzelt als in England. (VII, 250). Er meinte, daß von allen lebenden Völkern das englische mit seinem Gleichgewicht zwischen geistiger und leiblicher Ausbildung dem alten Griechenideal der Dikaiosyne am nächsten komme. (VI, 119). Gleichgewicht und innere Ausgewogenheit hielt er auch für ein Merkmal der englischen Politik: „Hier geht's einem erst recht auf, was man sein Leben über geahnt hatte, daß all unser politisches Getriebe auf dem Kontinent nichts ist als miserable Cepis... ich muß sagen, obschon die ganze Richtung, welche die englische Politik seit zehn Jahren genommen, mir sehr antipathisch ist, die Leute verstehen ihr ‚mestiere' und sie treiben's gewissenhaft. All das ist so business-like, so ohne allen falschen Schein, und — mit dem besten Willen können sie sich der Tradition nicht entledigen, die dem allen ein gar ehrwürdiges Gewand gibt." Was Hillebrand dagegen am englischen Wesen störte, war eine gewisse Schwerfälligkeit: „Ein großes Volk freilich, aber wie schwerfällig ist doch diese Größe... Sie (die Engländer) sind ausnehmend gastfrei und tun ihre Möglichkeit liebenswürdig zu sein; aber sie sind eben keine geborenen Künstler der Soziabilität" [15]. „... anmutiger Epikureismus ist eine unbekannte Blume in dieser cerealen Flora" (III, 33), „man hielte es aber doch nicht aus in der Atmosphäre, hätte die Natur dem Engländer nicht zwei Korrektive

---

[13a] H. an Rodenberg, 6. Juni 1879.
[14] Über Hs Vorstellung vom ‚gentleman' vgl.: VII, 120, 242 und 333; UE, 392-93.
[15] H. an Hartwig, 18. Juli 1873.

dagegen gegeben: ... den Humor und die Anhänglichkeit ans Vergangene" (III, 35).

Nachdem Hillebrand einige Monate der Jahre 1871, 1872 und den Sommer 1873 in England verbracht hatte, zog es ihn immer wieder zurück auf die Insel, sei es, um Material für seine ‚Geschichte Frankreichs' zu suchen, sei es, um sich von seiner anstrengenden Tätigkeit zu erholen.

Im Sommer und Herbst 1879 weilte Hillebrand mehr als vier Monate in Südengland [16]. Am 18. Juni 1879 ging er, wahrscheinlich in London, den Bund der Ehe ein. Nach 28 Jahren treuer Freundschaft, der „Ehelehrzeit", wie er scherzhafterweise meinte, konnte die Verbindung mit Jessie Laussot-Taylor legalisiert werden, da inzwischen Jessies erster Gemahl Eugène Laussot in Bordeaux gestorben war. — Hillebrand empfand die späte Verehelichung als „Förmlichkeit", aber, so schrieb er an Otto Hartwig, „— wie so oft im Leben — und in der Dichtung — zieht hier die Form doch ein Stück Wesen mit". „Die Trauung war sehr deutsch, in der deutschen Kapelle, von einem würdigen alten deutschen Prediger eingesegnet, ohne Predigt und nur unter Verlesung der herrlichen alten lutherischen Formel ... Alles war s e h r still und einfach, wie sich's unter den Umständen ziemen sollte. Keine Zuschauer, gerade nur die vier Zeugen, die aber selber uralte Freunde; kein Gelage, aber doch alles in weihevoll-gesammelter Stimmung" [17].

Der eigentliche Anlaß für Hillebrands langen Aufenthalt im Sommer und Herbst 1879 in London war eine Einladung der Royal Institution of Great Britain, *sechs Vorträge* über die deutsche Geistesgeschichte zu halten. Hillebrand war während dieser Zeit Gast Gladstones und der englischen Whigpartei. Obwohl er es in den späteren Jahren seines Lebens strikte ablehnte, Vorträge zu halten, nahm er diese ehrenvolle Einladung an, weil er glaubte, seinem Vaterlande dadurch einen Dienst erweisen zu können. Er sah hier eine Gelegenheit, einflußreiche Ausländer mit der Ideenwelt deutscher Dichter und Denker vertraut zu machen. Zugleich ging es ihm darum, den Nachweis zu erbringen, „daß die Weltanschauung, welche sich für die letzten fünfzig Jahre als die europäische bezeichnen läßt, in Wahrheit von Deutschland eröffnet worden ist." [18]

Zeitlich begrenzte Hillebrand sein Vortragsthema mit dem Dreißigjährigen Krieg und mit Goethes Tod. Als Einleitung gab er einen Überblick über den Beitrag der fünf großen europäischen Kulturstaaten zur modernen Kultur. Dieser in sich geschlossene Teil könnte als klassisches Beispiel eines Essays bezeichnet werden und steht an Fülle der Gedanken und an Klarheit der Ausführung Rankes ‚Großen Mächten' in keiner Weise nach, ja, an innerer Geschlossenheit und Lebendigkeit der Darstellung übertrifft er diesen. Im zweiten Teil ‚Ausgangspunkt und erste Stufen des modernen Deutschland' betrachtete er

---

[16] Von Mitte Mai bis Mitte Juni in London. Im Juli in Eastbourne (Sussex). Im August in Minehead (Sommersetshire). Im September in Oxford, Cambrigde, Norfolk und schließlich wieder in London.

[17] H. an Hartwig, 7. Juli 1879.

[18] VII, 75. — Vgl. H. an Sattler, 18. Feb. 1880. In: PJb 1931, Bd 226, S. 44.

geistesgeschichtlich die Zeit von 1648 bis 1760, die Folgen des Dreißigjährigen Krieges und die Bedeutung des Protestantismus für das Werden des deutschen Geistes. Abschließend zeigte er, wie sich in Deutschland eine nationale Literatur und eine nationale Kultur ausgebildet hatten, ehe es einen Nationalstaat gab. Der dritte Teil „Die Keime des deutschen Denkens', 1760—1770, handelte in erster Linie von Lessing, in dessen ‚Nathan' er „the best ideas of the age summed up" (SL, 86) fand, von Winckelmann und vom jungen Herder. Der ganze vierte Vortrag (1770—1786) war Herder und seinen Ideen und Wirkungen gewidmet. Im fünften Vortrag sprach Hillebrand über das Dreigestirn Goethe-Kant-Schiller und im sechsten über die romantische Schule. In einem Nachwort nahm er noch zu den Jung- und Kleindeutschen Stellung.

Diese bedeutenden Vorträge, die 1880 in London in Buchform erschienen, gehören zum Reifsten, was Hillebrand geschaffen hat. In der Fülle der Ideen, in der großen Linie der Zusammenhänge und in der klaren Anordnung des Stoffes hat er sich hier selbst übertroffen. Charles Joret schrieb in der ‚Revue Critique', daß er die Vorträge „pleines de vues originales et profondes" nicht vergessen werde [19] und M. Creighton, der Hillebrands Buch eingehend besprach und lobte, fand seinen englischen Stil „correct and pleasant, so sometimes a little stiff". Er vermißte „the fire and epigram which (he had) found in his German writings, and which makes him in Germany an exponent of the traditions of the French school of prose writers" [20]. Das ‚Athenaeum' hob seine „grace of style, the elegance and brevity" besonders hervor [21].

Hillebrands Bestreben, von einem Land zum anderen geistige Brücken zu schlagen, beschränkte sich in bezug auf England keineswegs auf seine Vorträge in London. Nach 1870 schrieb er nicht nur in der ‚Times', mit der er 1871 brach, sondern auch in der ‚Fortnightly Review', einer der führenden englischen Zeitschriften, die im Lager der Whigpartei stand. Dort erschien 1871 ein langer Aufsatz über *„The Prospects of Liberalism in Germany"* [22]. Hillebrand versuchte darin darzulegen, welch große Freiheiten in Deutschland herrschten, und daß der aufgeklärte Absolutismus den besten Schutz dafür biete; freilich sei es die Aufgabe Deutschlands, diese Freiheiten nicht nur zu schützen,

---

[19] RCr 1881/2, 132—38 (Charles Joret). Vgl. Atlantic Monthly 1881, Bd 47, 421 (Thomas Sergeant Perry).

[20] The Academy, London, 1880, Bd 18, S. 304.

[21] The Athenaeum, London, 22. Mai 1880, Nr. 2743, S. 660. — FRIEDRICH SCHNEIDER: Geltung und Einfluß der deutschen Pädagogik im Ausland, München und Berlin 1943, und PERCY ERNST SCHRAMM: Englands Verhältnis zur deutschen Kultur zwischen Reichsgründung und Jahrhundertwende, in: Deutschland und Europa, Festschrift Hans Rothfels, Düsseldorf 1951, und: Deutschlands Verhältnis zur englischen Kultur nach der Begründung des deutschen Reiches, in: Schicksalswege deutscher Vergangenheit, Festschrift S. A. Kaehler, Düsseldorf 1950, zeigen wie fruchtbar der Boden für das deutsche Ideengut damals in England war; Hs Einfluß läßt sich im einzelnen nicht nachweisen.

[22] FR 1871, Bd 10, 387—420. Kommentar: UE, 352—56, und: HAUPTS, K. H. 127—133.

sondern noch auszubauen und zu festigen. 1872 veröffentlichte Hillebrand eine lange Arbeit über „*Caroline Schlegel*" [23], die ganz im Sinne seiner französischen Schrift über die Berliner Gesellschaft abgefaßt war und möglicherweise einen Teil jenes Manuskriptes darstellte, das von Buloz angesichts des Deutsch-Französischen Krieges zu zwei Drittel unterdrückt wurde. Zwei Jahre später entwarf Hillebrand im Anschluß an die Biographie von Justi ein Porträt *Winckelmanns* [24]. Er feierte ihn als einen der Initiatoren des Entwicklungsgedankens in der geschichtlichen Betrachtungsweise.

Umfangreich war Hillebrands Mitarbeit an der ‚Contemporary Review'. 1880 erschienen dort seine Aufsätze ‚*On the Sources of German Discontent*', ‚*On Half-culture in Germany*', ‚*England in the Eigthteenth Century*' und ‚*Metternich*'. 1881 folgten der ausgezeichnete Essay ‚*On Some National Characteristics of European Society*' und die Arbeit über ‚*Guizot*'. 1883 brachte die ‚Contemporary Review' einen Nekrolog auf ‚*Gambetta*' und 1884 als letzten großen Essay, den Hillebrand überhaupt geschrieben hat, die Fragment gebliebene Untersuchung ‚*About Old and New Novels*'. In diesen Jahren erschienen auch zwei Essays in der ‚Nineteenth Century Review': ‚*Familiar Conversations in Modern England*' und ‚*Familiar Letters on Modern England*'. Alle Beiträge in der ‚Contemporary Review' und ‚Nineteenth Century Review' wurden, zum Teil noch zu Hillebrands Lebzeiten, auch in deutschen Zeitschriften veröffentlicht. In den Jahren 1872—73 erschien ein sehr langer Essay über ‚*Herder*' in der ‚North American Review'. Es handelte sich dabei um eine eingehende Darlegung von Herders Leben, Werk und Ideen [25].

Hillebrand fiel es nicht leicht, laufend in vier Sprachen zu publizieren. Das Englische und das Italienische bereiteten ihm einige Schwierigkeiten, vor allem, wenn er versuchte, in diesen Sprachen mit der gleichen Farbe und der gleichen sprachlichen Vollkommenheit darzustellen wie im Deutschen oder Französischen. Er zog es daher doch immer wieder vor, in Deutsch oder Französisch zu schreiben. Wenn er trotzdem sehr viel Englisch publizierte, so mit dem Wunsch, zwischen den Ländern zu vermitteln und deutschen Geist und deutsches Denken in England zu verbreiten. Die späteren Essays, vor allem jene, die zugleich in Deutschland erschienen, dürfte Hillebrand wohl auch um des ausgiebigeren Honorars willen in zwei Sprachen abgefaßt haben. Als freier Schriftsteller konnte er die materielle Seite nicht ganz außer acht lassen. Und nichts war ihm in den Jahren, wo er an seiner französischen Geschichte schrieb, wichtiger, als volle geistige und materielle Freiheit für die Erforschung und Darstellung seines großen Gegenstandes.

[23] FR 1872, Bd 11, S. 408—27, 549—76.
[24] FR 1874, Bd 15, S. 760—84; 1874, Bd 16, S. 27—51.
[25] Ein Teil des Aufsatzes wurde von Hermann Uhde-Bernays ins Deutsche übersetzt. Der letzte Abschnitt davon erschien in: Merkur 1953, Nr. 70, S. 1127—35. Jetzt in: UE, 82—183.

*Italien: Florenz - Jessie Hillebrand - Deutsche Kolonie -
Italienische Freunde - Rom - ‚Italia' - Vermittlungsbestrebungen*

Hillebrands Auftrag der ‚Times', als Korrespondent nach Florenz und Rom zu gehen, wurde schicksalhaft für sein weiteres Leben. Nachdem er im Februar 1871 seinen letzten Bericht an die ‚Times' abgesandt hatte, blieb er noch einige Wochen in Florenz, um eigenen Arbeiten nachzugehen. 1871 lebte er im ganzen etwa sechs Monate in Florenz und Italien, im folgenden Jahre eine etwa gleich lange Zeitspanne. Im Herbst 1873 ließ er sich endgültig in der Arnostadt nieder. Ausgestattet mit dem Auftrag, Zeitschriften und Zeitungen laufend Korrespondenzen zu schicken, konnte er als freier Schriftsteller seinen Arbeiten und Interessen nachgehen. Sein Aufenthalt in Florenz war in den folgenden Jahren häufig von Reisen nach Deutschland und England unterbrochen. Im Sommer lebte Hillebrand des Klimas wegen selten in Italien.

Florenz und die italienische Renaissance hatten Hillebrand schon als jungen Studenten angezogen. In wenigen Städten Italiens waren verfeinerte Kultur und gesellschaftliches Leben so gepflegt wie hier, wo sich Natur und Geist, Gewordenes und Geschaffenes harmonisch verbanden. Schon bei seinem ersten Besuch war ihm der reizvolle Zug dieser Stadt aufgefallen. „Das Unbeschreibliche ist das Schönste hier", schrieb Hillebrand in seinem Tagebuch (28. September 1860), „man kann es nur empfinden, die weiche Luft, der klare Himmel, die heitere Vegetation, die anmutigen Hügel, die altehrwürdigen Paläste, die historische Atmosphäre, die Kunstwerke unter freiem Himmel, die nicht Zweck der Gänge sind, sondern im Vorbeigehen einem wohlwollend zuwinken, die harmonische Sprache, das liebenswürdige Volk, die schönen Augen, die Heiterkeit und Sorglosigkeit, die aus allen Gesichtern spricht, die dreifarbige Fahne, alles macht einem den Eindruck als sei hier das Leben erst vollkommen." Jeden Tag schrieb Hillebrand damals „Dithyramben" an seine Freunde. Und in den späteren Jahren, als der jugendlichen Begeisterung Besinnung und tieferes Wissen um die Geheimnisse der Stadt folgten, wurde er nicht müde, sie zu preisen.

In den ersten Florentiner Jahren wohnte Hillebrand als Junggeselle in der Via del Presto. 1875 zog er in das Haus seiner späteren Schwiegermutter Ann Taylor. Nach dem Tode von Jessies Gemahl, dem völlig amusischen Eugène Laussot, konnte der langen und treuen Freundschaft zwischen den beiden die Verehelichung folgen (am 18. Juni 1879 in England).

Jessie hatte ihr Leben lang bereut, als sechzehnjähriges Mädchen den unbesonnenen Schritt der Heirat mit Laussot getan zu haben. Nach 1853 lebte sie von ihrem Manne getrennt, erst in Dresden und Stuttgart und später in Rom und Florenz. Wohlhabend, geistig aufgeschlossen und gebildet, von feinem Empfinden und großem musikalischem Talent fand sie leicht Eingang in die oberste Gesellschaft, vor allem in den Kreis von Musikern. Von Deutschland her war sie mit Hans von Bülow eng befreundet. Schon 1854 lernte sie in Weimar Franz Liszt kennen. In Dresden machte sie die Bekanntschaft Richard Wagners. Im Hause Mendelssohn in Berlin kam sie 1843 mit dem Pianisten

Ernst in Verbindung. Hans von Bülow vermittelte die Bekanntschaft zu Joseph Joachim, Peter Cornelius und anderen. Ihre materielle Lage gestattete es ihr, nicht nur Freundschaft mit Künstlern in allen Teilen Europas zu pflegen, sondern auch jungen Talenten beizustehen. So gab und sammelte sie für deutsche Maler in Rom, vor allem für Heinrich Ludwig, immer aber, ohne beim Beschenkten als Geberin aufzuscheinen. In Italien und England trat sie für Wagner und Liszt ein, wo und wann sie dafür Gelegenheit hatte. Für Liszt, Joachim und viele andere organisierte sie Konzerte in Rom, Florenz und Neapel und trug so viel zu deren Ruhm in Italien bei. Jedesmal, wenn Liszt nach Florenz kam, besuchte er Jessie und spielte er für sie und ihren kleinen Freundeskreis. Bülow, den Jessie schon in der Schweiz unterstützt hatte, floh 1869, in den trübsten Stunden seines Lebens, zu ihr nach Florenz. In der ernstfrohen Gesellschaft im Hause Taylor-Laussot fand er Erholung und Aufmunterung. Mit besonderer, fast mütterlicher Liebe nahm sich Jessie dreier junger Musiker an: Giuseppe Buonamicis, Giovanni Sgambatis, die später berühmte Musiker wurden, und des Engländers Walter Bache [1]. Ihr wohlwollendes Wirken kam aber nicht nur Einzelpersonen zugute. Kurz nach 1860 gründete sie in Florenz die Società Cherubini [2]. Diese sollte in erster Linie der Pflege der Choralmusik dienen. Die Proben leitete sie selbst und oft dirigierte sie selbst in Konzerten, die jeden Donnerstagabend stattfanden. Die ausländischen Kolonien in Florenz und viele italienische Gäste fanden sich zu den Konzerten ein. Ihr weiter Bekannten- und Freundeskreis ermöglichte es ihr, überall dort helfend einzugreifen, wo sie sich Nutzen erwarten konnte. So bemühte sie sich u. a. um die Gründung des deutschen kunsthistorischen Instituts in Florenz, indem sie einer Abordnung deutscher Gelehrter (Wilhelm Bode, Carl von Lützow, Carl Justi und anderen) die Bekanntschaft mit Pasquale Villari vermittelte und sie dem Abgeordneten und ehemaligen Minister, der in Italien großen Einfluß übte, dringlich empfahl [3].

Jessie Hillebrand ist selbst als Autorin aufgetreten, immer aber anonym. Von ihr stammen eine ‚Manuale di Musica', eine Übersetzung ins Englische von Schopenhauers Schrift ‚Über die vierfache Wurzel des Satzes vom zureichenden Grunde', die als wissenschaftliche Meisterleistung gerühmt wurde, und eine Übertragung ins Englische von Adolf von Hildebrands ‚Problem der Form' (1893) [4].

---

[1] CONSTANCE BACHE: Brother Musicians. Reminiscence of Edward and Walter Bache. London 1901. — Über Jessie Hs Verhältnis zu Liszt vor allem: LA MARA (Marie Lipsius): Liszt und die Frauen (= Musikbücher Breitkopf und Härtel, Bd 5), Leipzig 1910; — Franz Liszt widmete 1869 Jessie Laussot ein ‚Ave Maria'.

[2] Nicht zu verwechseln mit dem heute noch bestehenden Conservatorio di Musica Cherubini.

[3] Jessie H. an Villari, 19. Januar 1894. Vgl. dazu: Das Kunsthistorische Institut in Florenz, 1888—1897—1925. o. J., o. O. (Florenz 1925).

[4] GIOVANNI ALIBRANDI: Manuale di Musica all'uso degli insegnanti ed alunni. Turin 1881 (= Bibl. Scient. Popol. 8). — Die anderen Veröffentlichungen konnten nicht erreicht werden. Hinweise darauf bei: MARIO PRATESI: J. H. Nekrolog. Florenz 1905. Nachdruck aus: La Nazione, 8. Mai 1905.

In den letzten Lebensjahren Hillebrands pflegte Jessie, trotz eigenem unsäglichem Leiden und fast völligem Erlahmen des Gehörsinnes, ihren kranken Mann mit Hingabe und Opfermut. Sie hat, um drei Jahre älter als er, Karl Hillebrand um einundzwanzig Jahre überlebt. Nach seinem Tode kamen nur mehr wenige Freunde zur vereinsamten und tauben Witwe. Ihr treuester Freund dieser späten Jahre war Adolf von Hildebrand, der dieser bedeutenden Frau eine feine Charakterstudie widmete: „Reine Sachlichkeit bei größter persönlicher Bescheidenheit, männliches Anpacken und energisches Zuendeführen. Wärmste Begeisterungsfähigkeit für alles Große und Wahre und zuversichtliche Freundschaft für den, dem sie zugetan. Alles dann verbunden mit einer seltenen kindlichen Natur und Seeleneinfachheit, eine Zusammenstellung von bestem englischem Typus." [5]

Dieser unvergleichlichen Frau war Hillebrand herzlich zugetan. Zehn Jahre vor ihrer Verehelichung zeichnete er sie in einem Brief an Malwida von Meysenbug, der erhalten ist: „Die tiefste Seelenbildung hat die Naivität ihrer Natur auch nicht im mindesten angekränkelt und sie ist rein, ohne die Wirklichkeit zu ignorieren; fromm, ohne ihren Geist gefangengegeben zu haben; gut ohne alle Schwäche, gescheit, ohne daß ihr Verstand die Dinge auflösend zerstört, voller Phantasie bei geradestem Sinne, und vor allem ist ihr Blick immer aufs Höchste gerichtet... sie ist Individualität,... eine Rahel mit ewiger Jugend." [6]

Im Hause dieser Frau am Lungarno, mit dem Blick auf den zypressenbestandenen Montoliveto, fand Hillebrand innere Ruhe und Sammlung für seine Arbeit, zugleich aber Anregung und Geselligkeit. Das Haus Hillebrand-Taylor-Laussot wurde immer mehr zum Mittelpunkt gesellschaftlichen Lebens, von dem Hillebrand ohne Übertreibung sagen konnte, daß es „das ganze gebildete Europa umfasse" (UE, 319). Intensive Arbeit, entspannende Lektüre, ungezwungenes geistvolles Gespräch wechselten mit Reisen und Studien. Hillebrand gedieh in diesem steten Wechselspiel von Aufnehmen und Schaffen, von stiller Betrachtung und zielbewußter Tat zu letzter Höhe. Es waren Jahre der Reife und des Erntens, wie sie nur wenigen Männern gegönnt sind. Eine vollkommene Harmonie beseelte sein Leben und sein Wirken und befähigte ihn, jene köstlichen Zeugnisse menschlicher Einsicht und umfassender Kenntnis hervorzubringen, wie wir sie in vielen Essays dieser Jahre bewundern. Dieser Einklang von Geist und Talent, von Gefühl und Gedanke, von Bildung und Empfinden, von männlicher Energie und einsichtigem Verstehen mag ihm in seinen jungen Jahren als kaum zu erreichendes Ideal menschlicher Vollendung vorgeschwebt haben. Wer viele Menschen kennt, weiß sich seine Freunde zu wählen. Und so begann auch Hillebrand, der viele Stunden seines Lebens in Salons und geistvoller Gesellschaft verbracht hatte, sich in seinem geselligen Bedürfnis auf

---

[5] Ungedruckt im Nachlaß Adolf von Hildebrands. Über J. H. vor allem: MARIO PRATESI: J. H. In: Illustrazioni Italiane 1905, Bd 32, S. 500; hier auch eine sehr gute Photographie; ISOLDE KURZ: Florentinische Erinnerungen. Tübingen 1937, S. 237—40. Über Jessies jüngere Jahre vgl. S. 28—29.

[6] In: Corona 1934, Jg. 4, 564—65.

wenige, aber gute Freunde zu beschränken, deren Gegenwart nicht nur zur Unterhaltung beitrug, sondern auch gewinnbringend war.

Sehr viel bedeutete Hillebrand in seinen ersten Florentiner Jahren die Gesellschaft der deutschen Kolonie der Stadt. Seit Jahrzehnten war die Zahl der deutschen Künstler und Gelehrten, aber auch wohlhabenden Industriellen und Adeligen, die sich in Florenz niedergelassen hatten, ständig gewachsen. Zu einer Kolonie wurde diese deutsche Gemeinde aber erst nach 1870. In diesen Jahren setzte sie ihre schönsten Blüten, erreichte sie einen geistig-kulturellen Hochstand, der weit über Florenz hinaus Bedeutung hatte [7].

Die markanteste Gestalt in diesem Kreis war der Bildhauer *Adolf von Hildebrand*. Er kam 1872 von Rom nach Florenz und bewohnte zusammen mit Hans von Marées, seinem so anders gearteten Lehrer und Freund, das alte aufgelassene Kloster von San Francesco di Paola unmittelbar unter dem Bellosguardo. An dem gemeinsamen Haushalt nahm nicht selten ihr Mäzen, Conrad von Fiedler, teil. Hildebrand, der mit großem Ernste seiner Arbeit nachging, machte aus seinem Hause keinen gesellschaftlichen Salon wie Hillebrand und später Homberger. Gerne empfing er aber Freunde auf seinem Ansitz und im Kreise seiner Familie. Hillebrand schätzte in Hildebrand den Menschen, „der, sicher und festgegründet in sich, er selbst zu sein wagt" (KB, 7). Das war das Große an diesem Künstler, daß er ohne Rücksicht auf Beifall oder Neid der Mitmenschen seinen eigenen Weg beschritt. Da ging die Zeit mit ihren vergänglichen Problemen und Lösungen unbeachtet an ihm vorüber. Nur für seine Familie und für seine Freunde fand er freie Stunden, in denen er dann aus reichem Quell zu geben verstand, aber auch mit naiver Unmittelbarkeit zu nehmen bereit war. Hillebrand pflegte von ihm zu sagen: „Was die anderen mir geben können, finde ich alles auch in Büchern, das Seinige kommt unmittelbar aus der Natur." [8] Viele seiner Arbeiten besprach Hillebrand mit dem Künstler. „Ach liebster Grig", schrieb Hillebrand am 12. Mai 1882 aus England, „hätte ich Sie doch einmal da; und könnte mit Ihnen gewisse Dinge

---

[7] Über den engeren Florentiner Künstlerkreis: ISOLDE KURZ: Florentinische Erinnerungen. Tübingen 1937; Pilgerfahrten nach dem Unerreichlichen. Lebensrückschau. Tübingen 1938; Der Meister von San Francesco. Ein Buch der Freundschaft. Tübingen 1931; ADOLF BAYERSDORFER: Leben und Schriften. Aus seinem Nachlaß herausgegeben von Hans Machowsky, August Pauly und Wilhelm Weigand. München 1902, vor allem S. 435; GÜNTHER JACHMANN: Adolf von Hildebrands Briefwechsel mit Conrad Fiedler. Dresden o. J.; HERMANN KONNERTH: Die Kunsttheorie K. Fiedlers, München 1909; Einleitung zu: ADOLFO HILDEBRAND: Il problema della forma. Trad. e note di Sergio Same Lodovici. Messina 1949; THEODOR HEUSS: Anton Dohrn. 2. Auflage. Stuttgart-Tübingen 1948; JULIUS MEIER-GRÄFE: Hans von Marées. München 1930; PAUL FECHTER: K. H. In: Neue deutsche Hefte 1956, Nr. 24, 911—21; F. WALLISCH: Florenz und das Deutschtum. In: Deutsche Welt 1931, Nr. 8, 676—80; GUSTAV FLOERCKE: Zehn Jahre mit Böcklin. Aufzeichnungen und Entwürfe. München 1910. (Fehlerhaft und irreführend. Vgl. dazu Jessie H. an Adolf von Hildebrand: „Mit Floercke hat Carl ebensowenig zu tun wie Du." 12. Nov. 1901).

[8] KURZ, Erinnerungen, S. 202.

durchsprechen; Sie klären immer meine Ideen so". Und dann „... einen anderen (Essay) möchte ich erst mit Ihnen besprechen, ehe ich ihn zu Papier bringe" [9]. Was der Bildhauer für Hillebrand bedeutete, geht auch aus einem Brief Jessie Hillebrands an Adolf von Hildebrand hervor: „Und wie lebhaft war sein Interesse für alles was S i e trieben! Ich glaube, Sie haben nie recht gewußt, w i e lieb Karl Sie hatte! Er meinte immer, Sie machten sich wenig aus i h m und das betrübte ihn sehr. Wenn Sie sich nur z e i g t e n, und als er krank war, ihn aufheiterten und ihm Teilnahme bewiesen, war er glücklich." [10]

Hans von Marées kam neunzehnjährig im Auftrag des Herrn von Schack nach Rom. Sein Auftraggeber hatte aber für seine Kunst wenig Verständnis. So kam es zum Bruch. Und es war Marées Glück, in dieser Stunde in Rom die Freundschaft Adolf von Hildebrands und Conrad von Fiedlers zu besitzen. Hildebrand erkannte in dem eigenwilligen jungen Künstler dasselbe Interesse, das ihn bewegte und dem Fiedler auf seine Art folgte: das Problem der Form. Alle drei standen in stärkstem Widerspruch zur Zeit, die dem Versuch einer Vereinigung von modernem Realismus und klassischer Idealität fremd gegenüberstand. Dieses Problem, freilich auf anderem Gebiet, war es auch, das Hillebrand tief bewegte. Auch ihm schien sich die wahre Natur des Menschen nicht in der realistischen Zustandsmalerei oder Zustandsbeschreibung seiner Zeitgenossen, sondern in der idealisierenden Schau der Griechen am schönsten zu vergegenwärtigen.

Conrad von Fiedler, der Marées materiell unterstützte und der als Anreger und Berater hinter ihm und Adolf von Hildebrand stand, war nicht ausübender Künstler. Sein schöpferisches Vermögen ist in den Werken anderer aufgegangen. Im Verstehen, aber auch im Hinnehmen von Launen, im Helfen und Wegweisen hat er Großes geleistet. Marées pflegte von ihm zu sagen, daß sein Charakter sein Talent sei [11]. Als Denker führten ihn Konsequenz und Disziplin zum Abstrakten. Im Abstrakten sah er das Wahre, das ihm in der griechischen und römischen Kunst am schönsten verwirklicht schien. Fiedlers Urteil über Hillebrand ist bezeichnend für den naiven Ernst dieses Mannes, der trotz aller persönlichen Freundschaft Hillebrands heiterem, am Französischen geschultem, nicht selten ironischem (aber nie zynischem), leichtem Über-den-Dingen-Stehen kein rechtes Verständnis entgegenzubringen vermochte: „Er ist mir insofern merkwürdig", schrieb er im Anschluß an einige Besuche Hillebrands auf seinem Landgut Crostewitz in der Nähe von Leipzig in sein Tagebuch: „daß er sowohl in ausgesprochenen Ansichten ein ernstes und tiefes Nachdenken, als auch in Urteilen einen wohlüberlegten richtigen Maßstab bekundet und daß man doch niemals zu einer inneren Überzeugung von dem Ernst seines Denkens und Entscheidens gelangt. Als Gesellschafter kann man sich keinen besseren wünschen." [12]

---

[9] H. an Hildebrand, 12. Mai 1882; im Freundeskreis wurde A. v. Hildebrand ‚Grig' genannt.
[10] Jessie H. an Hildebrand, 24. Aug. 1890.
[11] KURZ, Erinnerungen, S. 230.

Diesem Kreis von Künstlern und erlesenen Kunstkennern schloß sich 1874 *Adolf von Bayersdorfer* an, ein Mann, der im höchsten Sinne zum Ästheten geboren war. Die moderne Kunst mißfiel ihm wie seinen Florentiner Freunden. Als er seiner Meinung darüber offen Ausdruck gab, stieß er auf härtesten Widerstand. Um leben zu können, schrieb er für die ‚Neue Freie Presse'. Als einer der besten Kunstkenner Europas trug er Wesentliches zur Bedeutung des Florentiner Kreises bei. Hillebrand fühlte sich zu dieser urwüchsigen Natur, an der alles Persönlichkeit war, stark hingezogen.

Karl Hillebrand verkehrte viel im Kreis seiner Freunde. Nicht selten schloß er sich Ausflügen in die Umgebung von Florenz an. So besuchte er mit Hildebrand zusammen San Gimignano. Ende November 1873 traf er sich in Perugia mit Marées. Und wenn er nach Rom oder Neapel kam, versäumte er es nicht, seine Freunde aufzusuchen, dies vor allem in der Zeit, in der Marées und Hildebrand in der zoologischen Station in Neapel arbeiteten (1873) [13].

Der erste, der diesen Kreis verließ, war Marées. Isolde Kurz deutet in ihren ‚Florentinischen Erinnerungen' an, welch große Probleme sich aus dem Zusammenleben Hildebrands mit der Kleistnatur Marées ergaben. 1875 verließ Marées Florenz. Er ging nach Rom, wo er bis 1887 in einem Kreis von Schülern wirkte. 1880 kehrte auch Bayersdorfer wieder nach Deutschland zurück. 1884 übernahm er die Stelle des Konservators an der Alten Pinakothek in München. So währte die Blütezeit der Florentiner Künstlerkolonie nur wenige Jahre. Auch später, vor allem nach der Gründung des Deutschen Kunsthistorischen Instituts, hielten sich immer wieder bedeutende Künstler und Gelehrte in Florenz auf, jenen eigenwilligen, geistig gespannten, von wahrhaftem Suchertum bewegten Charakter hatte die Kolonie aber nur in den frühen Siebzigerjahren. Sie stand mit den geistig-künstlerischen Strömungen der Zeit in Konflikt und verzichtete bewußt darauf, in die Breite zu wirken. Die Ideen der hier lebenden Deutschen hätten aber auch kaum im rauheren Norden oder im ernsten Rom blühen können. Sie waren in der klassisch-heiteren Luft von Florenz und in der lieblichen und zugleich künstlerisch gestaltet anmutenden Landschaft der Toskana aus der Verbindung von deutschem Denken und Empfinden und südlichem Erleben gewachsen und konnten nur hier gedeihen.

Wir wüßten wenig von den Ideen, die diesen Kreis bewegten, hätte sie nicht Hillebrand in einer kleinen anonymen Schrift niedergelegt: in den *Zwölf Briefen eines ästhetischen Ketzers* [14]. Der äußere Anlaß für diese Briefe, in denen Hillebrand gegen die künstlerischen Ideale seiner Zeit auftrat, war durch die Wiener

[12] Tagebuch CONRAD FIEDLERS, ungedruckt, im Besitze von Dr. Johannes Eichner, Murnau. Eintragung vom 17. Sept. 1874.
[13] MEIER-GRÄFE, Marées, Bd 1, S. 282 u. Bd 3, S. 88; UE, 393 (64); HANS VON MARÉES: Briefe. 2. Auflage. München 1923, S. 123; Marées an Fiedler am 27. Feb. 1877: „Gegenwärtig ist Hillebrand hier und bin ich gestern mit ihm zusammen gekommen; er war sehr aufgeräumt." — Über den gemeinsamen Ausflug nach San Gimignano: „Ich machte letztlich mit Hillebrand eine zweitägige Tour nach San Gimignano, die in jeder Weise reizend gelang." (Hildebrand an Fiedler, 22. April 1873).
[14] 1873 anonym erschienen. Später in VM und leicht gekürzt in AB aufgenommen.

Weltausstellung (1873) gegeben. Adolf von Hildebrand sollte sich auf Drängen Fiedlers daran beteiligen, lehnte es aber im letzten Augenblick „der schlechten Gesellschaft" und „der schlechten Organisation" wegen ab, daran teilzunehmen [15]. Im ersten Brief begrüßt Hillebrand das Werk Hildebrands (ohne jedoch dessen Namen zu nennen) „wie verheißungsvollen Frühlingshauch". Ihm sei beim Anblick der Werke zumute, als ob er „in die herrliche Zeit des quattrocento versetzt sei". (KB, 3). Die überaus ideale Auffassung Hillebrands von der Renaissance, wie sie aus dem ganzen Büchlein spricht, steht weitgehend im Banne des Renaissancebildes, das Jacob Burckhardt gezeichnet hatte. So wie Hillebrand an eine absolute Organhaftigkeit und innere Harmonie der Antike glaubte, so war er auch davon überzeugt, daß die Kunst der Renaissance der äußere Ausdruck inneren Geichklanges sei. Sein höchstes Ideal sah er darin, an der Schaffung einer dritten idealen Epoche des Menschengeschlechtes mitzuwirken. Die Kunstauffassung und die Werke des Florentiner Bildhauers Adolf von Hildebrand waren ihm die ersten verheißungsvollen Anzeichen für eine Neugeburt im Geiste der Antike.

Im weiteren setzte sich der ‚Ketzer' mit den Ursachen des allgemeinen Verfalles auseinander. Er klagte darüber, daß die Kunst um ihre jugendliche Frische gekommen und von Gedankenblässe angekränkelt sei. Deutschland leiste auf dem Gebiet der bildenden Kunst und der Architektur nichts mehr und die Generation sei nicht mehr hinlänglich seelisch gesund, um das Einfach-Schöne mit künstlerischen Augen zu erfassen. Die Ursache für diese Mißstände sah Hillebrand darin, daß man die Theorien und die Betrachtungsweise Winckelmanns mißverstanden und dadurch eine allgemeine Historisierung der Kunst eingeleitet habe. Die Folge davon sei das Kunstgeschichten-Unwesen, das jedem unmittelbaren Empfinden im Wege stehe. Die zweite Ursache liege in der Französischen Revolution und deren Folgen: der Demokratisierung und Vermassung auch in Dingen des Geschmacks. Die dritte Ursache fand Hillebrand in der allgemeinen „Museomanie". Der Blick der Menschen sei schon so verflacht, daß sie es gar nicht merkten, daß ein Kunstwerk, aus seinem eigentlichen Rahmen gerissen und zwischen hundert andere gestellt, einen wesentlichen Teil seines künstlerischen Wertes verliere.

Hillebrands Schrift fand weites Echo, wenn auch wenig ungeteilten Beifall. Formal stehen die offensichtlich schnell hingeworfenen Briefe, eine Art erweitertes Gedächtnisprotokoll der Gespräche, seinen Essays nach. Der scharfsinnige Fiedler, der auch in Italien sein etwas schweres und ernstes nordisches Wesen behalten hat und nie durch die südliche Schule leichter und gefälliger Darstellung auch ernster Dinge gegangen ist, befindet sich mit seiner Kritik auf dem richtigen Wege, nur geht er zu weit: „.. geistreich, interessant, oft wahr und doch niemals tief, kann es nur eine vorübergehende Wirkung äußern, die Irrenden wird es nicht belehren, die Unklaren nicht aufklären, nur den Wissenden

---

[15] Er stellte gleichzeitig im Österr. Gewerbemuseum aus. Der Hinweis auf die Weltausstellung in Hs Schrift ist irreführend.

wird es die eigene Erkenntnis in ansprechender Form unterhaltend vorführen." [16] Adolf von Hildebrand gegenüber äußerte sich Fiedler noch schärfer: „Haben Sie Hillebrands ‚Zwölf Briefe eines ästhetischen Ketzers' gelesen? Es scheinen mir zum Teil Pfauenfedern zu sein, aber gut getragen." [17]

Die Bedeutung von Hillebrands Schrift liegt nicht in ihrer Wirkung, sondern darin, daß hier zum ersten Mal und zugleich mit schärfster Kritik auf den allgemeinen Verfall in Dingen der Kunst vor der Jahrhundertwende hingewiesen wurde. Mehr als Übelstände aufzuzeigen, stand sicherlich nicht in Hillebrands Absicht. Daß er mit seiner Kritik aber Richtiges traf, zeigt der Beifall, mit dem Nietzsche, dessen ‚Unzeitgemäße Betrachtungen' damals erschienen, das Büchlein begrüßte: „Unbändige Freude hatte ich über Karl Hillebrands anonym erschienene ‚Zwölf Briefe eines ästhetischen Ketzers'; Welches Labsal! Lies, staune, er ist einer der Unsrigen, einer von der Gesellschaft der Hoffenden" [18].

Zum deutschen Künstlerkreis in Florenz im weiteren Sinne gehörte auch der Schweizer *Arnold Böcklin*. Sein in sich gekehrtes Wesen, seine sich abschließende Lebensweise, aber auch sein Kunstideal, das dem Hillebrands und Hildebrands entgegengesetzt war, ließ kein engeres Freundschaftsverhältnis aufkommen. Hochgeschätzt und bewundert lebte der eigenwillige Maler sein eigenes Leben, erst im Palast des Malers W. v. Svertschkoff am Mugnone, dann in seiner eigenen Villa Bencistà unterhalb Fiesole. Engere Verbindung hatte er nur mit wenigen, von den Männern der Kolonie nur mit Edgar Kurz, dem Bruder der Dichterin, in dessen Armen er auch starb.

Böcklin fand in Florenz die Erfüllung seiner künstlerischen Laufbahn: Erfolg und Ruhm. Ganz anders ein zweiter Schweizer, *Karl Stauffer-Bern*, der freilich nur kurz mit der Kolonie in Berührung kam. Verstrickt in Schuld und Unglück endete dieser geniale Bildhauer und Dichter, den Hildebrand aus dem Gefängnis befreite, nach jahrelanger Umnachtung in Florenz.

Vier enger als Stauffer-Berns trauriges Dahinsiechen waren *Theodor Heyses* letzte Lebensjahre mit der Kolonie, besonders mit Karl Hillebrand verbunden. Nur wenige wissen heute noch von diesem gründlichen Kenner der Antike und feinsinnigen Catull-Übersetzer, der in musischen Stunden selbst Gedichte schrieb, die unter dem Pseudonym Theodor Florentin gedruckt wurden [19]. Heyse war schon 1832 nach Italien gekommen. Er hatte die Absicht, griechische und lateinische Codices in der vatikanischen Bibliothek zu studieren, blieb

---

[16] Tagebuch Fiedlers, Ende 1873.
[17] Fiedler an Hildebrand, 11. Dez. 1873.
[18] NIETZSCHE an Erwin Rohde. In: Briefe, Bd 4, S. 38. Zu den Ketzerbriefen vgl. UE, 357—59; ERNST TROELTSCH: Der Historismus und seine Probleme (= Gesammelte Schriften, Bd 3). Tübingen 1922, S. 283; JOSEF HOFMILLER: Der ästhetische Ketzer. In: Münchner Neueste Nachrichten 1929, Nr. 258 und in: Die Bücher und wir. München 1950, S. 76—83; THEODOR VON THALER: Der Ketzer von Florenz. In: NFP, 9. Jan. 1874, Nr. 3367; ebenfalls lobend ist die Besprechung in: Magazin für die Literatur des Auslandes 1874, Bd 85, S. 3.
[19] KURZ, Erinnerungen, S. 97; BAMBERGER: Charaktcristiken, Berlin 1894.

dann aber in Rom und verbrachte fast sein ganzes Leben in Italien, vor allem in Rom, Bologna und Florenz. Lange Jahre arbeitete er mit dem deutschen archäologischen Institut in Rom zusammen. Sein selbstloses Forscherleben und seine unendlich gewissenhafte Arbeitsweise erwarben ihm in der Fachwelt höchste Anerkennung. Unbekannt sind aber auch zu seinen Lebenszeiten die menschlichen Züge des Mannes geblieben, der ganz hinter seinem Werk zurücktrat. Seine Briefe und einige persönliche Dokumente sind heute die einzigen Quellen dafür. Sie zeigen ihn als heiteren Menschen, voll Humor und Geist, stets hilfsbereit, aber doch froh, wenn man ihn bei seiner Arbeit nicht allzu sehr störte. Denn in ihr, in der möglichst getreuen Wiederherstellung und Bewahrung des Alten, ging sein Dasein auf. 1855 kam Heyse nach Florenz, wo er an der Piazza del Carmine ein einfaches Zimmer bewohnte. Hier saß er in späteren Jahren oft mit Karl Hillebrand beisammen, der dem Alten gerne zuhörte und der viel von ihm lernte. Hillebrands Nachruf für Heyse, der noch knapp vor seinem eigenen Tode in der ‚Gegenwart' erschien, ist eines der schönsten Zeugnisse, die wir über diesen selbstlosen Wissenschaftler haben, in dem Homberger „eine noch aus dem alten, dem edeln und liebenswürdigen Deutschland in diese so traurig veränderte Zeit hineinreichende Säule" sah [20].

Heinrich Homberger, der „allzeit hilfreiche und liebenswürdige Mann" [21], nahm selbst regsamen Anteil am Leben und Gedeihen der deutschen Kolonie. Als Redakteur der ‚Tribüne' und für kurze Zeit der ‚Preußischen Jahrbücher' war er in Hillebrands eigenstem Wirkungskreis tätig. Seine Art und seine Ideen zeigen Verwandtschaft mit dem großen Essayisten. In seinen ausgezeich-

---

[20] HOMBERGER, Selbstgespräche, S. 62; Über Theodor Heyses Leben und Wirken in Italien: ISOLDE KURZ, Erinnerungen S. 96—101; JACHMANN, Briefwechsel; FRIEDRICH NOACK: Das Deutschtum in Rom. Stuttgart 1907; KARL HILLEBRAND: Theodor Heyse. In: GW 1884, Bd 25, 183—85; Vor allem: DOMENIGO FRANSONI: Epistolario e scritti vari. Herausgegeben von Angelo de Gubernatis. Florenz 1887 — hier eine umfangreiche Lebensbeschreibung, eine Würdigung von Mensch und Werk, dazu zahlreiche Briefe. — Briefe Theodor Heyses befinden sich in der Nationalbibliothek von Florenz.

[21] KURZ, Erinnerungen, S. 107; Weiters: HEINRICH HOMBERGER: Essays. Herausgegeben von Ludwig Bamberger und Otto Gildemeister. Berlin 1892. GEORG KARO: Einleitung zu: Aus Heinrich Hombergers Nachlaß. Selbstgespräche. München 1928, S. V—XXV; Wichtig auch das Vorwort zur ersten Auflage von Hombergers Schriften aus dem Nachlaß, herausgegeben von Otto Gildemeister, 1883, als Manuskript von Freunden gedruckt. Gustav Schade (Otto Francke). Bd 1: Aus Heinrich Hombergers Tagebuch (1881—90), Bd 2: Aus Heinrich Hombergers Nachlaß. Fragmente und Gedichte. (Enthält: Amiel, Poetik, Tolstoi, die Novellen: Mainzer Novelle, Die Fl..., Gedichte). — Hombergers Schriften sind heute am besten in der allerdings unvollständigen Ausgabe von 1928 erreichbar: HEINRICH HOMBERGER: Ausgewählte Schriften 2 Bde, München. Bd 1: Essays und Fragmente, Bd 2: Selbstgespräche. — Ein Großteil der Essays war schon 1892 in Buchform erschienen. — Sehr aufschlußreich zu Hombergers Wirken in Italien: Vorwort zur Übersetzung seiner Novelle ‚Der Säugling': HEINRICH HOMBERGER und M. M. MANFRONI: Il Bamboccio. Novella toscana con prologo e epilogo. Florenz 1902. In Deutsch erschien die Novelle unter dem Pseudonym ‚Heinrich Horner' in: Italia II, 1875, S. 283—326.

neten Novellen, die zum Teil ins Italienische übertragen wurden, zeichnete er feinste seelische Regungen nach, wie er ja auch im Essay gerne den geheimeren Impulsen im Leben anderer nachspürte. Dieser seiner Art verdanken wir eine der schönsten Charakterskizzen Hillebrands, die als Nekrolog 1885 in der ‚Nation' erschien. Hombergers Beziehungen zu Hillebrand und zu Hildebrand waren außerordentlich herzlich. Homberger fehlte die bezwingende Persönlichkeit beider, an warmem menschlichem Empfinden stand er ihnen aber nicht nach. Noch Jahre nach Hillebrands Tod war Hombergers Haus der Mittelpunkt eines erlesenen Kreises deutscher und italienischer Literaten, Gelehrter und Politiker. Nach seinem Tode (1890) gab es keinen eigentlichen deutschen literarischen Salon mehr in Florenz. Die Zahl der Künstler und Literaten, die in Florenz wohnten und wirkten, wurde immer kleiner; sie wurden abgelöst von Wissenschaftlern und Forschern, die im Deutschen Kunsthistorischen Institut ihre geistige Heimstätte und ihren Treffpunkt hatten.

Im September 1877, als die deutsche Kolonie in den letzten Jahren ihrer großen Blüte stand, kam die Familie des Dichters Hermann Kurz aus Tübingen nach Florenz. Die Dichterin *Isolde Kurz*, deren ganzes Schaffen vom Italien- und Florenzerlebnis bestimmt ist, fand sehr schnell Eingang in den Kreis der Deutschen. Heinrich Homberger, der ihre Erstlingsarbeiten in der ‚Tribüne' veröffentlicht hatte, fand in der Dichterin eine bewundernde Verehrerin. Hillebrand half sie bei der Übertragung einiger Essays aus dem Englischen, die dann in die Sammlung ‚Zeiten, Völker und Menschen' Aufnahme fanden [22]. Ihre größten Verdienste um die deutsche Kolonie fallen aber in spätere Jahre. In den ‚Florentinischen Erinnerungen' hat Isolde Kurz der Kolonie von damals in dichterisch verklärter Weise ein Denkmal gesetzt. Isoldes Bruder Edgar war der Arzt der deutschen Gemeinde, aber auch von anderen Ausländern wurde er gerne gerufen. Durch die Gründung einer chirurgischen Poliambulanz, an der selbst Billroth an Operationen teilnahm, erwarb er sich Verdienste um Florenz. Neben seiner Tätigkeit als Arzt schrieb er eine Reihe kleiner Gedichte im Volksliedton und übersetzte er toskanische Volkslieder ins Deutsche [23].

Ein anderer Deutscher, der ganz der Wissenschaft und der Arbeit lebte, war der 1823 in Frankfurt am Main geborene *Moritz Schiff*. Er war mit einer Cousine Hillebrands verheiratet [24]. Während der Blütezeit der deutschen Kolonie wirkte er zehn Jahre lang am Istituto di Studi Superiori (jetzt: Università degli Studi) von Florenz. Seine Vorträge und Schriften über Physiologie (vor allem der Atmungsorgane) wirkten damals epochemachend. Man verehrte in ihm einen der besten Physiologen seiner Zeit. Schiff starb 1896 in Genf. Hille-

---

[22] Isolde Kurz übersetzte ‚Gambetta' (I, 376—93). Von den im siebten Band vereinigten Essays dürfte I. Kurz übersetzt haben: Zur Entwicklungsgeschichte der abendländischen Weltanschauung, Über die Fremdensucht in England, Über das religiöse Leben in England.

[23] EDGAR KURZ: Gedichte, Stuttgart 1904. Die von I. Kurz erwähnte Ausgabe der ‚Toskanischen Volkslieder' konnte nicht ausfindig gemacht werden.

[24] H. an Otto Hartwig, 1873 (?).

brand war Moritz Schiff freundschaftlich zugetan und führte mit ihm lange Gespräche. Es sah in diesem erfolgreichen deutschen Wissenschaftler einen vorbildlichen Vertreter Deutschlands und einen wertvollen Vermittler zwischen den beiden Völkern.

In den Jahren nach Hillebrands Tod ergaben sich gewisse Verschiebungen in der deutschen Kolonie. Dies allein schon dadurch, daß sich Edgar Kurz, Adolf von Hildebrand und später auch die Witwe Böcklins Sommerhäuser in Forte dei Marmi bauten. Freunde und Bekannte folgten dem Beispiel. Auf diese Weise entstand eine kleine Villenkolonie am Meer, wohin sich ein Teil des gesellschaftlichen Lebens verlagerte [25].

Alfred von Reumont und Karl Witte gehörten noch der älteren Generation an. Sie hatten an der Blütezeit der deutschen Kolonie in Florenz nur indirekten Anteil. Mit Karl Hillebrand aber standen sie in enger Beziehung. Beide haben sich um den Ausbau der deutsch-italienischen Beziehungen verdient gemacht, beide erhielten für ihr Wirken das Ehrenbürgerrecht der Stadt Florenz verliehen. Reumont, der im preußischen diplomatischen Dienst stand und mit Friedrich Wilhelm IV. persönlich befreundet war, benützte seine langjährigen Aufenthalte in Italien zu umfangreichen und ergiebigen Studien. Vor allem zur Kenntnis der römischen und toskanischen Geschichte hat Reumont wertvolle Beiträge geliefert. Sein Name ist noch heute im Kreis italienischer Historiker hochgeschätzt [26]. *Karl Witte,* der große Danteforscher, brachte viele Jahre seines Lebens in Italien, vor allem in Florenz zu. Sein Beitrag zur Danteforschung, die er als erster auf Grund der neuen philologischen Methode betrieb, ist groß [27]. Hillebrand war mit beiden Männern bekannt; mit Reumont verband ihn ein herzliches Verhältnis, wenn auch die Verschiedenheit ihrer politischen Anschauungen und religiösen Überzeugungen eine innige Freundschaft ausschloß.

Um diese Künstler, Gelehrten und Literaten sammelte sich ein Kreis von Männern und Frauen, die menschlich dazu beitrugen, der deutschen Kolonie jene innere Geschlossenheit zu verleihen, die sie in den letzten Jahrzehnten des vergangenen Jahrhunderts auszeichnete. Viele dieser Deutschen stellten durch

---

[25] Die deutschen Besitzungen in Forte dei Marmi sind alle in fremde Hände übergegangen. Das Haus Adolf von Hildebrands war lange Jahre im Besitz von Curzio Malaparte.

[26] Über Reumont, außer ADB: PIERO BARBÉRA: Reumont, 1910; ENRICO BURICH: Lettere inedite del Capponi ad A. Reumont. Fiume 1940; FERDINAND SIEBERT: Alfred von Reumont und Italien, (= Bibliotheca Hertziana. Reihe Vorträge, Bd 7) Leipzig 1937; PIERO BARBÉRA: T. Gar und A. Reumont. Trient 1910 und Tridentinum, rivista di studi scientifici 12, Heft 3 und 4; LEO JUST: A. Reumont. In: Annalen des historischen Vereins für den Niederrhein 1937, S. 131; PASQUALE VILLARI: Un libro del Prof. Hüffer sopra Alfred di Reumont. Florenz 1904 und ASI 1904/4; BENEDETTO CROCE: Storia della storiografia nel secolo XIX. Bari 1930, Bd 1, S. 115 f; FRIEDRICH NOACK: Das Deutschtum in Rom, Stuttgart 1907.

[27] Über Karl Witte: ALFRED VON REUMONT: Karl Witte. Florenz 1885. Erschienen auch in ASI 1885.

Freundschaft oder Verehelichung Verbindung zu Italienern her. Da war der alte baltische Aristokrat *Karl Eduard von Liphart,* ein stadtbekannter Eigenbrötler, der sich als Sammler betätigte und dessen Frau, die mit ihrem Taschengeld die Armen der Stadt unterstützte. In seinem Haus trafen sich nicht selten literarisch interessierte Leute. Aus dem Freundes- und Verwandtenkreis um Adolf von Hildebrand ist die *Baronin Elisabeth von Herzogenburg,* eine geborene Stockhausen, eine Freundin von Brahms, zu nennen, die mit ihrer Mutter *Clothilde von Stockhausen,* der Freundin Chopins, in Florenz wohnte. Die Tochter des Musikers Frh. von Hornstein hatte den italienischen Musiker *Baron Luigi Franchetti* geheiratet. Auch Frau *Giulietta Mendelssohn,* mit dem italienischen Bankier *Gordigiani* verehelicht, fühlte sich zur deutschen Kolonie gehörig. Als besonders enge Freunde Hillebrands seien noch die Familie *Krahnstroewer* und der Botaniker *Stephan Sommi*er genannt.

Am Rande der eigentlichen Kolonie standen die Besucher von *Ludmilla Assings* Salon. Ludmilla Assing war die Nichte Varnhagens und die Freundin Lassalles. Durch ihre Heirat mit dem Italiener Grimelli und durch ihre liberalen Ideen fühlte sie sich sehr zu Italien hingezogen. Ihre dankenswerteste Leistung bleibt trotz ihrer menschlichen Schwächen und Mängel die Herausgabe der Briefe, Tagebücher und Erinnerungen von Varnhagen, Rahel und Pückler-Muskau [28].

Nicht allein durch das Wirken und Schaffen der in Florenz lebenden Deutschen gewann die Kolonie Ansehen und Bedeutung, sondern auch durch die regen persönlichen Beziehungen, die vor allem Hillebrand, Hildebrand und Fiedler nach Deutschland, England, Frankreich und dem übrigen Italien unterhielten. Oft weilten bedeutende deutsche Staatsmänner, Gelehrte und Künstler in Florenz im Kreise der ansässigen Deutschen. Das deutsche Kronprinzenpaar, *Friedrich Wilhelm* und *Victoria von Preußen,* besuchte einige Male die Stadt und die hervorragendsten Vertreter der deutschen Kolonie, vor allem Karl Hillebrand und Adolf von Hildebrand. Hillebrand war dem deutschen Kronprinzenpaar ein willkommener Begleiter auf den Reisen durch die Toskana und bei der Besichtigung der florentinischen und römischen Sehenswürdigkeiten. Der *Großherzog von Weimar* und der *Herzog von Meiningen* hielten sich gerne in der Hauptstadt der Toskana auf. Der deutsche Gesandte in Rom und Vertraute Bismarcks, *Robert von Keudell* [29], kam oft nach Florenz. Und wenn Hillebrand in Rom weilte, versäumte er es nicht, von Keudell aufzusuchen. In langen Gesprächen unterhielten sich die beiden Männer eingehend über die jüngste Entwicklung in Deutschland. Der spätere deutsche Gesandte in Rom (1894), *Bernhard Fürst von Bülow,* unterbrach gerne seine Reisen in Florenz, um Hillebrand zu besuchen. Fürst von Bülow beurteilte Hillebrand als den

---

[28] KURZ, Erinnerungen, S. 112, 115—17. Vgl. auch FERDINAND GREGOROVIUS: Römische Tagebücher. Herausgegeben von Friedrich Althaus. Stuttgart 1892, S. 193.
[29] Über Robert von Keudell: THEODOR HEUSS: Anton Dohrn. 2. Auflage. Stuttgart-Tübingen 1948, S. 225—230, 289.

„interessantesten der damals in Italien lebenden Deutschen" und sah in seinen Essays „kleine Meisterstücke." [30]

Ein häufiger Besucher des Hauses Hillebrand-Laussot war *Franz Liszt*, der auf seinen vielen Italienfahrten immer in Florenz einkehrte. Hillebrand schloß im Laufe der Jahre enge Freundschaft mit dem großen Meister. Diese Freundschaft war auf die Wertschätzung und Bewunderung gegründet, die jeder für die Kunst des anderen empfand. Liszt empfahl den damals (1874) schon berühmten Schriftsteller beim Großherzog von Weimar [31]. Der Großherzog bemühte sich lange, Hillebrand an seinen Hof zu ziehen. Auf den dringlichen Wunsch des Großherzogs, sich in Weimar niederzulassen, antwortete Hillebrand, daß er ablehnen müsse. Auch der Universität München und dem Politechnikum in Dresden gegenüber, das ihm eine Professur mit dreitausend Taler Gehalt bot, blieb er bei einem konsequenten Nein [32]. Selbst die Einladung des deutschen Kronprinzenpaares, ins neue Palais nach Potsdam zu kommen, schlug er aus. Ihm liege in erster Linie, meinte Hillebrand, an der Vollendung der ‚Geschichte Frankreichs'. Um keinen Preis dürfe die Ausführung dieses großen Werkes in Frage gestellt werden.[33]

Hans von Bülow wuchs während seines zweijährigen Aufenthaltes in Florenz und durch seine häufigen Besuche in der Stadt in das Leben der deutschen Kolonie hinein. 1876 erschienen Richard und Cosima Wagner in Florenz. Jessie und Karl Hillebrands enge Freundschaft zu Bülow hinderte sie aber nicht daran, auch Wagners als willkommene Gäste aufzunehmen. Der Geiger Joseph Joachim, der „Auserwählte" Schumanns, und der Komponist, Dirigent und Musikschriftsteller Ferdinand Hiller waren zwei der vielen Musiker, die häufig nach Florenz kamen und im Hause Hillebrands verkehrten.

Im Freundeskreis Hillebrands gab es wenige, mit denen sich Hillebrand in so wahrer geistiger Bruderschaft verbunden fühlte, wie mit Herman Grimm. Im künstlerischen Welterleben und in der Verehrung alles Wahren und Schönen lag ihre gemeinsame Weltanschauung begründet. *Gisela Grimm*, die Tochter Bettinas, die ganz aus Goethes Harmonie-Ideal lebte, fühlte sich in der kultivierten Atmosphäre des Hillebrandschen Hauses sehr wohl. Gisela Grimm starb in Florenz und wurde auf dem Friedhof Agli Allori, der die meisten Deutschen aufnahm, begraben.

Karl Hillebrand und seine Freundin und Gemahlin Jessie wirkten nicht nur in der deutschen Kolonie der Stadt, sie stellten zugleich ein Verbindungsglied zur großen und bedeutenden englischen Gemeinde dar. Einer der originellsten Köpfe der damals in Florenz lebenden Engländer war *Charles Grant*.

---

[30] BERNHARD VON BÜLOW: Denkwürdigkeiten. Jugend und Diplomatenjahre. Bd 4, Berlin 1931, S. 345.

[31] Liszt an H., 22. April 1875.

[32] Brief Fiedlers an Hildebrand: Crostewitz bei Leipzig, 6. Sept. 1877: „Hillebrand hat einen Ruf an das Politechnikum nach Dresden mit 3.000 Taler und schwankt."

[33] H. an Liszt, 26. August 1875. Vgl. dazu H. an Liszt, 23. Juli und 14. August 1875.

Als Lektor für Englisch hatte er in Jena Adolf von Hildebrand kennengelernt. In Florenz trafen Lehrer und Schüler wieder zusammen. Als ‚tramp' durchzog Grant aber ganz Italien. Er kannte fast jeden Winkel der Halbinsel. Gedichte, Novellen, Nachdichtungen der Edda und der Brunhildsage, Korrespondenzen bei deutschen, italienischen und englischen Zeitungen machten ihn bekannt, wenn auch nie berühmt. Als Bewunderer Goethes fühlte er sich zu Deutschland hingezogen, obwohl sein Temperament so recht dem italienischen entsprach. Er war ein religiöser Schwärmer, ist aber (aus Rücksicht auf seine Angehörigen) nicht, wie Theodor Heyse, zum Katholizismus übergetreten. In Hillebrand und Hildebrand hatte er seine besten Freunde. Hillebrand setzte sich öfters für ihn ein, so bei den Herausgebern der ‚Rassegna Settimanale' und der ‚Fanfulla della Domenica', wo Grant dann auch als Mitarbeiter ankam [34].

Der Komponist, Dirigent und Professor der Royal Academy of Music in London, der damals berühmte *Alexander Cambel Mackenzie* weilte viel im Hause Hillebrand. Ebenso die amerikanische Bildhauerin *Isabella Clifford*, die im Hause Hillebrand-Laussot eine Büste Franz Liszts anfertigte [35]. Enge Beziehungen bestanden zu *Anthony Trollope*, der in Florenz einen, wenn auch weniger bedeutenden literarischen Salon unterhielt und sich aktiv am Circolo Filologico beteiligte. In den letzten Lebensjahren Hillebrands gehörte zum Kreis der englischen Freunde auch *Violet Paget*, die, unter dem Künstlernamen Violet Lee Romane, Reisebeschreibungen und Essays veröffentlichte. *William Dean Howells*, der in den Sechzigerjahren amerikanischer Konsul in Venedig war, besuchte auf seinen Reisen durch Italien Hillebrand und weilte bei ihm zu Gast. Howells bewunderte Hillebrands sechs Vorträge über die deutsche Geistesgeschichte und Hillebrands Meisterung des Englischen [36].

Aus einem leider undatierten Schreiben *Alexis Tolstojs* an Hillebrand geht hervor, daß Hillebrand auch mit dem russischen Dichter in Verbindung stand. Der Brief muß aus den frühen Siebzigerjahren stammen.

Hillebrand war einer der wenigen der in Italien lebenden Deutschen, außer Alfred von Reumont vielleicht der einzige, der sich eines weiten italienischen Bekanntenkreises rühmen konnte [37]. Sein gewinnendes Wesen und das Feuer, mit dem er Freundschaft und Geselligkeit pflegte, mußten ihm gerade in Italien, wo der unmittelbare persönliche Eindruck immer überzeugender ist als abstraktes Überlegen, einen großen persönlichen Erfolg sichern. Man nannte ihn den simpaticone und Schmeichelhafteres läßt sich von einem Manne in Italien kaum sagen. Hillebrand hatte selbst etwas von der italienischen Natur, die von so großem Charm sein kann. Hans von Bülow erkannte diesen Zug an seinem Freunde. 1870 schrieb er: „Sie sind kein Deutsch-Franzose, jenes vormärzliche

---

[34] H. an Ferdinando Martini, 9. Februar 1881. Über GRANT: Einleitung zur deutschen Übertragung seines Buches: Neapolitanisches Volksleben. Freiburg 1910; ANTON DOHRN: Charles Grant. In: Nation 1887.

[35] Jessie H. an Liszt, 19. Okt. 1874.

[36] William Dean Howells an H., 2. Mai 1883.

[37] Vgl. WOLFRAM MAUSER: Incontri Italiani di K. H. In: Nuova Antologia 1957, Bd 469, 541—550.

Gedankentier der Ruges & Co. — sondern ein Romano-Germane, der den eigentlichen echten Kern seiner deutschen Natur in romanischen Formen steigert."[38] Und Giacomo Barzellotti (1844—1917), der bedeutende Philosoph, der zwei tiefempfundene Nachrufe für den Freund schrieb, rief aus: „.. all'ingegno vario vivo brillante Carlo Hillebrand ebbe pari l'animo prontissimo a ogni affetto gentile, costante nell'amicizia, tale che quanti lo conobbero lo amano, e lo piangono rapito alle lettere nella piena vigoria e nella maturità dell'ingegno."[39]

Viele der persönlichen Beziehungen hatte sich Hillebrand schon 1860 bei seinem ersten Aufenthalt in Florenz und bei seinen wiederholten Besuchen in den darauffolgenden Jahren geschaffen. Damals gewann er die Freundschaft *Gino Capponis*, des großen liberalen Denkers alten Stils, der wie wenige seiner Zeit noch die Ideale des republikanischen Stadtadels hochhielt. Hillebrands Tagebucheintragungen von damals, spontan, schlagwortartig nur, spiegeln den Eindruck wider, den Capponi auf Hillebrand gemacht hatte: „Vénérable vieillard aveugle, figure bienveillante, bien que sévère, taille imposante, manières princières, conversation interessante." (18. Sept. 1860). An anderer Stelle: „Ich glaube der alte Gino Capponi, der herrliche, ist der einzige, der noch hierher paßt." (19. Sept. 1860) Später äußerte Hillebrand, daß der lebhafte Verkehr vieler Jahre den gewaltigen Eindruck keineswegs zu schmälern vermochte. Er pries sich glücklich, noch einige wenige solcher Menschen gekannt zu haben (IV, 269, 290). Bei Capponi lernte Hillebrand bedeutende Florentiner kennen, so vor allem Giambattista Giorgini und Leopoldo Galeotti. 1860 trat Hillebrand auch mit Niccolò Tommaseo in Verbindung, dem aufrührerischen Geist und Irredentisten, dessen Ideenreichtum auf Hillebrand großen Eindruck machte [39 a].

Im *Kabinett Vieusseux*, dem bedeutenden literarischen Zirkel der Stadt vor 1870 (Giovan Pietro Vieusseux starb 1869), kam Hillebrand mit einer Reihe von Politikern und Gelehrten zusammen, so mit *Isidoro de Lungo*, dem Dino-Compagni-Forscher, mit *Alessandro d'Ancona*, dem Direktor der ‚Nazione' und dem Gelehrten, der so viel für die Wiederherstellung einwandfreier Texte der Renaissance-Literatur getan hat, und mit *Angelo de Gubernatis*, dem Sanskritforscher und vielseitigen Wissenschaftler, den Renan den Max Müller Italiens nannte. De Gubernatis half Hillebrand nach 1870, gestörte Verbindungen zu Franzosen wiederherzustellen, so zu Mme d'Agoult. Eng war Hillebrands Freundschaft mit *Emilio Teza*, dem ausgezeichneten Philologen, der sich durch die Übersetzungen aus dem Deutschen (Goethe, Heine, Voss, Groth) und Englischen große Verdienste um die germanischen Literaturen erwarb und durch seine vielseitigen Anregungen großen Einfluß übte. Die Historiker *Atto Vannucci*

---

[38] Hans von Bülow an H., 8. Februar 1870. In: MARIA VON BÜLOW: Hans von Bülows Leben, dargestellt aus seinen Briefen. 2. Auflage. Leipzig 1921. S. 232—33. Vgl. MARIA VON BÜLOW: Hans von Bülow in Leben und Wort. Stuttgart 1925.

[39] FdD 1884, Jg. 4, 2. November.

[39 a] Vgl. S. 58.

und *Marco Tabarrini* gehörten wie viele andere zu seinem damaligen Bekanntenkreis. Hillebrands Verbindung zum Buchhändler und Verleger Vieusseux war auch insofern wichtig, als Vieusseux zwei der bedeutendsten Zeitschriften von damals herausgab: die *Nuova Antologia* und das *Archivio Storico Italiano*. In der ‚Antologia' war schon 1866 Hillebrands Artikelserie über die Einigung Deutschlands erschienen: ‚La Storia dell'Unità Alemana dal 1815—1867'. In dieser Darstellung der deutschen Einigungsbewegung wies Hillebrand vor allem auf die liberalen Tendenzen hin und begrüßte er die Befreiung vom alten Joche (Karlsbad) [40]. Möglicherweise hatte Hillebrand den Aufsatz für eine französische Zeitung verfaßt gehabt, aber auf Grund seiner überaus freundlichen Einstellung zur deutschen Einigung in Frankreich nicht angebracht. Für italienische Leser, von gleichen Wünschen und Gefühlen beseelt, mußte der Aufsatz eine interessante und willkommene Lektüre sein. 1871 brachte Hillebrand in der ‚Antologia' die Fortsetzung seiner ‚Société de Berlin'. Das ‚Archivio' druckte eine Reihe ausgezeichneter Besprechungen von Hillebrands historischen Schriften.

Ein anderer Treffpunkt von Gelehrten und Schriftstellern in Florenz war das Haus *Piero Barbéras,* des florentinischen Verlegers, der aus einer armen Familie stammte und sich aus eigenem zu hoher menschlicher und geistiger Kultur hinaufgearbeitet hatte. 1860 machte er sich selbständig und in kurzer Zeit hatte er die besten Autoren für sich gewonnen. De Sanctis und Carducci wurden von ihm entdeckt. Die Größten der Zeit verkehrten in seinem Hause. Als Herausgeber der ‚Nazione' hatte er darüber hinaus die Möglichkeit, in weitere Kreise zu wirken. Hillebrand, der überall anzutreffen war, wo es Bücher und interessante Menschen gab, war oft bei Barbéra zu finden [41]; nicht selten aber auch bei dem viel anspruchsloseren *Pietro Franceschini,* der in der Nähe des Ponte Vecchio nur einen kleinen Bücherstand hatte, sich aber der Freundschaft Carduccis rühmen konnte.

Der bedeutendste Salon von Florenz, in dem Hillebrand sehr viel verkehrte und wo er Gelegenheit hatte, nicht nur Italiener, sondern auch Männer und Frauen aus allen Teilen Europas kennen zu lernen, war der Salon der *Signora Emilia Peruzzi* im Palazzo Antella. Emilia war die Gemahlin des Bürgermeisters der Stadt, *Ubaldino Peruzzi,* mit dem Hillebrand eng befreundet war. Über ihn konnte er so manchem Landsmann helfen. Die Peruzzis stammten aus einer alteingesessenen Familie und Ubaldino war nicht der bedeutendste Vertreter seines Hauses, obwohl er Minister und sogar provisorischer Regierungschef (1859) gewesen war. Seine Gemahlin, ‚Signora Emilia', wie sie vertraulich genannt wurde, war eine der gebildetsten und intelligentesten Frauen Italiens. Sie verstand nicht nur etwas von literarischen Dingen, sondern auch von der Politik. Ihr Salon war führend in Italien, vor allem in den Jahren, in denen die italienische Regierung in Florenz saß. Weder im Salon der Contessa Maffei in Mailand noch in jenem der Frau Minghetti oder der Schriftstellerin Gaetani Lova-

---

[40] NA 1868, Bd 8, 5—43 und 504—40; NA 1868, Bd 9, 211—56.
[41] PIERO BARBÉRA: Quaderni di memorie. Florenz 1920, S. 209. PIERO BARBÉRA: Editori e autori, studi e passatempi di un libraio. Florenz 1904, S. 307.

telli in Rom konnte man sich erlesenerer Gäste rühmen. Er war mit jenen großen Salons des zweiten Imperiums zu vergleichen, dem der d'Agoult (die öfters Peruzzis besuchte) oder dem der Gräfin Circourt. Nur einige Namen mögen andeuten, wie weit der Kreis gezogen war: Marco und Donna Laura Minghetti, Giacomo Barzellotti, Antonio Gallenga, Carlo Alfieri, Amilio Visconti-Venosta, Raffaele Mariano, Giovan Battista Cavalcasella, Ruggero Bonghi, Sidney Sonnino, Silvio Spaventa, Pasquale Villari, Domenico Comparetti, Leopoldo Franchetti, Ernest Renan, Mme d'Agoult, Rudolf Lindau, Ernst Curtius, Freiherr von Bunsen, Prinz Nikolaus von Nassau. Homberger versuchte in seiner Novelle ‚Der Säugling' die Züge der Signora Emilia zu zeichnen. Die Novelle wurde ins Italienische übersetzt und hat bei Emilia Peruzzi großen Gefallen gefunden [42].

Eine andere Florentiner Einrichtung, deren Gründung zum Teil auf Emilia Peruzzi zurückging, war der *Circolo Filologico Fiorentino,* in dem Hillebrand als gründendes Mitglied die Stelle eines Bibliothekars innehatte [43]. Entgegen anderen Darstellungen wurde der Circolo von Leopoldo Franchetti und der Signora Emilia gegründet. Man hielt sich dabei an das Vorbild des Circolo Filologico von Turin. Der erste Präsident war Ubaldino Peruzzi. Der Circolo vereinigte sich regelmäßig zu Vorträgen und veranstaltete Sprachunterricht. Im März 1872 eröffnete Hillebrand das Programm des Circolo Filologico mit einem Vortrag in französischer Sprache über die Verwandtschaft der europäischen Sprachen, über den wir nichts Näheres wissen [44].

Im Herbst 1862 machte Hillebrand in Florenz die Bekanntschaft *Giosué Carduccis.* Wenige Jahre später lernte er auch Carduccis Freund und Biographen *Giuseppe Chiarini* (1833—1908) kennen, der sich durch seine Übersetzungen ins Italienische große Verdienste um die Verbreitung ausländischer Literaturen machte. Am 25. Oktober 1862 teilte Carducci seinem Freund Chiarini mit: „L'ho (Hillebrand) conosciuto ultimamente a Firenze: è giovane molto, e simpaticissimo" [45]. Hillebrand und Carducci blieben in den folgenden Jahren in brieflicher Verbindung. Auch sandten sie einander laufend ihre Veröffentlichungen. Als Hillebrand in der Mitte der Siebzigerjahre seine ‚Italia' herausgab, stellte ihm nach mehrmaligen Bitten Carducci sein Gedicht ‚Satana' zur Verfügung, jene revolutionären Strophen, die so viel Aufsehen und Polemik hervorgerufen hatten [46]. Im selben Jahr vermittelte Hillebrand Carduccis Mit-

---

[42] Über Emilia Peruzzi und ihren Salon: ELIONORE PASUM: E. P. Florenz 1900. ESMONDO DE AMICIS: Un salotto fiorentino. Florenz 1902; HEINRICH HOMBERGER UND MM. MANFRONI: Il Bamboccio, Florenz 1902. — Wie sehr sich H. für seine Landsleute bei Ubaldino Peruzzi einsetzte, geht aus Briefen hervor, die sich an der Nationalbibliothek in Florenz befinden. Unter anderem ermöglichte er es Conrad Fiedler, wertvolle Gipsabgüsse für deutsche Museen machen zu lassen.

[43] Vgl. UBALDINO PERUZZI: Discorsi pronunciati. Circolo filologico Fiorentino. Florenz 1878. In der Nationalbibliothek in Florenz befindet sich ein Schreiben an den Marchese Fransoni, in dem sich H. als ‚Bibliotecario' des Circolo bezeichnet.

[44] PMG 1872, 27. März, S. 10.

[45] CARDUCCI, Lettere, Bd 3, S. 220; vgl. S. 58.

arbeit an der konservativen ‚Rassegna Settimanale' in Rom [47]. Und 1878 gaben Carducci, Chiarini und Hillebrand gemeinsam eine Übertragung ins Italienische von Heines ‚Atta Troll' heraus [48]. Die Übertragung stammte von Chiarini, die lange Einleitung von Carducci und die Fußnoten und Erklärungen verfaßte Karl Hillebrand. Für eine Ausgabe von Carduccis Gedichten in deutscher Sprache schrieb Hillebrand ein umfangreiches ‚Vorwort-Fürwort', in dem er sich eingehend mit der Kunst Carduccis auseinandersetzte [49]. Trotz dieser literarischen Berührungen kam es zu keinem freundschaftlichen Verhältnis zwischen Hillebrand und Carducci. Hillebrand hatte 1874 Carduccis Auftreten als ein europäisches Ereignis gefeiert und ihn als den größten Dichter des Jahrhunderts begrüßt, zugleich aber seine jakobinischen Ideen getadelt [50]. An Paul Heyse schrieb er aus Anlaß der Gedichte: „Der Kerl ist wahnsinnig, aber ein Dichter" [51]. In der Tat waren es auch die radikalen politischen Überzeugungen, die bei aller Verehrung füreinander einer wirklichen Freundschaft im Wege standen. In einem längeren Brief vom April 1871 beglückwünschte Hillebrand Carducci zu seinen Gedichten, sagte ihm aber zugleich offen, daß ihn eine Welt von ihm trenne und daß für ihn vor allem der Rationalismus ‚satana' sei und damit die ganze französische Revolution. Carducci antwortete auf Hillebrands Schreiben, dankte und meinte, daß es darauf ankomme, einander als Künstler anzuerkennen [52].

Ein anderer italienischer Dichter, den Hillebrand sehr schätzte, war *Mario Pratesi*. Hillebrand hatte ihn 1864 in Gesellschaft Jessie Laussots in Pisa kennengelernt und blieb bis zu seinem Tode eng mit ihm befreundet. Hillebrand lobte vor allem Pratesis ‚Corvo', den Homberger „in vollendeter Weise ver-

[46] H. an Carducci, 14. April 1874, 6. Juni 1874, 20. Aug. 1874 und 4. Feber 1876.
[47] H. an Carducci, 10. Okt. 1877 und 15. Dez. 1877.
[48] ENRICO HEINE: Atta Troll. Traduzione di Giuseppe Chiarini, con prefazione di Giosué Carducci, note die Carlo Hillebrand. Bologna 1878. — Die Ausgabe ist Paul Heyse gewidmet. — An diese Veröffentlichung schloß sich eine längere Polemik an, weil Carducci in der Einführung einen Brief Hs wiedergab, den H. nie geschrieben hatte und in bezug auf die darin geäußerten Meinungen über Deutschland nie geschrieben haben konnte. Carducci hatte den ‚Brief' Hs angeblich von Chiarini. Wie sich im Laufe der Polemik herausstellte, hatte es sich nicht um einen Brief, sondern um eine mündliche Äußerung Hs gehandelt, die Chiarini ungenau wiedergegeben hatte: GIUSEPPE CHIARINI: Studi e ritratti letterari. Livorno 1900. Darin: L'Atta Troll di Enrico Heine (1877), S. 297—324. H. nahm zu den Äußerungen Carduccis und Chiarinis Stellung: Enrico Heine. In: RS 1878, Jg. 1, S. 334—36.
[49] GIOSUÉ CARDUCCI: Ausgewählte Gedichte, übersetzt von B. Jacobson, eingeleitet von K. H. Leipzig 1880. Vgl. RS 1881, Jg. 4, 27. März.
[50] In seiner Rezension ‚Giosué Carduccis neueste Gedichte' (Nuove Poesie di Enotrio Romano. Vol. unico. Imola 1873) erschienen in der AZ vom 27. Okt. 1873 (Nr. 305). Jetzt in: II, 95—113. — Carducci ließ Hs ausgezeichnete Besprechung wenige Tage später in der Zeitung ‚Voce del Popolo' in Italienisch erscheinen. Diese Besprechung Hs machte auf Carducci einen starken Eindruck. Vgl. CARDUCCI, Lettere Bd 8, 327 f und in einer Reihe anderer Briefe.
[51] H. an Paul Heyse, Karte ohne Datum (1873?).
[52] CARDUCCI, Lettere, Bd 6, S. 324 (28. April 1871).

deutschte". Er fand ihn so wie ein Kapitel aus ‚Sentimental Journey', „ein höchstes Lob in meinem Munde", fügte er hinzu [53]. Über Pratesi kam Hillebrand auch mit *Giuseppe Abba* in Verbindung, der an der Spedizione dei Mille teilgenommen hatte und dessen ‚Noterelle d'uno dei Mille' nicht nur in Italien, sondern auch in Deutschland sehr bekannt waren. In Deutschland fanden sie in der Übersetzung von Emma Guerrieri-Gonzaga Verbreitung.

In seinem Florentiner Bekannten- und Freundeskreis fühlte sich Hillebrand mit keinem so eng und brüderlich verbunden wie mit *Pasquale Villari* (1826—1917). Der aus Neapel stammende Historiker und Politiker, der im Laufe seines langen Lebens Abgeordneter, Minister und Senator war, schuf sich mit seinen Werken über Savonarola und Macchiavelli einen Ruf, der weit über Italien hinausreichte. In Italien selbst war er einer der populärsten Männer seiner Zeit. Schon in den Sechzigerjahren stand er mit Hillebrand in reger Korrespondenz. Trotzdem Hillebrand Villaris Einladung, an das Istituto di Studi Superiori in Florenz zu kommen, nicht folgte, und ihn seine Entwicklung nach 1873 von der Wissenschaft wegführte, blieb er mit Villari eng befreundet. Villaris etwas positivistische Methode und seine konservativ-sozialen Ideen, die Hillebrand nicht teilte, änderten nichts an dieser innigen Freundschaft, die in den letzten Lebensjahren Hillebrands immer herzlicher wurde. In einem Brief von 1882 klagte Villari Hillebrand gegenüber über die Zustände in Italien und besonders im Ministerium. Und er fügte hinzu: „Ed il fare questa confessione è umiliante. Si può farla solo a chi ha come voi un sentimento u m a n o superiore ad ogni sentimento nazionale. Che mancanza sia per me la vostra lontananza, voi non lo potete immaginare e forse non immaginate neppure quanto mi affligga il sapervi sempre sofferente. Voi siete un legame ideale fra molti di coloro che sono divisi e dovrebbero essere uniti. La vostra lontananza lascia perciò come una grande solitudine morale" [54]. Dasselbe warme, dankbare und verständnisvolle Empfinden spricht aus der langen Zueignung, mit der Villari Hillebrand einen Band seiner Essays widmete. Diese zweieinhalb Seiten aus Villaris Hand gehören zum Schönsten und Treffendsten, was über Hillebrands Wesen und Wirken geschrieben wurde [55].

Aufschlußreich für Hillebrands gesellschaftliche Stellung in Italien ist die Tatsache, daß er wie kein zweiter Ausländer in die exklusivsten Kreise des Florentiner Adels Eingang fand. Schon bei seinem ersten Besuch in Florenz trat er mit dem Marchese Gino Capponi in Verbindung. Später verkehrte er häufig im Hause der *Marchesa Martellini*, der vormaligen Oberhofmeisterin der verwitweten Großherzogin und deren Tochter, der *Marchesa Corsini-Tresana*. Die Marchesa Martellini war eine Schwester des österreichischen Generals Nobili,

---

[53] H. an Paul Heyse, 16. Nov. 1880. In: Corona 1934, Jg. 4, 569. — Über Mario Pratesi: MARIO GUIDOTTI: Un'aurora dall'amiata. Siena 1956 (= Le scure 6), dazu: Corriere della Sera, 23. Nov. 1956; NA 1957, Nr. 469, 127—28.

[54] Villari an H., 20. Januar 1882.

[55] PASQALE VILLARI: Arte, Storia e Filosofia. Saggi critici. Florenz 1884, S. V—IX. Datiert vom 1. Januar 1884.

der aus lucchesischem Geschlechte stammte. Eng befreundet war Hillebrand mit dem *Marchese Anselmo Guerrieri-Gonzaga* und dessen Bruder *Carlo,* die er öfters auf ihren Landgütern bei Mantua besuchte, wo man dann Stunden geselliger Unterhaltung und geistvollen Gesprächs verbrachte. Carlo Guerrieri-Gonzaga hatte eine Deutsche, Emma von Hohenemser, zur Frau. Die Familien Guerrieri-Gonzaga, Garibaldianer im Gegensatz zu Hillebrand, waren sehr deutschfreundlich. Anselmo schuf eine Reihe von Übersetzungen aus dem Deutschen, von denen seine Faust-Übersetzung weitere Verbreitung fand [56]. Hillebrand stand ihm bei der Übertragung ins Italienische mit Rat und Tat zur Seite.

Aus hochadeligem Geschlechte stammte auch *Ferdinando Martini,* der Sohn des bedeutenden Dramatikers und hohen Funktionärs in der großherzoglichen Regierung, der für den Hof in Florenz eine Reihe von Dramen schrieb. Der Sohn Ferdinando ging in die Politik. Er wurde Kolonialminister und später Senator. 1878 gründete er die Zeitschrift ‚Fanfulla della Domenica', die sich einen ausgezeichneten literarischen Ruf erwarb und in der die besten Namen zu finden waren. Martini lud Hillebrand 1879 ein, in seiner Zeitschrift mitzuarbeiten. Hillebrand schlug mit einem Hinweis auf seine ‚Geschichte Frankreichs' aus [57].

Unter den vielen anderen Adeligen, mit denen Hillebrand verkehrte, sind der heute fast vergessene Freiheitsdichter *Marchese Domingo Fransoni,* der intime Freund Theodor Heyses, und der *Marchese Giuseppe Pasolini* zu nennen.

Hillebrands Wirken und seine Teilnahme am Leben der geistig führenden Kreise Italiens brachte ihn auch mit einer Reihe bedeutender Männer in Verbindung, die in R o m oder in anderen Teilen Italiens tätig waren. 1870—71 hatte er als Korrespondent der ‚Times' Rom eingehend kennengelernt. Die Stadt, damals vom Jubel der Bevölkerung durchbebt, machte auf ihn einen unauslöschlichen Eindruck. Bei seinen wiederholten Besuchen und Aufenthalten in der Heiligen Stadt empfand er mehr und mehr, wie wenig sie seinem Wesen entsprach (II, 40). Gefangen vom augenblicklichen Eindruck schrieb er 1874 an die Gemahlin seines Freundes Carlo Guerrieri-Gonzaga nach Florenz: „Rom ist wie immer groß, wunderbar, unerreicht schön; aber — es ist furchtbar melancholisch. Ich könnte hier nicht auf die Dauer leben, ohne Selbstmordgedanken. Diese Colossalität, dieser Blutgeruch, dieser Priestertrug, Cäsarenwahnsinn, Republikanerhochmut, Erobererhärte, die aus jedem Stein, aus jeder Zeile dieser Geschichte spricht, ekelt mich an. Wie heiter, menschlich, liebenswürdig sind dagegen Florenz und Athen." [58] Hillebrands humanes Empfinden und seine Bewunderung für alles langsam Gewachsene und Gereifte waren viel

---

[56] ANSELMO GUERRIERI-GONZAGA: Faust I und Hermann und Dorothea. Florenz 1873. Vgl. dazu Hs Rezensionen: Bei Gelegenheit einer italienischen Faustübersetzung (II, 114—26). Guerrieri-Gonzaga übersetzte auch Treitschkes ‚Cavour' und deutsche Gedichte. Friedrich Nietzsche war mit Guerrieri-Gonzaga befreundet.

[57] H. an Ferdinando Martini, 20. Okt. 1880.

[58] H. an Emma Guerrieri-Gonzaga, 29. März 1874.

stärker als der Eindruck, den Macht, Ruhm, Größe und gewaltsame geschichtliche Umwälzungen auf ihn machen konnten. Das päpstliche Rom, das für Theodor Heyse und Gregorovius alles bedeutete, sagte Hillebrand nichts. Nicht einmal die Schönheit der Stadt, die Adolf von Hildebrand alle Politik vergessen ließ, vermochte ihn über ihren „Geist" und ihre „Atmosphäre" hinwegzutäuschen. „Alles ist importiert in Rom" (II, 41), meinte er in feinsinniger Weise. In einer solchen Atmosphäre spürte er, wie viel ihm sein geliebtes Florenz zu sagen hatte und daß er sich nur an einem Ort wohlfühlen konnte, den der Geist echter Humanität belebte.

So waren Hillebrands Aufenthalte in Rom immer nur kurz [59], aber dennoch intensiv und gedrängt von Besuchen und Begegnungen. Selbst während seiner konzentrierten Arbeit an der Geschichte Frankreichs wollte er die vielen Beziehungen zu Politikern und Künstlern, die er sich in Rom geschaffen hatte, nicht ganz abreißen lassen. Unter den Deutschen besuchte er regelmäßig von Keudell und von Bülow im Palazzo Caffarelli. Bülow hatte die Stieftochter *Minghettis* zur Gemahlin, und so fand Hillebrand über ihn Zugang zum Salon der Frau des damaligen Ministerpräsidenten. Diese „hinreißend schöne" Frau, wie Gregorovius von ihr sagte, war Deutsche, eine Gräfin Marie Dönhoff. Hillebrand, der sich gerne in Gesellschaft schöner und geistreicher Frauen aufhielt, besuchte sehr häufig ihren Salon, wie er es auch nie versäumte, in Rom *Malwida von Meysenbug* einen Besuch abzustatten. In der Gesellschaft dieser beiden Frauen traf er mit zahlreichen italienischen Politikern zusammen, die er zum Teil schon früher kennengelernt hatte. So mit *Emilo Visconti-Venosta*, der damals Außenminister war und für eine Annäherung der Mittelmächte wirkte, der aber als Vertreter der Rechten beim Sturz der konservativen Partei 1876 für zwanzig Jahre aus dem politischen Leben ausschied. Ein sehr einflußreicher Vertreter der Rechten war *Quintino Sella*, der sich als Finanzminister und Wissenschaftler einen bedeutenden Namen geschaffen hatte. Befreundet war Hillebrand auch mit dem Journalisten und Politiker *Antonio Gallenga,* der durch seinen Attentatsversuch auf Karl Albert (1833) berühmt geworden war.

Im Hause Minghettis verkehrten auch zwei Männer, mit denen Hillebrand nicht nur durch Freundschaft, sondern auch durch gemeinsame Arbeit verbunden war: *Giorgio Sidney Sonnino* und *Leopoldo Franchetti*. Sonnino (1847—1929), der später, während der Zeit des Ersten Weltkrieges, italienischer Außenminister war, stammte aus Pisa. 1880 ging er als Abgeordneter der Rechten nach Rom. Im Parlament trat er, in der Opposition stehend, für eine Annäherung Italiens an Deutschland und Österreich ein, während die Linke zum revolutionären Frankreich neigte. Sonnino kämpfte in Aufsätzen und in einer Reihe bedeutender Parlamentsreden mit Mut und Entschlossenheit für seine Sache. Nach der Inbesitznahme von Tunis durch die Franzosen gewann er immer mehr Anhang. Seine Bemühungen um eine Annäherung an die Mittelmächte fanden im Dreibund zwischen Italien, Österreich und Deutschland, den Italien (Depre-

---

[59] H. an Richard Wagner, 12. März 1877.

tis) unter dem Druck der Opposition einging, ihren sichtbaren Ausdruck. Sonnino hatte sich während der ersten Jahre seiner außenpolitischen Bestrebungen sehr darum bemüht, mit Bismarck Verbindung aufzunehmen, um auf Umwegen zu erreichen, daß der deutsche Kanzler seinen politischen Absichten entgegenkomme. Aus Briefen geht hervor, daß es Hillebrand war, der über den deutschen Rechtsgelehrten und Abgeordneten Ludwig Aegidi diese Verbindung herstellte. [60].

1878 gründete Sonnino zusammen mit Leopoldo Franchetti und Giustino Fortunato die *Rassegna Settimanale*, die später in eine Tageszeitung umgewandelt wurde. Sonnino trat in seiner Zeitung vor allem für eine soziale Reform und für eine Lösung der süditalienischen Probleme ein. Die Zeitschrift war auf Grund ihrer wirtschaftlichen Unabhängigkeit imstande, beste Mitarbeiter zu gewinnen, und eroberte sich in kurzer Zeit eine einflußreiche Stellung. Hillebrand war von der Zeitschrift, die bereit war, jedes Problem offen zu diskutieren und dem Autor größte Freiheit zu belassen, begeistert. Er veröffentlichte darin einige umfangreiche Rezensionen und Essays. Häufig traf er sich mit Sonnino, um mit ihm Probleme der Zeitung zu besprechen und um dem jungen aktiven Politiker und Zeitungsmann Ratschläge zu geben. Hillebrands Vertrauensstellung in diesem Kreise war so groß, daß er selbst innerhalb Italiens vermittelnd auftreten konnte. Sonnino und Franchetti bemühten sich sehr um die Mitarbeit Carduccis, dessen Ruhm damals im Aufgehen begriffen war. Von den konservativen Politikern konnte aber nur ein indirekter Weg zu dem erzrepublikanischen Dichter führen. In einem längeren Schreiben setzte Hillebrand Carducci die Ziele und Absichten der Zeitung auseinander [61]. Trotzdem Carducci die Mitarbeit bereits abgelehnt hatte, erklärte er sich auf Hillebrands Drängen hin bereit, einen Beitrag zu liefern. Schon in den folgenden Nummern der ‚Rassegna' veröffentlichte er einige seiner schönsten Gedichte, darunter sein ‚Intermezzo'. Auch nach Frankreich und Deutschland spann Hillebrand Fäden. So bemühte er sich bei Gaston Paris um einen guten Frankreich-Korrespondenten für die ‚Rassegna Settimanale' [62] und Rodenberg gegenüber äußerte er den Wunsch, einen Artikel-Austausch zwischen der ‚Rundschau' und der ‚Rassegna' durchzuführen [63], wozu es aber nicht gekommen ist.

In den frühen Siebzigerjahren hatte Hillebrand auch rege Beziehungen zum Gründer und Leiter der zoologischen Station in N e a p e l, zu *Anton Dohrn* (1840—1909) [64]. Dohrn hatte eine ähnliche gesellschaftliche Stellung in Neapel wie Hillebrand in Florenz oder Christian Freiherr von Bunsen in Rom. Wie

---

[60] Über Hs Freundschaft mit Sidney Sonnino und seine Vermittlungstätigkeit zu Bismarck vgl.: WOLFRAM MAUSER: Incontri Italiani di K. H. In: NA 1957, Bd 469, 541—50.

[61] H. an Carducci, 10. Okt. 1877 und 15. Dezember 1877.

[62] H. an Gaston Paris, 12. April 1868.

[63] H. an Rodenberg, 3. Februar 1878.

[64] Das Dohrnsche Archiv in Neapel wurde im Krieg zum Teil zerstört; die näheren Beziehungen Hs zu Anton Dohrn sind nicht mehr erfaßbar. Vgl. THEODOR HEUSS: Anton Dohrn 2. Auflage. Stuttgart-Tübingen 1948.

jene vermittelte er von Deutschland nach Italien, wie jene organisierte er Konzerte und Vorträge, nur daß das Schwergewicht von Dohrns Schaffen auf dem Gebiet der Naturwissenschaften lag.

Überzeugt von der Aufgeschlossenheit und Liebe der Deutschen zu Italien brachte Hillebrand 1874 eine Zeitschrift heraus, die zweimal im Jahr über Italien berichten sollte. In diesem Bestreben um ein tieferes Verständnis Italiens schloß er an eine reiche Tradition an. Namen wie Goethe, Ruhmor, Burckhardt, Reumont, Gregorovius, Hehn, Witte mögen für viele andere stehen und vom Bemühen der Deutschen zeugen, die Halbinsel zu erforschen und Wissen um Italien zu verbreiten. Mit dem Titel *Italia* folgte er bewußt der Tradition Alfred von Reumonts und Karl von Ruhmors, die 1838—1840 zusammen mit August Kopisch, Karl Witte, Emanuel Geibel und Ida Hahn-Hahn das erste Jahrbuch ‚Italia' herausgegeben hatten, „tutti uniti dall'amore per l'Italia". Zunächst waren zwei Bände von je zwanzig Bogen vorgesehen. Bei Gelingen sollte das Werk fortgesetzt werden: „Keil (von der Gartenlaube — Di, avertite omen) ist der Anstifter und gibt die Gelder zu dem Unternehmen; und... verspricht es mit allen Mitteln zu verbreiten", schrieb Hillebrand an Nietzsche [65]. Der Hauptzweck der Publikation lag in der Absicht, „den Deutschen einen Blick in das innere Wesen der italienischen Gegenwart zu vermitteln". — „Kein Volk der Erde", schrieb Hillebrand im Vorwort, „die Italiener selbst nicht ausgenommen, kenne Italien — seine Geschichte, seine Kunst, seine Natur — besser als das deutsche. Und doch fühlen wir, daß etwas uns entgeht. Das lebendige, gegenwärtige Italien bleibt uns vielfach ein Rätsel" [66]. Die Betrachtung des modernen Italien sollte aber zugleich auf breitester Basis stehen. „Non c'è spirito di partito: da communista fin al assolutista, dall'ateo fin al gesuita, chiunque ha idee, sa scrivere e conosce la materia di cui tratta è il benvenuto" [67]. Um diese Pläne auszuführen, lud Hillebrand eine Reihe bedeutender Wissenschaftler und Schriftsteller zur Mitarbeit ein. Nicht auf schwärmerische Weise, sondern mit wissenschaftlichem Ernste sollten die einzelnen Probleme besprochen werden. Einige lehnten ab, so Nietzsche, Gregorovius, Burckhardt. Andere dagegen arbeiteten freudig mit: Herman Grimm, Alfred von Reumont, Otto Hartwig, Paul Heyse, Adolf Bayersdorfer, Hermann Hüffer, Otto Gildemeister. Von italienischer Seite fand Hillebrand allergrößte Unterstützung. Die bedeutendsten Fachleute äußerten sich zu Fragen des zeitgenössischen Italien: Giacomo Barzellotti, Sidney Sonnino, Ruggero Bonghi, Angelo de Gubernatis, Luigi Luzzatti, Bonaventura Zumbini, Pasquale Villari, Emilio Teza, Carlo Fontanelli, Napoleone Caix. Den Überblick über die innenpolitische Lage schrieb Hillebrand selbst. Das hohe Niveau der Zeitschrift, das Hillebrand nicht bereit war aufzugeben, und das trotz der in Deutschland herrschenden Italienmode nicht sehr verbreitete Interesse an ernsten Problemen des Landes waren die eigentlichen Ursachen dafür, daß die Zeitschrift nach vier Bänden 1877 einging. Die

---

[65] H. an Nietzsche, 17. Januar 1874. In: SMh 1909, Jg. 6/2, 129.
[66] Italia 1874, Bd 1, S. V.
[67] H. an Carducci, 14. August 1874.

ausgezeichneten Besprechungen in der ‚Deutschen Rundschau', in der ‚Revue Critique', in der ‚Nuova Antologia' und in vielen anderen Zeitschriften und Zeitungen sind aber der Beweis dafür, daß die Gebildeten und die führenden Geister Deutschlands, aber auch Frankreichs, Italiens und Englands das Unternehmen mit Beifall und Interesse verfolgten. Aufschlußreich ist der Kommentar der ‚Revue Critique', die darauf hinwies, wie sehr sich trotz des französischen Einflusses auf die breitere Masse in Italien an den Universitäten und bei den regeren Geistern der Halbinsel deutsches Denken und deutsche Methode immer mehr durchsetzten. Diese neue Zeitschrift würde sicherlich dazu beitragen, auch in diesem Sinne vermittelnd zu wirken. Die ‚Revue Critique' erkannte nach einigen Vorbehalten prinzipieller Natur Hillebrands Leistung voll an [68].

Hillebrands ‚Italia' war nicht nur den Deutschen zugedacht, sondern auch den Italienern. In der Tat brachte man dieser Sammlung wichtiger Beiträge über das zeitgenössische Italien auch von italienischer Seite großes Interesse entgegen. Dazu bot Hillebrand in jeder Nummer Übersetzungen deutscher Dichtungen ins Italienische und italienischer ins Deutsche. Er beabsichtigte, damit einen gewissen Überblick über die Übersetzertätigkeit in beiden Ländern zu geben. Auf diese Weise trat Hillebrand mit seiner ‚Italia' auch fördernd in jenen Kreis von Männern ein, die sich um ein gültigeres und tieferes Deutschlandbild in Italien bemühten [69]. Mit vielen dieser Männer war er selbst befreundet, so mit Giuseppe Chiarini, Emilio Teza und Anselmo und Carlo Guerrieri-Gonzaga. Eine Annäherung der deutschen und italienischen Wissenschaft glaubte Hillebrand dadurch fördern zu können, daß er sich für eine Übertragung der Werke des deutschen Philologen Friedrich Diez einsetzte [70]. Seine Bemühungen zur Errichtung einer italienischen Schopenhauer-Gemeinde sind im selben Lichte zu sehen [71]. Darüber hinaus verwandte sich Hillebrand unzählige Male dafür, deutschen Künstlern und Gelehrten ihr Leben und Wirken in Italien zu erleichtern oder Italienern den Weg nach Deutschland zu ebnen.

[68] Frankreich: RCr 1874/2, 380—82; RCr 1875/1, 157—58. Deutschland: DR 1874, Bd 1, 456—58; AZB. 26. Nov. 1874, Nr. 330; AZB, 27. Nov. 1874, Nr. 331. Italien: NA 1878, Bd 37, 186—87 und 754—64. — Wichtige Hinweise und lobende Kritik im Briefwechsel Alfred von Reumonts mit Gino Capponi: CAPPONI, Lettere, Bd 6, 368, 416, 424. — Auf einem Reklame-Beiblatt zur zweiten Auflage von ‚Wälsches und Deutsches' sind fünfundzwanzig Zeitungen und Zeitschriften angeführt, die gute Besprechungen der ‚Italia' brachten.

[69] Über die Beziehungen Deutschland-Italien vor allem: VITTORIO SANTOLI: La letteratura italiana, la letteratura tedesca e le nordiche. In: Letterature Comparate (= Problemi ed orientamente critici di lingua e di letteratura italiana. Herausgeber Attilio Momigliano, Bd 4). Mailand 1948, S. 197—260.

[70] H. an Pio Rajna (1847—1930), 15. April 1877.

[71] H. an Barzellotti, 6. April 1883.

Deutschland: Reisen - Freunde - Kritik an Deutschland - Nietzsche - Gervinus - ‚Deutsche Nationalliteratnr'

Von einigen längeren Auslandsreisen abgesehen, lebte Hillebrand nach 1873 zum größten Teil in Florenz, mit seinen Gedanken und Interessen aber in ganz Europa. Völker und Menschen zu kennen und zwischen den geistig Führenden und Gebildeten unter ihnen Bindeglied zu sein, blieb sein stärkstes Anliegen. Immer mehr lernte er aber einsehen, daß kein Volk Europas für seine Art zu schaffen so aufgeschlossen war wie das deutsche. In keinem Lande, glaubte er, würde man seine Studien besser verstehen und mit mehr Verständnis aufnehmen als in seiner Heimat, in der das romantische Reiseideal und das Wissenwollen noch nicht gestorben waren und wo man gründliche wissenschaftliche Arbeit und die Orientierung an reinen Tatsachen mehr schätzte als anderswo. Diese Weltoffenheit der Deutschen, aber auch sein eigener wachsender Ruf in der Heimat, der ihm immer neue Aufträge und Einladungen zur Mitarbeit brachte, waren die Ursache dafür, daß Hillebrand zur deutschen Sprache zurückkehrte. Dabei bemühte er sich aber, seine Mittlertätigkeit durch Beiträge in englischen, amerikanischen und italienischen Zeitschriften nicht ganz zu vernachlässigen. Die Entwicklung der politischen und gesellschaftlichen Zustände in Deutschland verfolgte er mit allergrößtem Interesse. Die deutschen Probleme bewegten ihn tief. Mit ihnen setzte er sich eingehend auseinander. Vor 1870 entnahm er sein Urteil über Deutschland dem Studium der Literatur und der Geschichte. Sein Deutschlandbild mußte daher einseitig bleiben. Diesem Fehler wollte Hillebrand nach 1870 nicht noch einmal verfallen. Er nahm daher jede Gelegenheit wahr, um nach Deutschland zu fahren und an Ort und Stelle die Verhältnisse zu studieren. So verbrachte Hillebrand 1871, 1872 und 1873 längere Zeit in Deutschland. Im Sommer 1874 zog er kreuz und quer durch sein Vaterland. „Mir hat Deutschland einen großartigen Eindruck gemacht"[1], schrieb er Sybel darüber. In den folgenden Jahren fuhr er häufig nach Deutschland, um in den Archiven Quellenstudien für seine ‚Geschichte Frankreichs' durchzuführen, aber auch, um der sommerlichen Hitze in Florenz zu entgehen. 1877 weilte Hillebrand mehrere Wochen mit Bülow und Buonamici in Baden/Baden. 1878 zog er sich nach Bad Ischl im Salzkammergut zurück. Auf seinen vielen Reisen nach Deutschland versäumte es Hillebrand nicht, Freunde aufzusuchen und neue Verbindungen anzuknüpfen. Unter anderem besuchte er Treitschke und Sybel, die ihm freundschaftlich nahe standen, Helmholtz, der mit Adolf von Hildebrand befreundet war, Nietzsche, Herman Grimm, Otto Gildemeister, Ludwig Noiré, Paul de Lagarde, Jacob Burckhardt (1875), Paul Heyse, Richard Wagner und Felix Mendelssohn[2]. Eng waren seine Beziehungen zu den Herausgebern einiger deutscher Zeitschriften, so vor allem zu Friedrich Dernburg, der die ‚Nationalzeitung' redigierte, zu Paul Lindau, in dessen ‚Gegenwart' einige seiner

---

[1] H. an Sybel, 29. Nov. 1874. In: SMh 1914, Jg. 12/1, 100.
[2] DR 1885, Bd 43, 143.

besten Essays erschienen, und vor allem zu Julius Rodenberg von der ‚Deutschen Rundschau'.

Auf seinen Reisen und in den vielen Gesprächen mit deutschen Freunden gewann Hillebrand ein ausgezeichnetes Bild der deutschen Gegenwart. Wie so manche andere wurde auch er der Veränderungen gewahr, die nach 1870 im geistigen Deutschland vor sich gingen. Für ihn, der den großen moralischen Aufschwung vor der Einigung vom Ausland her miterlebt hatte, war die Entwicklung des Reiches in den Nachkriegsjahren eine große Enttäuschung. Das hohe Ideal des Einheitsstaates war erreicht. Nun hieß es, das äußerlich Gewonnene geistig bewältigen, um so den Besitz auch innerlich zu rechtfertigen. Da zeigte sich aber, ähnlich wie in Italien nach 1866 und vor allem nach 1870, daß der feurigste Idealismus und die größte Opferbereitschaft eines großen einfachen Zieles bedürfen, daß sie aber vor der Komplexheit des geistigen Lebens einer Nation versagen. „Doppelt bitter", schrieb Hillebrand angesichts dieser Tatsache, „weil wir die Form für den Inhalt genommen und nun plötzlich wahrnehmen, daß diese Form, die nötig, die der größten Opfer wert war, die wir um nichts wieder missen könnten, daß diese Form nun auch ausgefüllt sein will von eigenem nationalem Leben: aber anstatt rüstig zum Werke zu schreiten, erschrecken wir vor der überwältigenden Größe der Aufgabe, vor allen kleinen Hindernissen, vor so vielen neuen Opfern nach den kaum gebrachten, vor allem, wir legen uns nicht klar Rechenschaft ab über diese uns obliegende Aufgabe." (VI, 341). Hillebrand scheute nicht davor zurück, die Übelstände im neuen Deutschland anzuprangern. Das „echte Deutschland" war für ihn jenes, das dem Geiste lebte und bereit war, alles dem Ideal zu opfern. Das geeinte und politisch saturierte, das nur nach realen Werten strebe, meinte Hillebrand, reiche geistig und moralisch an das unerfüllte vor 1870 nicht heran. Wie früher hinter dem Ideal die Wirklichkeit zu kurz gekommen sei, so werde jetzt alles Ideale dem Realen geopfert. Nirgends sei der „schönste Zug des deutschen Charakters, der einzige, den es sich selbst in seiner schlimmsten Zeit, in seiner tiefsten sittlichen und nationalen Versunkenheit gewahrt hatte, ... die Liebe zum Ideal, zur Sache" [3] noch zu sehen. Niemand treibe mehr die Dinge um ihrer selbst willen. Die Gelehrsamkeit sei gewichen, nicht aber die Überzeugung vieler, daß man dem Volk der Dichter und Denker angehöre. Die Literatur, die das mangelnde öffentliche Leben einmal in so großartiger Weise ersetzt hatte, sei nun realistisch geworden, anstatt menschlich und ideal zu sein. Das Leben erschien Hillebrand innerlich arm und äußerlich unwahr. „Comme tout ce qui se fait aujourd'hui dans ce froid et spacieux Berlin semble prosaique et désenchanté à côté des vastes rêves et des hautes visées qui se révélèrent avec tant de fougue dans l'antique et étroite ville impériale des bords du Main." [4] Und auf die Dauer würde der kriegerische Erfolg über die innere Leere nicht hinwegtäuschen können. Um so mehr, als an die Stelle von Mut

---

[3] I, 270. — Vgl. dazu und zum Folgenden: VII, 68; VI, 360; VI, 351; I¹, 291; UE, 373; — H. an Guerrieri-Gonzaga, 27. März 1874.

[4] JdD, 27. Juli 1868.

und Offenheit Gesinnungslosigkeit und Pharisäertum getreten seien. Darüber dürfe man sich bei allem Deutschtümeln, bei allem Gepoche auf die nordische Superiorität und bei allem Gerede von Mythos und Wald- und Ackerreligion nicht hinwegtäuschen lassen. Aber nicht nur im errungenen Sieg, der viele dazu verleitete, die Hände in den Schoß zu legen, anstatt erst recht ans Werk zu gehen, sah Hillebrand die Ursache für die geistigen und moralischen Übelstände in Deutschland und für den immer mehr aufkommenden Amerikanismus, sondern auch in der sich in erschreckender Weise verbreitenden Halbbildung der sogenannten Gebildeten. Nicht nur, daß die Gebildeten zersplittert seien, mehr: Spezialisierung, Ausbildung sei an die Stelle echter, humaner und umfassender Bildung getreten.

In zwei Aufsätzen, die viel Anstoß erregten, aber auch begeisterte Zustimmung fanden, äußerte sich Hillebrand eingehend zu diesen Problemen. In *Deutsche Stimmungen und Verstimmungen* analysierte er die deutschen Zustände vom Blickpunkt seines Bildungsideals und seiner kleindeutsch-protestantischen Einstellung aus. Im zweiten Aufsatz *Halbbildung und Gymnasialreform* schlug er als Beitrag zur Lösung des Problems eine tiefgreifende Reform des Gymnasiums vor, eine Rehumanisierung der Bildung. Beide Aufsätze gaben Hillebrand zugleich Gelegenheit, ähnlich wie zuvor in seiner französischen Schrift *De la Réforme de l'Enseignement Supérieur* und in seiner Schrift *De l'instruction publique en Italie* zum Problem einer allgemeinen Menschen- und Persönlichkeitsbildung Stellung zu nehmen.

Es ist naheliegend, daß Hillebrand *Nietzsches* ,Unzeitgemäße Betrachtungen', die er „recht zeitgemäß" nannte, mit Freude begrüßte. Nietzsche setzte mit seiner Zeitkritik an fast denselben Punkten ein wie Hillebrand. Die ersten drei ,Betrachtungen' kündigte Hillebrand in der ,Augsburger Allgemeinen' und in der ,Neuen Freien Presse' an [5]. Er feierte sie als geistiges Ereignis ersten Ranges, als eines der schönsten Zeichen für die Wiederkehr des deutschen Ernstes und der deutschen Leidenschaft in geistigen Dingen. Hillebrand fand sich mit Nietzsche vor allem in der Zeitkritik und im Aufweisen von Übelständen einig, wie er sich auch mit Paul de Lagarde nur in der leidenschaftlichen Kritik, nicht aber in den Verbesserungsvorschlägen traf [6]. Für Nietzsche war Hillebrands Zustimmung zur Kritik in den ,Unzeitgemäßen Betrachtungen' von großer Bedeutung. In ,Ecce homo' (1888) schrieb er: „Bei weitem am besten gehört, am bittersten empfunden wurde eine außerordentlich starke und tapfere Fürsprache des sonst so milden Karl Hillebrand, dieses letzten humanen Deutschen, der die Feder zu führen wußte." [7] Hillebrands Aufsätze stellten die erste aner-

---

[5] Wie wenig man damals von Nietzsches Schriften hielt, zeigt eine Notiz, mit der die Redaktion der NFP Hs Nietzsche-Essay einführte (NFP, 7. Juli 1874, Nr. 3542): „Wenn wir nun die folgenden Feuilletons bringen, so geschieht dies weniger um der besprochenen Schrift als um der geistvollen Reflexionen willen, die unser geehrter Mitarbeiter an dieselben knüpft."

[6] VI, 337 und 362—65.

[7] FRIEDRICH NIETZSCHE: Ecce homo! In: Gesammelte Werke. Musarion Aus-

kennende Würdigung der ‚Betrachtungen' dar. „Die Nachwirkung dieser Schrift (Hillebrands Besprechung) ist geradezu unschätzbar in meinem Leben. Niemand hat bisher mit mir Händel gesucht. Man schweigt, man behandelt mich in Deutschland mit einer düsteren Vorsicht."[8] Und später einmal schrieb er: „... es ist bei weitem das Einzige, was mir von dem, was mir an Urteilen über (meine Schriften) bekannt geworden ist, wirklich Freude gemacht hat"[9]. Nietzsches späterer Entwicklung vermochte Hillebrand nicht mehr zu folgen. „Ich hasse das Aposteltum und die Apostelsprache", meinte er zu Hans von Bülow. „Auch hab' ich keine rechte Sympathie mit Menschen, die nach dem 40. Jahre noch wertherisch an sich herumlaborieren, anstatt frank und frei vor sich in den Tag hinein zu leben; deshalb bedaure ich solche G e i s t e s k r a n k e , denn das sind sie ... nicht herauskönnen aus sich selber, ist eine böse Kinderkrankheit; die sollte man mit dem 30. Jahre überwunden haben."[10] Was Hillebrand einem dritten gegenüber frei aussprach, konnte er Nietzsche gegenüber nur andeuten, so in einem Schreiben, in dem er den Empfang des ‚Zarathustra' anzeigte: „Möchten Sie die Kraft finden, alles Selbstgrübeln aufzugeben, sich selber in der Anschauung der Dinge zu vergessen, die Welt als ein Gegebenes, Unveränderliches und Unergründliches zu nehmen"[11].

Außer den erwähnten Aufsätzen und einer kleineren Schrift ‚Über die Sprachvermengung' (Mai 1874), in der Hillebrand als Gegner der Puristen auftrat, gibt es noch eine umfangreiche polemische Schrift, in der Hillebrand zu den Zuständen in Deutschland Stellung nahm: ‚Georg Gottfried Gervinus'[12]. Wenn man von Hillebrand sagen kann, daß er in seinen Schriften der eigenen

---

gabe. München 1928, Bd 21, S. 232. — Über Hs Verhältnis zu Nietzsche: O. CRUSIUS in: SMh 1909, Jg. 6/2, S. 129 f; ALFRED VON MARTIN: Nietzsche und Burckhardt. München 1947, S. 182—83, HAUPTS, K. H., S. 175—97.

[8] FRIEDRICH NIETZSCHE: Musarion-Ausgabe, Briefe, Bd 4, S. 861 (an Maria Baumgartner, 13. Mai 1875).

[9] Nietzsche an H., April 1878. In: SMh 1909, Jg. 6/2, 131.

[10] H. an Hans von Bülow. In: SMh 1909, Jg. 6/2, 135. Sperrung vom Verfasser.

[11] H. an Nietzsche, 25. Mai 1883. In: SMh 1909, Jg. 6/2, 134.

[12] PJb 1873, Bd 32, 379—428. Treitschke gab den Aufsatz gekürzt wieder. Hs Schrift gingen zwei wohlwollende Nachrufe aus der Feder Herman Grimms und Wilhelm Diltheys voraus, wodurch sich diese um so stärker abhob. Die Redaktion rechtfertigte sich in einer Fußnote damit, daß sie die Ansicht eines Mannes wiedergeben wolle, der vom Ausland her urteilt. Vgl. HEINRICH TREITSCHKE: Briefe. Herausgegeben von Max Cornelius. 3 Bde, Leipzig 1912—1920. Bd 3, 377, 390 — nach einer scharfen Ablehnung der Schriften Nietzsches schrieb Treitschke an Franz Overbeck (28. Okt. 1873): „Die eine Beifall rufende Stimme Karl Hillebrands gilt mir wenig, denn H. ist Schopenhauerianer und dazu ein Kopf, dem bei vielem Geist der einfache sensus recti gänzlich fehlt; das hat er soeben wieder bewiesen in der Arbeit über Gervinus, einem ungeheuerlichen Gemisch von Wahrem und Falschem, woraus ich das Allertollste vorher noch weggestrichen habe." — Der Aufsatz wurde aus den PJb unverändert in II, 205—290 übernommen. — Über Gervinus: MAX RYCHNER: G. G. Gervinus, ein Kapitel über die Literaturgeschichte. Bern 1922; LEOPOLD VON RANKE: G. G. Gervinus. In: HZ 1872, Bd 27; HERMAN GRIMM: Gervinus. Berlin 1871, jetzt in: HERMAN GRIMM: Das Jahrhundert Goethes. Herausgegeben von

Forderung, lehrreich und unterhaltend, d. h. zugleich taktvoll zu schreiben, nachgekommen sei, so kann man seinem Aufsatz über Gervinus diese Qualitäten nicht zugestehen. Der Hinweis auf die Schärfe, mit der Gervinus seine Gegner angegriffen habe, rechtfertigt Hillebrands harte Urteile nicht. Einen ähnlich schroffen Ton schlug er in seiner Kritik von Flauberts ‚La tentation de Saint-Antoine' an. Andererseits geht aber auch Saintsbury zu weit, wenn er Hillebrands selbstherrlichen Ton in diesem Aufsatz zum Vorwand nimmt, dem Essayisten jede kritische Begabung abzusprechen [13].

Trotz des stark polemischen Tones, zu dem sich Hillebrand hinreißen ließ, ist der Aufsatz über Gervinus nicht unbedeutend. Hillebrand spricht hier eingehend über die Methode von Gervinus, über die historische Schule und vor allem über die ‚Zünftigen' und ‚Unzünftigen' in der deutschen Wissenschaft. Er wirft Gervinus Länge in der Darstellung, Mangel an großen Linien, Verkennung der Ziele der historischen Schule, Überschätzung des Nationalen, Vergötzung des Staates, Dilettantismus, rein rationale Anschauungsweise in Dingen der Ästhetik, Eitelkeit und vieles andere vor. Die einzige Leistung, die er Gervinus zugesteht, sieht Hillebrand darin, daß er das erste Mal die deutsche Geistesgeschichte zusammenhängend erzählt und dadurch gegen den französischen Rationalismus gewirkt hat.

1874 schrieb Hillebrand an Nietzsche, daß ihm sein Aufsatz über Gervinus die „Amoenitäten des gesamten Professorentums" eingetragen habe [14]. Dies war nun nicht anders zu erwarten. Hillebrands Angriff gegen Gervinus richtete sich ja (nicht unbeabsichtigterweise) indirekt gegen alle Kollegen des damals so erfolgreichen deutschen Gelehrten. Im Zusammenhang mit der Charakteristik von Gervinus hatte Hillebrand ausführlich dargelegt, wie sehr die deutsche Bewegung Sache der Professoren gewesen sei. Sie sei daher auch in der Theorie stecken geblieben, denn diese Professoren hätten von der praktischen Politik so viel wie nichts verstanden. Hillebrand ging aber noch weiter und griff jene unter den deutschen Professoren an, die glaubten, alle Wissenschaft gepachtet zu haben und alles, was nichts mit der Universität zu tun hat, als pedantisch und dilettantisch abtun zu können. Dabei würden diese Professoren aber sehr oft die Methode, die nur Mittel sein könne, zum eigentlichen Zweck ihrer Untersuchungen erheben und dann glücklich sein, wenn alles aufginge. „Deutschland hat die Bedeutung der Wissenschaft überschätzt; die Träger derselben haben sich als Vertreter der Nation betrachtet, und die draußen stehende ungeheure Mehrzahl der Nation hat sich in rührender Bescheidenheit vor ihnen zurückgestellt, sie in ihrer Selbstüberschätzung bestärkt. Staat, Religion, Kunst, Gesellschaft wurden der Wissenschaft untergeordnet oder sollten doch von ihr inspiriert werden". (II, 315). Nun sei es aber höchste Zeit, sich von der allge-

---

Reinhard Buchwald, Stuttgart 1948, S. 195—201; KARL BRAUN: Gegen Gervinus. Leipzig 1874, dazu eine Rezension im JdD, 6. und 9. Februar 1872; UE, 390.

[13] GEORGE SAINTSBURY: A History of Criticism and Literary Taste in Europe. 7. Auflage. Bd 3, London 1949, S. 581.

[14] H. an Nietzsche, 17. Januar 1874. In: SMh 1909, Jg. 6/2, S. 130.

meinen Starrheit zu befreien und die Meinung abzulegen, daß Deutschland eine „große Universität" darstelle, auf der man alles, auch Geschichte, Kunst und Religion „wissenschaftlich" betreiben könne und müsse. Abgesehen davon, daß das nicht ginge und nur zu Absurditäten führe, seien die Professoren dazu gar nicht imstande, denn sie beherrschten wohl weitgehend den Geist der Nation, aber sie wüßten nicht einmal, wie man ein Problem gefällig, anschaulich und lesbar darstellt. Die Klarheit in geistigen Dingen, die die Grundlage jedes guten Stils ist, müßte die erste Grundlage allen praktischen Wirkens und jeder wissenschaftlichen Betätigung sein. Alles aber, was nicht ledern, trocken und ungenießbar sei und darüber hinaus von Schweiß triefe, lehnten sie kurzweg ab [15]. Hillebrand stand mit dieser Kritik nicht allein. Heinrich von Treitschke, Ernst Curtius, Heinrich Homberger und andere äußerten gelegentlich ihren Unwillen über das Vorherrschen des Professorentums im deutschen Volk. Homberger schrieb in seiner etwas aphoristischen Art: „Der deutsche miles gloriosus ist nicht der Soldat, der die Feldzüge mitgemacht hat, sondern der Professor, der sie bespricht." [15a]

Den ‚Zünftigen' gegenüber vertrat Hillebrand bewußt das Ideal der ‚Unzünftigen', der freien Denker und Schriftsteller, die in ihren Äußerungen auf keinen Menschen Rücksicht zu nehmen hätten und mehr aus Berufung als von Berufs wegen bei der Sache seien.

Die Kritik Hillebrands, die in weiten Kreisen Anstoß erregen mußte, hatte einen tieferen Kern. Das Ideal seiner Literaturkritik war, im Gegensatz zur professoralen, jene der Dichter und Literaten, die ungezwungen ist und aus innerer Beziehung zum Gegenstand entsteht. In Lessing und Schopenhauer sah Hillebrand die größten kritischen Geister, die Deutschland im 18. und 19. Jahrhundert hervorgebracht hat, und in Goethe den bedeutendsten deutschen Literarhistoriker [16]. Die Einsichten dieser Männer hielt er für tiefer, origineller und daher wahrer als jene Kobersteins, Scherers oder auch seines Vaters. Diese Ideen Hillebrands erklären sich weitgehend aus seinem persönlichen Schicksal.

---

[15] Hs Einstellung zu den Zünftigen und Unzünftigen äußert sich auch in seiner Gliederung von ‚Wälsches und Deutsches': ‚Aus dem zünftigen Schrifttum Deutschlands' und ‚Aus dem unzünftigen Schrifttum Deutschlands' (Pückler-Muskau, Rahel Varnhagen). — Vgl. IV, 237—40; II, 313, 322, 329; VII, 99.

[15a] HEINRICH HOMBERGER: Selbstgespräche. München 1928, S. 22. Ähnliche Hinweise finden sich bei HEINRICH VON TREITSCHKE in: Zehn Jahre deutsche Kämpfe, Berlin 1874, und: Die Zukunft der norddeutschen Mittelstaaten, Berlin 1866. Vgl. auch: Ernst Curtius: „... daß meine Geschichte fünf sehr starke Auflagen erlebt hat und sich immer mehr auch bei den mißgünstigen Romanen Bahn bricht, ist ein Erfolg, den ich dankbar anerkenne und der mich dafür tröstet, daß die zünftigen Gelehrten naserümpfend an ihr vorübergehen. Denn der gute deutsche Gelehrte zuckt die Achseln, wenn ein Buch lesbar ist und dem Verfasser nicht die Schweißtropfen auf der Stirne perlen..." Aus: ERNST CURTIUS: Ein Lebensbild in Briefen. Herausgegeben von Friedrich Curtius. Berlin 1903, S. 661, Brief an Jacob Bernays, 20. April 1881. — Das Problem der ‚Professorenliteratur' in Deutschland wurde in neuerer Zeit von HUIZINGA beleuchtet: Wege der Kulturgeschichte, S. 33 ff.

[16] I, 172 und VII, 107.

Sie beruhen aber auch auf der Beobachtung des englischen und französischen Lebens. In diesen Ländern sei die Literaturkritik seit eh und je Sache von Dichtern und Schriftstellern gewesen, meinte Hillebrand; und er nannte zum Beweis dafür die Namen Macaulay, Sainte-Beuve, Mahon, Grote, Cornwall-Lewis, Motley, Bancraft, Ticknor, Mignet, Thierry (IV, 237). In Deutschland dagegen habe lange Zeit die Meinung vorgeherrscht, daß Kritik und Literaturbetrachtung eine Domäne der Professoren sei. Nach Hillebrand hat Saintsbury auf diese Tatsache hingewiesen; er hielt nicht Gervinus, Scherer und Koberstein, sondern Grillparzer, Heine und Nietzsche für die bedeutendsten deutschen Kritiker des 19. Jahrhunderts. Diese Erkenntnis hat aber nie so recht Eingang in das gelehrte deutsche Schrifttum gefunden, trotzdem auch in jüngster Zeit Literaturkritiker wie etwa Hofmiller, Bahr, Hofmannsthal, Thomas Mann, Stefan Zweig und andere nicht aus der Reihe der Professorenschaft kamen, sondern „Unzünftige" waren.

Die Geringschätzung der professoralen Literaturbetrachtung und die Ablehnung des Literaturgeschichtsunwesens, das nur dazu führe, Bücher über Dichtungen und nicht diese selbst zu lesen, hinderte Hillebrand aber nicht, die erfolgreiche Literaturgeschichte seines Vaters in einer dritten, stark erweiterten Auflage herauszubringen. Es ist aber bezeichnend, daß er die pietätvolle Handlungsweise des Sohnes nicht mit der großen Nachfrage nach dem Werk motivierte, sondern mit einem Hinwies darauf, daß er trotz gegenteiliger Ansichten in Einzelpunkten die Grundgedanken, „welche auch im ganzen die unserer Literaturepoche waren, — eben jene Gesinnung der Humanität im Gegensatz zu religiöser, nationaler und politischer Intoleranz und Einseitigkeit" durchaus teile [17]. Auch über das Werk des Vaters glaubte hier der Sohn im Sinne seines Bildungsideales wirken zu können.

‚Zeiten, Völker und Menschen'

Durch sein vielseitiges und umfangreiches Wirken und Schaffen erscheint Hillebrand im Urteil seiner Nachfahren als interessante Persönlichkeit, als Rufer und Mahner, als Vermittler von Volk zu Volk, als geschickter Kritiker, ja sogar als Vorläufer der geistesgeschichtlichen und soziologischen Betrachtungsweise zur Zeit des Positivismus. All dies rechtfertigt es aber nicht, Hillebrand einen würdevollen Platz in der Geschichte der deutschen Literatur anzuweisen. Literarhistorische Bedeutung erwarb er sich erst mit seinen deutschsprachigen Essays. Sie entstanden im Dezennium 1871—1881 und sind in diesen Jahren

---

[17] JOSEPH HILLEBRAND: Die deutsche Nationalliteratur im 18. und 19. Jahrhundert. 3 Bde. 3. Auflage, durchgesehen und vervollständigt vom Sohne des Verfassers. Gotha 1875, S. VIII. — Vgl. Rezensionen in AZB, 10. Jan. 1875, Nr. 10; NFP, 10. April 1875, Nr. 3815; DR 1875, Bd 2, 466—67; RCr 1875/1, 317—18 (Charles Joret).

in der ‚Augsburger Allgemeinen Zeitung', in der ‚Neuen Freien Presse', in der ‚Gegenwart', in der ‚Deutschen Rundschau' und in anderen Zeitschriften erschienen. Manche darunter sind Glanzstücke ihrer Gattung [18]. In ihnen wächst Hillebrand über seine Absicht zu belehren, anzuregen und zu unterhalten hinaus. Er gibt Bilder von Persönlichkeiten, von Zeiten oder gesellschaftlichen Zuständen. Er stellt dar und versteht es, zeitliche Bezugnahme und Parteilichkeit zu vermeiden. In ihrer lebendigen Frische, ihrer inneren Wahrheit und ihrer Geschlossenheit muten sie zeitlos an, erscheinen sie nicht als Ergebnis eines eingehenden Studiums, sondern einer vielfältigen Lebenserfahrung im Umgang mit der Welt, in der Begegnung mit Menschen, Zeiten und Völkern. In der Formgebung sind sie Werke eines Dichters. Eines Dichters freilich, zu dessen Werden die ganze Breite der abendländischen Kultur beigetragen hat. Es sind kritisch-dichterische Erzeugnisse, die keine Jugend zu schaffen imstande ist, sondern die erst auf dem Höhepunkt eines reichen Lebens entstehen können. Kenntnis und Lebenserfahrung stehen dahinter, jenes geheimnisvolle Wissen um den tieferen Sinn des Lebens, um seine Größe, Tragik, Schuld, Ungerechtigkeit und Härte, aber zugleich um jenes Etwas, das sich im bedeutenden Menschen, an welcher Stelle er auch stehen mag, verwirklicht und leuchtet.

Der Anstoß zu Hillebrands Essays dieser Jahre kam meist von außen. Fast in allen Fällen hat Hillebrand das Erscheinen von Biographien, Briefausgaben, Memoiren oder Ähnlichem dazu benützt, seine Meinung mitzuteilen. Neues, wenn es interessant oder zumindest merkwürdig war, wollte er den Mitmenschen vermitteln, ähnlich wie es sich Pater, Hofmannsthal und Hermann Bahr zum Ziele gemacht hatten: Vermittler zu sein in der Welt des Geistes, d. h. zwischen Büchern oder interessanten Menschen und dem Leser. Die Meinung, die Hillebrand in seinen Essays mitteilte, war nie oberflächlicher Betrachtung entsprungen. In jahrelanger, liebevoller Beschäftigung mit dem Gegenstand eignete er sich nicht nur das nötige Wissen, sondern auch das Gefühl für Wert und Echtheit im Buch oder im Menschen an. So recht Theodor Heyse in bezug auf manche politische Schriften Hillebrands hatte, wenn er zu Paul Heyse sagte, Hillebrand schreibe zu schnell [19], in Hinsicht auf seine literarischen, historischen und gesellschaftskritischen Schriften trifft dieser Vorwurf nicht zu. Trotz seines umfangreichen Wissens verwandte er oft viele Wochen, um sein Urteil über einen Gegenstand an Hand bestehender Literatur zu erhärten oder zu klären. „Für den Tocqueville", schrieb er „brauchte ich fast zwei Monate, um ihn so

---

[18] Wie stark Hs Bewußtsein, in der Tradition des Essays zu stehen, und sein Wunsch, den Essay in Deutschland zu fördern, war, geht aus den Ratschlägen hervor, die er Julius Rodenberg in den ersten Jahren des Erscheinens der DR gab. Er versuchte vor allem dahin zu wirken, daß man in der DR die essayistischen Talente vereine und ihnen ein Forum biete. Vgl. H. an Rodenberg, 19. Februar 1878.

[19] Theodor Heyse an Paul Heyse, 1. Januar 1875 über H.: „... recht gesund, viel tätig, von weitem und leichtem Umblick in der Geschichte, Politik und Literatur, daher sehr anspruchslos; ich möchte nur, er schriebe weniger und minder rasch und suchte sich in einem enger gesteckten Kreise zu vertiefen und seiner Darstellung individuelleren Reiz zu geben."

zu machen, wie ich ihn schon seit Jahren im Kopfe trage." [20] Gerne setzte er das Bild einer Persönlichkeit, einer Zeit oder gesellschaftlicher Zustände aus Mitteilungen und Eindrücken, die er in Briefen, Memoiren oder Zeugnissen anderer gesammelt hatte, zusammen. Auf diese Weise war seine ausgezeichnete Studie über die Berliner Gesellschaft entstanden. Bei der Niederschrift ging Hillebrand von einer eingehenden Gliederung aus. Nicht selten verbesserte er noch am fertigen Manuskript, häufig auch noch auf den Druckbogen [21].

Daß diese wertvollen Gebilde, auf die Hillebrand so viel Zeit und Mühe verwendet hatte, in der Tagespresse untergehen sollten, empfand er und empfanden viele seiner Freunde als Verlust. Das bewog Hillebrand in den Jahren nach 1870, die besten seiner Essays, manchmal neu überarbeitet, in Buchform gesammelt herauszugeben. Auf diese Weise erschien alle zwei bis drei Jahre ein neuer Sammelband, der einen Querschnitt durch sein Schaffen darstellen sollte, ihm aber zugleich höhere Einnahmen brachte. Im Vorwort zu den ‚Profilen' rechtfertigte er in ‚Ein Wort über moderne Sammelliteratur und ihre Berechtigung' die vor allem in England und Frankreich verbreitete Gepflogenheit, dem Publikum mehr oder weniger regelmäßig einen Sammelband von Aufsätzen vorzulegen.

Die Essaysammlung, der Hillebrand alle paar Jahre einen neuen Band hinzufügte, trug den für seinen Interessenkreis bezeichnenden Titel ‚Zeiten, Völker und Menschen'. Der Titel stammte nicht von Hillebrand selbst, sondern von seinem Verleger Oppenheim in Berlin, der ihn gegen den Willen Hillebrands der Sammlung gab. Hillebrand empfand ihn als anmaßend. Während der letzten zwölf Lebensjahre Hillebrands sind sechs Bände erschienen, die meist inhaltlich Zusammenpassendes vereinigten. Nach dem Tode des Verfassers erchien noch ein Band. Er wurde nach Hillebrands Anordnung von seiner Gemahlin Jessie zusammengestellt und herausgegeben.

Als erster Sammelband erschien 1873 ‚*Frankreich und die Franzosen in der zweiten Hälfte des 19. Jahrhunderts. Eindrücke und Erfahrungen*'. Die Essays dieses Bandes gingen auf eine Reihe von Veröffentlichungen zurück, die in der ‚Augsburger Allgemeinen Zeitung' erschienen waren und großes Aufsehen erregt hatten. Als ausgezeichneter Kenner der französischen Zustände analysierte Hillebrand Sitten und Gesellschaft, Unterrichtswesen, die Stellung von Paris innerhalb Frankreichs, das geistige und politische Leben und die leitenden Ideen der führenden französischen Geister dieser Epoche. Dabei verteilte er Lob und Tadel. Er geißelte französische Mißstände und Untugenden, so wie er Deutschland gegenüber mit seiner Kritik nicht zurückhielt. Lob zollte er vor allem dem französischen Familiensinn, der französischen Aufrichtigkeit, der französischen Treue und der französischen Loyalität, während er den Rationalismus und falschen Konventionalismus besonders scharf verurteilte. Die Rettung für Frankreich, meinte Hillebrand abschließend, liege in der gebildeten freisin-

---

[20] H. an Rodenberg, 25. März 1878.
[21] H. an Julius Rodenberg, (1879?). Im Besitz von Luigi Villari in Rom befindet sich ein Druckbogen mit zahlreichen Korrekturen am Text.

nigen Mittelklasse, der er wünschte, daß sie sich vom revolutionären Credo nicht verführen lassen möge. Mit Hilfe dieser Mittelklasse sollte eine durch öffentliche Meinung und die Mitwirkung der Besten des Landes gemilderte Monarchie geschaffen werden, jene Staatsform, die seiner Meinung nach, dem französischen Wesen am besten entspreche.

Im Anhang zu diesen Essays brachte Hillebrand seinen Aufsatz ‚Französische Stimmen und Deutschlands und Frankreichs Zukunft' (I¹, 251—343). Darin besprach er auf etwas polemische Art die beiden bedeutendsten Schriften, die nach 1870 zum deutsch-französischen Problem erschienen waren: Renans ‚Réforme intellectuelle et morale' und Monods ‚Allemands et Français. Souvenirs de campagne.'[22] Er bezeichnete Monods Buch als das Interessanteste und Beste über den Gegenstand und lobte den Mut und die Wahrheitsliebe des Verfassers. Dann setzte er sich eingehend mit Renans großartiger Schrift auseinander. Er erkannte an, daß Renan Lob und Tadel mit Gewissenhaftigkeit verteile, zeigte aber, daß die Akzente in vielen Fällen verschoben seien und die Arbeit daher bei allem Wunsch nach Objektivität doch ein verzerrtes Bild liefere. Dieser Aufsatz Hillebrands, dessen scharfe Urteile sich aus der Hitze der unmittelbaren Nachkriegszeit erklären mögen, blieb in der dritten und vierten Auflage weg. An seine Stelle traten die Essays ‚Renan als Politiker', ‚Pariser Arbeiterzustände' und in der vierten Auflage der von Isolde Kurz aus dem Englischen übersetzte Essay ‚Gambetta'. Die vierte Auflage (1898) erhielt als Beigabe außerdem den Nachruf Hombergers auf Hillebrand, der in der ‚Nation' erschienen war.

Der Widerhall, den Hillebrands Buch, das als erstes nach 1870 auch viel Gutes über Frankreich sagte, fand, war überraschend groß. Während man auf beiden Seiten des Rheines wegen der offenen Kritik den Ideen Hillebrands häufig die Zustimmung versagte, kamen gerade von besten Kennern ermutigende Worte. Franz Liszt schrieb an Jessie Hillebrand-Laussot, daß er sich geehrt fühle, „de se trouver en concord avec lui, *aussi* en ce point (Frankreich)"[23]. Mme d'Agoult erkannte, daß das Buch von „le plus noble désir d'impartialité"[24] inspiriert war. Alfred von Reumont schrieb darüber an Gino Capponi, es seien „articoli pieni di buonsenso e di buoni sentimenti e senza pregiudici nazionali."[25] Und Bernhard von Bülow meinte, daß ‚Frankreich und die Franzosen' zum „psychologisch Feinsten gehöre", was über die Nachbarn jenseits der Vogesen geschrieben worden sei[26]. Hillebrand hielt darauf, gerecht zu sein, denn er wußte, daß seine Bemühungen der Völkerverständigung auf seinem Gerechtigkeitssinn beruhten. Im Vorwort zur dritten Auflage schrieb er, daß ihm kein Lob so wohl getan habe, wie der Tadel, daß das Buch für

---

[22] ERNEST RENAN: Réforme intellectuelle et morale. Paris 1872; GABRIEL MONOD: Allemands et Français. Souvenirs de campagne. Paris 1872.
[23] Liszt an H., 30. März 1873.
[24] Mme d'Agoult an H., 6. Januar 1874.
[25] Reumont an Capponi, 23. März 1873.
[26] BERNHARD VON BÜLOW: Denkwürdigkeiten, Bd 4, S. 345.

einen Deutschen zu französisch und für einen Franzosen zu deutsch sei. (I, xix). Nietzsche dagegen meinte: „Karl Hillebrand kennt die Franzosen besser als irgend ein Franzose, aber er kennt die Deutschen nicht mehr." [27] Die umfassendste Stellungnahme brachte Gabriel Monod in der ‚Revue Critique'. Er glaubte, in den Ideen Hillebrands den „conservateur parisien" wiederzuerkennen. Trotz einiger Einzelkritik stimmte er im großen und ganzen zu. Er lobte die sprachliche Darstellungsgabe und die Tatsache, daß das Buch zum Denken anrege [28]. Die ‚Revue Politique et Littéraire' brachte im Anschluß an eine sehr lobende Besprechung die Übersetzung eines Abschnittes über ‚La centre gauche et le bonapartisme' [29]. Die dritte Auflage von ‚Frankreich und die Franzosen' wurde von Minoret ins Französische und von Roscoe ins Englische übersetzt. In England und Amerika fand es weiteste Anerkennung. Von vielen Seiten wurde Hillebrands Unparteilichkeit gerühmt.

Mit diesen Aufsätzen nahm Hillebrand das letzte Mal zur deutsch-französischen Rivalität Stellung. Nach aller Demagogie der Kriegsjahre sollte die schonungslose Offenheit, das Aufzeigen von Fehlern auf beiden Seiten zum Nachdenken anregen. Mehr hatte sich Hillebrand nicht vorgenommen. Ein aktives Eingreifen-Können, das er einst für möglich gehalten hatte, schien ihm aussichtslos [30]. In der Tat, von den wenigen Verständigungswilligen abgesehen, ist sein Buch auf viel Mißverstehen getoßen, vor allem in der unmittelbaren Nachkriegszeit. Man wollte schwarz und weiß streng getrennt haben, aber gerade das konnte und wollte Hillebrand nicht tun.

Behandelte der erste Band der Sammelreihe ein in sich geschlossenes Thema: Frankreich und die Franzosen, so befaßten sich die weiteren Bände mit einer großen Vielfalt von Gegenständen. Sie kündigt sich schon in den Titeln an: ‚Wälsches und Deutsches', ‚Aus und über England', ‚Profile', ‚Aus dem Jahrhundert der Revolution', ‚Zeitgenossen und Zeitgenössisches', ‚Kulturgeschichtliches'. Die Einheitlichkeit der Bände ruht häufig nicht im Gegenstand, sondern in der Betrachtungsweise, im originellen Blick des Verfassers und in der Art und Weise der Darstellung. Wie kein anderes Werk Hillebrands offenbaren diese Essaybände seine drei hervorragendsten Begabungen als Darsteller: Den Zeichner gesellschaftlicher Zustände, den Porträtisten und den Kulturhistoriker, der es vermag, in wenigen festen Pinselstrichen die großen Linien

---

[27] NIETZSCHE, Briefe, Bd 4, S. 11.
[28] RCr 1874/2, 247—52. — Unter den vielen anderen Kritiken vor allem: ASI 1879, Ser. 4, Bd 3, 497—98; NFP, 30. Sept. 1873, Nr. 3270; PMG, 28. Mai 1873, 11—12; RPL 1874, Bd 3, 886—90; RS 1879, Bd 4, 109; RS 1881, Bd 7, 31; Magazin für die Literatur des Auslandes 20; — darüber hinaus fanden sich Besprechungen in den meisten Zeitungen und Zeitschriften Europas (Hinweise auf den Reklame-Beiblättern verschiedener Bände von ZVM). Zur 3. Auflage in DLB 1879, Bd 2, 49—50 (Wilhelm Herbst): „Es ist längst zum Gemeinbesitz der gebildeten deutschen Lesewelt geworden, für viele besitzt es fast kanonisches Ansehen und bedarf eben darum weder der Einführung noch der Empfehlung."
[29] RPL 1874, Bd 3, 886—90.
[30] Vgl. Vorwort zur englischen Ausgabe ‚France and the French', S. IX—X.

im geistigen Geschehen und Werden aufzuzeigen. Auf allen drei Gebieten hat Hillebrand Großes geleistet.

Zur ersten Gruppe, den gesellschaftskritischen Essays, die in der ‚Société de Berlin' einen ausgezeichneten Vorläufer besitzt, gehören ein Großteil von Hillebrands Buch ‚Frankreich und die Franzosen', ein Teil der ‚Briefe aus England', seine Stellungnahme zu den ‚Englischen Beobachtern französischer Zustände' und seine Arbeiten über England im siebten Band der Sammlung: ‚Über Fremdensucht in England', ‚Über das religiöse Leben in England', und ‚Der Engländer auf dem Kontinent'.

Der Großteil der Essays in der Sammlung ‚Zeiten, Völker und Menschen' ist der Gruppe der literarischen Porträts zuzuzählen. Nicht umsonst sprach man von Hillebrand als dem „Lenbach jener Kreise"[31], d. h. der Kaiserzeit. Mit vielen der gezeichneten Männer und Frauen war Hillebrand persönlich bekannt, mit manchen verband ihn enge Freundschaft. Diese Tatsache gibt seinen Essays ihren besonderen Reiz, ist aber für Hillebrands Essays überhaupt wichtig. In anderen Porträts zeichnet er Gestalten aus der Zeit der italienischen Renaissance und aus dem englischen 18. Jahrhundert, zwei Epochen, denen er sich innerlich verwandt fühlte. Neben den besten Porträts, die zugleich Kultur- und Gesellschaftsbilder sind, wie jene Montesquieus, Tassos, Petrarcas, Lorenzos de'Medici, Daniel Defoes, Macchiavellis und Sainte-Beuves stehen zahlreiche andere von nicht weniger Farbe und Kraft: Renan, Gambetta, Die Borgia, Manzoni, Guerrazzi, Tommaseo, Michelet, Mérimée, d'Alton, J. S. Mill, Dickens, (‚Briefe aus England'), Pückler-Muskau, Rahel Varnhagen, Laurence Sterne, Xavier Doudain, Mme d'Agoult, Buloz, Thiers, Taine, Leopold I., Capponi, Rabelais, Milton, Albergati, Katharina II. und Grimm, Costa de Beaugard, Mme de Rémusat und Napoleon Bonaparte, Metternich, Guizot, Ph. Chasles, Bersot, Circourt, Taylor, Gallenga, Panizzi, Pasolini. Diesen deutsch geschriebenen Essays sind eine Reihe anderer zur Seite zu stellen, die in Französisch oder in Englisch erschienen sind: Macchiavelli, Lorenzo, Ariost, Savonarola (Italiennes), Bismarck (Prusse contemporaine), Häusser (Revue Moderne), Caroline Schlegel (Fortnightly Review), Die Herzogin von Berry (Deutsche Rundschau und Geschichte Frankreichs), Lessing, Wieland, W. v. Humboldt (Journal des Débats), Goethe (Le Temps), Theodor Heyse (Gegenwart), Jeanne la Folle (Revue des deux mondes), Rahel Varnhagen (Revue des deux mondes), Herder (North American Review), Winckelmann (Fortnightly Review). Darüber hinaus hat Hillebrand eine Reihe glänzender kleiner Porträts in seine ‚Geschichte Frankreichs' aufgenommen. Man könnte die Abschnitte des Buches, in denen er mit wenigen festen Strichen das Bild einer Persönlichkeit entwirft, Miniaturen nennen, so frisch sind die Farben, so treffend ist der Ausdruck.

Die dritte Gruppe in Hillebrands Sammlung sind die kulturgeschichtlichen Essays. Es handelt sich zum Teil um Arbeiten, die schon in England erschienen waren (Six Lectures). Als Vorläufer zu dieser Art

---

[31] SMh 1909, Jg. 6/2, 136.

ist die Einleitung zur ‚Griechischen Literaturgeschichte' von Otfried Müller anzusehen. Neben den beiden glänzenden Essays ‚Zur Entwicklungsgeschichte der abendländischen Weltanschauung' und ‚Zur Entwicklungsgeschichte der abendländischen Gesellschaft' stehen Essays wie: ‚Jungdeutsche und Kleindeutsche', ‚Die Wertherkankheit in Europa', ‚Über die Konvention in der französischen Literatur', ‚Vom alten und neuen Roman', ‚Nach einer Lektüre', ‚Auslieferungsverträge, Sicherheitspolizei und Nihilismus', und ‚Zum Schopenhauerdenkmal'.

Abgesehen von polemischen Schriften, von denen in anderem Zusammenhang die Rede war, wurden noch Arbeiten in die Sammlung aufgenommen, die allgemeine, vor allem literarische und historische Probleme zum Gegenstand haben: ‚Stil- und Gedankenmoden', ‚Über Sprachvermengung', ‚Zur neuen deutschen Memoirenliteratur', ‚Ein Wort über moderne Sammelliteratur und ihre Berechtigung' und ‚Das belgische Experiment'. Einige Arbeiten haben den Charakter von Rezensionen oder literarischen Kritiken beibehalten, wurden aber dennoch in die Sammlung aufgenommen, weil Hillebrand darin Grundsätzliches aussagte: ‚Delirium tremens' (Flaubert), ‚Giosué Carduccis neueste Gedichte', ‚Bei Gelegenheit einer Faust-Übersetzung' (Guerrieri-Gonzaga), Fieldings ‚Tom Jones', Luigi Settembrinis Denkwürdigkeiten'. Daneben stehen die Rezensionen über Hemsterhuis (Le Temps), Voltaire, Dante und Goethe, Heine, Byron, Sybel (Journal des Débats) und das Vorwort zur Gedichtausgabe Carduccis, die an Ausmaß und vor allem an Bedeutung den Rahmen einer Rezension oder Kritik überschreiten.

Hillebrand verfaßte seine Essays vor mehr als achtzig Jahren. Es ist naheliegend, daß sich dieses oder jenes Urteil historisch als nicht abschließend erwiesen hat. Spätere wissenschaftliche Erkenntnisse haben so manche Ansicht überholt. Die Bedeutung von Hillebrands Essays, wie etwa auch der Essays von Macaulay, M. Arnold, Pater, Sainte-Beuve und anderen liegt aber nicht in dem, was sie an Wissen bieten, sondern in der Einmaligkeit der Auffassung und Darstellung, in dem, was der Verfasser über das Tatsächliche hinaus an Allgemeinem und Persönlichem mitgeteilt hat. In diesem höheren, menschlichen Sinne ist ein Großteil von Hillebrands Arbeiten ebenso zeitlos wie irgend eine lyrische, epische oder dramatische Schöpfung der vergangenen Zeiten.

Die Essaybände Hillebrands haben günstige Aufnahme gefunden[32]. Vom

---

[32] Die wichtigsten Besprechungen: Bd 2: DR 1875, Bd 4, 133—135; AZB, 31. August 1875, Nr. 243; Bd 3: DR 1876, Bd 7, 460—66; AZB, 16. Mai 1876, Nr. 137; RCr 1876/2, 284—86; DLB 1881, Bd 4, 10; Literarisches Zentralblatt, 3. Februar 1877; Bd 4: RCr 1879/2, 255—60; ASI 1878/4, 401—02; DLB 1878, Bd 1, 23—24; RS 1878, Bd 1, 299—300; Bd 5: RCr 1881/2, 70—77; ASI 1881/4, 440—41; AZB (Trübner) 1875, Nr. 231; Frankfurter Zeitung 2. März 1881 (Sigmund Schott). Bd 6: DR 1882, Bd 32, 318; RPL 1878, Bd 14, 1062—63; RPL 1879, Bd 16, 907—08; DLB 1883, Bd 5, 190—91; Athenaeum Belge 1879/2, 59. Bd 7: DR 1886, Bd 46, 316—17. HZ 1887, Bd 57, 238—40 (J. Loserth). — Eine Sammelbesprechung in: Archiv für das Studium der neueren Sprachen. Herausgeber Mauer-Lausberg 1955, Bd 192, Jg. 107, 208; HZ 1883, Bd 50, 287—89.

Nachlaßband und späteren neuen Zusammenstellungen abgesehen, haben sie alle drei oder mehr Auflagen erlebt. Diese Essays sind es auch, worauf sich Hillebrands Ruf in Deutschland gründete. Von den vielen Stimmen, die jeden neuen Band von Hillebrands Essays begrüßten, sei hier nur das Wort des großen französischen Kritikers Charles Joret wiedergegeben, der den fünften Band der Sammlung in der ‚Revue Critique' eingehend besprach: „ . . . son impartialité, et sa largeur de vues, sa netteté d'exposition, avec ce stile clair et limpide, qui lui ont assigné une place si haute parmi les essayistes allemands contemporains" [33]. Das begeistertste Wort fand Nietzsche: „(Ich) freue mich darüber wie als ob es Milch und Honig wäre. O Bücher, aus denen eine europäische Luft weht, und nicht der liebe nationale Stickstoff! Wie das den Lungen wohltut!" [34]

‚Geschichte Frankreichs' - Vortrag Bremen

Im Herbst 1874, gerade als einige der besten Essays erschienen waren und Hillebrand am Höhepunkt seiner Schöpferkraft stand, trat der Münchner Historiker Wilhelm von Giesebrecht an Hillebrand mit der Bitte heran, die von Adolf Schmidt und Wilhelm Wachsmut bis 1830 geführte ‚Geschichte Frankreichs' in der Reihe der Heeren-Uckert'schen Staatengeschichte bis zum Jahre 1870 fortzusetzen [35]. Hillebrand nahm die Einladung ohne Zögern an. Er sah hier eine Möglichkeit, den ‚Zünftigen' in Deutschland zu zeigen, daß er nicht nur zur Kritik, sondern auch dazu bereit war, selbst eine streng wissenschaftliche und zugleich künstlerische Leistung zu vollbringen. Mehr als irgend ein Essay konnte ihm die Geschichte des vielfältigen Geschehens der vierzig Vorkriegsjahre in Frankreich die Gelegenheit bieten, seine Forderung an den Historiker zu verwirklichen. Auch glaubte er, im Essay nicht sein Bestes geben zu können. Ein großes Werk, wofür er umfangreiche Forschungsarbeiten zu leisten und eine große Menge von Material zu ordnen und zu gliedern hatte, schien ihm dazu geeigneter. Das meinte er auch, wenn er später schrieb: „Tout le temps qui s'est écoulé avant 1875, je l'avais passé, soit en donnant pour mien, ce qui n'était qu'héritage, tradition, éducation de famille, de patrie, de parti, soit en me guettant pour m'en libérer." [36] Mit der Arbeit an der ‚Geschichte Frankreichs' begann sein eigentliches Lebenswerk. Hillebrand konnte freilich nicht ahnen, daß sein Essayschaffen und nicht seine ‚Geschichte', die er unter so großer Willensanstrengung zu Ende zu führen suchte, einmal als seine dauerhafteste Leistung anerkannt werden würde.

[33] RCr 1881/2, 73.
[34] Nietzsche an H., April 1878. In: SMh 1909, Jg. 6/2, 130.
[35] Vgl. WILHELM VON GIESEBRECHT: K. H. In: Sitzungsberichte der phil.-philol.-hist.-Klasse der königl. bayr. Akademie der Wissenschaften zu München 1885, S. 220—26.
[36] HARTWIG, K. H., S. 168.

Erst hatte Hillebrand eine Arbeitszeit von drei Jahren vorgesehen. Aber schon 1876 sah er ein, daß er in weniger als zehn bis zwölf Jahren nicht zu Ende kommen würde. Während der Arbeit wuchs der auf zwei Bände anberaumte Stoff, sodaß Hillebrand fürchtete, mit zehn Bänden kein Auslangen finden zu können. Vier bis fünf Bände stark wäre die Geschichte sicherlich auch geworden, trotz aller Bemühungen, den Stoff gedrängt zu bieten.

Bei der Darstellung der Ereignisse stützte sich Hillebrand in erster Linie auf Material, das er aus den Archiven von Turin[37], Wien und Berlin zusammengetragen hatte, auf Memoirenliteratur, die im Kabinett Vieusseux in Florenz in großer Zahl vorhanden war, und auf Zeitungsnachrichten. Für die spätere Zeit, vor allem für die geistige und literarische Bewegung, wollte er seine eigene Erfahrung verwerten.

Hillebrand ging mit aller Energie an die Arbeit. Im Sommer 1875 und in den folgenden Jahren zog er sich immer wieder in die „solitude absolue de mes montagnes"[38] in der Nähe von Laibach, in Wurzen bei Kronau (Oberkrain) und in Bad Ischl zurück, um ungestört an seinem großen Werk arbeiten zu können. In den Jahren 1875, 1876 und 1877 verbrachte er viele Monate in den Archiven von Turin, Wien und Berlin. 1877 erschien der erste umfangreiche Band von über siebenhundert Seiten: ‚Sturm- und Drangperiode des Julikönigtums' (1830—1837). Zwei Jahre später folgte ein noch stärkerer Band: ‚Blütezeit der parlamentarischen Monarchie' (1837—1848). 1881 kam ein Ergänzungsband heraus, der eine Einführung zu den besprochenen Ereignissen gab: ‚Die Julirevolution und ihre Vorgeschichte' (1814—1830).

Im Winter 1880—81 unterbrach ein plötzliches Leiden seine intensive Arbeit. Hillebrand fuhr fort, für den dritten Band Material zu sammeln und zu ordnen, aber die Kraft, ihn auch auszuführen, kehrte nicht mehr zurück. 1882 hoffte er noch, ihn in drei Jahren herausbringen zu können [39]. Nach seinem Tod fand man das umfangreiche Material gesichtet und vorbereitet, nichts aber druckreif[40]. Ein Aufsatz, der in den dritten Band aufgenommen werden sollte, ist noch vor Hillebrands Tod in den ‚Deutschen Rundschau' erschienen[41]. In einem Brief an den Freund G. H. Desbats, mit dem Hillebrand die Jahre 1850-52, die der dritte Band behandeln sollte, gemeinsam erlebt hatte und dem er den dritten Band widmen wollte, teilte er Näheres über die Beurteilung dieser Jahre mit, die für ihn selbst schicksalhaft geworden waren. „Nous n'avons pas aimé ce régime", schrieb er über das zweite Kaiserreich, „tant qu'il a duré; nous le jugeons plus équitablement maintenant... j'aimerais à montrer ce régime tel qu'il fut en

---

[37] In Turin verschaffte ihm Emilio Visconti-Venosta persönlich Zutritt zu den geheimen Staatsakten Italiens. Visconti-Venosta an H., 15. August 1875. — Vgl. WOLFRAM MAUSER: Incontri Italiani di K. H., In: NA 1957, Bd. 469, S. 544.

[38] H. an Liszt, Juli 1875.

[39] H. an Villari, 22. April 1882.

[40] Jessie H. an Barzellotti, 7. Dez. 1884.

[41] ‚Die Anfänge der Republik in Frankreich'. In: DR 1882, Bd 30, 220—45 und 409—19.

réalité, avec ses vertus et ses vices, ses succés et ses mécompts" [42]. Er schloß das Widmungsschreiben an seinen Freund mit der Hoffnung, daß er die Gesundheit soweit zurückerlangen möge, sein Lebenswerk vollenden zu können: den Triumph und den Schiffbruch des Cäsarentums zu erzählen.

Die Aufnahme der ersten beiden Bände war sehr gut. Zu einem Volksbuch, wie Hillebrand gehofft hatte, wurde seine ‚Geschichte Frankreichs' nicht, konnte sie nicht werden. Hillebrand empfand dies als Ungerechtigkeit und klagte verbittert darüber.[43] Von Sybel stammt das treffendste Urteil über das Werk: „Bei einer Erörterung der literarischen, religiösen, sozialistischen, ökonomischen und geselligen Bewegung zur Zeit des Juli-Königtums, einer Zeit also, wo in Frankreich auf allen jenen Gebieten die Geister mit beispielloser Energie und in zahllosen Parteischattierungen aufeinanderplatzten, bei einer solchen Erörterung wird kein Verfasser der Welt auf ungeteilte Zustimmung zu jedem Punkte seiner Auffassung und Beurteilung rechnen dürfen. Um so entschiedener aber ist zu betonen, einmal die Gründlichkeit des Studiums, auf welchem die Darstellung beruht, die Masse des darin verarbeiteten Materials, die Zuverlässigkeit der einzelnen tatsächlichen Angaben, und sodann die Richtigkeit der leitenden Gesichtspunkte, unter welchen die wechselvolle Bewegung beobachtet und in ihrem Gesamtergebnis charakterisiert wird." [44]

Beachtenswert ist die F o r m , in der Hillebrand das umfangreiche Material aus allen Lebensgebieten des damaligen Frankreich bot. In einem Brief an Rodenberg, in dem er sich darüber beklagte, daß seine historischen Schriften im Vergleich zu jenen Treitschkes kaum beachtet würden, gab Hillebrand zu, daß ihm Treitschkes Wärme und Leidenschaft fehlten und daß seine Schriften nicht so ‚teutsch' seien wie jene des großen Historikers, aber, so meinte er, Billigkeit und abgerundete Komposition, „zwei Dinge, von denen er (Treitschke) keine Ahnung hat", sollten doch hundert Leser einbringen, wo Treitschke tausend hat [45]. In der Tat, Hillebrands Geschichtswerk zeigt trotz seines Umfanges die formalen Qualitäten seiner früheren Studien und seiner Esssays. Es verrät eine klare Komposition nach einem vorgefaßten Plan. Im Streben nach Klarheit

---

[42] Das Widmungsschreiben wurde von PASQUALE VILLARI in der RSI 1886, Bd 3, 964—70 unter dem Titel ‚Uno scritto inedito del prof. Carlo Hillebrand' veröffentlicht. Villari gab als Einleitung die Widerlegung der Vorwürfe, die H. aus Frankreich entgegengebracht wurden. Die Schrift kam auch als Broschüre heraus: Florenz 1886. — Vgl. S. 29.

[43] H. an Rodenberg, 10. August 1879. In: PJb 1931, Bd 226, S. 43.

[44] HZ 1881, Bd 45, 153—60. — Kritiken in: HZ 1879, Bd 42, 173—77; DR 1880, Bd 23, 311—18 (Friedrich Heinrich Geffcken); DLB 1879, Bd 2, 67—68 und 73—74 (Wilhelm Herbst); RCr 1878/1, 343—47 (Bd 1); RCr 1880/1, 191—97; (Bd 2 von Sorel); ASI 1877, Ser. 3, Bd 26, 132—40 (Bd 1); ASI 1880, Ser. 4, Bd 5, 127—32 (Bd 2); ASI 1881, Ser. 4, Bd 7, 441—42 (Vorgeschichte); Athenaeum Belge 1880/3, 69; Academy, London, 1878, Bd 13, 70—72 (Gabriel Monod) — hier (S. 118—19) auch ein Brief Hs an den Verfasser der Rezension, in dem H. seine politischen Ansichten darlegt; RS 1878, Bd 1, 382—83.

[45] H. an Rodenberg, 10. August 1879. In: PJb 1931, Bd 226, 43.

glaubte Hillebrand auch auf fast alle Fußnoten verzichten zu müssen. Die einzelnen Abschnitte stehen erst einmal für sich, innerlich durchorganisiert und gestaltet. Schon Joret erkannte und würdigte Hillebrands Absicht bei der Darstellung des Materials. „ . . . il groupe en un certain nombre de tableaux les événements principaux du règne." [46] Wie in früheren Veröffentlichungen und in den Essays erhält auch hier das Gesagte seine letzte Sinnerfüllung durch die Art und Weise, in der es dargestellt wird. Neben die Suche nach Wahrheit tritt auch in der ‚Geschichte Frankreichs' eine gewisse Freude am Darstellen. Gestaltet erscheinen aber nicht nur die einzelnen Abschnitte: Die ganzen fünf Bände sind nach einem festen, künstlerischen Plan angelegt. Hillebrand nannte die Geschichte dieser vierzig Jahre ein Drama.[47] In diesem Sinne entwarf er eine Gliederung des Stoffes, die an das klassische Schauspiel erinnert. Der erste Band stellt eine Art Exposition dar, in deren Verlauf der Leser — für einen solchen war das Werk, das kein Handbuch sein sollte, gedacht — in das Geschehen der ersten Jahre und in das Wesen der treibenden und hemmenden Kräfte eingeführt werden sollte. Die gesamte Entwicklung Frankreichs vor 1870 stellt sich als eine in sich abgeschlossene Bewegung dar, deren Wurzeln im Geschehen vor und um 1830 liegen. So enthält der erste Band alle Ausgangspunkte für den späteren geschichtlichen Ablauf. Dieser wird als Kräftespiel aufgefaßt, als dramatisches Spiel und Gegenspiel, in dessen Mittelpunkt Triumph und Schiffbruch des Cäsarentums stehen sollten. Die Geschichte Frankreichs vor 1870 als Tragödie und die Katastrophe als Endpunkt einer dramatischen Verstrickung zu begreifen, war eine neue und originelle Idee und konnte nur in der Vorstellungswelt eines Historikers entspringen, der aus der ästhetischen Schule des deutschen Idealismus kam und Geschichte, wie das Leben überhaupt, mit künstlerischen Augen betrachtete.

In einem weiteren Sinne kam Hillebrand seiner eigenen Forderung nach künstlerischer Gestaltung des Geschichtswerkes nach. Trotz der Beschränkung auf das rein Tatsächliche, die sich Hillebrand vornahm, bot er nicht nur einen Überblick über den historischen Ablauf und eine dürre Beschreibung der geistigen, wirtschaftlichen und psychologischen Zustände dieser Jahrzehnte. Wenn auch seltener als in den Essays, so vermittelte Hillebrand auch hier Ideen, Erfahrungen und Lebensweisheit. Auf diese Weise erscheint die Geschichte nicht nur für sich, sondern als Spiegel des Menschlichen, als ein schicksalhaftes Auf und Ab, das mit Schuld und Elend so eng vertraut ist wie mit Glück und Erfolg. Diese Vertiefung ins Menschliche, die bei oberflächlicher Betrachtung als Mangel an Objektivität erscheinen mag, ist es aber erst, die den schicksalhaften, dramatisch gesehenen Ablauf der Geschichte dieser Jahre glaubhaft ercheinen läßt. Freilich, von den fünf ‚Akten' der Tragödie sind nur die ersten beiden ausgeführt worden. Nicht nur wegen der persönlichen Zeugenschaft Hillebrands in den

---

[46] RCr 1878/1, 343.
[47] Vorwort zu Bd 1, S. XII. Hier auch Näheres über das Gestaltungsprinzip.

Jahren des Kaisertums, sondern auch aus künstlerischem Interesse ist es zu bedauern, daß das Werk Fragment geblieben ist.

Hillebrands Arbeit an der ‚Geschichte Frankreichs' war intensiv und zeitraubend. Aus diesem Grunde schränkte er nach 1875 die Teilnahme am gesellschaftlichen Leben stark ein. Auch nahm er nur selten in Rezensionen und Essays zu Neuerscheinungen und zu Ereignissen seiner Zeit Stellung. Viele der Essays, die in diesen Jahren erschienen, sind Kapitel der ‚Geschichte Frankreichs' oder Arbeiten, die sich stofflich daraus ergaben. Mit einer gewissen Straffung in seinem Schaffen, die die schwierige Arbeit an der ‚Geschichte' mit sich brachte, hing es auch zusammen, daß sich Hillebrand in diesen Jahren jeder polemischen Äußerung enthielt. Nur einmal unterbrach er seine eigene Arbeit zugunsten eines anderen größeren Unternehmens, und zwar 1879, als er seine sechs Vorlesungen über deutsche Geistesgeschichte in London hielt. Aber selbst der Aufenthalt in England diente ihm dazu, Material für seine Hauptarbeit zu sammeln. Andere Angebote, auch die ehrenvollsten, schlug er aus. Nur auf seiner Rückreise aus England hielt er einen öffentlichen Vortrag in B r e m e n. Am 23. September 1879 sprach er im kaufmännischen Verein ‚Union' vor großem Publikum über ‚Die Entwicklung der französischen, englischen, italienischen und deutschen Gesellschaft.' Er glaubte mit einem gemeinverständlichen Vortrag dieser Art dadurch eine „liebe Pflicht" zu erfüllen, daß er an seinem „kleinen Teile an der so wünschenswerten Überbrückung der noch immer zwischen höherem Bürgertum und Gelehrtenstand gähnenden Kluft" mitarbeitete [48].

ENDE

Letzte Arbeiten - Krankheit - Siechtum - Agli Allori

Im Herbst 1879 kehrte Hillebrand nach einigen entspannenden Tagen im Hause Otto Gildemeisters nach Florenz zurück. In seiner Brust trug er damals schon den Keim der tödlichen Krankheit. Er fühlte sich schwach, zwang sich aber zur Arbeit. „Ich habe wieder einmal zu viel Heu auf meine Gabel genommen" [1], schrieb er an Rodenberg. Alle Ermahnungen seiner Gemahlin und seiner Freunde waren umsonst. Innere Unruhe und Rastlosigkeit trieben ihn zur Arbeit. Wie in früheren Jahren gestaltete er seinen Arbeitstag: Von den frühen Morgenstunden bis zum Mittag schrieb er. Der Nachmittag gehörte dem Studium, der Abend der Gesellschaft. Sein Arbeitsrhythmus war so intensiv wie sein ganzes Leben. Dieses pausenlose Schaffen erinnerte zuweilen an einen

---

[48] H. an Sattler, 18. Februar 1880. In: PJb 1931, Bd 226, 44—45.
[1] H. an Rodenberg, 10. August 1879. In: PJb 1931, Bd 226, 43.

Baum, der im letzten Jahr seines Lebens übervoll trägt. Unrast und Überanstrengung führten aber zu einer raschen Entkräftigung der Nerven. Wie in den anderen Jahren brachte ihm der Sommer eine gewisse Erholung und Kräftigung. Bald zeigten sich aber die ersten Symptome einer tückischen Krankheit. Edgar Kurz erkannte, daß es sich um eine Hals- und Lungentuberkulose handelte. Von Woche zu Woche schwanden die Kräfte. Bald hatte Hillebrand auch die Stimme fast ganz verloren. Nach einiger Zeit der Ruhe und der Schonung erholte er sich wieder, aber nie mehr ganz. Im Sommer und Herbst 1880 arbeitete er, schon unter Aufwand aller Kräfte, an der Fertigstellung seiner Einführung zur ‚Geschichte Frankreichs', an einigen Essays, die im Herbst 1880 und im Laufe des Jahres 1881 erschienen, und an der Bewältigung des umfangreichen Materials für den dritten Band der ‚Geschichte'. Wochen der geistigen Frische wechselten mit solchen allgemeinen Siechtums ab. Am 21. April 1881 fand der letzte offene Abend in seinem Hause statt. Im Juni 1881 fuhr Hillebrand nach Badenweiler. Von der Kur erhoffte er sich eine Besserung. Sein Körper war aber schon zu geschwächt. Auf der Hinreise mußte er in Bozen zwei Tage unterbrechen. In den weiteren Jahren zog Hillebrand dann unter größten Anstrengungen durch ganz Europa, ständig in der Erwartung jener Besserung, die die Ärzte nicht für ausgeschlossen hielten. Den Herbst 1881 verbrachte er mit Jessie in Mühlbach im Pustertal. Von Dezember 1881 bis April 1882 weilte er das erste Mal nach 1870 in Frankreich [2]. In Paris traf er einige seiner alten Freunde, die ihm treu geblieben waren. Im übrigen blieb er inkognito. Nur wenige Tage hielt es ihn in der Stadt, mit der ihn so viele schöne, aber auch bittere Erinnerungen verbanden. In den Sommermonaten 1882 versuchte er dann in England, dessen Klima ihm immer wohl getan hatte, Besserung zu finden. Er verbrachte viele Wochen an der Ostküste der Insel (in Ethelbert Crescent in Kent, in Lowestoft in Suffolk). Die schönen Herbstmonate dagegen wollte er sich in Florenz nicht entgehen lassen. Im Frühjahr 1883 hielt sich Hillebrand einige Monate in der Schweiz auf (Gersau am Vierwaldstättersee und Chexbres bei Vevey), dann in Deutschland, vor allem in den Badeorten Baden/Baden (wo ihn der Arzt der Kaiserin, Dr. Veltens, behandelte), Schlangenbad, Bad Nauheim und Badenweiler. Später wieder in Gersau, in England, in den Pyrenäen und wiederum in Deutschland. Auf Erleichterungen stellten sich immer wieder Verschlechterungen ein. Jessie, die ihn in diesen Jahren immer begleitete und mit Sorge und Liebe umgab, trug viel dazu bei, ihm die letzten schweren Jahre seines Leidens zu erleichtern.

Hillebrand selbst war sich schon im Winter 1881—82 darüber im klaren, daß an eine Heilung nicht mehr zu denken war. Bewegend sind die Sätze, mit denen er am 14. Dezember 1881, „mehr als dreißig Jahre zu spät", die Aufzeichnungen über sein Leben begann: „Was jetzt kommt, kann nur von geringem Interesse sein. Bewegte Erlebnisse, wie die meiner Jugend, stehen nicht

---

[2] Jessie H. an Villari, 23. Juni 1885. — Die Vorwürfe von französischer Seite, daß es H. nicht gewagt habe, nach Frankreich zurückzukehren, sind also unbegründet.

mehr bevor; das Zusammentreffen mit bedeutenden Menschen wird immer seltener werden, je mehr ich mich in meine Einsamkeit und Stille zurückziehe; aktiv werde ich sie gar nicht mehr sehen; denn selbst inaktiv werde ich nur noch als Zuschauer zugelassen werden, vor dem man nicht handelt, sondern spielt; die Leidenschaften haben ausgetobt und alles ist still um mich und meine Liebe geworden." Nichts fiel diesem Manne schwerer, als ein untätiges Leben führen zu müssen, fast animalisch dahinzusiechen. „Es ist die reine Barmherzigkeit", schrieb er an Frau Gildemeister, „noch an dies alte Wrack zu denken, das nutzlos und zierlos auf dem Sande liegt. Wenn ich's recht bedenke, so war es damals schon leck, als ich mich Ihrer Gastfreundschaft erfreute; jetzt pumpen wir, pumpen, pumpen, aber flott wird's nicht wieder. Das spärliche Flüßlein von Stimme, das ich vor dem Bremer Auditorium ergossen, ist auch ganz versiegt, und ich gucke nur noch so zu. Aber da komm' ich in die Bilder, wozu ich gar kein Recht habe." Und er fuhr fort: „Was liegt denn daran, ob man ein paar Monate mehr oder weniger lang lebt, und ist's nicht besser, im Schatten der Zypressen von Montoliveto der Welt Adieu zu sagen als unter dem grauen Himmel transalpiner Lande? Nur für meine arme Frau tut's mir leid. Sie weiß nicht, wie krank ich bin, und wird hart getroffen sein." [3] In fast allen Briefen dieser letzten Jahre ist von Hillebrands Krankheit die Rede. Er klagte resigniert, daß ihm die Kräfte fehlten, daß ihn in der Nacht kalter Schweiß quäle und daß ihm die Schmerzen und fast unerträgliche Nervosität die Tage verbitterten. Dennoch blieb sein ganzes Denken und Sinnen auf seine Arbeit gerichtet. „Vier der schönsten Essays habe ich im Kopf für Sie", schrieb er an Rodenberg, „aber die Kraft zum Niederschreiben fehlt." [4] In wenigen Wochen geistiger Frische und relativer körperlicher Stärke verfaßte er seine letzten Essays, den Nachruf auf Theodor Heyse, seinen väterlichen Freund, und die leider Fragment gebliebene Untersuchung über die modernen Romane.

Im letzten Lebensjahr, in dem Hillebrand sogar ein anspruchsloses Gespräch schon Anstrengung kostete, wurde er vollends einsam. Nur mit wenigen blieb er in Verbindung, vor allem mit Heinrich Homberger, mit Giacomo Barzellotti und mit Pasquale Villari. In einem Dankschreiben an Villari, der ihm einen seiner Essaybände gewidmet hatte, zog Hillebrand die traurige Summe seines Lebens: „Al momento di aver per così dire finito i preparativi morali ed intellettuali, d'esperienza e di studio per incominciare l'epoca vera, mi accorgo che devo contentarmi di tutte queste prefazioni come solo contributo al lavoro a cui ci siamo devoti, noi altri liberi muratori della vera cultura." [5] Die Enttäuschung, das Leben im Augenblick schönsten und ertragnisreichsten Schaffens zu Ende gehen zu sehen, ließ ihn aber nicht an seinem Schicksal verzweifeln. In weiser Einsicht erkannte er, daß er seinen Teil am Leben gehabt und trotz allem Grund habe, zufrieden zu sein: „Rien n'est étrange comme le sentiment qu'on éprouve, quand, arrivé à la bonne route et qu'on croit que maintenant

---

[3] H. an Frau Gildemeister, 1. Dez. 1882. In: Corona 1934, Jg. 4, 571—72.
[4] H. an Rodenberg, 15. Juni 1883. In: Corona 1934, Jg. 4, 573.
[5] H. an Villari, 2. Januar 1884.

on va marcher, on se retourne et trouve que le voyage est fini et que le peu qu'on a pu ramasser en route est tout ce qu'on laissera de soi. Je ne me plains pas, je ne deviens pas élégiaque et la pleurnicherie est loin de moi. ‚Tout est èvolution', comme tu dis, et j'ai eu ma belle part au banquet de la vie. Les dieux m'ont toujours voulu du bien: ils ont toujours tenu loin de moi le spectre du besoin, ils ont puni avec indulgence et p e d e   c l a u d o les fautes et les vices dont j'ai pu me rendre coupable dans ma jeunesse; avant tout ils m'ont donné et conservé un tempérament heureux, qui fait que les blessures cicatrisent vite et que la stérile réflexion sur le passé, l'inutile sondage de l'avenir ne m'ont jamais gâté le présent; j'ais pris un vif intérêt à la comédie de ce monde et j'en ai joui; l'amour le plus noble et le plus constant a toujours étendu son aile sur moi comme un ange gardien; les amitié les plus sûres, vraies et voyantes m'ont soutenu dans tout le cours de ma vie; les hommes en général m'ont montré de la sympathie et les femmes m'ont choyé; j'ai obtenu le genre de réputation discrète, circonscrite, mais de bon aloi, qui était ma seule ambition, et si les dieux m'accordent encore une fin calme et proprette, j'aurais mauvaise grâce dans une autre vie de me plaindre de celle-ci." [6]

Wenige Tage vor seinem Tode kehrte Hillebrand nach Florenz zurück. Eine Lawine hatte den Gotthard verschüttet und so mußte er über Geröll und Erdmassen getragen werden, da seine Füße nicht mehr stark genug waren, um seinen Körper zu stützen. Kaum zwei Tage nach seiner Rückkehr nach Florenz starb Karl Hillebrand am 18. Oktober 1884 in Gegenwart seiner Gemahlin, die ihn bis zum Tode treu gepflegt hatte. Sein letzter Wunsch ging in Erfüllung: Er starb in jener Stadt, die er sein Leben lang geliebt hatte und deren männlichen Ernst, deren maßvolle Zucht und deren heitere Liebe zum Schönen als Symbol über seinem bewegten Leben stehen könnten. Hillebrands letzte Worte sollen gewesen sein: „Vedi, quanto avevo ragione d'amare l'Italia." [7]

Der Tod Hillebrands wurde als literarisches Ereignis empfunden. Aus aller Welt kamen Kundgebungen des Mitfühlens. Die deutsche Presse sandte einen großen Lorbeerkranz [8].

---

[6] HARTWIG, K. H., S. 176—77.

[7] Jessie H. an Carlo Guerrieri-Gonzaga, 15. Nov. 1884. Näheres über Hs Tod im Brief Irene Hildebrands an Adolf von Hildebrand, Dezember 1884.

[8] Näheres über Beileidskundgebungen bei: MARIO PRATESI: K. H. in: Illustrazioni Italiane, 16. Nov. 1884, Nr. 11, S. 311. — Die Stadt Florenz, die H. für seine vielfachen Verdienste um die Stadt das Ehrenbürgerrecht verliehen hatte, ließ an seinem Wohnhaus am Lungarno Vespucci 68 (damals 32 und dann 50) eine Marmortafel anbringen: *Carlo Hillebrand | Negli idiomi di Germania Francia ed Inghilterra | Lodato scrittore | Bene merito del popolo italiano | Illustrandone con sagaci studi le antiche lettere | E accrescendogli favore nei nuovi tempi | Tra le altre nazioni. | Qui dove | Fiorentino per affetto | Visse quattordici anni | E morì il 18 d'ottobre del 1884 | Il Comune | Q. M. P.* — Auch am Gießener Wohnhaus der Familie Hillebrand, ‚Am Wall' (jetzt Westanlage ‚Gasthaus zum Lamm') wurde eine Tafel zu Ehren K. Hs angebracht; das Haus wurde aber 1944 durch Bomben restlos zerstört. — Nach Joseph Hillebrand ist in Gießen eine Straße benannt.

Hillebrands Leiche wurde am 27. Oktober 1884 in Rom verbrannt. Die Urne wurde auf dem protestantischen Friedhof Agli Allori bei Florenz beigesetzt [9]. Dort ruht dieser nimmermüde Geist im Kreise bedeutender Männer und Frauen der deutschen Kolonie. Im Schatten der Zypressen dieses einsamen Florentiner Friedhofes haben sie ihre letzte irdische Heimstätte gefunden: Theodor Heyse, Heinrich Homberger, Gisela Grimm, Arnold Böcklin, Karl Stauffer-Bern. Das Grabmal Hillebrands schmückt eine Bronzebüste aus der Hand Adolf von Hildebrands. Der Stein trägt Goethes Distichon:

„Halte das Bild der Würdigen fest! Wie leuchtende Sterne
Theilte sie aus die Natur durch den unendlichen Raum."

---

[9] Die Bronzebüste wurde von Adolf von Hildebrand im Auftrage der deutschen Kronprinzessin angefertigt. Mehrere Bronze- und Gipsabgüsse sind erhalten. Die Büste stammt aus den letzten Lebensjahren Hs und zeigt deutlich seine damals schon krankhaften Züge. — Das Goethe-Distichon am Grabe wurde von Heinrich Homberger ausgewählt. Es ist eines der sechs Distichen, die GOETHE 1830 in der Zeitschrift ‚Chaos' veröffentlichte und die von späteren Herausgebern in die ‚Jahreszeiten — Herbst' (zwischen 45 und 46) eingefügt wurden. W. A., 1. Abt., Bd 4, S. 124. Das Grab Hs liegt am Westrand des Friedhofes Agli Allori in Florenz (Via Senese). Hs Gemahlin Jessie starb am 8. Mai 1905. Sie ruht im selben Grabe.

GEISTIGE WELT

DER MENSCH

Das Bildungsideal

„Der wahre Zweck des Menschen, nicht der, welchen die wechselnde Neigung, sondern welchen die ewig unveränderliche Vernunft ihm vorschreibt — ist die höchste und proportionierlichste Bildung seiner Kräfte zu einem Ganzen." [1] Mit diesen Worten umriß Wilhelm von Humboldt das Bildungsideal des deutschen Idealismus. Mahnend und weisend stand es jahrzehntelang über dem Werden vieler Deutscher. Trotzdem kaum jemand imstande war, das Ideal in die Wirklichkeit umzusetzen, verlieh es einer ganzen Epoche ihren charakteristischen Zug. Noch in den späten Jahrzehnten des 19. Jahrhunderts und selbst im 20. Jahrhundert blieb es vielen Denkern und Erziehern Richtschnur und Maß. Mit der fortschreitenden Mechanisierung der Welt und dem Überwiegen des Materialismus wurde aber die Zahl jener, die bereit waren, das Bildungsideal der deutschen Klassik mit Überzeugung zu vertreten, immer kleiner. Wie Kämpfer auf verlorenem Posten muten diese Einzelnen an, die das Recht und die Würde des Individuums gegen den steigenden Druck der Masse zu verteidigen suchen [2]. Einer dieser späten Verfechter des Bildungsideals der Goethezeit war Karl Hillebrand. Sein Leben, sein Denken, sein historischer Blick, sein politisches Urteil, selbst sein ästhetisches Empfinden sind ohne den Geist der deutschen Klassik, ohne Herder, ohne Goethe und ohne Humboldt nicht zu verstehen. Menschsein war ihm das Höchste. Der deutsche Humanismus blühte in ihm noch einmal auf. Aber es war eine späte Reife, tief im Nachsommer des deutschen Idealismus. Die Luft war schon klarer, die Konturen waren schon schärfer, aber Leben und Kraft begannen zu weichen.

Der Denker Wilhelm von Humboldt und der Mensch Goethe waren es, die Hillebrand auf seinem Entwicklungsweg begleiteten. Das war kein Zufall. Der jugendliche Idealist Hillebrand hatte im Wirken für die Gemeinschaft, für den Staat die höchste Form menschlicher Betätigung gesehen. Mit Begeisterung war er der politischen Entwicklung in Deutschland und Europa gefolgt. Als sich aber 1848 die Ideale bewähren sollten, zerfielen sie zu nichts. In Deutschland siegte die Reaktion. Frankreich stürzte sich in die Arme eines Despoten. Hillebrand war enttäuscht, ohne Halt, ohne Ideal. Der protestantische Glaube bedeutete ihm wenig, jedenfalls vermochte er das gestürzte Ideal nicht zu ersetzen. Da entsann sich Hillebrand seiner frühen Jugend. Im Vaterhaus in Gießen hatte man Goethe tief verehrt und als Inbegriff der vollkommenen und freien Persönlichkeit gefeiert. Die Erinnerung daran war unauslöschlich. In den Jahren der Krise, die seiner Flucht folgten, wies sie Hillebrand neue Wege. Das konservative Bordeaux tat das Seine, den jungen Stürmer und

---

[1] WILHELM VON HUMBOLDT: Gesammelte Werke. Bd 7. Berlin 1852. S. 10.
[2] Ein interessanter neuer Versuch: THEODOR LITT: Das Bildungsideal der deutschen Klassik und die moderne Arbeitswelt. Bonn 1955.

Dränger auf die Bahn ideal-individualistischen Denkens und Empfindens zu führen.

Welch weiten Weg innerer Entwicklung der Badener Revolutionär zurücklegte, geht aus dem Schlußabschnitt seines meisterhaften Essays *Zur Entwicklung der abendländischen Weltanschauung* hervor, der in dem Satz gipfelt: „Und was immer unser verweichlichtes Zeitalter behaupten mag, Gerechtigkeit ist noch das, wird immerdar das sein, wofür Plato und Aristoteles sie erklärten, die höchste und männlichste aller Tugenden." (VII, 25). Gerecht ist, was dem Recht entspricht. Das Wort „Gerechtigkeit" bedeutet aber nichts, wenn nicht gesagt ist, worauf sich das Recht stützt. Gerechtigkeit ohne Maß ist undenkbar. Es ist daher nicht genug, „sich alles Parteigeistes zu entäußern" (VII, 24), denn die Gerechtigkeit hat nichts mit Urteilslosigkeit zu tun. Gerecht vermag nur zu sein, wer einen Standpunkt über den Parteien gefunden hat, wer eine Norm besitzt, die selbst den widerstrebendsten Elementen angemessen ist. Daher kann die Geschichte der abendländischen Weltanschauung nur begreifen, wer außerhalb der Strömungen, der Epochen und der Parteien steht, wer ein überzeitliches Maß an sie zu legen imstande ist. Hillebrand war fest davon überzeugt, das absolute Maß der Gerechtigkeit gefunden zu haben. Er bemühte sich, jeden Zeitabschnitt zu verstehen, jeder Epoche auf den Grund ihres Wesens zu gehen und dann die Erkenntnisse einander gegenüberzustellen. Dabei wurde sich Hillebrand aber nicht dessen bewußt, daß auch er selbst von einer vorgefaßten Meinung ausging: „Gleichwohl ist die von dem modernen Europa geleistete Arbeit in Wahrheit eine einzige, wenn auch die Arbeiter einander verschiedene Male abgelöst und ihren Nachfolgern die Fackel des geistigen Lebens eingehändigt haben: Vitae lampada tradunt. — Es ist e i n Grundstock, e i n Kapital, — das Kapital der Menschheit, — das sie gesammelt haben, indem der Reihe nach ein jeder die Frucht seiner Mühen beisteuerte." (VII, 2). Menschheit, Menschsein, Menschentum sind für Hillebrand gleichbedeutend mit Abendland, gleichbedeutend mit Welt überhaupt. Sinn, Rechtfertigung und Erfüllung des irdischen Daseins liegen letztlich im Menschsein des Einzelnen. Der Mensch steht im Mittelpunkt. Er ist Ausgang und Ende jeder Betrachtung und jeder Beurteilung. Der Mensch ist Maß. „Der wahre Gehalt und Inhalt eines jeden Kunstwerkes, wie auch jeder Tat, ist der Mensch, der sich darin kundgibt." (VII, 148). Diese Worte Hillebrands sind Goethes Erkenntnis im ‚Wilhelm Meister, verblüffend ähnlich: „Der Mensch ist dem Menschen das Interessanteste, und sollte ihn vielleicht ganz allein interessieren."[3] Der Mensch, der aus Kunstwerken und aus Taten spricht, ist für Hillebrand aber nicht der Mensch im rohen Naturzustand, sondern der gebildete und allseits geformte, der seine Talente und Werte voll entwickelt hat. Denn die „höchste sittliche Aufgabe des Menschen" besteht darin, „die Gaben, welche ihm die Natur verliehen, rein und ganz, im Notfalle sogar rücksichtslos und egoistisch auszubilden." Dies aber nicht nur, um sich selbst zu genügen, sondern „um sie dann im

---

[3] JOHANN WOLFGANG GOETHE: Wilhelm Meisters Lehrjahre. W. A., 1. Abt., Bd 21, S. 158.

Dienste eines Außerpersönlichen zu verwenden."[4] Dieses Außerpersönliche ist für Hillebrand der Mitmensch, gleichgültig, ob er als Einzelwesen oder als Mitglied einer Gemeinschaft auftritt: „Ich bin kein Naturschwärmer. Ich muß ans Menschliche anknüpfen können."[5]

Schon früh tritt die Idee der **Menschenbildung und -formung** in den Mittelpunkt von Hillebrands Denken und Wollen. „Zweck aller Bildung, der bescheidensten wie der höchsten ... ist Harmonie, d. h. Zusammenhang des Einzelnen in sich und mit der Menschheit." (VI, 370—71). „Harmonie", das Zauberwort des deutschen Idealismus, taucht auch bei Hillebrand auf. In allem sucht er sie, im Leben wie in der Geschichte. „Was jenen beiden kleinen Punkten (Athen und Florenz) den unwiderstehlichen und unvertilgbaren Reiz verleiht, den kein Großstaat der Geschichte je geübt hat, ist die Harmonie, in der hier Natur und Mensch, Geist und Materie, Inhalt und Form, Staat und Kunst auftreten." (II, 18). Harmonisch, innerlich ausgeglichen ist auch der Mensch, wenn er die höchste Stufe seiner Entwicklung erreicht hat, d. h. frei, würdevoll, vernünftig, selbstsicher und einsichtsvoll über dem Leben steht. Das vermag aber nur, wer sich seiner Gaben und Grenzen bewußt ist. Der harmonische Gleichklang ist nicht als Ausgleich zwischen Gegensätzen zu verstehen. Harmonie ist für Hillebrand gleichbedeutend mit Ganzheit und Vollkommenheit. „Die Ganzheit war Thiers großes Geheimnis, wie das Geheimnis aller großen Persönlichkeiten. Er war nirgendwo halb, auch nicht im Geringsten, und das Geringste interessierte ihn, wie ein wißbegieriges Kind." (IV, 132). Zur wahren Bildung kann alles, jedes kleinste Erlebnis beitragen, denn wahre Bildung besteht nicht in der Menge des aufgestapelten Wissens, sondern in der „Entwicklung und Erweiterung der Gedanken- und Gefühlswelt." (III, 384). Erst die Ausbildung des gesamten Menschen ermöglicht eine wahrhaft menschliche Kultur. „Or, c'est la vue d'ensemble qui fait les hommes supérieurs; c'est le développement harmonique de toutes les facultés qui seul constitue une culture vraiment humaine." (DC 361). Auch in dieser Hinsicht steht Hillebrand in unmittelbarer Nähe Goethes, der im wirklich großen Menschen sämtliche Eigenschaften gleichmäßig vereinigt sah[6]. Dieser Mensch ist nicht nur gebildet, sondern auch tolerant. Allen gegenüber. Und Hillebrand mag sich bewußt als geistiger Erbe Lessings gefühlt haben, wenn er in seinem umfangreichen Gesellschaftsbild Berlins die Bedeutung des Judentums im literarischen Leben der Stadt betonte und damit der Toleranz ein Denkmal setzte[7].

Die Gerechtigkeit, die Hillebrand für die höchste männliche Tugend hielt, wurzelt aber nicht nur im Menschen, dem Maß alles irdischen Lebens. Sie stützt sich nicht weniger auf Erkennen und Verstehen. Erkennen und Verstehen aber — und da ist Hillebrand ganz Kind seines Jahrhunderts — schienen ihm unmöglich ohne Einsicht in das **Werden und in die Entwicklung**

---

[4] GW 1884, Bd 25, S. 185.
[5] H. an Adolf von Hildebrand, 19. Juli 1883.
[6] GOETHE: WA, 1. Abt., Bd 34, S. 12.
[7] Vgl. UE, 344.

des Einzelwesens. Mit der Idee der Ganzheit und der Harmonie verband er die Idee der Entwicklung, des pflanzenhaften Werdens eines in sich abgeschlossenen Organismus. Diesen Gedanken organischer Entwicklung, den Herder so wirkungsvoll dargelegt hatte, fand Hillebrand in den Werken vieler Denker des 18. und 19. Jahrhunderts, nicht nur bei Goethe und Humboldt, sondern in ähnlicher Weise auch bei Burke und Tocqueville. Hillebrand geht aber nicht so weit, das Werden allein als Evolution, als einen aus dem Inneren kommenden Drang zur eigenen Vervollkommnung zu verstehen. Er schließt den Einfluß der Umgebung keineswegs aus. Bildung ist für ihn vielmehr das Entwicklungsergebnis, das auf einer den äußeren Umständen angemessenen bewußten Ausformung aller im Menschen vorhandenen Anlagen beruht. Hillebrand gibt Umwelteinflüsse zu, zugleich grenzt er aber seinen Standpunkt gegen die damals in Frankreich blühenden rationalistisch-positivistischen Theorien und Methoden ab. Was er vom Dichter sagt, gilt für jeden schöpferischen Menschen: „Le poète n'est point la résultante, il est la voix de son temps et, en passant par sa pensée individuelle, la pensée de son temps et de son milieu prend une forme personelle qui lui donne le droit de revendiquer sa part de paternité dans l'œuvre." (EI 10). Die Einwirkungen von Milieu, Rasse und Moment sind also vorhanden, entscheidend ist aber die bewußte Formung durch den Menschen, die von Vernunft und Ideal bestimmte Wahl der Vorbilder und Grundsätze, die zur inneren Entfaltung beitragen. Der Mensch ist der Umwelt nicht ausgeliefert. Es liegt an ihm, in ihr zu bestehen. Wohl mögen Milieu, Rasse und Moment das Äußerliche am Werk oder am Menschen beeinflussen, das Konventionelle, das ewig unwandelbare Idealbild des großen Menschen erscheint aber unter der Decke der Konvention zu allen Zeiten und in allen Teilen der Welt. Die Vervollkommnung des Menschen mag in einzelnen Fällen durch Umstände gehemmt werden (Krieg, Krankheit, Tyrannen), die menschlichen Grundvoraussetzungen werden aber durch Milieu, Rasse und Moment nicht berührt. Die Menschen aller Zonen, Zeiten und Rassen haben im Grunde die gleichen Möglichkeiten, sich zu einem harmonischen Ganzen, zu einer wirkungsvollen Persönlichkeit zu entwickeln. So entschieden war das weltbürgerliche Moment in der deutschen Klassik noch nicht angeklungen.

Entfaltung aller im Menschen ruhenden Kräfte, Aktivierung seiner ganzen Talente, Formung und Vervollkommnung, das war Wilhelm von Humboldts hohes Ideal. Er meinte, daß der Mensch „ohne Rücksicht auf bestimmte ihm zu erteilende bürgerliche Formen" [8] durch die volle Ausbildung seiner selbst den wertvollsten Beitrag zur Höherentwicklung des Menschengeschlechtes liefere. Der höchste menschliche Zweck lag für ihn in der Entfaltung und Erhöhung des Menschengeschlechtes. Goethes Denken dagegen ist erdnäher. In seinen reifen Werken spielt der Bürgersinn schon eine wichtige Rolle. Tätigkeit, Regsamkeit, der „Forderung des Tages" [9] nachzukommen, das sind die Tugenden, die das Ideal von Goethes bürgerlichen Menschen bestimmen. Sich auf das

[8] HUMBOLDT: Werke, Bd 1, S. 341. Vgl. S. 289.
[9] GOETHE: Maximen und Reflexionen. W. A., 1. Abt., Bd 42/2, S. 167.

zugeteilte Betätigungsfeld zu beschränken, schien dem Dichter vernünftig und eine Quelle des Glücks. „Wir wenden uns, wie auch die Welt entzücke, der Enge zu, die uns allein beglücke." [10] Trotz einer gewissen Nüchternheit und praktisch-rationalen Einstellung ist Goethes bürgerliche Welt von menschlicher Wärme und dem Gefühl der Geborgenheit erfüllt. Auch Hillebrands Idee der Bildung erschöpft sich nicht in einem abstrakten Ideal der Menschen- und Menschheitsverbesserung. Wie Goethe glaubte er, daß sie sich nur im Einzelwesen verwirkliche und verwirklichen könne. Nur wer harmonisch gebildet ist, bewährt sich in seinem Beruf und Wirkungsbereich. Wer seinen Aufgaben gewachsen ist, wer sich bewährt, der ist auch zufrieden (VI, 370), und allein die Zufriedenheit macht glücklich und den Menschen zu einem wertvollen Mitglied der Gemeinschaft. Die Einheit von Leben und Bildung schien Hillebrand grundlegend für das Dasein des einzelnen und der menschlichen Gemeinschaft. Goethes Forderung nach der Pflicht des Tages und Hillebrands Verlangen, eine Harmonie von Bildung und menschlichem Wirken herzustellen, kommen beide aus dem Verstande. Während bei Goethe aber Seelisches mitschwingt, steht für Hillebrand die Widerspruchslosigkeit des Weltbildes obenan. Bildung ist für ihn Forderung, Programm. Bei Goethe ist Bildung nichts Programmhaftes nichts Polemisches. Für ihn stellte sie nur eine Seite seines umfassenden, gelebten Menschentums dar. Bei Hillebrand ist die Verwirklichung seines Ideals nicht Ausfluß seines Wesens, sondern Absicht, Gewolltes. Daher die Härte, das Fordern, das Dogmatische, das Rationale, das ihn in die Nähe Humboldts rückt. Mit dem Herzen zog es Hillebrand stets zu Goethe. Sein Verstand war aber von stärkerer Intensität als sein Empfinden, sein Mit- und Einfühlen. So wurde Wilhelm von Humboldt sein Lehrmeister, Goethe dagegen sein großes, aber nie erreichtes Vorbild. Mit beiden hatte er vieles gemeinsam, Wesenhafteres aber doch mit Humboldt.

Der Humanismus Hillebrands kommt wie bei Goethe und Humboldt vom Christentum her." ... wie der Herder'sche Einfluß das Christentum mehr und mehr zu einer Art Humanismus erweiterte; wie endlich Kant ihm zur dauernden Grundlage nicht die Vernunft noch die Tradition, sondern das Gewissen gab: so hat unser Credo, selbst bei Freidenkern, nichts der Religion Feindliches, ja es hält sich selbst viel mehr für eine Fortsetzung, einen letzten Ausdruck der Religion." (VII, 251). Nicht von Nächstenliebe und Caritas ist die Rede, sondern von humanem Geist und menschlichem Empfinden. Nicht Christus verkörpert diese neue ‚Religion', Goethe ist ihr Vater. Sein „idealistischer Skeptizismus" (VI, 343) ist wegweisend. Und hieß das erste ‚Dogma' dieser ‚Religion' Humanität, so nennt Hillebrand das zweite: Freiheit. „Kein Franzose rang sich zu einer so absoluten Geistesfreiheit durch als Sainte-Beuve", sagt er von dem großen französischen Kritiker, der sich selbst als „zur Religion des Aristoteles und Goethe gehörend" bezeichnete. (VI, 32). „Ich denke wie Schiller", meint Hillebrand in einem Brief an Malwida von Meysenbug,

---

[10] GOETHE: Campagne in Frankreich 1792, W. A., 1. Abt., Bd 33, S. 271.

„daß keines Christen Andacht Gott mehr als dessen Freiheitsdrang gepriesen." [11] Freiheit hat Heiliges an sich, mehr: Sie ist die „große Zauberin, sie entfesselt die gebundenen Kräfte, sie weckt die schlummernden." (VI, 248). Freiheit ist für den liberalen Idealisten Hillebrand nicht nur ein abstraktes Ideal, sondern hat höchst konkrete Bedeutung: Sie ist die Grundvoraussetzung jeder Bildung. Gemeint ist dabei die volle menschliche Freiheit; die verschiedenen ‚Freiheiten von' hält Hillebrand nur für ein demagogisches Massenverführungsmittel. Zur vollen menschlichen Freiheit gehört auch, daß man nicht nur frei sprechen kann, sondern daß man auch gehört wird [12]. Freiheit und Bildung sind so zwei Begriffe, die nicht getrennt nebeneinander stehen, sondern einander entsprechen und einander bedingen und erst in ihrer jeweiligen Verwirklichung im Menschen sinnvoll werden und Sinn verleihen.

Sich zu bilden, im höchsten Sinne des Wortes mit sich und der Welt in Harmonie zu leben, war aber für Hillebrand nicht ein totes Ideal, ein Surrogat für versäumtes tätiges Leben oder eine Domäne des Philosophen oder Philologen; für ihn war es eine lebendige Macht von höchster Lebensnähe. Zugleich war es der Schlüssel zum eigenen Ich. B i l d u n g s a r b e i t war für Hillebrand daher nicht gleich mit Moralisieren. Nicht Lehrsätze und Faustregeln für das Leben wollte er verbreiten, sondern allgemein menschliche Gesetze wollte er aufsuchen und sich bewußt, vernünftig und sinnvoll daran orientieren. Für den Lehrer und Schriftsteller Hillebrand hieß das: tagtägliches Messen der Erscheinungen am Ideal. Dabei beseelte ihn der Wunsch, nicht Unverbindliches weiterzugeben, sondern den Gebildeten Europas geistige Nahrung zu vermitteln, erfahrenes, erlebtes Geistesgut. ‚Erfahrenes Geistesgut' hieß für den damaligen Menschen nicht dasselbe wie für den heutigen. Die Generation Hillebrands, vor allem aber die nach ihm, lernte in steigendem Maße in sich das Wesen kennen, dem es nicht beschieden ist, „in bruchlosem Wachstum zur Harmonie heranzureifen, sondern dem es obliegt, in stetem Ringen mit immer von neuem aufbrechenden Gegensätzen Selbst zu werden und Welt zu gestalten." [13] Dieses neue Welterlebnis brachte einen neuen Bildungsbegriff. Danach konnte und kann im Grunde nur der als ‚gebildet' gelten, der diese „Spannungen sieht, anerkennt und als unaufhebbares Grundmotiv in seinen Lebensplan einbaut" [14]. Geistiges Leben bedeutet für den heutigen Menschen Erleben der Spannungen in Mensch und Welt. Für Hillebrand war es noch nicht so. Er war einer der letzten Deutschen, dessen Leben und Wirken vom klassischen Bildungsideal bestimmt wurde. Aber schon Hillebrand vermochte es mit der ihn umgebenden Welt nicht mehr völlig in Einklang zu bringen. Welt und Ideal waren nicht mehr eines, nicht mehr für einander geschaffen. Daher, so meinte Hillebrand, könne dem Menschen nur *eine* wirkliche Aufgabe zuteil werden: auf vernünftige Weise diesen in der Idee seit je bestehenden Einklang von Welt und Ideal,

---

[11] Corona 1934, Jg. 4, S. 568.
[12] JdD, 26. August 1868.
[13] LITT: Bildungsideal, S. 124.
[14] Ebenda, S. 117.

von Natur und menschlicher Bestimmung im Einzelfall wiederherzustellen. Auf dieser Grundlage beruhen alle Bildungsbestrebungen Hillebrands. Aus selbstverständlicher Sicherheit fließt die Überzeugungskraft, mit der Hillebrand sein Ideal vom harmonischen Wachstum zu Ebenmaß und Gleichklang vertrat. Nicht daß Hillebrand den Mängeln und Fehlern seiner Zeit gegenüber blind gewesen wäre. Er spürte und erkannte, daß vieles nicht so ging, wie er es sich wünschte. Die Mängel, die er auf Schritt und Tritt antraf, ließen ihn aber die Welt noch nicht als von unüberbrückbaren Abgründen zerrissen erscheinen. Fehler und Mängel seiner Zeit waren Fehler und Mängel einer in ihrem Wesen heilen Welt. Dieses Heilsein beruhte aber nicht auf der Göttlichkeit der Ordnung, sondern auf der Vernunft und Menschlichkeit des einzelnen, der dank seiner Persönlichkeit, d. h. seiner Einsicht und seines Willens imstande ist, den heilen Zustand der Welt im Einzelfall zu verwirklichen. Aufklärerischer Geist wirkt in diesem Denken nach, wie überhaupt im ganzen Bildungsglauben und Bildungsideal des deutschen Idealismus.

Dieses klassische und als solches ‚unmoderne' Bildungsideal strebte nun nicht nur nach der Vervollkommnung des einzelnen und nach der Harmonisierung aller menschlichen Beziehungen, sondern war ein europäisches Anliegen. Hillebrand begnügte sich nicht damit, Deutsches in Frankreich, England und Italien, Französisches in Deutschland, Italien und England, Englisches in Frankreich, Deutschland und Italien zu vermitteln. Mit der Bildung des einzelnen, die er durch sein schriftstellerisches Wirken zu fördern glaubte, hoffte er zur Schaffung einer europäischen Gemeinschaft human denkender Menschen mit beitragen zu können. Das vielgerühmte Weltbürgertum Hillebrands, das oft mißverstanden und abgelehnt wurde, war im Grunde also kein echtes Empfinden weltweiter menschlicher Zusammengehörigkeit, sondern ein Europäertum, das in der klassisch-humanistischen Bildung wurzelte und sich auf die Gebildeten der kulturell führenden europäischen Staaten, und im Grunde nur auf diese, stützte. Bestenfalls Neuengland war Hillebrand bereit, in dieses Reich des Geistes einzubeziehen. Der Weltbürger war also, wie so oft im 19. Jahrhundert, Europäer, überzeugter Vertreter der gemeinsamen Ideale des europäischen Abendlandes. Alles, was nicht dazugehörte, galt Hillebrand und mit ihm der ganzen Gesellschaft, der er entwuchs, als barbarisch, als zweitrangig, als geistiges Kolonialland [15], das Bildung und jede Art von Zivilisationsgütern dank-

---

[15] Vgl. dazu eine interessante Briefstelle, an Villari vom 26. Juli 1882: „Ciò che più mi rivolta è la condotta de' radicali, anche inglesi, i quali, invece di imitare l'attitudine patriottica de' Torries, si scagliano contro questa ‚crociata', come la chiamano (gemeint ist die Beschießung von Alexandrien). Strano, stranissimo: questo partito, nel mondo interno, non ha altro nella bocca che la superiorità della nostra civiltà, non si stancano di trattare i nostri padri di barbari crudeli e asini superstiziosi, si rallegrano senza posa ‚wie wirs doch so herrlich weit gebracht', ma quando si tratta di difendere questa nostra civiltà contro i barbari gridano: L'Egitto per gli Egiziani! A tal punto hanno perduto il sentimento della responsabilità che compone questa nostra civiltà. Se volessero soltanto degnarsi di guardare le Indie e gli immensi benefici recati dagli Inglesi...". Vgl. auch VI, 108 und 117.

bar anzunehmen hatte. Auf diese Weise vereint sich mit Hillebrands Europäertum ein selbstsicheres Sendungsbewußtsein, das sich in erster Linie auf Bildung und Tradition und nicht so wie das spätere, vorwiegend politische, auf eine praktische und konsequente Anwendung des Humanitäts- und Gleichheitsgedankens stützte.

Es ist bezeichnend, daß dieses Europäertum Hillebrands gerade in England und noch dazu von einem so kritischen d. h. verstehenden Geist wie Saintsbury mißverstanden wurde. „But his cosmopolitanism eviscerated and emasculated his genius ... it is to credit and to advantage that an Englishman shall remain Englishman, a German a German, and so forth. There is a moral in the story of Antaeus." [16] Saintsbury, ganz und gar (und dies besonders in seiner Betonung des Staatlichen) Engländer, konnte Hillebrands humanistisches, im Individualismus gegründetes Bildungsideal, das sich an Goethe und Humboldt geschult hatte, nicht verstehen, wie ja wenige Ausländer im 19. Jahrhundert imstande waren, die Bedeutung des Bildungsgedankens in der Geschichte des deutschen Denkens zu begreifen. Und gar die Idee einer europäischen Gesellschaft und Kultur mußte dem praktisch denkenden Engländer als Hirngespinst anmuten. Er meinte, daß sie jeder Realität entbehre und imstande gewesen sei, Hillebrands kritische Begabung zu zerstören.

Hillebrands Ideal einer europäischen Bildungsgemeinschaft, wie er sie in seinem Essay ‚Zur Entwicklungsgeschichte der abendländischen Weltanschauung' andeutet, stützt sich auf alle fünf großen europäischen Kulturstaaten (Italien, Frankreich, Spanien, England, Deutschland), war aber nicht als politische Einheit gedacht. Was Athen und Florenz über innere Gegensätze hinweg im Kleinen waren, das sollte Europa im Großen werden. Es ist kein Zufall, daß Hillebrand als Vorbild für das kommende Europa die Namen dieser beiden Städte nannte. Im klassischen Griechenland und in der italienischen Renaissance sah er die schönsten Zeugnisse für die vollkommene Entwicklung und Ausbildung der im Menschen ruhenden Talente und Kräfte und einer idealen Entfaltung des menschlichen Organismus im Einzel- und im Staatswesen. In Griechenland und in Italien glaubte er staatliche Gebilde und Epochen sehen zu können, „wo der Staat für nichts, das Individuum für alles galt; wo Kunst, Wissenschaft als vornehmere Interessen angesehen wurden als die Politik; wo die Elite der Nation nur auf die Entwicklung des Einzelnen Wert legte und das Ganze verkümmern ließ" (VI, 344) [17], wo „die Frauen hoher Geburt anmutiger, natürlicher und weiblicher" (VI, 381) waren als zu irgend einer anderen Zeit. Die Renaissance war für ihn eine Periode der Befreiung. In ihr wurde die Lösung aus den Banden des Mittelalters sichtbar, aus den geistigen und aus den sittlichen. Und je nach der Natur des einzelnen kam in dieser Freiheit „das Lieblichste und das Furchtbarste des Menschen in gleicher Naivität an's Sonnenlicht" (IV, 349). Das „Furchtbarste" war für Hillebrand aber nicht so schrecklich, als daß er es um den Preis des „Lieblichsten" verdammt hätte.

[16] SAINTSBURY: Criticism, Bd 3, S. 580.
[17] Vgl. DC, XI, XII, 29.

Trotz der Größe der Renaissance, meinte Hillebrand, dürfe man nicht vergessen, daß Europa Italien viel, aber doch nicht alles verdanke. „... l'antiquité a des droits plus anciens à sa reconnaissance. Jamais Dante et Machiavel ne seront pour l'humanité civilisée que sont pour elle Homère et Thucydide." (DC 336). Von der Renaissance sah sich Hillebrand zurückgeführt zu den großen Meistern der A n t i k e. Wie vor ihm Herder, Humboldt und Goethe erkannte er in den hohen Leistungen des griechischen Altertums die erste und höchste Verwirklichung seines Bildungsideals, eine nie mehr später erreichte Vollkommenheit des einzelnen und der Beziehungen zwischen dem Individuum und der Gesellschaft, dem Staat. Das Wesen dieser Beziehungen, und darin geht Hillebrand mit Jacob Burckhardt und George Grote einig, lag in der Freiheit des einzelnen. Nichts in der Welt ist daher geeigneter als Vorbild zu dienen, als die schlechthin vollendeten, weil menschlichsten Kunstwerke der antiken Blütezeit. Das griechische Beispiel darf aber nicht zur Nachahmung führen, sondern nur Anleitung, Richtlinie, Muster für die eigene Ausbildung sein.

Deutlich ist in diesem Bild von Antike und Renaissance der Einfluß Jacob Burckhardts zu spüren. Wie Burckhardt glaubte auch Hillebrand an die absolute Organhaftigkeit und innere Harmonie der Staatsgebilde zur Glanzzeit der Antike und Renaissance (‚Staat als Kunstwerk'). Wenn wir heute Antike und Renaissance anders sehen, so ändert das nichts an der historischen Bedeutung des Antike- und Renaissancebildes im letzten Jahrhundert.

Aber nicht nur in Antike und Renaissance fand Hillebrand geistige und gesellschaftliche Zustände, die seinem Menschheits- und Gemeinschaftsideal entsprachen, sondern auch später. Es sei ein Unrecht, schrieb er, allein der Antike oder der Renaissance das Verdienst zuzusprechen, den abendländischen Menschen geformt zu haben. Frankreich im siebzehnten Jahrhundert, England und Deutschland im achtzehnten hätten ähnliches, wenn auch nicht dasselbe geleistet. Weder in Deutschland, noch in Frankreich oder in England sei aber je eine so geschlossene humane Bildung und Weltanschauung zustandegekommen wie in Athen und Florenz. Was sich in England und Deutschland in einzelnen Individuen oder Gesellschaftsgruppen an menschlich Großem entfaltet habe, das stehe aber an Leistung und innerer Größe den Alten nicht nach. Wie wenige andere Jahrhunderte habe das 18. nicht nur große Ideen und wichtige geistige Bewegungen, sondern auch beherrschende Persönlichkeiten und menschliche Vollkommenheit hervorgebracht. „Dieses (das 18. Jahrhundert) Don Quichote unter den Jahrhunderten" sah Hillebrand dem Wesen Montesquieus verwandt (III,394): „Gar strenge in der Theorie, in der Praxis gerne nachsichtig; in der Form war alles Konvention, im Wesen war oft das Menschliche allein giltig." (V, 21). Schärfe des Geistes und Gemütstiefe, Formung der äußeren Hülle und Nachsicht in der inneren Einstellung zu den Dingen, darin sah Hillebrand die eigentliche Tugend dieses Jahrhunderts. Er nannte es auch gerne die Epoche Lessings, in dessen ‚Nathan' er „the best ideas of the age" summiert fand. (SL, 86). Und der „englische gentleman jener Zeit, der diesen Namen wirklich der Gesinnung wie den Sitten nach verdiente, war doch alles in allem genommen das schönste, gesündeste, harmonischste Menschengewächs, das seit dem modernen Bürgertum, ja seit dem Untergange der antiken Welt gelebt: das einzige, das sich mit dem griechischen Ideale der Kalokagathie vergleichen ließe, diesem Ideale wohl nachstehend an Anmut, künstlerischem Sinne und metaphysischer Bildung, aber es übertreffend an Gemüt, Humor, Naturverständnis, Wahrhaftigkeit." (III, 61—62).

Von welch tiefem Ernste und von welch innerer Überzeugungskraft Hillebrands Bildungsideal getragen war, erweist sich aus seiner Einstellung zu den letzten Dingen des Lebens. Nicht nur Staat und Gesellschaft, auch die R e l i g i o n s gemeinschaften beurteilte er von den humanen Idealen her, die ihn beseelten. „Ich selbst ... gehöre einer Klasse und Generation von Deutschen an, in denen der theologische Sinn gänzlich atrophiert ist: ebenso wie ich kein Ohr für Musik habe, besitze ich kein Organ für religiöse Formen, und so halte ich mich von der Kirche fern aus demselben Grunde, aus dem ich Konzerte vermeide." (VII, 308). Das hat aber, meinte Hillebrand, den Vorteil, daß man konfessionell ungebunden die einzelnen Religionsgemeinschaften viel leichter auf ihren Nutzen und praktischen Wert hin, nämlich zur Beförderung der Humanitas und einer allgemeinen Menschenbildung, untersuchen könne, als irgend ein gläubiger Anhänger einer Religion. „Nur andeuten will ich", schrieb er an den gläubigen Katholiken Alfred von Reumont, „daß ich den Katholizismus (mit Recht oder Unrecht, bleibt dahingestellt) nur dem Staate und der Wissenschaft gefährlich erachte, dem Gemütsleben aber und der Kunst weit günstiger und förderlicher als z. B. den Protestantismus, der oft das Gemüt verhärtet, die künstlerische Phantasie erstickt." [18] Und an einer anderen Stelle meint er: „Der Puritanismus hat eben allen Sekten des Inselreiches, selbst der hochkirchlichen, seinen herben und traurigen Charakter aufgedrückt." (IV, 362). Richard Wagner gegenüber tadelte Hillebrand den „protestantischen Sauerteig", der alles verderbe [19]. Genau besehen kommt es bei seiner Kritik immer auf dieselbe Frage hinaus: Schmälert die Konfession die menschliche Freiheit? Schränkt sie das Urteilsvermögen ein? Kommen die freie schöpferische Tätigkeit des Menschen und sein Gemütsleben zu kurz? Hemmt sie eine allseitige ‚proportionierliche' Ausbildung aller menschlichen Talente? Wenn es um die Bedeutung einer Religionsgemeinschaft ging, verfuhr Hillebrand als Analytiker und nicht als Dogmatiker, trotzdem er wußte, daß der Ungläubige dem Dogmenglauben nicht gerecht werden kann. Er glaubte, objektiv zu sein, wenn er im Hinblick auf sein Ideal urteilte und Gefühl, Empfinden und eigene Erfahrung zurückzudrängen versuchte. Dabei hat der Leser aber doch den Eindruck, daß Hillebrand, trotz aller Kritik am Protestantismus, seine Vorliebe für das Luthertum nicht zu verbergen vermochte. Die Geistesform, die es geschaffen hatte, hielt er für wertvoll und förderlich. Die Tugenden, die den

---

[18] Corona 1934/4; 14. Februar 1887, S. 567.
[19] H. an Richard Wagner, 12. März 1877.

deutschen Einheitsstaat erkämpften und zu einem großen moralischen Aufschwung führten, sah er auf den Protestantismus lutherischer Prägung zurückgehen. (SL 59). Dieses Hier-stehe-ich-und-kann-nicht-anders, wie es im preußischen Staat zum Ausdruck kam, war ganz nach seinem Sinn. So meinte er auch von Lessing: „... he treated (Aristotle and Shakespeare) as a true Protestant treats the Bible: with the spirit of free inquiry." (SL 85). Der freie Forschersinn schafft freie und umfassende Persönlichkeiten, die ohne Rücksicht auf Parteien und Meinungen dem nachgehen, was sie für wahr halten. Ohne Beschränkung durch Kirche und Glaubenssätze sind sie imstande, den eigenen Meinungen zu folgen, sich frei zu bilden und dem Genie zu gehorchen. Religionsgemeinschaften dagegen, die das Genie des einzelnen hemmen oder zerstören und ihm seine Eigenpersönlichkeit nehmen, hielt Hillebrand für schädlich. In diesem Sinne schrieb er über Milton, an dem der Puritanismus, „diese trockenste aller Religionen", so viel „verbrochen" hatte: „Selbst die Greuel der Albigenserkriege und der Bartholomäusnacht, die irischen Metzeleien und die anglikanischen Verfolgungen, so viele andere Verirrungen frommen Eifers, die dem wirklich Frommen manchmal alle positive Religion als ein Werk des Bösen vorkommen lassen, erscheinen fast weniger empörend als solcher Geniemord: denn sie haben wenigstens nur die Leiber, höchstens solche Geister getötet, die doch nie ein nationales Epos gedichtet hätten." [20] Daß Hillebrand hier letzten Endes einem platten Utilitarismus das Wort sprach, hat er nicht gesehen. Hillebrand konnte es nicht sehen, denn über allen Einrichtungen der Welt (und als solche sah er die Religionsgemeinschaften an) stand ihm der schöpferische, nur sich und seinem Gewissen verantwortliche Mensch. Und was immer zur Ausbildung dieses Menschen dienen konnte, erkannte er an und förderte er. Was das Werden und Wirken dieses Menschen aber hemmte oder verzögerte, wurde Gegenstand seiner Kritik, ohne Rücksicht darauf, ob er damit selbst mit den höchsten Einrichtungen des Staates oder der Kirche in Konflikt geriet.

Wege der Bildung

Hillebrand war kein Denker, der bereit war, Wissen und Erkenntnisse für sich zu behalten. Leben war für ihn Werden, Wirken, Bewähren. Bildungsarbeit hieß für ihn nicht nur Verbreitung von Ideen, sondern zugleich Auseinandersetzung mit dem Bestehenden, Aufzeigen von Übelständen, Kritik im besten Sinne des Wortes. Und seine materielle Unabhängigkeit gestattete es ihm, auch dort offen zu reden, wo er damit rechnen mußte, anzustoßen und sich Gegner zu schaffen. Wenige vor und wenige nach ihm haben im Bereich des Geistigen und Menschlichen mit gleicher Leidenschaft und mit gleichem Feuer gewirkt.

In einer Reihe von Schriften nahm Hillebrand zur allgemeinen Mittelmäßigkeit und zum schrecklich um sich greifenden Verfall der Bildung in seiner Zeit

---

[20] IV, 369. Vgl. dazu: II, 307—8; 235; VII, 245—309.

Stellung: *De la Réforme de l'enseignement supérieure, Deutsche Stimmungen und Verstimmungen, Halbbildung und Gymnasialreform, Auslieferungsverträge, Sicherheitspolizei und Nihilismus, Französische Stimmen über Deutschlands Gegenwart und Zukunft* (Frankreich und die Franzosen, erste und zweite Auflage). Als Schlagwort gewissermaßen gab er allen diesen Schriften den Begriff ‚H a l b - b i l d u n g' mit: „Der tiefste Grund, der berechtigste unseres Mißvergnügens" (an den deutschen Zuständen) liegt in dem „inneren Mißverhältnis, das in dem Teile unserer Nation herrscht, welcher so eigentlich der Träger der nationalen Kultur sein sollte. Dies innere Mißverhältnis aber entspringt aus der Halbbildung, und da ein Halbgebildeter immer unzufrieden sein muß, entspringt auch aus ihm vornehmlich die herrschende Unzufriedenheit des deutschen Volkes." (VI, 361). Eine innere Wiedergeburt könne erst eintreten, wenn die „Afterbildung", die alles keimende Leben in der Nation ersticke, zerstört sei, wenn die Gebildeten wieder wahrhaft gebildet seien und die geistige Führerschichte der Nation stellten. (VI, 365).

Die Ursachen der Halbbildung legte Hillebrand in seinem Essay über ‚Halbbildung und Gymnasialreform' dar. Das Grundübel sah er: im Halblernen auf der Schule, das die Frische des Denkens für das ganze Leben raubt; in der „Herrschaft der Worte, statt der Gedanken und Gefühle" und im „Spielen mit Rechenpfennigen" (Paul de Lagarde) „statt des Arbeitens um vollwertige Münze." (VI, 365). Eine unselige Vermengung der Allgemeinbildung mit der Fachbildung habe dies alles mit sich gebracht. (VI, 374). Die Dinge nur halb zu wissen, trotzdem aber überall mitreden zu wollen, auch dort, wo man auf Grund mangelnden Wissens und beschränkter menschlicher Qualitäten nicht dazu berechtigt ist, das führe notgedrungen zu jenem inneren Mißverhältnis, zu jener „Schlammflut der Mittelmäßigkeit" (VI, 86), zu jenem „Wissen um die Dinge, anstatt dem Kennen der Dinge" (VI, 365), die das Leben der Völker verseuchten. In diesem „Wissen um die Dinge" sah Hillebrand die Ursache des allgemeinen Literaturgeschichten-Unwesens, das jedes unmittelbare Empfinden töte, jedes freie Urteil unmöglich mache und in der Kunstbetrachtung dazu verleite, die größten Werke auf dilettantische Weise zu zerren, anstatt sie demütig aufzunehmen. In der Politik und Gesellschaft führe es zu jenem falschverstandenen Gleichheitsideal, das wie so viele andere rationalistische Konstruktionen unsagbaren Schaden an Staaten und Gemeinschaften angerichtet habe.

Die Gefahr des „Wissens um die Dinge, anstatt des Kennens der Dinge" sei selbst von großen Geistern nicht immer vermieden worden. Hillebrand wies sogar Rousseau zurecht, indem er dem großen Denker vorwarf, von Dingen zu reden, von denen er nichts verstand. Rousseau habe nicht eingesehen, daß es „auch ein Ganzes von — meinetwegen künstlicher — Sittlichkeit gibt, welche das Resultat der gesellschaftlichen Bildung ist, und sich nicht nur in sogenannten schönen Manieren, sondern auch in Schonung, Takt, Rücksicht, Selbstbeherrschung, Maß, ja in den ganz konventionellen Begriffen der Ehre und des Anstandes dartut." Diese Sittlichkeit sei aber zeitlebens für Rousseau eine terra incognita geblieben, trotzdem der Philosoph so viel über Erziehung geredet habe (III, 330—31). Von Ernest Renan sagte Hillebrand, daß nur seine Halbgebildetheit in Dingen der Naturwissenschaft ihn dazu habe verleiten können, „über die Säulen des Herkules hinauszugehen, welche Kant der menschlichen Erkenntnis gesetzt hat" und solche „Ausgeburten des Menschengeistes" zu vertreten, wie er es getan (IV, 202). Im Grunde meinte Hillebrand dasselbe, wenn er an der „umfassenden Persönlichkeit" Thiers bedauerte, daß der große Historiker aus einem gewissen Mangel an humanistischer Bildung nur das habe gelten lassen, was er verstand: „und recht verstand er doch nur, was französisch war." (IV, 134). Ja, Hillebrand ging so weit, selbst Goethe eine gewisse Mitschuld an der allgemeinen Halbgebildetheit der Deutschen zuzuschreiben: „Nicht zu leugnen ist, daß der eigentliche Vater unserer Kultur, daß Goethe durch die Breite seiner Interessen viel zur Entstehung und Förderung dieses nationalen Übels beigetragen, wie er denn selber in den Gesprächen mit Eckermann diese Vielseitigkeit als eine der Hauptursachen der ‚Halbkultur' angibt, freilich ohne das Bewußtsein seiner Mitschuld, wenn von einer Schuld die Rede sein kann, wo der umfassendste und mächtigste Geist des Jahrhunderts das Unglück hat, der Mittelmäßigkeit einer Nation als zu erreichendes Vorbild dargestellt zu werden." (VI, 367).

Hillebrands Beschäftigung mit dem Problem einer allgemeinen Menschenbildung erschöpfte sich aber keineswegs in unverbindlichen und kritischen Feststellungen. Schon in seiner Studie ‚De la Réforme de l'enseignement supérieur' gab er eine Reihe von Anregungen, wie seiner Meinung nach das französische **Schulsystem reformiert** werden müßte, um eine humane Bildung zu gewährleisten. Freier Geist und freie Forschungsmöglichkeiten erschienen ihm als Grundvoraussetzung dafür: „L'indépendence du jugement... est la première condition d'un esprit vraiment liberal." [21] In der Forderung nach Freiheit verlangte Hillebrand sogar, daß die Professoren allein aus den Kolleggeldern bezahlt werden sollten, um so eine Konkurrenz unter den Lehrenden zu erreichen, die, wie er meinte, ihrer Qualität nur förderlich sein könne (RE 7); eine überspitzte Forderung, deren Erfüllung Übelstände anderer Art geschaffen hätte.

In den ‚Deutschen Stimmungen und Verstimmungen' ging Hillebrand auf weitere konkrete Vorschläge zur Beseitigung der Halbbildung und aller daraus sich ergebenden Schwächen des geistigen Deutschland ein. Neben zeitgebundenen, nur mehr geschichtlich interessanten Lösungsvorschlägen, steht eine Fülle von Ideen und Ansichten zum Problem der allgemeinen Menschenbildung. Die Erziehung im humanistischen Sinne müsse man früh beginnen; am Gymnasium müßte der Grundstein dafür gelegt werden. Auf keinen Fall dürfe schon in der Mittelschule die Spezialisierung einsetzen. Das Gymnasium und die Realschulen hätten einzig und allein Allgemeinbildung zu vermitteln. Dieser Allgemeinbildung habe dann erst die Fachausbildung zu folgen. Die Vermengung

---

[21] JdD, 24. Februar 1868.

der beiden Ziele aber sei gerade das zu bekämpfende Übel. (VI, 374). Nicht Erweiterung des Wissensstoffes, sondern Einschränkung müsse das Ziel der Gymnasien sein: Konzentration auf Weniges, aber Grundlegendes. „Aufgabe der Erziehung, wie der Kunst, der Wissenschaft, der Kultur überhaupt, ist Vereinfachung der natürlichen Vielfältigkeit des uns umgebenden Stoffes: d. h. Wegtun alles Nebensächlichen, alles Zufälligen, alles Halben; Zurückführen auf die Hauptsache, auf Gesetze, auf den Zusammenhang des Ganzen. Non multa, sed multum." (VI, 386). Den „Mut zur Ignoranz" (VI, 368) stellte Hillebrand als Grundlage jeder wahren Bildung hin. Nur bei „weiser Beschränkung" sei es möglich, dem eigentlichen Zweck der Gymnasialbildung treu zu bleiben: „der allseitigen Entwicklung der Geistesfähigkeiten." (VI, 400). Denn im Gymnasium soll ja nicht der Inhalt des Lebens gelehrt, sondern der „Geist für die Erfahrung dieses Inhalts" vorbereitet und geübt werden. (VI, 369).

Die einzige wirklich erprobte und bewährte Zucht des Geistes sah Hillebrand in der Beschäftigung mit der Mathematik und mit den alten Sprachen, vor allem mit dem Griechischen, dessen formende Kraft schon Humboldt, Schopenhauer und viele andere betont hatten [22]. Naturwissenschaftliche Fächer, Religion, ja sogar Deutsch könnten dagegen ohne Schaden für den Jugendlichen vernachlässigt werden. Wer durch die Denkschule der Mathematik und der alten Sprachen gegangen sei, nehme das, was alle übrigen Fächer an Wissenswertem zu bieten vermögen, in kürzester Zeit auf. Die alten Sprachen vermittelten aber nicht nur Gewandtheit und Beweglichkeit des Geistes, sondern auch jene innere Überlegenheit, die vornehmlich im „Gefühl der Formschönheit" beruhe. (III, 356). Nicht in ihrem Inhalt, sondern in ihrer Denkform sah Hillebrand ihren erzieherischen Wert. Er betrachtete sie als die „wunderbarste Gymnastik, welche auch den ungelenkesten und stumpfesten Geist gewandt, biegsam, kräftig macht, als eine Schule des logischen Denkens, wie des intuitiven Ergreifens, des richtigen Urteils." (VI, 383). Und er meinte, daß, wer nur einen Augenblick darüber nachgedacht habe, sich davon überzeugt haben müsse, „daß die Sprache, welche zugleich Gedanke und Kleid der Gedanken sowie Zeichen der Gefühle, der Sensationen und der Dinge ist, als Bildungsmittel einen viel größeren Wert hat als jede andere Manifestation des menschlichen Geistes, eben weil sie die allgemeinste ist, diejenige, welche am meisten von dem umfaßt, was im Menschen vorgeht, ihm, was außer ihm vorgeht, am klarsten zum Bewußtsein bringt, was zwischen den Menschen vorgeht, am sichersten übermittelt." (VI, 382). Angesichts dieser Tatsache sei es doppelt zu bedauern, daß die klassische Bildung immer mehr Sache der Professoren werde, alle anderen aber der emporkommenden Massenherrschaft zum Opfer fielen. (III, 61).

[22] Auf die Bedeutung der klassischen Bildung wurde immer wieder hingewiesen: Vgl. JOSEF HOFMILLER: Vom alten Gymnasium. München 1917. Und: Preis des alten Gymnasiums. In: Einkehr bei Josef Hofmiller. (= Die Bücher vom Bodensee) Lindau 1948, S. 134—35. — Bei H. bes. IV, 332—33; III, 54—62.

Wie ernst es Hillebrand mit der Forderung war, sich ständig am Vorbild der Alten und vor allem an deren Sprachen zu schulen, zeigt sein eigenes Leben. Am Abend, nach getaner Arbeit, hat er es nie versäumt, einen „vollen Schluck von den Alten" [23] zu nehmen. Die innige Vertrautheit mit Werken wie der Bibel, der Ilias, der Odyssee, der göttlichen Komödie, dem Don Quichote, den Dramen Shakespeares und Molières, den Romanen Fieldings, den Essays Montaignes und von Goethes ‚Faust' und ‚Wilhelm Meister' hielt er für die einzige Grundlage einer echten Geschmacks-, Geistes- und Seelenbildung [24]. Überhaupt sah Hillebrand im Lesen einen Bildungsfaktor ersten Ranges, eine ständige Schule des Geistes und des Charakters. „Lesen ist eine Arbeit" [25]. Aber richtig lesen müsse man, nicht gleich hintereinander eine Reihe von großen Werken, sondern in Abständen, dafür aber immer wieder. Auch in der Lektüre forderte Hillebrand „Mut zur Ignoranz". Nicht vieles, sondern viel sollte man zur Hand nehmen, denn es sei bildender und wertvoller, das Beste wirklich zu durchdringen, als vieles zu überfliegen, nur um als gebildet und belesen zu gelten.

Alle diese Ratschläge und Verbesserungsvorschläge gab Hillebrand nicht als Stubengelehrter. Umfassende Bildung erarbeitet man sich nicht, indem man sich vom Leben abschließt, sondern nur durch „geistige und moralische Fühlung mit der Außenwelt" (VII, 244). Die Betrachtungsweise jedes Menschen, auch die des Gelehrten, dürfe und könne nicht rein kontemplativ sein. „Einmal eingegriffen muß man haben in den Kampf ums Dasein, sonst ist man nicht komplett. Das fehlte Ihnen", schrieb Hillebrand an Adolf von Hildebrand. „Man kann die Welt und ihr Treiben darum doch verachten; aber an ihr reiben muß man sich; selbst der Künstler." [26] Tätiges Leben, vielseitiges Wirken, Schaffen und auch Scheitern seien notwendige Ergänzungen einer vorwiegend kontemplativen Lebensführung. „Car l'homme n'est pas complet sans l'action." [27] Auch Vergnügen, Kampf, Sport und Spiel hätten ihren bildenden Einfluß. (III, 94 f). Auf keinen Fall dürfe die Bildung zu einer reinen Buchbildung werden, wie sie Hillebrand in seiner Zeit sehr verbreitet sah. Buchbildung führe notgedrungen dazu, „daß Leser und Schriftsteller in der gleichen Atmosphäre der Unwirklichkeit" lebten. (VII, 188). Die geistige und praktische Welt sollten sich dagegen nicht nur berühren, sondern müßten sich innig durchdringen. Denn erst in der Gemeinschaft von Geist und Körper erhalte die Harmonie, dieses höchste Ziel der menschlichen Bildung, ihren reifsten Sinn.

[23] H. an Treitschke, 8. März 1879. In: SMh 1914, Jg. 12/1, S. 101.
[24] H. an Schott, 5. März 1881. In: PJb 1931, Bd 226, S. 48—50. Und: Deutscher Bibliophilenkalender 1916, S. 132—36. (Briefe vom 13. März 1881 und undatiert).
[25] H. an Schott. In: Deutscher Bibliophilenkalender 1916. S. 134—35. Vgl. A. DAUR: Der Weg zur Dichtung. Lesen als schöpferisches Empfangen. München 1933.
[26] H. an Adolf von Hildebrand, Juli 1882.
[27] Le Temps, 28. September 1866.

Gefahren eines Bildungsdünkels

Das hohe Ideal des gebildeten Menschen führte Hillebrand zu einem gewissen Bildungsdünkel. Wie viele in seiner Zeit fühlte auch er sich den Massen, ja selbst den meisten der von ihm so sehr getadelten ‚Gebildeten' gegenüber erhaben und in einer gewissen Führerrolle. Dieses Selbstbewußtsein trübte nicht selten seinen Blick für das Wesentliche und ließ ihn in manchen Fällen die eigentlich treibenden Kräfte seiner Zeit verkennen. Darin liegt eine der Grenzen von Hillebrands Denken und Wirken. Wilhelm von Humboldt, der Vertreter höchster Bildungsaristokratie, sah in den Nationen zwei Komponenten wirken: Auf der einen Seite Kräfte, die aus den Nationen herausragen und sich im Individuum verkörpern, auf der anderen Seite die von unten her nachdrängenden breiten Massen. Mit der fortschreitenden Industrialisierung, mit der steigenden Anhäufung von Arbeitermassen in Industriegebieten und mit dem Aufkommen des Proletarier- und Massenbewußtseins in den Arbeiterschichten kam es dann zu einer vorher nie dagewesenen Verhärtung der beiden Fronten, die Humboldt schon erkannt hatte. Das sich ausdehnende Elend auf der einen Seite und die Anhäufung von Gewinn und Kapital auf der anderen vergrößerten von Jahr zu Jahr die Kluft und verschärften die Gegensätze zwischen den beiden Gruppen. Das hohe Ziel der Humboldtschen Menschenbildung durch den Staat, die Zusammenführung aller Teile der Nation, war unmöglich geworden. Hillebrand vermochte in der Masse nicht mehr, wie noch Humboldt und andere Vertreter des deutschen Idealismus, die gesunden, unverbrauchten, im Naturzustand verbliebenen Teile des Volkes zu sehen. Für ihn bestand die Masse größtenteils aus Ungebildeten und Halbgebildeten, die mit falsch verstandenen Schlagworten der rationalistischen Philosophie ausgerüstet, von Demagogen verführt und mißbraucht, nichts anderes mehr wollten als die Zerstörung der bestehenden Gesellschaftsordnung. Von dieser Masse war weder Auffrischung noch Kräftigung der gebildeten Schichte zu erwarten. Aus dem Kreis der Gebildeten selbst sollte eine Besserung der Zustände kommen. Hillebrand dachte sie sich als eine Art Reinigung der bestehenden Ordnung, als Besinnung auf jene Werte, die ihr zugrundelagen, als eine Renaissance des Menschen, der Ziel, Zweck und Rechtfertigung in sich selbst gefunden hat.

Diese Erkenntnis führte Hillebrand dazu, sich immer ausschließlicher an den Kulturwerten der Vergangenheit zu orientieren. So wurde er zum Epigonen. In seiner Zeit, einer Periode des Übergangs, konnte er auch nur Nachfahre einer großen Vergangenheit sein. Kaum einmal hat er den Versuch unternommen, eine Synthese zu finden, das Alte mit dem unvermeidlichen Neuen zu vereinen. Fest und mit fortschreitendem Alter immer unzweideutiger und kompromißloser vertrat er sein konservatives Ideal.

Daß ihn das Schicksal zum Nachfahren gemacht hat, darf aber nicht dazu verleiten, das Originelle und Einmalige an ihm zu übersehen. Es lag nicht so sehr in den Ideen, die er vertrat, als in dem Zeitpunkt, in dem er es tat, und in der Form, in der er sie darstellte, im Künstlerischen. Als Essayist, als Schüler

Montaignes, Bacons, Tocquevilles, Sainte-Beuves, aber auch Macaulays, Goethes und Schopenhauers gehörte er dem 19. Jahrhundert an, als humaner Deutscher aber dem Zeitalter Lessings und Humboldts. Es gehört zum Schicksal des Menschen und Künstlers, daß er, dessen geistige Welt dem 18. Jahrhundert so nahe stand, sich im späten 19. Jahrhundert in ein Bildungsideal flüchten mußte, das seiner Zeit nicht mehr entsprach. Es mußte als B i l d u n g s d ü n k e l anmuten, mehr als Wunsch, denn als ernsthafte Auseinandersetzung mit der Wirklichkeit, wenn er schrieb: „Wir aber, die Gebildeten des 19. Jahrhunderts, — es wäre Affektion, es zu leugnen — sind nicht mehr ‚Volk'... wir leben in einer gereinigten — wenn auch künstlich gereinigten — Atmosphäre." (IV, 320). Oder: „Nur ein Mensch, der Goethe und Shakespeare, Kant und Schopenhauer nicht nur gelesen, sondern in sich aufgenommen, steht heute auf der Höhe der Menschheit." (KB 115). Es darf nicht wundernehmen, daß Hillebrand in einer Zeit, in der es noch große, seit Generationen angehäufte Privatvermögen gab, und in der noch viele Volksvertreter und Staatsmänner sich weigerten, für ihren Dienst am Staat eine Bezahlung entgegenzunehmen, daß er in einer solchen Epoche der Meinung war, daß nur ererbter Wohlstand die Ruhe und Sicherheit gewähre, „welche dazu nötig sind, die Reize eines höheren, geistigeren Lebens zu würdigen und zu genießen." (I¹, 291, 282). Die Welt, in der ererbter Besitz, Muße und Ruhe Selbstverständlichkeit waren, ging aber mit Riesenschritten zu Ende. Der Schweizer Geschichtsphilosoph Jacob Burckhardt ahnte das Düstere der geistigen Zukunft, denn er sah, daß „mit der Verbreitung der Bildung und des Verkehrs auch die des Leidensbewußtseins und der Ungeduld sichtlich und rasch zunimmt." [28] Hillebrand dagegen, eine im Grund künstlerische Natur, schloß sich mehr und mehr von der Welt ab und zog sich immer bewußter auf die Betrachtung des Vergangenen zurück. Dem Neuen in Literatur, Gesellschaft und Technik wich er aus. Ganz in diesem Sinne schrieb er an Villari: „Per quattro mesi (non) ho (fatto) altro che leggere romanzi finché ne avessi la nausea. Da un mese e più mi sono rimesso al regime più salubre delle corrispondenze, memorie e biografie." [29] Richtig wohl fühlte er sich nur mehr bei der Betrachtung des Vergangenen. Und doch gab Hillebrand seine Hoffnung nicht auf, daß sich „außerhalb der Politik und Tagesliteratur" eine auserwählte Gesellschaft, eine „unsichtbare Freimaurerei der Bildung" über ganz Europa und Amerika ausdehnen werde, die den „Schatz der höheren traditionellen Geisteskultur über die demokratische Sündflut der nächsten Geschlechter hinausretten" werde. (VI, 102—3). Mit einem Hinüberretten über die „demokratische Sündflut" konnte im Grunde aber nichts getan sein. Neue Probleme auf politischem, gesellschaftlichem und wirtschaftlichem Gebiete harrten der Lösung. Eine neue Menschenschicht drängte an die Führungsstellen. Nicht Hinüberretten, sondern Ausdehnen der Menschen-, Geistes- und Gefühlsbildung auf

---

[28] JACOB BURCKHARDT: Weltgeschichtliche Betrachtungen über geschichtliches Studium (= Gesammelte Werke, Bd 4), Basel 1956, S. 196.
[29] H. an Villari, 16. Sept. 1881. Vgl. II, 366—83.

immer neue Gruppen war das einzige, was im Sinne des abendländischen Menschenideals zu rechtfertigen war. Hillebrands Einstellung in diesen letzten politischen und sozialen Fragen war aber nicht nur unreal (und Wirklichkeitsnähe hatte er so oft gefordert), sondern widersprach auch seinen eigenen Anschauungen vom organischen Werden und Fortschreiten der geschichtlichen Welt. Hegel ist da dem Geiste Herders näher gekommen: „Das Leben eines Volkes bringt eine Frucht zur Reife; denn seine Tätigkeit geht dahin, sein Prinzip zu vollführen. Diese Frucht fällt aber nicht in seinen Schoß zurück, wo sie sich ausgeboren hat, es bekommt sie nicht zu genießen; im Gegenteil, sie wird ihm ein bitterer Trank. Lassen kann es nicht von ihm, denn es hat den unendlichen Durst nach demselben, aber das Kosten des Tranks ist seine Vernichtung, doch zugleich das Aufgehen eines neuen Prinzips." [30] Hegels dialektische Geschichtsauffassung beweist trotz ihrer Starre mehr historisches Empfinden als Hillebrands in diesem Punkte unphilosophische und widernatürliche Einstellung zu den Problemen seiner Zeit. Geschichte heißt Fortschreiten, Hervorbringen von Neuem, stetes Sich-Überleben und nicht Loslösung und Bewahrung vergangenen Kulturgutes. Hillebrands Haltung, im Grunde ganz und gar von seinem Erleben bestimmt, zeigt, wie sehr das Ideengut des deutschen Idealismus, selbst in Männern, deren Denken und Wollen es völlig bestimmte, im 19. Jahrhundert an lebendiger Schöpferkraft verlor, und in welchem Ausmaß es selbst in den regsten und aufgeschlossensten Geistern zu verhärteten Vorstellungen geworden war, die einer wirklichen Dynamik entbehrten und so immer mehr in Kontrast zu ihrer Zeit zu stehen begannen.

DIE GESELLSCHAFT

Bildungsaristokratie

Studium und tätiges Leben waren für Hillebrand erste Voraussetzungen für die Entwicklung einer Persönlichkeit, für die Entfaltung aller menschlichen Anlagen. Ein Leben der Anschauung und der Tat allein genügte ihm aber nicht. Der Mensch ist ein Gesellschaftswesen. Erst im Umgang mit anderen, in der liebevollen Zuneigung, im Widerstreit der Interessen und Gefühle, in der freiwilligen Einordnung, in der bewußten Absonderung, in der Parteinahme oder in der Führerrolle der überragenden Persönlichkeit reift der einzelne zur höchsten Stufe des ihm möglichen Daseins. Bildung hieß für Hillebrand also zugleich: Bewährung in der Gesellschaft.

[30] GEORG WILHELM FRIEDRICH HEGEL: Vorlesungen über die Philosophie der Weltgeschichte. Hrsg. von Georg Lasson. Bd 8 (= Philosophische Bibliothek, Bd 171 a). Leipzig 1917, S. 50.

Den Begriff Gesellschaft versteht Hillebrand aber nicht im Sinne der modernen Soziologie als Gesamtheit aller aus der Natur des Menschen sich ergebenden Beziehungen, sondern viel enger. In seinem Essay *Zur Entwicklungsgeschichte der abendländischen Gesellschaft* faßte er klar zusammen: „Hier soll weder von Rousseaus Gesellschaft, noch von der hauptstädtischen Sozietät die Rede sein; sondern von der Gesamtheit der Stände, welche die Träger jeder nationalen Kultur sind, diese eigentlich erst produzieren und auch vorzugsweise konsumieren, der Stände, welche der nationalen Tätigkeit vorstehen, Staat und Religion, Handel und Gewerbe, Literatur und Wissenschaft leiten, kurz, jener ganzen Schicht der Nation, die man in Deutschland bezeichnenderweise die *Gebildeten* zu nennen pflegt." (VII, 26). Eine Umkehrung der begrifflichen Bestimmungen geht vor sich: Bildung ist nicht weiter das Vorrecht einer bestimmten gesellschaftlichen Schichte, des Adels etwa, der Geistlichkeit oder des höheren Bürgertums; wer gebildet ist, ist allein auf Grund seiner Bildung Mitglied der Gesellschaft. Die einzig gesunde Hierarchie sah Hillebrand nicht in einer Abstufung nach Ständen, die auf einem System ererbter Privilegien und Vorurteile beruht, sondern in der vollen Anerkennung des persönlichen Könnens und der persönlichen Tugend. In einer solchen Gesellschaft, die sich ununterbrochen bewähren muß, herrscht ständige Bewegung, zugleich aber als Folge des unentwegten Auf und Ab größte innere Einheitlichkeit.

„Das Mittelalter kannte keine nationale Gesellschaft", stellt Hillebrand in seiner ‚Entwicklungsgeschichte der abendländischen Gesellschaft' fest, „sein ganzer Geist war ein universeller." (VII, 27). Erst in der Zeit der Renaissance sah Hillebrand nationale Gesellschaften aufkommen, „denn erst mit der Renaissance begannen die europäischen Völker sich wirklich in Nationen zu gliedern, diese ihre sprachliche und staatliche Einheit auszubilden, begannen die gebildeten Stände sich einander zu nähern, Gedanken und Gefühle auszutauschen, miteinander zu handeln, zu leben, sich für gemeinsame Interessen zu erwärmen." (VII, 27—28). Dabei ist es gleichgültig, welche die Haupttätigkeit der Gesellschaft ist. In der Renaissance war es die Kunst, die die Interessen aller Volksteile anzog und alle in ihrem Bemühen vereinigte (VII, 34). Im Frankreich des 17. und 18. Jahrhunderts nahm die Geselligkeit diese Funktion und Bedeutung ein. Hoch und niedrig trachteten gleich danach, darin zu glänzen. Die Gebildeten Englands dagegen sahen ihr tiefstes Anliegen im Interesse um das Wohl des Staates und in den Staatsgeschäften. Dieses gemeinsame Interesse war so stark, daß sich daraus ein Grundzug der nationalen Gesellschaft ableitete. (VII, 49). In Deutschland stellt Hillebrand erst im 18. Jahrhundert das langsame Werden einer nationalen Gesellschaft fest. Ihr bestimmendes Interesse sah er im Hervorbringen von Literatur und in der Beschäftigung damit [1].

Im bürgerlichen Zeitalter Deutschlands findet das „gemeinsame Interesse" einen besonderen Ausdruck. Es äußert sich nicht so sehr in politischer Macht oder im Anhäufen von Privilegien, sondern im gehobenen Bildungsstand weiter

---

[1] VII, 62 f; Vgl. RCr 1870/1, S. 163.

Kreise. Die Gesellschaft wirkt bildend. Bildung wird der Schlüssel zur Gesellschaft und zum Erfolg. Jeder, der mit der entsprechenden Begabung ausgestattet ist, kann Zugang finden. Stärker als in anderen Jahrhunderten wird klar, daß die Gesellschaft „von Natur ein Werkzeug der Vervollkommnung" ist [2]. Das liegt in ihrem Wesen begründet und zeigt sich schon in der kleinsten Gemeinschaft. Einer überragt auf Grund seiner geistigen Qualitäten, seiner Geschicklichkeit oder anderer Gaben die Mitmenschen. Er wird Vorbild. Man versucht, ihm gleich zu werden, nicht nur ihn nachzuahmen. Damit ist die Voraussetzung für die Bildung der Gesellschaft gegeben. Jeder echten Gesellschaft, d. h. jeder Gemeinschaft, deren Mitglieder sich durch bestimmte Vorzüge auszeichnen, wohnt seelische Anziehungskraft inne. Dieses irrationale Element darf nicht fehlen, wenn es sich um eine gesunde, schöpferische Gesellschaftsordnung handeln soll. Wertsystem, innere Ordnung und Hierarchie sind wesentliche Merkmale einer solchen Gemeinschaft. Damit hat jede Gesellschaft auch Aristokratisches an sich. Sie zieht an und schließt zugleich aus. Ohne der Masse feindlich gesinnt zu sein, ist sie die stärkste Macht einer geistig-seelisch ungebildeten Masse gegenüber, die größte Feindin des Proletariats. Ist die Gesellschaftsordnung gesund und gibt es in ihr Menschen, an denen sich die Masse zu orientieren vermag, so herrscht sie ohne äußere Gewalt über sie, allein kraft der Ideale, die sie beseelen. Hört sie dagegen auf, Trägerin schöpferischer Ideen zu sein, hört sie auf, Ungebildete anzuziehen, hat sie ihre exemplarische Kraft verloren und wird sie an Stelle dessen ein Arsenal von Vorrechten und Gewohnheiten, dann ist es nur eine Frage der Zeit, wie lange sie sich gegen den Druck von unten zu halten vermag.

Hillebrand war sich der zentralen Bedeutung einer **gesunden** und **schöpferischen** Gesellschaftsordnung bewußt. Häufig äußerte er sich darüber, wenn auch seine Ideen zur Soziologie weder systematische Ordnung, noch wissenschaftliche Formulierung erfuhren. ‚Gesellschaftliche' Literatur, d. h. Briefausgaben, Memoiren, Tagebücher und Ähnliches gehörte zu seiner Lieblingslektüre. Die Darstellung gesellschaftlicher Zustände und Bewegungen trat im Laufe der Jahre an Bedeutung gleichwertig neben die Betrachtung historischer und literarischer Gegenstände. In der Einführung zu einem seiner späten Essays, ‚Über die Fremdensucht in England', sagt Hillebrand von sich: „Erlauben Sie mir daher innerhalb des Gebietes zu bleiben, das ich als Publizist wesentlich als das meinige betrachte: bei dem Studium der gesellschaftlichen Zustände der verschiedenen Nationen und der Beobachtung der Gedanken- und Gefühlsströmungen in den letzten Jahrhunderten." (VII, 200). In seiner Absicht, das Werden und Wirken nationaler Gesellschaftsordnungen zu erfassen und darzustellen, traf sich Hillebrand mit den größten Historikern seines Jahrhunderts, mit Ranke, Macaulay, Pater, Arnold, Viollet-le-Duc, Jacob Burckhardt, Sainte-Beuve und anderen, ohne freilich in der Deutung und Beurteilung gesellschaftlicher Erscheinungen mit den anderen immer gleicher Meinung zu sein. Ranke

---

[2] ERNST ROBERT CURTIUS: Kritische Essays zur europäischen Literatur. Bern 1950, S. 253.

z. B. sah die Gesellschaft in erster Linie in ihren politischen Äußerungen und Willenskundgebungen. Für ihn war sie interessant, soweit sie auf das Zusammenleben von Staaten Einfluß übte. Burckhardt stellte Staat, Religion und Kultur in den Mittelpunkt seiner Betrachtung, wobei er das Gesellschaftliche in die Nähe der Kultur rückt: „Ihre (der Kultur) äußerliche Gesamtform aber gegenüber von Staat und Religion ist die Gesellschaft im weitesten Sinn." [3] Bei Hillebrand traten Staat und Religion in ihrer Bedeutung für den Menschen stark zurück. Was blieb, war eine gebildete Gesellschaft, die Trägerin des geistig-kulturellen Lebens ist, so wie es die Gesellschaft von Athen und Florenz war. Gemeinsame Bildung, gemeinsame Ideale, gemeinsame Anliegen, gemeinsame Vorurteile und gemeinsame Fehler bilden in stärkerem Maße als Sprache, Religion und staatliche Zugehörigkeit den Charakter eines Volkes. Denn nicht Sprachgrenzen trennen Völker (Belgien-Frankreich), sondern Kulturscheiden, in denen die verschiedene gesellschaftliche Struktur und damit die andere Bildungsgrundlage zweier Volksgemeinschaften sichtbar werden. In Hillebrands Vorstellung von einer nationalen Gesellschaft hat der alles umspannende Rahmen des Staatlichen wenig Bedeutung. Sie erscheint als staatsfreier Raum. Diese Auffassung Hillebrands ist bezeichnend für die liberal-bürgerliche Kultur des 19. Jahrhunderts. Sie erklärt sich aus einem gewissen M i ß t r a u e n den politischen Organen gegenüber, die 1848 völlig versagten, und stützt sich auf das unumstößliche Gefühl des Bildungsbesitzes. Inzwischen hat sich aber gezeigt, wie wirklichkeitsfern und abwegig es ist, die Nation nur in ihren Kulturträgern zu erfassen und die politisch-wirtschaftlichen Aspekte außer Acht zu lassen. Ebenso bedenklich ist es, die staatlich-nationale Zugehörigkeit davon abzuleiten, ob man an einer nationalen Gesellschaft, d. h. am Bildungsstand einer Gemeinschaft Anteil hat oder nicht. Gerade die Schweiz ist ein Beispiel dafür, daß über Sprache, Bildung und gesellschaftliche Zustände hinweg gemeinsames geschichtliches Erleben von entscheidender Bedeutung sein kann. Andererseits ist aber wohl nicht zu bestreiten, daß eine einheitliche Gesellschaft, d. h. eine möglichst gleichartige Bildung einer möglichst großen Gesellschaftsschicht die Grundlage für die geistige und moralische Gesundheit eines Volkes darstellt. Bildung allein tut es dann aber nicht. Ein ständiger Austausch von Meinungen und Ideen ist notwendig, um den Geist des Volkskörpers lebendig zu erhalten. Diesen unentwegten geistigen Austausch garantiert die G e s e l l i g k e i t, denn in ihr „beruht das ganze Spiel auf der Verschiedenheit der Naturen bei der Gleichheit der geistigen Interessen." (VII, 58). Auch Jacob Burckhardt hielt die Geselligkeit für eine der Hauptgrundlagen aller höher vollendeten Kultur. „Die Geselligkeit bringt, und zwar dies auch bei Aufrechterhaltung von Ständen, *alle Elemente* der Kultur, vom höchsten geistigen bis zum geringsten technischen Treiben, mehr oder weniger in Berührung miteinander, so daß sie eine große, tausendfach durcheinandergeschlungene Kette bilden, welche durch *einen* elektrischen Schlag mehr oder weniger in ihren einzelnen Stellen affiziert wird...

[3] JACOB BURCKHARDT: Weltgeschichtliche Betrachtungen, S. 42.

Endlich bildet das, was *höhere* Geselligkeit heißt, ein unentbehrliches Forum für die Künste insbesonders." [4] Vieles dessen, was Burckhardt mit dem Wort ‚Geselligkeit' umschrieb, blieb bei ihm ins Dunkel geheimnisvoller Lebensvorgänge gehüllt. Was er nur andeutete und umschrieb, trat dann bei Hillebrand ins grelle Licht psychologischer und soziologischer Betrachtung. Unter Geselligkeit verstand Hillebrand Austausch von Meinungen in kultivierten Salons, so wie er es in Italien und Frankreich erlebt hatte, regsames geistiges Streben und Sich-Auseinandersetzen mit den Problemen der Zeit an den Universitäten, Diskussionen und Erörterungen aller Art von Problemen in Zeitungen und Zeitschriften, kurz, leidenschaftliches geistiges Leben in der Öffentlichkeit. Hillebrand war von der Wirksamkeit der Diskussion und der öffentlichen Erörterung so sehr überzeugt, daß er sogar an der Universität Florenz ein wöchentliches Diskussionstreffen der Professoren einführen wollte, bei dem jeder einzelne über das Neueste in seinem Fach berichten und das gemeinsame Anliegen in Rede und Gegenrede geklärt werden sollte [5].

Die moderne Gesellschaft beruht nach Hillebrand nicht nur auf Bildung, sie wirkt zugleich bildend auf den einzelnen. Im praktischen Umgang mit den Mitmenschen vermag das Individuum in sich Qualitäten wie Toleranz, Hilfsbereitschaft, Takt, kurz, das, was Hillebrand „künstliche Sittlichkeit" (III, 330) nannte, zu entwickeln und zur Entfaltung zu bringen. In erster Linie ist es der Umgang mit g e b i l d e t e n F r a u e n, der formend auf den jungen Mann einwirkt, auf dem „aller Reiz der Gesellschaft" (VII, 56) beruht. Aber das Reizvolle an der Geselligkeit war Hillebrand nicht das Entscheidende. Er wollte, daß jeder Bildungsunterschied zwischen Männern und Frauen beseitigt werde (VI, 380), dies vor allem, um den Einfluß der Frau auf das Werden des Mannes zu fördern. Denn das Gefühl der Formschönheit, das auch die klassische Bildung verleihe, ist „den Frauen angeboren, ja ein innewohnender Zug der weiblichen Natur." (III, 356). Was der Frau ins Leben mitgegeben sei, müsse der Mann sich erst mühsam und nicht ohne Schwierigkeiten aneignen. Eine gewisse Gleichstellung von Mann und Frau fand sich auch in der Gesellschaft der Renaissance. Während aber an den Renaissancehöfen die Frau danach strebte, sich männlich zu geben [6], wurde bei Hillebrand das Schönheitsempfinden der Frau zum Maß für das Schönheitsempfinden der Gebildeten überhaupt. Schon die deutsche Klassik fand die reinste Verkörperung ihres Ideals in der Gestalt einer Frau: Iphigenie. Auch das Ideal des Ewig-Weiblichen wäre in der Ideenwelt der Renaissance undenkbar. Bei Hillebrand verband sich das zur weiblichen Gestalt neigende Idealbild der deutschen Klassik mit jener idealen Auffassung von der vorwiegend in der Gesellschaft wirkenden Frau, deren

---

[4] JACOB BURCKHARDT: Weltgeschichtliche Betrachtungen, S. 47.
[5] H. an Villari, 26. Dezember 1868.
[6] JACOB BURCKHARDT: Die Kultur der Renaissance in Italien. Ein Versuch. (= Gesammelte Werke. Bd 3). Basel 1955. S. 267—70. Zu H.s Ansicht über die Bedeutung der Frau in der Gesellschaft: VII, 31—34, 42—46, 55—59; III, 271; UE, 207; sowie in den beiden Essays ‚Berliner Gesellschaft' und ‚Humboldt'.

Auffassung von der vorwiegend in der Gesellschaft wirkenden Frau, deren veredelnden Einfluß Hillebrand in Frankreich und Italien kennengelernt hatte. Denn nirgends haben sich wie in Frankreich Staatsmänner, Philosophen und Dichter so vorbehaltlos der seelischen ‚Autorität' bedeutender Frauen gebeugt.

Trotz gewisser innerer Unterschiede in ihrer Form sah Hillebrand das Vorbild für die moderne Gesellschaft und Geselligkeit in der Renaissance und im Frankreich des 17. und 18. Jahrhunderts. Er warnte aber zugleich davor, den Wert einer solchen Geselligkeit zu überschätzen, vor allem dürfe sie nicht allein stehen. „Ein gesundes öffentliches Leben, eine fruchtbare geistige, eine lebhafte wirtschaftliche Tätigkeit" müßten mit der verfeinerten Gesellschaft Hand in Hand gehen, um die Gefahr zu vermeiden, daß sich die gebildeten Kreise in einem leeren geselligen Spiel verlieren. Eine „kräftige Atmosphäre der Öffentlichkeit", wie sie vor allem in England das geistige Leben der Nation seit jeher bestimme, sei der beste Schutz und die beste Garantie dafür, daß die Geselligkeit nicht ausarte. (VII, 61).

Freiheit ist nicht nur eine der ersten Grundlagen für die Bildung des einzelnen, ohne sie gibt es auch keine gesunde, volkserhaltende Gesellschaft. Die K o n v e n t i o n, diese unvermeidliche, ja unerläßliche Folge einer festen Gesellschaftsordnung widerspricht der persönlichen Freiheit des einzelnen keineswegs. Dieses „alte unsichtbare und doch so feste Gespinst, mit dem die Schwachen die Starken umspinnen" (IV, 350) ist, richtig gesehen, keine Diktatorin, meinte Hillebrand, sondern vor allem eine Förderin „allgemeiner Sittlichkeit". Ihre Wirkung beschränkt sich nicht nur auf „schöne Manieren", sondern offenbart sich „in Schonung, Takt, Rücksicht, Selbstbeherrschung, Maß, ja in den ganzen konventionellen Begriffen der Ehre und des Anstandes." (III, 330). Keine nationale Kultur ist ohne Konvention denkbar. Während die Kunst sittlich indifferent ist, kann die Gesellschaft „ohne sittliche Konvention nicht bestehen", denn während die Kunst unerbittlich wahr ist, bedarf die Gesellschaft einer gewissen Heuchelei (VII, 35). In der Konvention sah Hillebrand auch keine Gefahr für die Originalität. Jedermann kann in der Kunst wie im Leben Konvention annehmen, wenn er nur sich selber zu wahren weiß (VII, 163). Dem Gesetz der Gesellschaft, wie jenem des Staates, muß sich der Mensch, selbst dort, wo er es nicht billigt, unterwerfen, keineswegs aus Furcht vor der Strafe, sondern weil es ein Gesetz ist und befolgt sein will, solange es nicht abgeschafft ist. „Erst dann werde ich unfrei, wenn mir das von der Konvention Gebotene — und wären es die Krinoline oder die drei Einheiten — für schön an sich, das von ihr Verbotene für häßlich und naturwidrig gilt." (VII, 166). Konvention an sich macht weder unfrei, noch ist sie schlecht. Erst wenn sie die Hauptsache wird oder wenn sie Hülle bleibt, aus der das Leben geschwunden ist, dann ist sie von Übel. Das Verhältnis zwischen Mensch und Gesellschaft, meinte Hillebrand, ist aber auch dann verfehlt, wenn man das Schöne nicht mehr sieht, weil es im Kleid der Konvention erscheint, wo doch gerade im Kleide der Konvention Wahrstes und Menschlichstes ausgesprochen und Schönstes geschaffen wurde. Der Reiz der Konvention besteht ja gerade darin, daß man es versteht, sich innerhalb der festen Formen frei zu bewegen, „dieselben geschmeidig und sich dienstbar zu machen, die Persönlichkeit trotz ihrer zur Geltung zu bringen, alles zu sagen, ohne sie zu verletzten." So gesehen ist sie zugleich „ein höheres Spiel, das seine Gefahren wie seine Vorzüge hat, und von der bequemen Gemütlichkeit so ferne ist, als das Sonett vom Knittelvers." (VII, 30—31). Das meinte Hillebrand auch, wenn er den englischen und französischen Konventionalismus miteinander verglich und vom englischen sagte, daß er „ein mächtiger Harnisch" sei, der französische dagegen aber ein „knappsitzendes Kleid", das eine zweite Haut wird, anschmiegsam, gefällig (VII, 208—9). Das Ideal des gebildeten Gesellschaftsmenschen verkörpert ja nicht, wer die äußeren Formen des Umgangs zu wahren versteht, sondern wer sich „geistig und moralisch nur im Trikotkleid der Sitte wohl fühlt, weil ihm dieses Kleid zur zweiten Haut angewachsen ist." (VII, 48). So erscheint das Ideal der modernen Gesellschaft dort, wo „Freiheit und Sitte, Individualität und Kultureinheit, Kunstsinn, heitere und geistreiche Geselligkeit sich unter dem kräftigenden Einflusse des öffentlichen Lebens schön und reich entfalten." (VII, 49): in Florenz, in Athen und im England des 18. Jahrhunderts.

Und wie lagen die Dinge in Deutschland? Für einige Jahrzehnte hatte das nicht nur politisch, sondern auch gesellschaftlich zersplitterte Deutschland in der Literatur ein gemeinsames Anliegen gefunden. Ohne in einen nationalen Staat zusammengeschlossen zu sein, hat sich ein Großteil der Gebildeten im Interesse und zur Pflege der Literatur zusammengefunden. Diese Blüte war aber nur von kurzer Dauer. Im zeitgenössischen Deutschland sah Hillebrand zwei Elemente vorherrschen: Die Zersplitterung der gebildeten Kreise und das Phänomen der Halbbildung. Gegen diese „größte Gefahr, welche der deutschen Kultur droht" (VII, 73), müsse alles aufgeboten werden, um Deutschland zu retten. Die deutsche Kultur müsse davor bewahrt werden, in den Händen Halbgebildeter ihren Glanz, ihre Größe, aber auch ihre bildende und formende Kraft für die Nachkommenden zu verlieren. Es ist bezeichnend für den Nachfahren des deutschen Idealismus, daß er die Kultur- und Gesellschaftskrise seiner Zeit in erster Linie als Bildungskrise sah und in der Reform der Bildung und in der Ausbildung der jungen Leute die einzige Möglichkeit einer Lösung des Problems erblickte: „Erst wenn wieder alle Söhne der Gebildeten, welche Laufbahn sie auch später ergreifen mögen, bis zu ihrem achtzehnten Jahre auf derselben Bank sitzen, an denselben Vergnügungen Teil nehmen, an derselben Quelle ihre geistige Nahrung schöpfen, kann auch wieder von einer deutschen Gesellschaft die Rede sein; nur so können wir uns, wie wir uns die literarische Einheit erarbeitet, die staatliche Einheit erfochten haben, die gesellschaftliche Einheit, die wir alle vermissen, anerziehen." (VII, 73). Gesellschaftsordnung beruht auf Anerziehung: Das war die letzte Konsequenz im deutschen Denken des 18. und 19. Jahrhunderts, das war im Bereich des Geistigen die Erfüllung jenes aufklärerischen Vervollkommnungsideals, das ein Jahrhundert zuvor in die deutsche Klassik Eingang gefunden hatte und über sie hinaus noch im Zeitalter der Romantik nachwirkte.

Hillebrand ging aber noch weiter: Neben dem gemeinsamen Studium, dem gemeinsamen Vergnügen, dem gemeinsamen Spiel muß der gemeinsame D i e n s t a m S t a a t e stehen. Jede Nation hat die Aufgabe, ein höheres ethisches und geistiges Ideal zu verwirklichen (VI, 290). Durch dieses Ideal leistet sie ihren Beitrag zur allgemeinen Humanität. Diesen Beitrag kann das einzelne Volk aber nur dann leisten, wenn es einig ist und alle seine Kräfte auf die Erfüllung seiner historischen Aufgabe lenkt. Dazu ist es aber nur imstande, wenn hinter der gemeinsamen Bildung auch gemeinsames Erleben, gemeinsames Schicksal und gemeinsame Geschichte stehen [7]. Die schönste Form gemeinsamen Erlebens sah Hillebrand im Militärdienst. Die Armee war für ihn eine nationale Schule der Disziplin, der bildende Kraft innewohnt. In ihr sollten sich die jungen Deutschen „im Dienste am Höheren, Außergewöhnlichen" treffen, im Dienst an jenem, „was einer ganzen Kultur erst ihre Weihe gibt" (VII, 72). Erst auf dieser Grundlage gemeinsamen Erlebens werde in Deutschland eine Bildungs- und Interessensgemeinschaft entstehen, aus der sich eine starke und bestimmende nationale Gesellschaft entwickeln kann. Wie der freie Bürger in Italien, der Richterstand in Frankreich, der Landadel in England einmal Träger der nationalen Gesellschaft gewesen seien, weil sich die Gebildeten des Landes an ihren Idealen orientierten, so werde aus dieser gemeinsamen Schule, in der sich die Söhne aller Deutschen begegneten, „einmal der Typus des deutschen Gebildeten", der „Bürger-Offizier" hervorgehen, so „wie der Mann der gentry, der gentleman", der Typ des englischen Gebildeten geworden sei. (VII, 72).

Dem Wesen dieser modernen, schöpferischen Gesellschaftsordnung entsprechend, sollten im künftigen Deutschland auch die s o z i a l e n Probleme, die sich aus den wirtschaftlichen Umschichtungen ergeben, nicht durch endlose Sozialreformen gelöst werden. Wohl braucht der Arbeiter bei Krankheit, bei Arbeitslosigkeit oder im Alter Hilfe und Unterstützung. Die „normale Existenz" soll aber nicht „durch trügerisches Vormalen besserer Zustände" verdorben werden (VII, 187). Nicht höhere Löhne sind der Schlüssel zur höheren Gesellschaft, zu Wohlstand und Ansehen, sondern allein „Tätigkeit und Sparsamkeit." (I[1], 283). Das Überspringen einer Entwicklungsstufe schafft ein Mißverhältnis zwischen der nun äußerlich möglichen Lebensform und der inneren Bildung. Daher: Nicht Reformen, die neue Zustände schaffen, denen die Menschen nicht gewachsen sind, sondern langsames Hineinreifen in die höhere Gesellschaftsordnung der Nation durch geistige und seelische Formung. Dies allein schafft Genugtuung, Zufriedenheit und Harmonie und ist zugleich Dienst am Staat.

So wird das brennende gesellschaftliche und soziale Problem am Ende des vergangenen Jahrhunderts für Hillebrand zu einem Bildungsproblem. Wenige vor und nach ihm haben so entschieden wie er die Absicht vertreten (wenn auch nicht programmatisch), die drückenden Probleme, die durch das Aufkom-

---

[7] JdD, 1. Juni 1869.

men der Massen entstanden sind und täglich neu entstehen, nicht durch fortschreitende Sozialisierung und Organisierung der Massen zu gesellschaftsfeindlichen Arbeitervereinigungen zu lösen, sondern durch eine energische und tiefgreifende Erneuerung (nicht Reform) der Gesellschaftsordnung selbst. Hillebrand deutet es in vielen seiner Schriften an: Der Adel und die privilegierten Stände haben versagt. Nicht diese, sondern eine lebensnahe, vitale Gemeinschaft aller Gebildeten ist dazu berufen, die sozialen Probleme so zu lösen, daß das gesamte aufgestapelte Bildungsgut des Abendlandes gerettet wird. Hillebrand war davon überzeugt, daß eine Gemeinschaft wahrhaft Gebildeter genug Kraft besitzen würde, die Massen dazu anzuspornen, sich aus ihrem Zustand zu erheben und sich an ihr zu orientieren. Aus eigenem aber müßte das geschehen. Die Gesellschaft dürfe dem einzelnen dann freilich die Hilfe nicht versagen. Mit einem Appell an die zuständigen Stellen, die Stipendienzahl zu erhöhen, um dadurch den Söhnen aus allen Schichten der Bevölkerung eine Studienmöglichkeit zu geben, deutet er an, wo das Problem anzupacken sei und in welcher Weise der Staat aufwärtsstrebenden jungen Deutschen helfen könne. Aber nur einzelnen dürfe der Weg nach oben geöffnet werden, nicht ganzen anonymen Gruppen.

Aus manchen Äußerungen Hillebrands geht hervor, daß er selbst wenig Hoffnung auf die Erfüllung seines Wunsches und auf die Erreichung seines hohen Zieles hatte. Immer mehr sah er ein, daß selbst die intensivsten Bestrebungen, breite Massen zu Gebildeten zu machen, auch unter günstigsten Bedingungen, zum Scheitern verurteilt waren. Mit dem sich überstürzenden Fortschritt der wirtschaftlich-technischen Entwicklung kann die Menschenbildung nicht Schritt halten.

Für den heutigen Leser, der mit der sozialen Problematik vertrauter ist als es die Angehörigen anderer Generationen gewesen sind, haben die Ideen Hillebrands zweifellos Interesse. Dies nicht, weil sie einen realen Beitrag zur Lösung der schwierigen sozialen und politischen Probleme liefern, die seit hundert Jahren die Gesellschaftsordnung aller europäischen Staaten zerrütten, sondern als Versuch eines Vertreters der klassisch-humanistischen Tradition, die Probleme des Massenzeitalters mit dem Maßstab seines Bildungsideals zu beurteilen und im unerschütterlichen Glauben an den inneren Wert des Menschen und die klassischen Ideale zu lösen. Daß Hillebrands Ideen ohne Wirksamkeit blieben, ja bleiben mußten, hat mit der ihnen innewohnenden Wahrheit, mit ihrer Gültigkeit und mit der Wärme von Hillebrands humanem Empfinden nichts zu tun. Die Wahrheit und die Gültigkeit seines Glaubens an den Wert und die Macht der menschlichen Bildung liegen im Geistigen. In den vergangenen hundert Jahren hat dieses hohe deutsche Bildungsideal aber seine Kraft verloren. Mit dem Tag, wo ‚Bildung' auf demagogische Weise zu einem Grundrecht des Menschen erklärt wurde, ist sie als formende Macht innerlich zusammengebrochen. Der Mensch hat aber keinen entsprechenden Ersatz für das verlorene Ideal erhalten. Wenn man heute von Bildung spricht, meint man häufig Spezialausbildung. Das Spezialistentum ist aber der größte Feind jeder Allgemeinbildung. Nicht die Technisierung ist am Verfall der Bildung schuld, sondern die fortschreitende Demokratisierung. Wo die Masse rein numerisch herrscht, wo die umfassendste Persönlichkeit auf Grund eines Mehrheitsbeschlusses stürzen kann, da hat das Bildungsideal des deutschen Humanismus keine Aussicht auf Verwirklichung.

Aber selbst wenn wir von der allgemeinen politischen Entwicklung absehen, so zeigt sich die Unerfüllbarkeit von Hillebrands Wunsch allein schon darin, daß es in Deutschland keine starke nationale Gesellschaft gab, keine einheitliche Gemeinschaft von Gebildeten, die mit Leidenschaft und Feuer die Sache des Geistes und des Menschentums hätte vertreten können. Hillebrands Schriften, die aus tiefem Wissen um das Menschliche und um das Wesen der menschlichen Gesellschaft ihren Wert und ihren eigentümlichen Charakter erhalten haben, mußten auf einen kleinen Kreis Verständiger beschränkt bleiben, denen Menschlichkeit, Bildung, Gesellschaft und Freiheit mehr bedeuteten als äußerliches Recht, totes Formelwesen und materielles Wohlergehen.

Politische Ideen

Innere und äußere Freiheit waren für Hillebrand die Grundlage der menschlichen Bildung und der gesunden Gesellschaftsordnung. Freiheit war in seinen Augen auch der bestimmende Faktor auf einem besonderen Gebiet des menschlichen Zusammenlebens: auf dem der Politik. Hillebrand fragte sich nicht, ob Absolutismus oder Demokratie die beste Staatsform sei, sondern welche Staatsform im konkreten Einzelfall die größte persönliche Freiheit bei größtmöglicher äußerer Sicherheit gewähre. Es verblüfft den Leser zu sehen, daß Hillebrand Monarchien und den aufgeklärten Staat Friedrichs II. neben die amerikanische Demokratie stellt. Man neigt dazu, ihm Inkonsequenz vorzuwerfen, ehe man erkennt, daß in Hillebrands Vorstellungswelt nicht die äußere Form von Bedeutung ist, sondern der innere menschliche Wert. Sein Urteil über politische Formen beruht nicht auf theoretisch-rationalistischen Erörterungen, sondern auf praktischer Erfahrung. Seine Kritik, Ablehnung und Anerkennung sind ohne die Kenntnis seines Lebens- und Entwicklungsganges nicht zu verstehen und zu werten.

Hillebrands jugendlicher Idealismus erfüllte sich im Kampf um die d e m o - k r a t i s c h e Freiheit und um die nationale Einigung seines Vaterlandes. Schon in jungen Jahren mußte er aber mitansehen, wie sein Lebensideal verraten wurde. Alles, was unter größtem Aufwand, selbst unter Einsatz des Lebens an politischen ‚Fortschritten' erreicht worden war, mußte in Deutschland der Reaktion weichen und fiel in Frankreich durch den Staatsstreich Napoleons III. An die Stelle freier Republiken trat eine Despotie, die sich von früheren Diktaturen nur in geringem Maße unterschied. Die Masse des Volkes, in deren Beteiligung an der Herrschaft man das Heil für die Zukunft gesehen hatte, erwies sich diesem Geschehen gegenüber als machtlos. Sie wurde verblendet und mißbraucht. Die Freiheit und die mehr oder weniger demokratische Staatsform, die man erkämpft hatte, wirkten sich nun gegen das Volk aus. Diese Enkenntnis mußte Hillebrand an den Ideen seiner Jugend irremachen. Mit Feuereifer las er die Schriften des Mannes, der diese Entwicklung vorausgesehen hatte: Alexis de Tocqueville. Klar und deutlich spricht Hillebrand seine Erkenntnis aus: Freiheit und Demokratie sind nicht synonym, „la democrazia è il più pericoloso nemico della libertà."[8] Dasselbe hatte Tocqueville mit anderen Worten gesagt: „Was mich in Amerika am meisten abstößt, ist nicht die dort herrschende äußerste Freiheit, sondern der geringe Schutz gegen die Tyrannei."[9]

Hillebrands geistige Verwandtschaft mit *Tocqueville* war eng, methodisch standen die beiden aber einander fern. Hillebrand war nicht Analytiker historischen Geschehens wie Tocqueville, der sich damit begnügte, historische Gesetze festzustellen. Die bloße Erkenntnis einer geschichtlichen Tendenz oder Tatsache war ihm zu wenig. Er wollte daß seine Ideen auch wirkten. Sie mußten aktiv sein, dem Menschen dienen, seine Bildung und sein Menschentum fördern. Er stand zu sehr in der Tradition und im Banne des evolutionistischen Denkens und des Vervollkommnungsglaubens des deutschen Idealismus, als daß er sich mit reiner Erkenntnis begnügt und eine allgemeine Gleichheit, auch nur der gesellschaftlichen Zustände, als Ergebnis der menschlichen Entwicklung hingenommen hätte. Für ihn waren Gleichheit und Brüderlichkeit zwei Ideen, die „dem Menschen absolut widernatürlich sind", da ja das ganze Dasein auf Ungleichheit und Selbstsucht beruht (III, 120). Die philosophische Forderung, sich an die Stelle des anderen zu setzen, hielt er für eine Fiktion, die jeder Wahrheit und Natürlichkeit entbehrt (VII, 185). Tocqueville stellte die Gleichheitsbestrebungen im Laufe der Jahrhunderte fest. Damit konnte er als reiner Analytiker zufrieden sein. Hillebrand, im Grunde Moralist, der von einem idealisierten Menschenbild herkam, lehnte die Gleichheit als staatstragende Idee aus Nützlichkeitsgründen ab: Sie widerspricht der Würde und dem Bildungs- und Vervollkommnungsbestreben des einzelnen. Die Verkennung der natürlichen Schranken des Menschen ist es ja gerade, was im Staatsleben zur Beanspruchung und Verleihung von Rechten führt, welche die damit Ausgestatteten nicht zu gebrauchen wissen (VII, 185). Diese ungebührlichen Vorrechte sind die Ursache der inneren und äußeren Zwietracht und des Unglücks ganzer Geschlechter. „Nicht die Institutionen, selbst so tolle als das Los in Athen und Florenz, haben zur Tyrannis (ich sage nicht zur Tyrannei) geführt, sondern die falschen Gleichheits-Ideen." (I[1], 309). Die höchsten und schönsten Ideen der englischen und französischen Philosophen wurden in den Händen Halbgebildeter und demagogischer Vereinfacher unheilvoll und gefährlich. Sie waren zum Scheitern verurteilt, gingen aber nicht zugrunde, ohne Unglück gestiftet und ganze Völker an den Rand des Abgrunds gebracht zu haben.

[8] NA 1868/8, S. 253. Vgl. III, 75; EI, 207.
[9] ALEXIS DE TOCQUEVILLE: Die Demokratie in Amerika. Frankfurt 1956, S. 94.

In den vereinfachten und falschverstandenen Gleichheitsideen sah Hillebrand nichts anderes als die Frucht des überspitzten französischen Rationalismus, der jeder praktischen Grundlage entbehrt. „Pour moi", schrieb er an Carducci, „le rationalisme est vraiment Satana" [10] und mit ihm sind es die französische Revolution und die Prinzipien von 1789. Denn die Grundsätze von 1789, die allein auf abstrakten Konstruktionen beruhen, führen nicht zur Freiheit, sondern zu Cäsarentum und Nichtachtung der Freiheit (III, 180). Von dieser Tatsache war Hillebrand tief überzeugt. Immer wieder legte er sie dar, immer wieder versuchte er, sie seinen Lesern klar und verständlich zu machen. Sybel gratulierte er dazu, in seiner ‚Geschichte der Revolutionszeit' die Revolution und den Rationalismus ihres falschen Nimbus entkleidet zu haben [11]. In seinem Buch ‚Frankreich und die Franzosen' spürte er selbst den Wurzeln des französischen Rationalismus nach. Aus dem rationalistischen Weltbild und dem abstrakten Ideenkult leitete er dann die Schwächen und Krankheiten des politischen Frankreich ab. In seinem fragmentarischen Werk ‚Die Geschichte Frankreichs' ging er von demselben Gesichtspunkt aus: Das Geschehen von 1870 erscheint als Drama vom Triumph und Untergang des Cäsarentums. Dem ‚Erregenden Moment', dem Übergang von der auf rationalistische Erkenntnisse gegründeten Demokratie zum Despotismus (1848—1852) wollte er einen ganzen Band widmen.

Die natürliche Folge des falschverstandenen rationalistischen Gleichheits-Ideals war für Hillebrand die Demokratie, die parlamentarische Parteienregierung, die er entschieden ablehnte. Das allgemeine Stimmrecht hielt er für eine „Albernheit" (III, 29) und den tätigen Anteil jedes Bürgers an dem Staate für unmöglich (I^1, 282). Auch das politische Handwerk muß gelernt sein. Nicht jeder, der eine Mehrheit auf sich zu vereinigen imstande ist, muß zu Staatsgeschäften geeignet sein. Im Gegenteil, meinte Hillebrand, der Politiker bedarf einer besonderen Vorbereitung und absoluter Unabhängigkeit, geistiger wie materieller. „Nur angehäuftes Kapital, angehäufte Tradition, angehäufte Bildung und Muße — nicht Müßiggang — machen eine Gesellschaftsklasse aus, die sich ausschließlich mit Politik beschäftigen kann." (I^1, 289). Dort, wo die Politiker abhängig oder unvorbereitet sind, wie eben meist in den Demokratien, wirkt sich das zum Schaden des ganzen Staates aus. „C'est la démocratie qui infiltra au corps politique d'Athènes la maladie dont il devait mourir." (DC, 185; EI, 46). Auch in Frankreich war es in Hillebrands Augen die „Schlammflut der Mittelmäßigkeit", die „den Staat um seine glänzendsten Eigenschaften und um seinen Idealismus gebracht hat und das Leben der Nation immer platter und vulgärer" gestaltete (VI, 86). Einzig der amerikanischen Demokratie gestand er inneren Wert und Gemäßheit zu. In ihr erblickte er auch die einzige wirklich gewachsene demokratische Staatsform, das einzige Land, wo die Demokratie nicht von oben her eingeführt wurde, ohne die Masse der Bevölkerung

---

[10] H. an Carducci (April 1871).
[11] H. an Sybel, 1. März 1880. In: SMh 1914, Jg. 12/1, 104.

darauf innerlich vorbereitet zu haben. Aber selbst Amerika sah er nicht ganz frei von allen jenen Mängeln, die den europäischen Demokratien damals anhafteten.

In seinem Drange nach geistiger Freiheit, der bei aller Stärke nicht die religiöse Tiefe von Tocquevilles Freiheitsstreben hatte; in seiner Vorliebe für die Aristokratie des Geistes, in der er das stärkste Gegengewicht gegen die allgemeine Vermassung sah; in seiner leidenschaftlichen Ablehnung aller rationalistischen Vereinfachungen, die sogar das Geschehen der französischen Revolution zu rechtfertigen versuchen; und angesichts der Erkenntnis der Gefahr, die bei einer absoluten Herrschaft einer numerischen Mehrheit für das höhere Menschentum besteht, wandte sich Hillebrand entschieden jener europäischen Staatsform zu, in der schon Tocqueville den besten Schutz für die allgemeine und persönliche Freiheit gesehen hatte: dem a u f g e k l ä r t e n A b s o l u t i s m u s [12]. „Standhaft, nüchtern und unsterblich", [13] nannte ihn Tocqueville, der aber mit seiner Sympathie doch zeitlebens im Lager der Demokratie amerikanischen Musters blieb. Hillebrand dagegen ging im Vertrauen zum aufgeklärten Absolutismus weit über Tocquevilles anerkennendes Urteil hinaus. Er wurde zum Verfechter einer aristokratischen Gesellschaftsordnung, einer aufgeklärten Bildungsaristokratie. In ihr sah er die, wenn nicht in allen Beziehungen ideale, so doch den Möglichkeiten angemessenste Grundlage und Garantie für die allgemeine menschliche Bildung und den sichersten Schutz vor Ereignissen wie der französischen Revolution oder dem Staatsstreich von 1851. Echter aufgeklärter Absolutismus und Freiheit wurden für Hillebrand korrespondierende Begriffe. „Die Denkfreiheit aber ist die moderne Kultur" (VI, 331), rief er aus. Kein moderner Staat kann ohne sie und ohne Unabhängigkeit des Urteils existieren. Diesen Liberalismus verstand Hillebrand aber nicht als politische Doktrin, oder als blinde Schrankenlosigkeit, „die dem Mitbürger die Freiheit schmälern will" (II, 360; IV, 308). Mit Burke und Tocqueville sah er das Grundprinzip des Liberalismus vielmehr in einer weisen Vereinigung von persönlicher Freiheit und staatlichem Interesse. Kein Staatssystem schien ihm diese Vereinigung in schönerer Form zu garantieren als das aufgeklärte, aristokratische Gefüge. Nicht das „Abwehren der öffentlichen Kontrolle durch Pressegesetze und ähnliche Maßregeln" macht den staatsmännischen Konservativismus, meinte Hillebrand, sondern „die Verbindung aller realen Interessen in der Gesellschaft." (I¹, 282). Legte Tocqueville in seinem Urteil mehr Gewicht auf den aufgeklärten Staat, so Burke auf den aristokratischen. Burkes Überzeugung, daß allein eine einflußreiche aristokratische Schicht im Staate imstande sei, den Despotismus zu verhindern, wirkte stark auf Hillebrand. Die Bildungsaristokratie hatte seiner Meinung nach die Aufgabe, im Bereich der Politik ausgleichend zu wirken. Im Hinblick auf den Untertanen sah er wie Burke wenig Unterschied zwischen einem monarchischen und einem demokratischen Despotismus.

---

[12] Mme D'Agoult an H., 24. Mai 1875 und 13. Juni 1875. Vgl. IV, 271; UE, 269.
[13] TOCQUEVILLE: Amerika, a. a. O. S. 87.

Nicht in Frankreich also, das Hillebrand ganz dem Despotismus verfallen schien, sondern im aufgeklärten Staat vom Typ *Preußens* glaubte Hillebrand ein System vertreten, das es erlaube, „das Gute unbehelligt von unverantwortlicher Mittelmäßigkeit, Unwissenheit und Unfähigkeit" zu leisten (III, 76). Denn in Preußen, dem „modernen Staat par excellence", existiere noch der zahlreiche Kleinadel, der das traditionelle Loyalitätsverhältnis zwischen Volk und König lebendig erhalten habe (was aber nichts mit ancien régime zu tun habe) und dadurch eine sichere Gewähr gegen das Aufkommen einer Tyrannei darstelle (I[1], 279—80). In keinem modernen Staat seien darüber hinaus die bürgerlichen Freiheiten (liberté municipale) größer als in diesem absoluten Staate (PC, 57). Und nirgends sei das Ideal des Renaissance-Herrschers, wie es Petrarca gesehen habe, schöner als in Preußen verwirklicht worden: „Du mußt nicht Herr deiner Bürger, sondern Vater des Vaterlandes sein und jene wie deine Kinder lieben, ja wie Glieder deines Leibes." [14]

Diese idealistische Auffassung von Preußen mußte Hillebrand in den Jahren nach 1870 in bezug auf das neue Preußen-Deutschland in vielem korrigieren. Nie hörte er aber auf, im aufgeklärten Absolutismus die ideale Form des modernen Staates zu sehen, einen Staatskörper, der auf Grund seiner Struktur der Bedrohung durch die menschlichen Schwächen einzelner oder ganzer Gruppen am wenigsten ausgesetzt ist, zugleich aber dem einzelnen größte Handlungsfreiheit gewährt. Denn wie kein zweites System vereinigt der aufgeklärte Absolutismus drei Grundvoraussetzungen, die für das Leben und Gedeihen eines Volkes unbedingt notwendig sind: Freiheit, Idealismus und Wirklichkeitssinn. „Die selbstlose Hingabe an das große Werk (ist) ja zu keiner Zeit der Geschichte so groß gewesen, als im goldenen Zeitalter des aufgeklärten Despotismus" (IV, 250). Das ganze Volk schafft im idealen Glauben an den aufgeklärten Staat. Das Wohl des Staates ist oberstes Gesetz. Der Staat ist der Beschützer und Garant der persönlichen Freiheit. Dieser ideale Glaube gibt dem Menschen die Kraft, Gewaltiges zu leisten. Ohne ihn ist der Staat kaum imstande, Reichtum und Ansehen zu mehren (VII, 68). „No historical work can be durable which does not possess its ideal side." [15] meine Hillebrand von der italienischen Einigung. Und das 18. Jahrhundert wuchs, seiner Meinung nach, vor allem deswegen zu so einmaliger Größe heran, weil der Idealismus „sein geheimer Motor" gewesen war. (UE, 210).

Der Idealismus allein tut es aber nicht. Zu seiner vollen Entfaltung ist auch ein gewisses Ausmaß von Schein nötig. „Der Staat bedarf wie die Kirche, wie der einzelne Priester und Staatsmann des Scheines; er darf nicht erlauben, daß man der Masse seine innerste Natur offenbare; denn nur vor dem Nichtgekannten hat die Masse Ehrfurcht." (IV, 295—96). Und Glaube ohne Ehrfurcht ist so wenig vorstellbar wie echte Bildung ohne Freiheit. Ehrfurcht kann aber nie und nimmer die Demokratie einflößen, in der jede kleinste Handlung, jeder

---

[14] BURCKHARDT: Kultur der Renaissance, S. 5.
[15] The Times, 27. September 1870.

Winkelzug, der gesamte Ablauf der Staatsgeschäfte in die Öffentlichkeit getragen werden und damit seinen Nimbus verlieren.

Der Idealismus des Bürgers ist die erste Grundvoraussetzung für den gesunden Staat, der Wirklichkeitssinn der herrschenden Schichte und der führenden Persönlichkeiten im Staate ist die zweite. „So gescheit er war", schrieb Hillebrand von Metternich, „den Idealismus begriff er doch nicht. Wer aber den Idealismus nicht begreift, der versteht auch die Realität nicht ganz. Denn zu Tatsachen gewordene Ideen sind Realitäten." (V, 345—46). Und an Humboldts Idealismus bemängelte Hillebrand, daß ihm die praktische Seite weitgehend gefehlt habe [16]. Ohne Wirklichkeitssinn gerät der Idealismus auf politisch-gesellschaftlichem Gebiet aber auf Irrwege. Wirklichkeitssinn sah Hillebrand sich in einer Politik äußern, die „non è né legittimista, né repubblicana, né religiosa, né irreligiosa, ma patriottica nel fine e giusta nei mezzi." [17] Jede Politik ist ihrem Wesen nach Machtpolitik. Sie muß es sein. Jede wahre Macht aber beruht nicht auf äußerlicher Stärke, sondern auf sittlicher, geistiger und ökonomischer Grundlage (I[1], 340). Hillebrand wandte sich gegen Macchiavellis Staatsmoral: „... daß die wahre, dauerhafte Macht, die staatliche wie die individuelle, auf der Sittlichkeit beruht, d. h. auf der Selbstentäußerung, mit welcher die einzelnen einem Höheren sich hingeben, und auf der Mäßigung, die sie ihren Begierden und Leidenschaften aufzuerlegen wissen, daran dachte er nicht, konnte er nicht denken." (IV, 306). Wahre Macht beruht auf Sittlichkeit und Geist. Sittlichkeit und Geist ohne Freiheit sind aber ein Widersinn. Freiheit ohne Sittlichkeit und Geist ist Barbarei. Sittlichkeit wird so Ausdruck des sich frei entscheidenden Menschen. In seiner Forderung nach Sittlichkeit in der Politik ging Hillebrand aber nicht so weit, Macchiavelli absolute Immoralität vorzuwerfen. Praxis und Geschichte lehrten vielmehr, meinte er, daß man zwischen persönlicher und staatlicher Sittlichkeit unterscheiden müsse. Einzelwesen und Staat könnten nicht mit demselben Maß gemessen werden. „... il faut avoir le courage de protester contre cette hypocrisie puritaine qui, loin de reposer sur un sentiment naturel de l'homme, n'est que le produit d'une argumentation de sophistes." (EI, 346). Das Maß für die Sittlichkeit des einzelnen im Bereich der Gesellschaft liegt in der „Selbstentäußerung, mit welcher der einzelne sich einem Höheren hingibt." Bei der Beurteilung der Sittlichkeit eines Staates ist vor allem die jeweilige Situation zu berücksichtigen. Ein Revolutionär, der einen Tyrannen stürzt, handelt gerecht. Ein Staat, der um der Selbsterhaltung willen im Kriege sich an der Menschlichkeit vergeht, ist deshalb nicht anzuklagen. Von diesem Standpunkt aus sah Hillebrand nun Macchiavellis Lehre nicht als „monstrueusement immorale", sondern als „très-mauvaise" (EI, 347), als schlecht, weil ihr Ziel nicht Freiheit heißt, sondern Despotie. Hätte sie die Freiheit des Bürgers zum Ziele, wäre eine im herkömmlichen Sinne unmoralische Handlung unter Umständen vertretbar und gerechtfertigt.

---

[16] JdD, 1. Juni 1869.
[17] NA 1868/8, S. 8.

Eine wahre, wirklichkeitsnahe Politik ist nach Hillebrand also nicht nur patriotisch, den Möglichkeiten nach in ihren Mitteln gerecht, sondern vor allem so geartet, daß sie die persönliche F r e i h e i t des Staatsbürgers fördert und sichert. Denn die Freiheit des einzelnen ist das Höchste im Menschenleben und in der Welt überhaupt. So mündet Hillebrands politisches Denken ein in sein humanistisches und individualistisches Bildungsideal. Für den heutigen Leser ist es interessant zu sehen, daß Hillebrands Ideal vom aufgeklärten Staate jenes humanistische Ideengut zugrundelag, das bei den späteren Gründungen von Demokratien Pate gestanden hat.

Die schönsten Beispiele aufgeklärter Staaten sah Hillebrand in jenen Ländern, in denen sich der Herrscher als erster Diener des Staates fühlte und dementsprechend handelte: so im Preußen Friedrichs II., in der Toskana Leopolds I. und überhaupt in Florenz von 1537 bis 1737. In diesen Ländern fanden, wie in keinem anderen Staatssystem, selbstlose Hingabe des Herrschers für das Wohl der Bürger und kluge Politik ihre Verwirklichung. Nicht in jedem Staate und nicht in jeder historischen Epoche sei aber, so meinte Hillebrand, eine aufgeklärte Regierungsform möglich, wie ja auch die amerikanische Demokratie in Europa nicht ohne weiteres eingeführt werden könne. Das eine wie das andere entstehe nicht auf Grund revolutionärer Umgestaltungen, sondern könne wie jedes historische Phänomen nur Frucht einer langen Entwicklung sein, einer Bildung des Volkes, eines Heranreifens von Ideen, die zu einer anderen Zeit oder in einem anderen Land unfruchtbar bleiben würden. In seiner eigenen Zeit hielt Hillebrand die absolutistische, aufgeklärte Regierungsform nicht nur für Preußen, sondern für das ganze geeinte Deutschland für die einzig richtige. In ihr würden sich die Tugenden des deutschen Volkes am klarsten aussprechen. Für Frankreich hingegen hielt er eine durch Presse, öffentliche Meinung, Mitwirkung der Besten gemilderte Monarchie für besonders geeignet, wie ja, so schrieb er, „die gemäßigte und durch gesetzliche Periodizität geregelte Diktatur, die definitive Staatsform ist, welche die Revolution 1789 unklar voraussah." (IV, 173; I^1, 309, 322). Die Revolution dagegen sei völlig verfehlt gewesen. Die positiven Ergebnisse dieses grauenhaften Geschehens wären auch ohne Revolution nicht ausgeblieben [18]. Denn es gibt in der Entwicklung von Völkern kein Stadium, das nur auf dem Weg über die Revolution zu erreichen wäre. „Nous ne comprenons la vie politique que dans la transformation continuelle et successive, mais lente, et produite par les besoins." (DC, 96). Nicht Revolution, sondern E v o l u t i o n , wie sie sich in der Entwicklung vom Despotismus zum aufgeklärten Absolutismus andeute, sei im Leben einzelner wie auch in jenem ganzer Völker das bestimmende Gesetz. Selbst die schwierigsten Probleme könne man auf friedlichem Wege lösen (UE, 321), und das Lebensgesetz der Geschichte werde nur zum Schaden einzelner und ganzer Völker verletzt. Gewachsen, auf Grund organischer, natürlicher Entwicklung geworden sei aber nicht die revolutionäre Demokratie, sondern der aufgeklärte

---

[18] H. an Schott. In: PJB 1931, Bd 226, 49.

Staat, denn er sei aus dem Bedürfnis nach Verwirklichung echter Humanität entstanden. Hillebrand ging noch weiter. Es erschien ihm absurd, daß eine Volksentscheidung bestimmen könne, ob z. B. eine Staatsgrenze verändert werden solle oder nicht. (I¹, 321): Nation, Volk, Sprache, Kunstwerk, das sind Dinge, die wachsen, die sich fortentwickeln und verändern, die man aber nicht auf Grund einer Mehrheit von heute auf morgen ändern kann. Derselbe Fehler in der Beurteilung der politisch-historischen Welt liege vor, wenn man die Ansicht vertrete, daß Parlament und self-government nach englischem Muster auf dem Kontinent eingeführt werden könnten [19]. Ohne eine neue gesellschaftliche Grundlage und ohne neue soziale Vorbedingungen müßten derartige gewaltsame Änderungen zum Schaden des Bestehenden, d. h. des Volkes führen. Der unheilvolle Doktrinarismus, der sich in den erwähnten politischen Bestrebungen äußere, stelle ein Vergehen gegen den Geist der Geschichte dar, ja gegen die Natur des Menschen überhaupt. In selten klarer Weise offenbart sich Herders Denken in Hillebrands politischen Ideen. Dabei war Hillebrand viel traditionsgebundener als etwa Jacob Burckhardt, der meinte, daß es die Evolution allein nicht tue und daß man in den Kriegen und Revolutionen „echte Zeichen des Lebens... eine Aushilfe der Natur... Fieber..." zu sehen habe [20]. Hillebrand war mit Herder aber auch mit Ranke davon überzeugt, daß weder Revolutionen noch Despotismus eine entscheidende Rolle im Werden der Völker spielten. Die Entwicklung der Weltgeschichte wie die einzelner Völker kann äußerlich unterbrochen, nicht aber aufgehoben werden. Die Wahrheit dieser Einsicht zeigte Hillebrand immer wieder auf, so etwa im Zusammenhang mit dem Leben Albergatis: „Man sieht deutlich an ihm, wie schon vor der großen Revolution der demokratische Individualismus, der sich in unserem Jahrhundert zu entfalten begonnen, sich in der alten Ordnung keimend regt. Auch in dieser Beziehung pflegt man der französischen Revolution eine viel größere Bedeutung beizulegen als ihr zukommt. Diese war, näher besehen, eigentlich nur eine Szene im großen Drama der Umwälzung, welche allüberall gegen die Mitte des vorigen Jahrhunderts begann und gegen die Mitte unseres Jahrhunderts tatsächlich vollendet worden ist. Denn in Wirklichkeit hat diese Bewegung nicht nur lange vor 1789 angefangen, die alte Ordnung hat auch noch lange nach der Revolution fortgedauert; sie ist seitdem auch zerstört worden in Ländern wie England, wo die französische Revolution gar nicht hingedrungen ist." (V, 94).

Diese Einsichten führten Hillebrand zur Überzeugung, daß die deutsche wie auch die italienische E i n i g u n g ein natürlicher, der geschichtlichen Entwicklungstendenz innewohnender und daher wünschenswerter Vorgang sei. Mit Entschiedenheit lehnte er aber Unternehmen wie die ‚Spedizone de' Mille' ab, die zur Eroberung Süditaliens führte. „L'Italia meridionale sarebbe venuta in tempo" [21], schrieb er an Villari, nachdem er ihm dargelegt hatte, daß das große

---

[19] VI, 344—45. Vgl. I¹, 286, 289.
[20] BURCKHARDT: Betrachtungen, S. 138.
[21] H. an Villari, 22. April 1882.

Unglück für Italien in der verfrühten Einigung gelegen habe, in der überstürzten Hast, mit der man weittragende politische Entscheidungen über Dinge gefällt habe, die noch nicht reif gewesen seien. Er fand sich dagegen mit Cavours idealer, geschickter, der italienischen Wirklichkeit angemessenen Vermittlungspolitik einig [22].

Die Überzeugung, daß Deutschland und Italien geeinigt werden müßten, hatte noch tiefere Wurzeln. Sie lag für Hillebrand auch in seinem gesunden Patriotismus, der sich in dem Gefühl ausdrückte, einer Lebens- und Schicksalsgemeinschaft anzugehören. Aus dieser Gemeinsamkeit sah er das wachsen, was die Romantik ‚Volksseele' nannte. Sie ist, meinte Hillebrand, „der mütterliche Boden, aus dem alles höhere geistige Leben seine Nahrung zieht." (VI, 310). Daher erschien es ihm natürlich und als eine der selbstverständlichsten Dinge der Erde, daß Deutschland und Italien, die durch Erleben, Schicksal und Bildung kulturell und geistig schon lange geeinigt waren, nun auch die politische Einigung suchten. Immer wieder wies er aber darauf hin, daß die nationale Einheit nicht zu allen Zeiten und nicht in allen Ländern wünschenswert sei, sondern daß sie überall nur Frucht eines langen Werdens sein könne. „Partisan avoué de la formation d'un grand état dans l'Italie d'aujourd'hui, il (l'auteur-Hillebrand) a cru pouvoir montrer les avantanges du morcellement d'autrefois." (DC, xiv), schrieb er noch in seiner Studie über Dino Compagni. Nun sei der Zeitpunkt aber reif, meinte er dann knapp vor 1870. Mit warmem Vaterlandsgefühl verfolgte er die deutschen und italienischen Einigungsbestrebungen und die geistige Entwicklung dieser beiden Länder. Ihre geistige und politische Unabhängigkeit erschien ihm als „heiligstes Gut" (I[1], 274), für das er auch, zumal im Falle Deutschland, in dem ihm zugewiesenen Rahmen zu kämpfen bereit war.

Vaterlandsgefühl, Nationalismus hatten aber für Hillebrand eine sehr entschiedene Grenze. Sie lag in der Würde und Bedeutung der einzelnen Persönlichkeit. Vaterlandsgefühl darf für fremdes Wesen, für fremde Art, für die andere Persönlichkeit nicht blind machen. Weder das Verständnis noch das Mitgefühl für den anderen dürfen auf Grund des Patriotismus leiden. Auch darf sich das Gefühl der Vaterlandsliebe keineswegs mit Leidenschaft oder gar Fanatismus verbinden. Denn beide machen blind. Und der Blinde ist dazu verurteilt, vor allem auf politischem Gebiet sich selber untreu zu werden und gegen sich selbst zu wirken. Höher als Nationalismus und Heimatgefühl reihte Hillebrand die Menschlichkeit, ganz im Sinne von Vauvenargues Maxime, daß man nicht gerecht sein könne, wenn man nicht menschlich ist. Über seinem Deutschtum stand also als höhere Macht sein Europäertum, das er mit dem Ideal der Humanität und Menschenliebe verband. Das eine, sein Deutschtum, verletzte in ihm nie das andere. Der höchste Zweck seines Heimatgefühles waren letzten Endes der Wunsch und die Hoffnung, daß ein starkes und mächtiges Deutschland einen großen Beitrag zur europäischen Humanität,

---

[22] VI, 245; Times, 27. September 1870.

zur Kultur des Abendlandes leisten möge. Das zerstückelte Deutschland des 18. Jahrhunderts hat wesentlich dazu beigetragen, das Bild des abendländischen Menschen zu formen. Um wieviel mehr würde erst ein starker und reicher Staat für die europäische Gemeinschaft leisten können.

Dieser gesunde Patriotismus und dieses überzeugte Sendungsbewußtsein ließen Hillebrand aber nie die Fehler und Mängel Deutschlands übersehen. Mit offener Kritik wandte er sich gegen alles Halbe und Unwahre im neuen Deutschland. Nie zögerte er, seine Meinung und seine Eindrücke offen auszusprechen, auch nicht unter der Gefahr, von den Deutschtümlern mißverstanden und abgelehnt zu werden. Denn nichts empfand er abstoßender und verletzender als übertriebenen Nationalismus und blinde chauvinistische Enge im Urteil, wie er es vor allem in den Kreisen der Burschenschafter seiner Zeit zu sehen glaubte. „Es ist die Pflicht jedes echten Deutschen", rief er 1874 aus, „diese guten Humanitäts-Traditionen des Vaterlandes zu schützen und zu wahren gegen leidenschaftlich-engherzigen Nationalgeist." (II, 349—50). So wenig man Saintsbury zustimmen kann, wenn er behauptet, daß sein Weltbürgertum seine Begabung entkräftet habe [23], so wenig haben französische Kritiker recht, wenn sie Hillebrand Chauvinismus vorwerfen, weil er 1870 Frankreich verließ, um nicht gegen seine eigene Heimat kämpfen zu müssen. Niemand im 19. Jahrhundert war wachsamer, gegen Chauvinismus empfindlicher und mehr als Hillebrand bereit, falschem Patriotismus nachzuspüren und ihn, wo immer er sich zeigen sollte, anzuprangern. „Wir begnügen uns mit dem modernen Deutschland, seinem modernen Staate, seiner modernen Bildung, seiner modernen Sprache", schrieb er im Mai 1874, „und wenn wir irgendwo eine Barbarei finden in den letzten dreißig Jahren, so ist es unter denen, die diesem modernen Deutschland Friedrichs und Goethes untreu werden wollen, um uns zu deutschen Chauvins zu machen." (II, 350).

DIE GESCHICHTE

Das Wesen des Historischen

Bildung, Freiheit und Gemeinschaft waren drei Begriffe, ohne die für Hillebrand das Bild des Menschen nur unvollkommen sein konnte. Sie waren zugleich untrennbar verbunden mit dem Begriff des Geschichtlichen. Durch Jahrhunderte war man gewohnt, die Welt naturrechtlich oder pragmatisch-intellektuell zu sehen, d. h. ihr Sosein zu erfassen. Man war sich dessen bewußt, daß das

---

[23] SAINTSBURY: Criticism, Bd. 3, S. 580.

Phänomen der Entwicklung, im Sinne von Ursache und Wirkung, Bedeutung hatte, aber erst mit Giovanni Battista Vico wurde die Idee der Entwicklung zum Schlüssel des historischen Verstehens überhaupt, obwohl sie in ihrem Wesen noch stark in den Bahnen aufklärerischen und rationalistischen Denkens blieb. Zu einer bis dahin unvorstellbaren Macht und Wirkungsbreite gelangte die Entwicklungsidee durch Herder, der sie mit dem Individualitätsgedanken verband. Im organischen Werden von Individuen, von geschichtlichen Einzelwesen, sei es der Mensch oder das Volk, sah er die Grundlage des Lebens. In der Kenntnis der Entwicklung des einzelnen glaubte er den Weg zum Verständnis des Geschichtlichen überhaupt gefunden zu haben. Dem Erfolg von Herders Theorien kamen wesentliche Momente des deutschen geistigen Lebens entgegen. So vor allem der auf Gefühl und geistigem Erleben, d. h. auf Subjektivität beruhende Pietismus, aber auch das sich auf Geist und Individualität stützende neuplatonische Ideengut [1]. Diese subjektivistische Tradition in Deutschland förderte die Verbreitung von Herders Ideen. Zugleich ließ sie die von Herder ausgelöste geistige Bewegung in der Folge der Jahre immer mehr zu einem ausgesprochen deutschen Anliegen werden. Montesquieu, Burke und auch Tocqueville wiesen gelegentlich auf die Bedeutung einer organischen Entwicklung bei der Entstehung staatlicher und gesellschaftlicher Zustände hin — nie jedoch verbanden sie damit die Idee einer sich entfaltenden Individualität, einer Eigenständigkeit staatlich-gesellschaftlicher Wesen, deren Werden der organischen Entwicklung von Menschen oder Pflanzen zu vergleichen wäre.

Neben der Vorstellung vom Geschichtlichen als organische Entwicklung von Individuen betonte Herder auch die Bedeutung des einfachen menschlichen Empfindens für die Geschichtsbetrachtung. Das Gefühl muß mitarbeiten, die ganze Seele des Menschen muß mitschwingen, wenn ein vergangener geschichtlicher Zustand erkannt und dargestellt werden soll. In Winckelmanns ‚Edler Einfalt und stiller Größe' kündigt sich diese neue Sehweise das erste Mal zaghaft an. Mensch und Volk ohne Geschichte wurden schlechthin unvorstellbare Begriffe. Ebenso undenkbar war eine Geschichte ohne menschliches Empfinden und ohne irrationale Elemente.

Hillebrand stand mitten in der Tradition des deutschen Historismus, der allerdings keine so einheitliche Bewegung war, wie es scheinen mag. So standen Hegels Panlogismus und seine geschichtsmechanischen Konstruktionen Hillebrands Denken und Wesen völlig fern. Losgelöst vom Menschlichen hatte Geschichte für ihn keinen tieferen Sinn. Nicht im Reich des Verstandes, sondern in jenem der Vernunft war für ihn die Geschichte zu Hause. Meineckes Wort vom historischen Sinn, der auf einem „steten Ineinanderwirken von Denken und Empfinden beruht" [2], umreißt Hillebrands Einstellung zum Geschichtlichen klar und eindeutig. Wie alles, so war auch Geschichte für ihn ein Bildungs-

---

[1] FRANZ KOCH: Goethe und Plotin, Leipzig 1925.
[2] FRIEDRICH MEINECKE: Die Entstehung des Historismus. München-Berlin 1936, Bd 2, S. 480.

element, geschichtliche Betrachtung ein Teil der menschlichen Bildungsbestrebungen. Goethe noch sah in der Geschichte einen Teil der Natur, Ausfluß der Natur[3]. Hillebrand konnte die Welt nicht mehr mit Goethes naivem Auge anschauen. Ohne Orientierung am Idealen war er nicht imstande, über Historisches, Künstlerisches, Gesellschaftliches zu sprechen. Das lag in seiner Natur, aber auch in seinem Schicksal als Epigone.

Schon früh äußerte sich Hillebrands **geschichtliches Bewußtsein**. Es fand aber nicht nur im Studium der Geschichte seinen Ausdruck, sondern auch in theoretischen und programmatischen Auseinandersetzungen und Schriften. Im ‚Dino Compagni', in der Einleitung zur Übersetzung der ‚Griechischen Literaturgeschichte' von Otfried Müller, in den Essays über ‚Ludwig Häusser' und ‚Jeanne la Folle' stellt Hillebrand nicht nur Geschichte dar, sondern gab er auch seine Ansichten über das Wesen des Geschichtlichen kund. Am eindringlichsten führte er sie in seiner Besprechung von Nietzsches zweiter ‚Unzeitgemäßer Betrachtung' (‚Vom Nutzen und Nachteil der Historie für das Leben' 1874) aus, die unter dem Titel *Über historisches Wissen und historischen Sinn* in der ‚Neuen Freien Presse' erschienen war und dann im zweiten Band der Essay-Sammlung ‚Wälsches und Deutsches' abgedruckt wurde. Sie erregte Aufsehen. Das erste Mal wagte es hier ein Literat von Rang zu Nietzsches Kritik an den deutschen Zuständen im wesentlichen positiv Stellung zu nehmen. „Die Sache ist: Deutschland hat die Bedeutung der Wissenschaft überschätzt" (II, 315), rief Hillebrand aus. Auch Nietzsche zählte er zu jenen jugendlichen Männern, „die Deutschland noch immer für eine große Universität halten und meinen, jeder Deutsche sei ein Privatdozent oder Professor der Geschichte und Philologie. Gingen sie einmal nach Hamburg oder Chemnitz, so würden sie schon genug und nur zu viele ‚unhistorische' Deutsche finden, und blickten sie ein wenig in die Berufstätigkeit deutscher Beamter und Offiziere, so würden sie sich schon überzeugen, daß die ‚hypertrophische Tugend' der Historik sie nicht am raschen, sicheren, dem Augenblick gemäßen Handeln hindert." (II, 317). Die Geschichtswissenschaft, führt Hillebrand dann weiter aus, hat ihre bildende und formende Kraft verloren. Nicht durch Zufall: „Es ist ohne Zweifel ein großer Irrtum der deutschen Professoren gewesen, aus der Geschichte eine Wissenschaft machen zu wollen, was sie ihrer Natur nach nicht sein kann." (II, 329). Was ist sie ihrer Natur nach? „Ce sont les actes et non les faits qui font l'histoire humaine, tant comme ce sont les hommes et non les lois qui en sont les acteurs."[4] Beruhte die Geschichte auf strengen Gesetzen, könnte sie Wissenschaft sein. Historisches Geschehen erklärt sich aber nicht durch den Hinweis auf logisch-kausale oder psychologische Zusammenhänge, sondern nur aus der Natur des Menschen. „... die tausend kleinen Fäden von persönlichen Beweggründen, Zufällen und Einflüssen bloßgelegt zu sehen, muß uns nie vergessen lassen, daß die wahren Ariadnefäden der Geschichte große

---

[3] MEINECKE, Historismus. S. 506—7.
[4] Uno scritto inedito del prof. Carlo H. In: RSI 1886, Bd 3, 964—70.

Taue sind, an die sich alle jene kleinen Fäden hemmend, fördernd, sich gegenseitig lähmend einhängen, um am Ende doch insgesamt in derselben Richtung fortgezogen zu werden; diese Taue aber sind die allgemeinen Interessen, Leidenschaften und Gedanken, welche eine Nation und eine Zeit in Bewegung setzen." [5] Interessen, Leidenschaften und Gedanken stehen als bewirkende Kräfte hinter der Geschichte. Nicht aus objektiver, empirisch erfaßbarer Gesetzmäßigkeit erklärt sich historisches Werden; die treibende Kraft ruht im einzelnen Menschen. Gegen Nietzsche, der es „fürs erste beim Niederreißen bewenden" ließ (II, 315), verteidigte Hillebrand Herders und Hamanns Geschichtsbild: „Denn recht im Gegenteil dachten und sagten sie (Herder und Hamann), als sie das Wachsen dem Machen, das Werden dem Absoluten, den Organismus dem Mechanismus entgegensetzten, der höchste, herausgewachsene und gewordene Organismus sei die große Individualität, und ebenso sei sie auch wiederum das wirksamste, schöpferischeste Element in der geschichtlichen Weiterentwicklung." (II, 332). Wenn das geschichtliche Werden auf das Wirken der Größten zurückgeht, dann wird die Geschichte Ausdruck dieser Höchsten, wird sie Vorbild, Bildungsmittel. Geschichtsbetrachtung als Bildungsbestreben zu verstehen, heißt bei Hillebrand nun aber nicht, daß man einzelne Zustände oder Ereignisse der Vergangenheit zur Lösung der Probleme der Gegenwart mit Nutzen heranziehen könne [6]. Im ständigen Fluß der Dinge gibt es keine Wiederholungen, höchstens analoge Situationen. ‚Ce n'est pas que les hommes d'état tirent un profit direct de cet enseignement; jamais aucune situation ne se reproduit de la même façon; les acteurs varient, les idées se transforment, les circonstances changent, et la politique s'inspire du moment et de la nécéssité, pour laquelle il n'y a pas plus de modèles et de précédens qu'on puisse imiter qu'il n'y a de règles et de théories pour s'y conduire." [7] Die Geschichte erlaubt es aber auch nicht, von Parallel- und Analogfällen auf Zukünftiges zu schließen, wie es Burckhardt angedeutet hat und wie es Spengler und Toynbee in großartiger Weise versucht haben. Die Geschichte ist keine Modellsammlung, sondern ein Spiegel menschlichen Strebens, menschlichen Glücks und menschlicher Tragik. Sie lebt aus dem Augenblick. Schicksal leuchtet allenthalben durch. Das Vorbild großer Menschen, mächtiger Charaktere spornt an. Blütezeiten von Geist und Sitte werden zu Idealbildern, denen der später Geborene nachstrebt. Epochen, wie die Glanzzeit der griechischen Kultur oder der italienischen Renaissance flößen ihm Vertrauen in sein Menschsein ein, lassen ihn das hohe menschliche Bildungsideal erstrebenswert, aber auch erreichbar erscheinen. Aus den einzelnen Phänomenen der Geschichte lernen zu wollen, ist dagegen ein aufklärerischer Pragmatismus, den Herder und Goethe schon überwunden hatten.

„Die Menschheit opfert gern ihr besseres Wissen und sogar ihr Interesse der Leidenschaft", schrieb Hillebrand an Malwida von Meysenbug, und fügte

---

[5] DLB, 15. März 1879, Jg. 1878/79, S. 166.
[6] UE, 225. Vgl. Rddm 1869, Bd 81, S. 689.
[7] Rddm 1869, Bd 81, S. 689—90.

hinzu: „Wer weiß, ob sie so nicht am besten die Gesetze (!) der Geschichte befolgt?"[8] Leidenschaft, Gefühl, Empfindung, Glaube — Menschen also sind es, die am Räderwerk der Geschichte stehen. Irrationales liegt dem Gang der Welt zugrunde. Aus dem Wirken, Leiden und Ertragen, aus prometheischem Schaffen, aus Glück und Niederlage des einzelnen Menschen ergibt sich das geschichtliche Werden, das Leben einer ganzen Nation. „Wie für den wirklich historischen Geist das Gesetz, die Verfassung eines Landes nicht ein gewolltes System a priori, sondern ein gewordener Organismus ist, der a posteriori kodifiziert oder, was noch besser ist, nicht kodifiziert wird, so auch die Nation selbst." (I¹, 335). Das sind H e r d e r s Ideen. Wenige blieben den Gedanken des großen historischen Sehers so treu wie Hillebrand. Schon im ‚Dino Compagni' teilte er Herders Auffassung vom geschichtlichen Werden. „Comme dans tous les pays et à toutes les époques de l'histoire où des peuples jeunes donnent à leur civilisation naissante une expression littéraire, chez les Italiens du moyen âge la poésie précéda la prose. Comme partout aussi et comme toujours, leurs premiers ouvrages en prose furent des ouvrages historiques." (DC, 239). Ganz Schüler Herders ist Hillebrand auch, wenn er versucht, Goethes und Schillers Größe als etwas organisch Gewachsenes zu erklären. (SL, 174 f), oder wenn er in der Einführung zu ‚Robinson Crusoe' geistreich meint, daß sich in der Kindheit jedes einzelnen die der Völker wiederhole (III, 341). Und nicht zuletzt war es seine Begeisterung für Herders Ideen, die ihn mit allen Herder verwandten Denkern vertraut werden ließ. So sah Hillebrand in Burke etwa nicht nur den großen Antagonisten der aufklärerischen Philosophie, sondern vor allem den Mitstreiter Herders, den „Herold, der das Zeichen zum Angriff gegen den Rationalismus und Mechanismus des vorigen Jahrhunderts gab" (V, 55) und in dem Holländer Hemsterhuis einen aus der großen Familie der Herder und der Jacobi. Häufig äußerte sich Hillebrand über Herder. In seinem langen Essay in der ‚North American Review' und in seinen Vorträgen, die er 1879 in London hielt, feierte er diesen „Priester der Menschlichkeit" als den großen humanen Denker, als den Schöpfer der neuen historischen Ideen[9] und als Haupt der historischen Schule, der zugleich als erster die „Kulturgeschichte weit über die politische Geschichte" stellte. (UE, 176). Als solcher war Herder für Hillebrand der unübertroffene „Begründer des deutschen Denkens, wie es daraufhin befreit, entwickelt, verbreitet, gefestigt und von 1775—1825 von Goethe in der Dichtung, von Hegel in der Philosophie, von Niebuhr in der Geschichte, von Savigny in der Rechtskunde, von Friedrich August Wolf in der Philologie, von Wilhelm von Humboldt in der Sprachwissenschaft, von Alexander von Humboldt in der Naturforschung und später von David Friedrich Strauß in der Theologie seinen Ausdruck" fand. (UE, 82). Herders Idee von den Völkern, die heranreifen und vergehen, wurde bei Ranke zu einer Geschichte von Staaten,

---

[8] Corona 1934, Jg. 4, S. 565.
[9] RCL 1867, Jg. 4/32, S. 497—503; JdD, 10. Februar 1869; SL, 12—15, 16; GF II, S. 33 f.

in denen als treibende Kraft das Machtverlangen der Großen sichtbar wird. Kultur und Religion waren für ihn Bestandteile des staatlichen Lebens, die erst in Hinsicht auf den Staat ihre volle Bedeutung erlangen. Die Idee der Entwicklung beherrschte Rankes Denken vollkommen. Erst Burckhardt begann sie abzulegen: „Die Geschichtsphilosophen betrachten das *Vergangene* als Gegensatz und Vorstufen zu uns als Entwickelten; — wir betrachten das *sich Wiederholende, Konstante, Typische* als ein in uns Anklingendes und Verständliches." [10] Das Konstante und Typische offenbare sich Burckhardt nicht in den Staatsformen, sondern in den Kulturen. Hillebrand stand in seiner Auffassung zwischen Ranke und Burckhardt. Auch für ihn war der Staat von zweitrangiger Bedeutung. Das Auf und Ab der Geschichte war für ihn der Ausdruck des schicksalhaften Weges von Menschen, von großen Persönlichkeiten, deren Werden sich in Gesellschaftsordnungen spiegelt und das Wesen der jeweiligen Gesellschaft bestimmt. Das Werden im Sinne Herders sah Hillebrand als Entstehen und Vergehen von Gesellschaftsordnungen, deren Träger nicht Staaten oder Kulturen, sondern nur Völker sein konnten. Damit hatte das Volk seine feste Bestimmung und geistig-moralische Sendung in der Welt.

Für die Ideen Herders zog Hillebrand ins Feld. „Herr Nietzsche meint, der historische Sinn, welcher doch eigentlich die Grundlage der ganzen deutschen Bildung von Winckelmann bis auf Hegel ausmacht, sei vom Übel; er habe uns zu Anbetern des Erfolges gemacht, er habe uns gelehrt, über dem Werden das Sein zu vergessen, er habe uns das Gefühl und damit auch die Kraftlosigkeit des Epigonentums eingeimpft." (II, 331). Hillebrand stimmt Nietzsche bedingt zu: „Unserer Wissenschaft, unserer Literatur gegenüber sind wir es (Epigonen) auch; aber wie mancher — Herr Nietzsche einer der ersten — fühlt sich nicht auch als Progone?" Nicht nur Endstimmung beherrsche das deutsche Volk, im Gegenteil: „Der gebildeten deutschen Jugend im großen Ganzen ist doch etwas anderes aufgegangen in den letzten Jahren; sie stehen da als Hoffende, als Strebende; sie sehen, daß die literarische Produktivität der Nation für den Augenblick erschöpft ist, daß die staatliche, bislang auf so falschem Wege, endlich ins richtige Geleise gebracht worden ist. Sie möchten diese neuen Wege gehen, aber doch das Erbteil der Väter nicht zurücklassen; sie sind keineswegs gewillt, nordamerikanisch-‚unhistorisch' zu sein; sie wollen anknüpfen an die Gründer deutscher Literatur wie an die Gründer des modernen Staates, an Schiller und Goethe, wie an Friedrich und Stein, die Universalität bewahren und doch sie selber sein, in der neuen nationalen Existenz sich die humane Gesinnung einer Zeit bewahren, wo der nationale Staat noch nicht existierte." (II, 333—34). Das geistige Deutschland hat sich nicht an einen platten Historismus verloren. Nietzsches pessimistischer Deutung seiner Zeit stellt Hillebrand das Heraufkommen einer deutschen Kultur gegenüber, die sich auf den Geist der Lessing-Herder-Goethe-Zeit stützt und human gesinnt ist: Mit der nationalen Kultur wird dem deutschen Volk eine große Verpflichtung zufallen. Wie jedes Volk so hat auch

---

[10] BURCKHARDT, Betrachtungen, S. 3.

das deutsche eine höhere Aufgabe zu erfüllen. Durch die Entfaltung aller seiner Kräfte und Anlagen soll es einen hohen Beitrag zum Werk der Menschheit leisten: „vers le règne de la tolérance." Am Weg zu diesem hohen Ziel wird zugleich die tröstende Kraft offenbar, die der Geschichte innewohnt, „car elle proclame l'impuissance des idées fautes." [11] Das ist **aufklärerisches Gedankengut**, das im Vervollkommnungsglauben des deutschen Idealismus stark nachwirkte und dessen Folgerungen sich bei Hillebrand zeigen: „Les forces morales et une civilisation supérieures sont appelées, de fait et de droit, à vaincre et à dominer ce qui s'oppose à leur développement." (PC, 264). Auf diese Weise wird eine „victoire solide" zu einer „victoire méritée" (PC, 50). Heißt das nicht?: Geschichte ist Weltgericht; den Ideen, die sich ‚bewähren', wird automatisch Richtigkeit zugesprochen? Solchen Verallgemeinerungen hätte Hillebrand keineswegs zugestimmt. Er war nicht der Meinung, daß brutale Gewalt, List, Verrat, Mord und Betrug dann zu Recht werden, wenn sie von Erfolg gekrönt sind, er glaubte auch nicht, daß jeder vorübergehende Erfolg in sich den Anspruch auf Dauer trage. Hillebrand sprach keinem historischen Positivismus das Wort. Bewährung und Sieg bedeuteten für ihn einzig und allein geistig-moralische Herrschaft und Vorbereitung des „règne de la tolérance". In diesem Sinne meinte er auch, daß Verträge nicht ‚gerecht' im juridischen Sinne des Wortes zu sein brauchten, es genüge, wenn sie den menschlich-moralischen Machtverhältnissen der Partner entsprechen, und daher den „victoire solide" bestätigen (I, 336). Das sind Gedanken, die sich in konsequenter Fortführung aus Herders Entwicklungsidee ergeben. Was sich wie eine Pflanze entwickelt, durchsetzt und bewährt, ist am richtigen und damit auch am gerechten Wege. Es erschien Hillebrand daher völlig natürlich, daß Florenz unter Alexander (1532—37) an Macht verlor und abzusinken begann (IV, 236). Es hatte geblüht, Siege erfochten, seine Machtstellung verteidigt, seinen Beitrag zur Entwicklung der Menschheit geliefert und damit seinen historischen Sinn erfüllt. Nun konnte es zugrundegehen. Dieser tiefere historische Sinn würde gänzlich verloren gehen, wenn auf die Reife nicht das Welken folgte, wenn das Volk nicht einer neuen kräftigeren Nation Platz machte.

Der Weg der Geschichte erhält seinen Sinn nun aber nicht nur aus der fortschreitenden Ausbildung der menschlichen Qualitäten, die in Toleranz und **Humanität** gipfeln. Ihr Sinn liegt zugleich in jeder einzelnen Handlung, in jedem einzelnen Geschehen, in der jeweiligen Verwirklichung des menschlichen Geistes. Die Geschichte ist ein Kulturprozeß, eine Weltfunktion [12]. Jedes historische Geschehen hat doppelte Bedeutung, eine absolute im Hinblick auf das letzte Ziel der Geschichte, und eine relative im Hinblick auf den jeweiligen Augenblick, in dem es sich verwirklicht. Hillebrand hätte aber nie mit Ranke gesagt, daß jede Epoche unmittelbar zu Gott führe. Die Konkretisierung des Geistigen kann seiner Meinung nach nur im Menschen, nicht in einem Volk

---

[11] Rddm 1869, Bd 81, S. 690.
[12] JOHAN HUIZINGA: Wege der Kulturgeschichte. Studien. München 1930, S. 13.

als Ganzem vor sich gehen. Jede Epoche, jedes Geschehen führt zum Menschen, zum Träger der Geschichte zurück. Denn nicht Völker oder Nationen, sondern Menschen stehen am treibenden Rad der Geschichte, Menschen aus Fleisch und Blut, beseelt von Leidenschaften, getrieben von Ehrgeiz oder Idealismus, mit Fehlern und Mängeln behaftet, immer aber Menschen, die eine Aufgabe zu erfüllen haben und in ihrem Wirken und Streben zusammenwachsen zu einer Gemeinschaft, zu einem Volk. „Vom duldenden, strebenden und handelnden Menschen, wie er ist und immer war und sein wird", [13] davon will Hillebrand in seinen Schriften handeln. Er will Geschichte schreiben, sagte er im Vorwort zur ‚Geschichte Frankreichs', „indem er der Entstehung und Entwicklung derselben nachgeht, diese jedoch allerdings nicht nur in den Verhältnissen und der Vorgeschichte, sondern auch in der Natur des Menschen sucht, welche in bedeutender Weise dabei tätig gewesen. Denn obschon Ranke treffend bemerkt, daß ‚die allgemeine Bewegung das eigentlich Lebendige in der Geschichte' ist, so muß der große Historiker doch selbst zugeben, daß auch dem Staatsmanne, der diese Bewegung an seiner Stelle fördert, vielleicht leitet, und, möchte ich hinzufügen, oft irre leitet oder hemmt, ein hervorragender Platz in der Geschichtsdarstellung nicht vorenthalten werden darf." [14] Der einzelne ist aber nur dann historisch, d. h. der Betrachtung wert, wenn er frei ist, seine Freiheit aber nicht mißversteht und gegen die Natur kehrt, sondern wenn er sie zur Grundlage seiner menschlichen, charakterlichen und geistigen Bildung macht. Die freie Persönlichkeit, die im Rahmen ihrer Gesellschaftsordnung wirkt und dadurch dieser Gesellschaftsordnung Kraft und Dauer verleiht, ist der Ansatzpunkt jeder geschichtlichen Betrachtung. So schließt sich der Kreis.

Hillebrands Überzeugung vom pflanzenhaften geschichtlichen Werden erfuhr eine kleine Einschränkung. G l ü c k und Z u f a l l haben in der Geschichte ihr Teil mitzureden. Am Leben Lorenzos des Prächtigen zeigte es Hillebrand eindringlich auf. Er hielt das Glück für ein irrationales Element, das im Werden des einzelnen oder der Völker fast nie fehlt und vom Historiker nicht übersehen werden darf. In allen großen und entscheidenden Augenblicken im Dasein von Völkern oder einzelnen kommt ein unerwartetes Mittel zur Hilfe, das das Werk fördert (UE, 185). Nicht selten verbergen sich Glück oder Unglück des Menschen in seiner Natur. „Des Menschen Natur (ist) sein Schicksal" (Balzac) (IV, 55). Auch Tassos Verderben sah er nicht in den Umständen, sondern vor allem in seinem Temperament liegen. Nicht anders deutete er Macchiavelli, „qui avait le cœur aussi ardent que sa tête était froide. Cette contradiction de sa nature explique beaucoup de choses chez lui." (EI, 330). Dadurch, daß Hillebrand entscheidende geschichtliche Ereignisse auf das Handeln oder auf die Natur des einzelnen zurückführte, brachte er psychologische Gesichtspunkte in die Geschichtsforschung; Psychologie aber nicht im streng wissenschaftlichen Sinne und mit dem Anspruch auf umfassende Erkenntnis der menschlichen

---

[13] BURCKHARDT, Betrachtungen, S. 3.
[14] GF I, S. X, XI; wichtig die ganze programmatische Einleitung.

Psyche, sondern in einem viel allgemeineren, unsystematischeren Sinne: Menschliches Verstehen, intuitive Einsicht in den Handlungsimpuls des anderen, Vergegenwärtigen der entscheidenden menschlichen Züge in einer historischen Situation, das war seine Absicht.

So sah Hillebrand die Völker ihren Weg durch die Geschichte gehen. Von Stufe zu Stufe. Im engeren Sinne von einer bedeutenden Persönlichkeit zur anderen. Um sie sah er die hemmenden und bewegenden Kräfte einer Epoche sich anordnen und in ihnen die Gesellschaft einer Zeit sich aussprechen. In den **großen Persönlichkeiten** sah er aber auch jede Epoche sich überleben und zu neuen Formen übergehen. Ein gewisser Rhythmus entsteht: Der große einzelne verkörpert seine Zeit und fordert dadurch Gegenkräfte heraus. Aus dem Zusammenspiel der beiden Elemente entsteht eine neue geschichtliche Grundlage, neue Persönlichkeiten werden und überleben sich. Dieser Rhythmus im geschichtlichen Ablauf zeigt eine gewisse Ähnlichkeit mit Hegels dialektischer Methode, er erscheint bei Hillebrand aber ganz ins Menschliche, Individuelle gekehrt. Was Hegel nur rational-dialektisch sehen konnte, verdichtet sich bei Hillebrand zu dramatischem Geschehen, zu einem Drama mit steigender und fallender Handlung, in dem jede Phase nicht nur als bewirkte und wirkende aufzufassen ist, sondern ihr selbständiges und sinnvolles Dasein besitzt. In geistreicher Weise meint Hillebrand: „Die englische Geschichte, die geistige sowohl als die staatliche, ist ein schönes Kunstwerk. Klarer, bestimmter in den Umrissen, einheitlicher und folgerichtiger im Grundcharakter, vollständiger, erschöpfender in der Handlung und Entwicklung könnte kein klassisches Drama sein." (III, 89). Und im Essay ‚Jeanne la Folle' steht: „L'histoire est un art; pareille à une tragédie shakespearienne, elle reproduit dans leur essence les actes et les acteurs de grande drame humaine." [15] Die Geschichte selbst ist ein Kunstwerk. Das heißt über Nietzsche hinausgehen. Zur überhistorischen, d. h. philosophischen Betrachtung stellt Hillebrand die künstlerische Betrachung der Geschichte. Für ihn liegen die Begriffe ‚wahr' und ‚schön' und zugleich der Begriff ‚notwendig' nicht so weit auseinander wie für viele seiner Zeitgenossen und Nachfahren. Als echter Erbe der deutschen Klassik vermag er zwischen ästhetischen und moralischen Werten nur schwer zu unterscheiden. Wie im vollkommenen Menschen die Kategorien ‚gut', ‚schön' und ‚notwendig' ineinanderfließen, so auch in der Geschichte. An Hand von Goethes Schrift über das Straßburger Münster sei dies näher erläutert. Das Straßburger Münster, das bis zur Zeit Goethes in seinem eigentlichen künstlerischen Wert nicht erkannt wurde, erschien plötzlich als ‚schön', nicht aber deshalb, weil es nun auf einmal dem allgemein herrschenden Schönheitsideal entsprochen hätte, sondern weil man plötzlich den Schlüssel dazu gefunden zu haben glaubte. Man sah darin, was man früher nie beachtet hatte, den charakteristischen Ausdruck einer vergangenen Epoche, einer bestimmten Lebensform. Als solches empfand man es ursprünglich und notwendig. Was notwendig ist, ist auch wahr. Und dieses

---

[15] Rddm 1869, Bd 81, S. 689.

Wahre ist zugleich schön. So verhält es sich auch mit Hillebrands Auffassung von der Geschichte. Soweit die Geschichte notwendig geworden, das heißt in ihrer Organhaftigkeit und inneren Harmonie erfaßbar ist, erscheint sie dem Betrachter als wahr und damit als schön, erscheint sie ihm als Kunstwerk. Platos Staat war in seiner inneren Ausgewogenheit als Kunstwerk gedacht. Die Renaissancefürsten beanspruchten diesen Ehrentitel für ihre Staaten. In klarer Erkenntnis dieser Tatsache überschrieb Jacob Burckhardt den politischen Teil seiner ‚Kulturgeschichte der Renaissance‘ mit den Worten ‚Der Staat als Kunstwerk‘. Kunstwerk kann aber der Staat nur sein, wenn es Menschen und nicht abstrakte Gesetze sind, die ihn schaffen, beherrschen und sein Schicksal bestimmen.

Doch es können nicht irgendwelche Menschen sein, die zu Trägern des Staates werden, wenn auch jeder einzelne am Gedeihen des Staates mitwirkt, sei es auch nur dadurch, daß er durch die Anerkennung des Großen dessen Autorität erweitert und festigt. Die geschichtlich Interessanten sind die Großen, die Bedeutenden, die Brennpunkte des Geschehens, die Wirker und Schöpfer. Große Menschen aber nicht im Sinne Carlyles. Nicht Helden, die aus dem Glauben wirken. Auch nicht Menschen, in denen sich, wie Burckhardt meinte, die „Geschichte verdichtet„ und denen hierauf die Welt gehorcht [16]. Die wirkliche Größe war für Hillebrand kein Mysterium, wie für den großen Basler Denker, der sie dort entstehen sah, wo sich die Phantasie vieler Menschen mit dieser einen Persönlichkeit beschäftigt [17]. Der Moralist Hillebrand, der sich bemühte, aus dem Ideal gewonnene Anschauungen an die Geschichte heranzutragen, mußte den Begriff der menschlichen Größe anders fassen. Er sah sie „im gleichzeitigen Besitze dreier Eigenschaften: einer gewissen Macht des Willens, sei's über andre, sei's über sich selber; einer Schärfe des geistigen Blickes, welche es ihm möglich macht, das Wesen der Dinge mittelst direkter und naiver Anschauung zu erfassen; der Fähigkeit endlich, jenem Willen und dieser Anschauung den einfachsten, völlig adäquaten, folglich notwendigen Ausdruck im Handeln, Sprechen oder Bilden zu geben. Ein Mensch, der diese drei Eigenschaften in sich vereinigt, ist in meinen Augen ein großer Mensch, ob er, der Welt unbekannt, in einem Dörfchen sein Leben verbringe oder auf den weithin sichtbaren Schauplatz der Weltgeschichte gestellt sei." (VII, 150—51). Diesen Großen galt Hillebrands Interesse. Seine Geschichte Frankreichs und seine Porträts bieten eine Fülle von Beispielen großer schöpferischer Menschen, gleichgültig, ob sie nun im strahlenden Lichte standen, wie Lorenzo il Magnifico, Montequieu oder Capponi, oder ob sie in Verborgenheit wirkten, wie X. Doudain, Buloz, Panizzi und andere. Entscheidend war für ihn, daß es sich um Persönlichkeiten handelte, die, wenn auch nicht fehlerlos, so doch reine Größe verkörperten und das volle menschliche Interesse des Betrachters in Anspruch nahmen. Bezeichnend ist in diesem Zusammenhang seine Kritik an Claude

---

[16] BURCKHARDT, Betrachtungen, S. 166.
[17] Ebenda, S. 152.

Tilliers ‚Oncle Benjamin' (1843), von dem er meinte, daß dem Ding alle Eigenschaften fehlten, die ein Kunstwerk ausmachten, daß man diesen Mangel aber gerne verzeihe, „wenn nur eine bedeutende Persönlichkeit uns dafür schadlos hält." [18]

Der Geschichtsschreiber

Geschichte war für Hillebrand Ausdruck organischen Werdens und menschlicher Höherentwicklung. Mit dieser Bestimmung der Geschichte fällt dem Historiker eine klare Aufgabe zu. „Aufgabe des Geschichtsschreibers ist die Darstellung des Geschehenen" [19], schrieb Wilhelm von Humboldt in seiner Abhandlung über die Aufgabe des Historikers. Es ist kein Zufall, daß Hillebrand diese Worte Humboldts seinem Kapitel ‚Ce que nous étendons par le mot historien' im Buche ‚Dino Compagni' voranstellte. Im Geiste seines Lehrmeisters fuhr er fort: „Sa première, sinon sa unique qualité, est donc la véracité..: la vérité matérielle et la vérité idéale; la première n'a aucune valeur sans la seconde, celle-ci manque de base sans la première." (DC, 286). Der Historiker hat also nicht einfach Fakten und Daten aufzuzeichnen, sondern vor allem die ideelle Wahrheit zu erfassen. Er muß den Kräften nachspüren, die hinter dem materiellen Geschehen wirken, und das Gewordene aus der Kenntnis der Entwicklung und der Vorstufen verstehen und den Ablauf der Geschichte als organisches Ganzes betrachten. Wo die Tatsachen fehlen, muß er „les supposer en applicant sa connaissance de la nature humaine et des lois historiques." (DC, 289). Dabei darf er aber nichts Neues erfinden, sondern muß er sich streng an die Methode der Geschichte halten, d. h. „d'après l'analogie" verfahren (DC, 289). Lebendigem Geschehen ist durch den Versuch, logisch-kausale Zusammenhänge aufzudecken, nicht beizukommen, sondern nur durch einen Vergleich mit analogen Zuständen und Bewegungen. Mit diesen Sätzen unterschrieb Hillebrand das Programm der historischen Schule, deren Methode ‚Vergleich' hieß und deren geistige Grundlage die freie Forschertätigkeit und das freie Urteil waren, so wie sie Lessing mehr als hundert Jahre zuvor für sein kritisches Denken festgelegt hatte.

Hillebrand blieb aber dabei nicht stehen. Er brach die Fesseln, die die historische Methode durch ihre Starrheit der deutschen Wissenschaft zuzeiten auferlegte. „Heute wird alles ‚historisch' bewerkstelligt", meinte er (III, 322) und an anderer Stelle: „Es ist recht gut und schön, daß man sich in unseren Tagen so lebhaft für Geschichte interessiert, aber man sollte doch auch nicht vergessen, daß die Geschichte von Menschen gemacht wird." (IV, 37—38). Die rein historische, d. h. auf Vergleich aufgebaute Methode kann der Vielfalt und Komplexheit des historischen Geschehens, d. h. des Lebens nicht gerecht werden. Eine Betrachtung des Einzelmenschen als psychologisches Phänomen muß hinzutre-

---

[18] Corona 1934, Jg. 4, S. 570.
[19] HUMBOLDT, Werke, Bd 1, S. 1.

ten. So stellte Hillebrand der historischen Methode, die „d'après l'analogie" verfährt, als notwendige Ergänzung die Begabung des Historikers zur Seite, „le dons spécial de son talent", das darin besteht, „de trouver les idées cachées et de les exposer." (DC, 289). Diese Worte klingen dem programmatischen Satz Friedrich Gundolfs überraschend ähnlich: „Darstellung, nicht bloß Erkenntnis liegt uns ob, weniger die Zufuhr von neuem Stoff als die Gestaltung und geistige Durchdringung des alten." [20] Darstellung heißt Bändigung des Stoffes und Synthese. Hillebrand ging in der Tat methodisch weit über seine Zeit hinaus. Er erscheint als Vorläufer einer geistesgeschichtlichen Betrachtungsweise, wie sie nach der Jahrhundertwende in Deutschland blühte. Und das ist kein Zufall. Die Träger historischen Geschehens sind seiner Auffassung nach Menschen, die ihre gesellschaftliche, politische und kulturelle Führerrolle ihren geistigen Gaben und ihren menschlichen Qualitäten verdanken. Als Träger der Geschichte, als Erneuerer und Umgestalter des geistigen und gesellschaftlichen Lebens der Nation sind sie zugleich erste Vertreter der Kultur eines Volkes. Ihr Wirken und ihre Tätigkeit schaffen Kulturgeschichte im weiteren Sinne des Wortes. Geschichtsschreibung kann daher nicht als Sammlung von Lebensdaten und als Aufzeichnung von Tatsachen gemeint sein, sondern muß zu einer Darstellung der geistigen Kräfte und Bewegungen führen, wie sie sich von Fall zu Fall in großen Persönlichkeiten spiegeln. An die Seite der einfachen Chronik und der einfachen Beschreibung kultureller, gesellschaftlicher, wirtschaftlicher, religiöser und politischer Zustände auch vergleichender Art tritt eine Geschichte lebendiger Wirkungen und Gegenwirkungen und eine psychologische Erfassung der bedeutenden, das historische Geschehen bestimmenden Persönlichkeiten. Über der Geschichte als reiner Tatsachensammlung baut sich eine Geschichte der geistigen Querverbindungen und Wirkungen auf, eine Geistesgeschichte, wie sie erst Jahrzehnte nach Hillebrand vertreten und systematisch ausgebildet wurde. Es ist naheliegend, daß diese Geistes- und Kulturgeschichte enge Beziehungen zur Soziologie aufweist, und verständlich, daß Hillebrand so großes Interesse für Kulturhistoriker zeigte wie John Morley, Macaulay oder Leslie Stephen, der erst spät von Huizinga entdeckt und in einem Atem mit Viollet-le-Duc und Jacob Burckhardt genannt wurde [21].

Besonders in Studien wie ‚Die Wertherkrankheit in Europa', ‚England im 18. Jahrhundert', ‚Zur Entwicklungsgeschichte der abendländischen Weltanschauung', ‚Zur Entwicklungsgeschichte der abendländischen Gesellschaft', ‚Briefe aus England', ‚Frankreich und die Franzosen', und den ‚Six Lectures' hat Hillebrand es wie wenige verstanden, über die Vermittlung reinen Tatsachenmaterials hinaus nicht nur philosophische Ideen mitzuteilen, sondern das komplexe Geschehen einer lebendigen geistigen Entwicklung oder die farbige Vielfalt eines Kulturzustandes darzustellen. Nicht reiner Historismus, wie er zur Zeit Hillebrands blühte, sondern geschichtliche Einzelforschung, geweitet zu Kultur- und

---

[20] FRIEDRICH GUNDOLF: Shakespeare und der deutsche Geist. Sechste Auflage. Berlin 1922, S. VII—VIII.
[21] HUIZINGA, Kulturgeschichte, S. 57.

Geistesgeschichte und gepaart mit psychologischer Betrachtungsweise, das war Hillebrands Ziel.

In seiner Einleitung zu ‚Dino Compagni' schrieb Hillebrand über seine Methode: „... il (l'auteur) a essayé d'être historique dans le véritable sens du mot. Sans méconnaître l'identité de la nature humaine, ni la vérité des lois sociales, il s'est efforcé de ne pas transporter les idées et les intérêts d'aujourd'hui dans le récit des événements du passé." (DC, xiv-xv). Das könnten Worte Rankes sein. Während aber Ranke sein Leben lang davon überzeugt blieb, daß es möglich sei, ein historisch objektives Bild der Vergangenheit zu geben, brachte Hillebrand in dieser Hinsicht Zweifel an: „Il serait difficile de trouver un seul historien moderne, français, allemand ou italien, qui n'ait porté, dans les querelles de la Papauté et de l'Empire, du Romanisme et du Germanisme, des Guelfes et de Gibelins, ses préoccupations personelles de religion, de nationalité et de convictions politiques." (DC, xv). So wie Burckhardt war er sich der Zeit- und Temperamentsgebundenheit des Historikers bewußt. „Übrigens ist jede Methode bestreitbar und keine endgültig. Jedes betrachtende Individuum kommt auf *seinen* Wegen, die zugleich sein geistiger Lebensweg sein mögen, auf das riesige Thema zu und mag dann diesem Wege gemäß seine Methode bilden." [22] Das Temperament, die innere Anteilnahme am Gegenstand auszuschalten, hielt Hillebrand nicht nur für nicht möglich, sondern auch für höchst schädlich. „Geschichte ist das Deuten eines Sinnes, den die Vergangenheit für uns hat", sagte später Huizinga ganz im Sinne Hillebrands [23]. Das Temperament, die Beteiligung der ganzen Persönlichkeit an der geschichtlichen Erkenntnis ist es ja, was es dem Historiker erlaubt, Vergangenes in seinen tieferen Bezügen zu erkennen und lebensvoll und lebensnah darzustellen. Was der Historiker bietet, kann daher nicht die volle Wahrheit sein, sondern nur „véracité"", Wahrhaftigkeit und Liebe zur Wahrheit. Diese Vorsicht Hillebrands stellt ihn in die Nähe Burckhardts, der eines seiner bahnbrechendsten Werke, die ‚Kultur der Renaissance in Italien', einen ‚Versuch' nannte.

Das Geschichtliche ist das Lebendige. Jeder Historiker wird das Lebendige anders, vielleicht in anderem sehen. Daher die Verschiedenheit der Geschichtsbilder und die Verschiedenheit der Methoden und Auffassungen. Daher aber auch die Überzeugung, daß die Methode eine Erlebnisart und nicht erlernbar ist. „Große Genies allein besitzen jene Gabe des zweiten Gesichts, um lang erloschenes Leben zu entdecken, wie auch sie allein die schöpferische Kraft haben, die es für andere wieder belebt." (VII, 246). „Goethe", meinte Hillebrand, „hätte auch ein großer Historiker werden können." Wie wenige besaß er in außerordentlichem Maße die Gabe des „rückwärts gekehrten Seherblicks" [24] (IV, 342), ähnlich Thukydides, der auf Grund seines universalen Menschentums imstande war, vergangene Zeiten zu verstehen und zu beschwören (DC, 362).

[22] BURCKHARDT, Betrachtungen, S. 3.
[23] HUIZINGA, Kulturgeschichte, S. 55.
[24] Vgl. Friedrich Schlegel: „Der Historiker ist ein rückwärts gekehrter Prophet." (Athenäums-Fragment 80). F. SCHLEGEL: Seine prosaischen Jugendschriften. Hrsg.

Einschränkend freilich meinte Hillebrand, „auch diese tun besser, sich, wie es fast alle großen Alten taten, auf zeitgenössische Geschichte zu beschränken oder auf eine nahe zurückliegende Zeit, deren lebendige Überlieferung noch nicht entschwunden ist." (VII, 246). Zu leicht findet man sich sonst von Zweitrangigem angezogen und verzerrt man die großen Linien.

In jedem Falle hielt Hillebrand die innere Anschauung für eine „mächtige Helferin" (VII, 225): „Die Intuition bringt die Lösung des Problems, das wir historisches Leben nennen. Das Organische, Lebendige, alles Konkrete, folglich Verbundene und Abgeschlossene kann nur durch die zusammenfassende Tätigkeit der Seele, durch die Intuition ergriffen werden. Wie beschaffen auch die Bemühungen des Spezialistentums sein mögen, durch die man die Kenntnis der Erscheinungen des psychischen und moralischen Daseins zu gewinnen sich bemüht, schließlich ist das Ergebnis doch nur das Werk eines Augenblicks." (UE, 208). Dabei war Hillebrand weit davon entfernt, sich allein auf Intuition berufen zu wollen. Grundlage jeder geschichtlichen Betrachtung blieb ihm das Tatsachenmaterial (wie ja auch der geistesgeschichtlichen Methode Gundolfs). Die Intuition, der Seherblick des universalen Menschen kommen hinzu. Sie haben die Aufgabe, die Fülle des überlieferten Materials zu sichten, seiner Bedeutung nach zu ordnen und die lebendigen Bezüge zu erkennen, die es zusammenhalten und zu einem Bilde werden lassen. Einzelwissen und Intuition sind zwei gleich unerläßliche Voraussetzungen des wahren Historikers.

Man wird nie imstande sein, alle Tatsachen zu erfahren, meinte Hillebrand, eine echte Wissenschaft von der Geschichte wird es daher nie geben. Erst wenn die Statistik vollkommen wäre, was aber nicht der Fall sein kann, könnte die Geschichtskunst enthront werden und sich die Geschichtswissenschaft an deren Stelle setzen (IV, 228). Gelänge es aber wirklich, eine vollkommene Statistik zu schaffen und damit die (natur)wissenschaftliche Geschichtsbetrachtung zu ermöglichen, so wäre selbst diese einwandfreie Statistik nur ein blasses Gerüst des wirklichen Geschehens. Denn Leben und Geist lassen sich niemals in eine Statistik einfangen. Der Historiker ist und wird daher immer darauf angewiesen sein, „selbsttätig", ja sogar „schöpferisch" vorzugehen [25]. Neben das Wissen muß die Anschauung treten, neben die Tatsache das Bild. Geschichtsbetrachtung ist kontemplativ und nicht, wie etwa vor allem bei Hegel, konstruktiv. Der Blick des Historikers muß sich am Leben, er darf sich nicht am Denksystem entzünden. Große historische Geister wie Thukydides, Ranke und selbst Goethe und Möser ließen sich vom Leben anregen. Goethes Wort, das er Herder schrieb, ist dafür bezeichnend: „Was du durch die Gewalt des Geistes aus der Überlieferung zusammengreifst, das muß ich nach meiner Art aus jeder Himmelsgegend, von Bergen, Hügeln und Flüssen zusammenschleppen." [26] Aber selbst,

---

von Jakob Minor. Bd 2, Wien 1882, S. 215. — Ähnlich die Brüder Grimm: „Propheten mit umgekehrtem Gesichte." Vgl. WILHELM SCHERER: Jacob Grimm. 2. Auflage. Wien 1885, S. 119.

[25] HUMBOLDT, Werke, Bd 1, S. 1.

[26] GOETHE an Herder, Rom, 25. (—27.) Januar 1787, W. A., Abt. IV, Bd 8, S. 152.

so meinte Hillebrand, die Schule des Lebens reicht nicht aus. „Wo aber die Wissenschaft einen Schritt weiter tun will, und das Leben selber erkennen, verläßt sie ihr Terrain und muß die Anschauung, d. h. die künstlerische Tätigkeit, zu Hilfe rufen, weil die eigene Tätigkeit der Beobachtung und rationellen Abstrahierung nicht mehr ausreicht. Die Kunst dagegen hat so recht das Leben selber begreiflich oder vielmehr anschaulich zu machen; das Leben aber ist immer individuell; und die Kunst, um ihr Ziel zu erreichen, muß dem Unlebendigen den Schein des Lebens geben, genau wie umgekehrt die Wissenschaft das wirkliche Leben erst töten muß, um ihr Ziel zu erreichen." (IV, 225). Die Wissenschaft bereichert unser Wissen um das Unbelebte, die Kunst dagegen unser Kennen des Lebens (IV, 224). Geschichte soll Darstellung des Lebens sein. Hier bedarf es nur mehr eines Schrittes weiter, um von der Geschichtsschreibung zu verlangen, daß sie K u n s t sei. „Die Geschichte ist nun einmal nicht nur Wissenschaft, sie ist auch und vor allem Kunst, allerdings eine unfreie Kunst, d. h. eine, die nach wenigen, bestimmten, unbeugsamen und doch zugleich unvollständigen Linien des darzustellenden Gegenstandes arbeiten muß, also nicht einmal die Sicherheit des Porträts hat, sondern höchstens der Arbeit des Bildhauers verglichen werden kann, der nach einer verblichenen Photographie, oder gar nur nach einer Silhouette, die Büste eines Verstorbenen überzeugend herstellen soll. Wissenschaft ist sie nur, sofern sie den Wert ihres Materials bestimmen muß, wie die Malerei auch eine Wissenschaft ist, so lange es sich um das Technische handelt." (IV, 223). Geschichte ist aber nicht nur deswegen keine Wissenschaft, weil es unmöglich ist, das nötige, für eine wissenschaftliche Betrachtung unerläßliche Tatsachenmaterial lückenlos beizubringen, sondern auch aus einem anderen Grunde. In der Wissenschaft sammelt man die Unterlagen mit der Absicht, an ihnen ein Gesetz zu erkennen. Das hatte auch die historische Schule getan. In der Geschichte dagegen muß es um das Leben gehen, von dem die Tatsachen nur Symptome sind. (IV, 226). Läßt sich der Historiker dazu verführen, meinte Hillebrand, allgemeine Gesetze zu suchen und aufzustellen, dann bleibt er „Geschichtsforscher; oder aber er wird sofort Geschichtsphilosoph; jedenfalls hört er auf, Geschichtsschreiber zu sein" (IV, 224), hört er auf, Künstler zu sein. Nicht die Aufstellung allgemeiner Begriffe, in denen das Wissen um den besonderen Fall sich auflöst und seine selbständige Bedeutung verliert, (wie es Lamprecht gefordert hatte), ist die Aufgabe des Historikers, sondern die lebendige Veranschaulichung des Gewesenen. Rickert hat Hillebrands Gedanken klar ausgesprochen: „Der Historiker will die Vergangenheit uns wieder vergegenwärtigen und dies kann er nur dadurch tun, daß er es uns ermöglicht, das einmalige Geschehen in seinem individuellen Verlauf gewissermaßen nachzuerleben ... er wird ... den Hörer oder Leser immer auffordern, durch seine Einbildungskraft sich ein Stück Wirklichkeit anschaulich vorzustellen." [27] In der Ansicht, daß der Historiker mehr als Tatsachen und allgemeine Begriffe

---

[27] HEINRICH RICKERT: Kulturwissenschaft und Naturwissenschaft. Vortrag. Freiburg/Br. 1899, S. 39—40.

zu bieten habe, trifft sich Hillebrand mit Historikern, die nach ihm wirkten: nicht nur mit den großen Kulturhistorikern wie Huizinga oder Meinecke, sondern auch mit so rein philosophischen Geistern wie Windelband, der schreibt: „So fein gesponnen auch die begriffliche Arbeit sein mag, deren die historische Kritik beim Verarbeiten der Überlieferung bedarf, ihr letztes Ziel ist doch stets, aus der Masse des Stoffes die wahre Gestalt des Vergangenen zu lebensvoller Deutlichkeit herauszuarbeiten; und was sie liefert, das sind Bilder von Menschen und Menschenleben mit dem ganzen Reichtum ihrer eigenartigen Ausgestaltungen, aufbewahrt in ihrer vollen individuellen Lebendigkeit." [28] Huizinga prägt für das, was der Historiker herzustellen habe, den Begriff „historischer Kontakt", womit er Hillebrands Ideen sehr nahe kommt. Huizinga schrieb: „Dieser nicht ganz definierbare Kontakt mit der Vergangenheit ist ein Eingehen in eine Sphäre, er ist eine der vielen Formen des Aus-sich-heraus-tretens, des Erlebens von Wahrheit, die dem Menschen gegeben sind... Es ist nicht ein Element, das der Verfasser durch bestimmte Worte in sein Werk legt. Es liegt hinter und nicht in dem Geschichtsbuch." Hier trennen sich aber die Wege, denn Huizinga fährt fort: „Der Leser bringt es dem Verfasser entgegen, es ist eine Antwort auf dessen Ruf". Und an anderer Stelle: „Es ist kein Kunstgenuß... das Objekt dieses Erlebens sind nicht Menschenfiguren..." [29] Huizinga konnte den „Kontakt" nicht im künstlerischen Erleben, in einer im Kunstwerk erhöhten und gereinigten Beziehung von Mensch zu Mensch sehen, dazu war er zu sehr Historiker und nicht wie Hillebrand Ästhet.

Historisches Geschehen als Leben, Geschichte als Kunst, die Tätigkeit des Historikers als künstlerisches Wirken aufzufassen, war in den Jahrzehnten von Hillebrands Schaffen, die mit der Spätblüte der historischen Schule zusammenfielen, selten. Erst im 20. Jahrhundert, vor allem bei und um Friedrich Gundolf fand eine Erneuerung der historisch-ästhetischen Betrachtungsweise statt, wie sie Hillebrand vorweggenommen hatte [30]. Schon früh legte Hillebrand die Grundsätze seiner mit Mitteln des Künstlers arbeitenden M e t h o d e zurecht. Bei der Besprechung von Dino Compagnis Chronik maß er schon an seinem hohen Ideal. Aufgabe des Historikers, „comme celle de l'art", schrieb er dort, besteht darin, „de nous élever du particulier au general, de l'accidentel au nécessaire, du fini à l'infini, d'éveiller en nous vagement, par la reproduction de la vie humaine dans sa vérité, une vie plus intense et plus élevée, celle que Platon appelait la seule vie." (DC, 290). Von hier aus wird Hillebrands tiefere Absicht beim Entwurf der ‚Geschichte Frankreichs' klar. Das geschichtliche Geschehen der ersten Jahrhunderthälfte stellte er nicht als mechanischen Ablauf dar, sondern als lebendiges Werden, als Menschenwerk und Ausdruck menschlichen Schicksals. Diese Art historischer Betrachtung hatte nicht die Aufstellung allgemeiner Gesetze und Begriffe zum Ziel, sondern mündete in das, was Hille-

---

[28] WILHELM WINDELBAND: Geschichte der Naturwissenschaft. 1894, S. 31—32.
[29] HUIZINGA, Kulturgeschichte, S. 50.
[30] FRIEDRICH MEINECKE: Staat und Persönlichkeit. Berlin 1933, S. 30 f.

brands Geschichtschreibung im Grunde war: Illustrierung menschlicher Seinsform, Darstellung des Lebens in seinen Grundsituationen: Wollen und Wirken, Leidenschaft, Lust und Freude, aber auch Schuld und Scheitern, schicksalhafte Verstrickung und tragischer Untergang, das waren seine Themen, das war Geschichtschreibung in seinem Sinne.

„L'histoire c'est un art." (DC, 390). Das war auch der Maßstab, an dem Hillebrand die Werke anderer Historiker maß. Er bewunderte Herodot und Thukydides um der Einheit und der großen Konzeption ihrer Werke willen. Im ersten Band der ‚Griechischen Geschichte' von Ernst Curtius sah er „kein Lehrbuch, sondern ein Kunstwerk." Aber nicht nur, weil Curtius den Leser vom einzelnen zum Allgemeinen, vom Zufälligen zum Notwendigen, vom Endlichen zum Unendlichen führt, sondern auch wegen der sprachlichen Kraft, mit der der große Historiker darstellt. „Der leichte und flüssige Stil, die klaren und schönen Perioden, das Gleichmaß und die einfache, sichere Disposition", das sind Stilkriterien, die Hillebrands klassischem Ideal entsprachen. Nicht aber um ihrer selbst willen werden sie im Geschichtswerk verwirklicht, sondern zu einem höheren Zweck: „Die Bilder der griechischen Landschaft, die Porträts der Staatsmänner und Feldherren, die Schilderungen des häuslichen und öffentlichen Lebens stehen mit vollendeter Deutlichkeit vor uns." (UE, 224). Vollendeter Stil schafft vollendeten Ausdruck und zugleich historische Wahrheit. Lob zollte Hillebrand auch Mommsens ‚Römischer Geschichte' (UE, 225), aber auch den Werken anderer Historiker vor allem jenen Thierrys und Miguets, „bei denen der Patriot und der Künstler sich nie vom Gelehrten trennen."[31] Hippolyte Taine, dessen positivistische Methoden Hillebrand scharf ablehnte, zollte er in manchen Fällen Anerkennung: „So oft er sich dazu versteht, die Vorstellung wiederzugeben, welche seine Studien in seinem Geiste zurückgelassen haben, anstatt uns Bruchstücke dieser Studien selber zu bieten, ist er eben, wozu er geboren ward, ein großer Historiker." (IV, 229). Männern wie Schlosser, Häusser, Gervinus und anderen dagegen wollte Hillebrand den Ehrentitel des Geschichtsschreibers nicht voll zugestehen. Er stellte sie Ranke gegenüber und meinte, daß erst die Zukunft lehren werde, wer dem Vaterlande und der Menschheit einen größeren Dienst erwiesen habe (UE, 247). Im Gegensatz zu Historikern wie Thukydides, Herodot, Sallust, Otfried Müller, Mommsen, Curtius und anderen sah er die Wirkung ihrer Werke nicht in der „Kunst und schöpferischen Kraft", sondern in der „Leidenschaft und Gesprächigkeit" (UE, 270) liegen, in zwei Dingen, die ihren Wert besitzen, aber nicht genügen, ein Geschichtswerk, d. h. ein Kunstwerk entstehen zu lassen. Der echte Historiker muß wie der echte Künstler immer „über seinem Gegenstand stehen" (UE, 272). Bei den erwähnten „Lehrmeistern der Vaterlandsliebe" (UE, 247) schien dies aber Hillebrand nicht der Fall zu sein. Die vaterländische, politische, moralische oder welch immer geartete Zweckausrichtung widerspricht nicht nur dem Wesen des Historischen, sondern vor allem dem Wesen des Künstlerischen.

---

[31] GF II, S. 41.

Der wirkliche Künstler „beseitige alles, was zufällig ist oder vom Zufall abhängt, da es nur den Blick trübt, er lasse den Gegenstand durch die Einbildungskraft hindurchgehen und bringe ihn zum Vergnügen der Augen auf die Leinwand." (UE, 271—72). Demnach sah Hillebrand das Charakteristische des Geschichtsschreibers im gleichzeitigen Besitz dreier grundlegender Eigenschaften: „L'exactitude des faits matériels, l'art de les lier les uns aux autres dans leur cohérence intime, de les expliquer les uns par les autres, de les compléter même quand il faut, et enfin l'art bien plus difficile de faire ressortir naturellement les idées générales qui dominent les faits, tout en résultant de ces faits eux mêmes." (DC, 291). Auf diese Weise wird der Geschichtsschreiber nicht nur Künstler sein, sondern es wird ihm auch gelingen, den Leser zu fesseln, zu belehren, ihm ein geistiges Vergnügen zu bereiten und ihn zur Betrachtung anzuregen, was wiederum Aufgabe alles Geschriebenen in einem allgemeineren Sinne sein soll.

KUNST UND KRITIK

Der Kritiker

Die große Epoche deutscher Dichtung, die Jahrzehnte von 1770 bis 1830, war zugleich die schönste Blütezeit kritischen Schaffens und Denkens in Deutschland. Ihr geistig-literarisches Anliegen beruhte in erster Linie auf dem Bemühen, die europäische Vergangenheit und Gegenwart zu verstehen und im Werk zu vergegenwärtigen. Lessings, Herders, Goethes, Schlegels, Kants, Schopenhauers Bemühungen um Dichtung und Kunst erhielten ihre stärksten Impulse aus der Absicht, zu verstehen und das Verstandene darzustellen. In diesem Bestreben wirkt aufklärerischer Geist nach, insofern aber mit neuen Horizonten versehen, als man sich dessen bewußt wurde, daß das Verstehen von Welt und Mensch nicht an die ratio gebunden sei, sondern daß Vernunft, Seele, ja auch das Gefühl dabei mitzureden hätten. Der Individualität des Künstlers, aber auch der des Kritikers, d. h. des Verstehenwollenden, war damit ihr Daseinsrecht zuerkannt. Mit der Idee vom Künstler als Schöpfer, die in der Renaissance zu neuem Leben erweckt worden war, war diese Entwicklung vorbestimmt. Schöpfer und Geschaffenes mußten früher oder später selbst zum Gegenstand der Betrachtung, der Bemühung um ein tieferes Verständnis werden. Die Aufklärung hatte versucht, die Kunst durch ein Regelsystem zu erfassen, das erlernbar ist. Sie ignorierte dabei das Recht und die Würde der Einzelpersönlichkeit und opferte sie einer allgemeinen Idee. Für Kritik im modernen Sinne hatte sie kein Organ. In ihren Poetiken und ästhetischen Regelbüchern befaßte sie sich mit rein technischen Erörterungen über die Form. Mit der Wiederentdekkung des schöpferischen Menschen und mit der fortschreitenden Lösung des menschlichen Geistes erst aus dem Banne der Theologie (Humanismus), dann vom traditionellen politischen System (Frankreich, Preußen, Amerika), und schließlich vom philosophischen Dogmatismus und Empirismus (Deutschland) wurde der Mensch immer mehr zu einem freien, nur der eigenen Überzeugung, den eigenen Kenntnissen und dem eigenen Gewissen verpflichteten Urteil geführt. Diese individuelle Urteilskraft wurde Grundlage und Voraussetzung jeder kritischen Betrachtung. Mit dem Geist freier Forschung wurde es überhaupt erst sinnvoll, von Verstehen- und Vergegenwärtigenwollen zu sprechen. Dieser Geist der Kritik, der freien unvoreingenommenen Betrachtung von Gegenwärtigem und Vergangenem war aber keine rein deutsche Angelegenheit. In England ging er Hand in Hand mit der industriellen Revolution, die nur das äußere Zeichen einer großen inneren Umwälzung war. In Frankreich offenbarte sich dieser ‚Geist der Kritik' in den gewaltigen politischen und gesellschaftlichen Umschichtungen jener Zeit. Die französische Revolution ist wiederum nur die sichtbarere Seite einer tiefgreifenden Wandlung. Am bestimmendsten wirkte der ‚Geist der Kritik' in Deutschland. Der Anstoß ging von der Philosophie und der Literatur aus. Kritisches Verhalten griff aber bald auf das ganze Leben über. In der Romantik und ihren Bestrebungen fand es seinen stärksten Ausdruck. Brandes meinte, daß die „Hauptfähigkeiten aller größten Dichter des 19. Jahrhunderts" in der Kritik gelegen hätten [1]. „The old opposition of the poet and the critic has ceased to exist." [2] Am reinsten zeichnet sich der Geist „of free inquiry" in Goethe ab. In seinen Romanen weht kritische Luft. Sie sind ein groß angelegter Versuch, die Welt zu verstehen und im Verstehen zu vergegenwärtigen. Ihre Stärke ruht nicht allein in der Erfindung, im Stofflichen, sondern in der Reflexion, in der Problematik. Hinter dem Dargestellten verbirgt sich ein sehr entschiedenes Werturteil, wenn es auch oft nur in der Wahl des Stoffes und dessen Behandlung offenbar wird. Auf dieses individuelle Werturteil stützt sich die ‚scheidende' Fähigkeit des ‚Dichters': Was bedeutet dies oder jenes für mich? — fragt er sich. Die Ichbezogenheit von fast allen Goetheschen Werken erklärt sich restlos ja nicht nur aus seinem ‚Erlebnis', sondern vielmehr aus seiner vergegenwärtigenden, scheidenden, d. h. kritischen Einstellung dazu. In den ‚Wahlverwandtschaften' kündigt sich schon im Titel die Absicht Goethes an, zu einem Problem Stellung nehmen, klären und verstehen zu wollen. Im ‚Wilhelm Meister' herrscht dieselbe Tendenz vor. Das naive Darstellen des Geschehens und der menschlichen Natur tritt an zweite Stelle. Kritisches Denken bestimmt Form und Gehalt des Romans. Besonders offensichtlich sind Goethes kritische Begabung und kritische Absicht in seinen theoretischen Schriften, in ‚Dichtung und Wahrheit', in den ‚Maximen und Reflexionen' und in seinen Gesprächen und Briefen. Überall zeigt er sich

---

[1] GEORG BRANDES: Hauptströmungen der Literatur des 19. Jahrhunderts. Bd 3. Zweite Auflage. Berlin 1924. S. 253.
[2] SAINTSBURY, Criticism, Bd 3, S. 606.

als Nehmender und Gebender, als Angehöriger einer geistigen Tradition, die von Winckelmann, Lessing und Herder zur deutschen Romantik führt.

Hillebrand erkannte den kritischen Zug an Goethes Werk. Er nannte Goethe den „größten deutschen Literarhistoriker" (VII, 107), wobei er sich nicht nur auf das siebte Buch von ‚Dichtung und Wahrheit' berief. In Deutschland sah man die kritische Seite an Goethe erst spät. Gegen die Jahrhundertwende und vielfach noch später herrschte die Auffassung von seiner Dichtung als ausgesprochener Erlebnisdichtung vor. Die ersten Hinweise auf Goethe als Kritiker kamen aus dem Auslande. Sainte-Beuve sprach von ihm als „les plus grand des critiques modernes et de tous le temps." [3] Emerson, Arnold und Saintsbury erkannten früh seine kritische Begabung. Saintsbury schrieb: „In a certain sense the whole six-and-thirty volumes (Cotta) of Goethe's works, with all the letters and conversations added, may be said to be a record of his criticism." [4] Es ist nicht überraschend, daß es vor allem Franzosen und Engländer waren, die auf den kritischen Charakter von Goethes Schriften hinwiesen. Von hier, von der kritischen Seite her, fanden sie am leichtesten Zugang zu seinem Schaffen. Das starke öffentliche Leben in England, Amerika und Frankreich, das zu einer ununterbrochenen Betrachtung, Besprechung und geistigen Inbesitznahme alles Geschaffenen und Gewordenen führt, und die ausgesprochen rationale Begabung der Franzosen förderten in diesen Ländern schon früh die Entwicklung einer kritischen Stellungnahme zur Welt und eine kritische Betrachtungsweise. Es ist naheliegend, daß sie den kritischen Bemühungen anderer größtes Verständnis entgegenbrachten und daher manches, was man in Deutschland einseitig als Erlebnisdichtung zu sehen gewohnt war, als kritische Bemühungen ansprachen. Wahrscheinlich wäre auch Hillebrand der kritische Zug am Werk Goethes verborgen geblieben, wäre Hillebrand nicht durch die Schule französischen und englischen Geistes gegangen. Es ist ja auch kein Zufall, daß von den neueren Goetheforschern gerade Ernst Robert Curtius auf die Bedeutung der kritischen Seite im Werk Goethes hingewiesen hat [4a].

Sainte-Beuve war der erste, der Goethes Bedeutung als Kritiker voll erkannte. Im Vergleich von Goethe und Sainte-Beuve wird am schönsten sichtbar, daß sich der kritische Geist nicht in einer bestimmten literarischen Form aussprechen muß, daß also ein Unterschied besteht zwischen persönlicher Stellungnahme eines wachen Geistes und dem persönlichen, bewußten, gegenwartsbezogenen Urteil im Hinblick auf ein Publikum [5]. Während sich also kritischer Geist

---

[3] CHARLES-AUGUST SAINTE-BEUVE: Entretiens de Goethe et d'Eckermann. In: Nouveaux Lundis, Bd 3. Vierte Auflage. Paris 1884. S. 265.

[4] SAINTSBURY, Criticism, Bd 3, S. 360—61. Vgl. S. 366, 377, 519.

[4a] Goethe als Kritiker. In: ERNST ROBERT CURTIUS: Kritische Essays, Bern 1950, S. 28—58.

[5] WERNER MILCH: Literaturkritik und Literaturgeschichte, und: Anfänge der literarischen Kritik in Deutschland. In: Kleine Schriften zur Literatur- und Geistesgeschichte (= Veröffentlichungen der Deutschen Akademie für Sprache und Dichtung. Darmstadt, Bd 10). Heidelberg-Darmstadt 1957.

in jeder literarischen Gattung aussprechen kann, ersteht die Form der literarischen Kritik erst dort, wo sich der kritische Geist in einer bestimmten, ihm angemessenen Weise äußert, d. h. in Rezensionen, Besprechungen, Abhandlungen und im Essay. „Für den Schriftsteller ist die Kunstart die höchste, in der er sein Wesen am besten entfalten kann" [6], hatte schon Brandes erkannt. Danach war Goethe kein reiner Kritiker, wohl aber Sainte-Beuve. Sainte-Beuves Wesen ist in seinem kritischen Werk aufgegangen. Er hat die Kritik zu einem „persönlichen Organ" [7] umgebildet, ähnlich wie Balzac den Roman. Saintsbury beschreibt das Talent des Kritikers auf folgende Weise: „To read; to understand; to love: — and then to facilitate reading, understanding, and loving on the part of others." [8] Lesen, verstehen und lieben — und was man entdeckt und lieben gelernt hat, will man sofort vermitteln. Das ist die Essenz von Sainte-Beuves kritischer Tätigkeit. Hillebrand wurde, ähnlich wie Sainte-Beuve, in einer Epoche geboren, in der es dem geistig Schaffenden vor allem um die Erkenntnis und um das Verstehen von Mensch und Kunstwerk ging, in der folglich der Beruf des Kritikers eine wesentliche Rolle im gesellschaftlichen, vor allem aber literarischen Leben einer Nation spielte. Was sich jedoch Sainte-Beuve weitgehend erst zu erarbeiten hatte, war Hillebrand, dem Spätgeborenen, als Besitz mitgegeben: Sichere Formen, in denen sich der kritische Geist aussprechen konnte, eine festgefügte Klaviatur sozusagen, die Hillebrand, wie sich zeigen sollte, souverän beherrschte. Denn so wie der junge Revolutionär allmählich in ein fast starres Gesellschaftsgefüge hineinwuchs und die Urteile und Vorurteile dieser Gesellschaft übernahm, ohne dabei an seiner eigenen Persönlichkeit Einbuße zu erleiden, so war er auch auf literarischem Gebiet nicht Neuschöpfer. Hillebrand sprengte keine alten Formen, sondern wurde dadurch bedeutend, daß er sich das Vorhandene zu eigen machte und es mit neuem Leben erfüllte. So wie er dank seiner überragenden Persönlichkeit seine Zeitgenossen in der Kunst der Geselligkeit übertraf, so auch auf literarischem Gebiet in der Kritik. Wenige Deutsche haben aus dem Geist ihrer Zeit und ihrer Gesellschaft gültigere kritische Werke geschaffen als er.

Hillebrands Verhältnis zu *Sainte-Beuve* war nur kurze Zeit das eines Schülers zu seinem Lehrer. Hillebrand ahmte Sainte-Beuve nicht nach. Was er von ihm lernte, war nicht die Methode (die wäre auch nicht erlernbar), sondern die Einstellung, die völlig neue Auffassung vom Wesen und der Bedeutung einer kritischen Betrachtung. „Im strengen Sinne gab es vor Sainte-Beuve keine moderne Kritik." [9] Nie vor Sainte-Beuve wurde eine kritische Stellungnahme zu einem literarischen oder gesellschaftlichen Zeitereignis durch einen Menschen, dessen Urteil man schätzt, mit so vollem Ernste und so regem Interesse aufgenommen wie das wöchentliche Kommentar des großen französischen Kritikers. Sainte-Beuve hat Neues geschaffen. Er hat weder den Essay, noch die Rezension,

---

[6] BRANDES, Hauptströmungen, Bd 3, S. 231.
[7] Ebenda.
[8] SAINTSBURY, Criticism, Bd 3, S. 328.
[9] BRANDES, Hauptströmungen, Bd 3, S. 231.

noch das Feuilleton erfunden, aber seit seinem Wirken hat die Kritik einen Platz im Reiche der Kunst. Zuvor war sie Handwerk, ein niedriges Gebiet literarischer, wenn überhaupt literarischer und nicht philosophischer, ästhetischer oder moralischer Tätigkeit. Seit Sainte-Beuve aber steht die Kritik gleichwertig neben anderen literarischen Zeugnissen.

Wie war es Sainte-Beuve gelungen, diese gewaltige Leistung zu vollbringen? Die Umstände waren günstig: Eine Zeitschrift nach der anderen wuchs aus dem Boden. Das rege Interesse der gebildeten Gesellschaft und neue technische Möglichkeiten wirkten gleicherweise als treibende Faktoren. Man wollte Gescheites über Zeitgenossen, Zeitgenössisches, aber auch über Vergangenes lesen und die Zeitschriften wollten drucken. Dieser doppelten Anforderung kam Saine-Beuve nach. Den Ausgang für seine Betrachtung bildete meist ein konkreter Anlaß, wie das Erscheinen eines neuen Buches, die Neuauflage eines alten, das plötzliche Auftauchen eines Autors, Todesfälle und Ähnliches. Was immer es war, Sainte-Beuve schrieb sein Leben lang das nieder, was er sich über Menschen und Dinge dachte, wie er sie sah, ja selbst Stadttratsch brachte er gelegentlich vor. Seine Betrachtungen fielen auf fruchtbaren Boden. Sie fanden Beachtung und weitestes Echo. Das ist nicht verwunderlich in einem Jahrhundert, in dem nicht nur auf politischem, sondern auch auf menschlichem Gebiet Recht und Würde des einzelnen in den Mittelpunkt allen Interesses rückten.

Wie war es möglich, daß man die Früchte von Sainte-Beuves intensiver kritischer Betätigung als kleine Kunstwerke zu schätzen begann? Auf geistigem Gebiet war es von jeher so, daß dort, wo der menschliche Geist mit Intensität, Liebe und Ausdauer am Werk war, auch sein Gestaltungswille mitsprach, und daß so Gebilde entstanden, die wir heute als Kunstwerke bezeichnen, weil sie die zwei unerläßlichen Merkmale eines Kunstwerkes in sich vereinigen: Geist und Form. Dazu kommt, daß in der Zeit Sainte-Beuves die ‚romantische Zentrallehre' noch Geltung besaß, d. h. daß man noch jedes höhere Bemühen um Geist und Seele mit dem Wort Kunst zu bezeichnen geneigt war, da man auf höchster Ebene keine Scheidung in Kunst, Wissenschaft und Religion gestattete. Künstlerische, wissenschaftliche und religiöse Bemühungen waren Ausdruck ein und desselben menschlichen Anliegens.

Sainte-Beuves neue Vorstellung von der Kritik einerseits und das romantische Kunstideal andererseits wirkten in Hillebrand stark nach. Den Staat, soweit er ihn als organhaft gewachsenes und innerlich bruchloses Gebilde zu erkennen vermochte, bezeichnete er ein ‚schönes Kunstwerk', nicht anders wie etwa eine historische Aussage, die er als ‚wahr' empfand, zugleich aber als ‚schön' ansah, weil sie treffend, sprachlich gelungen, menschlich ergreifend war. Dieses letzten Endes ‚biologische' Urteil über Werke der Kunst im weiteren Sinn, in dem Herders Denken ästhetisiert erscheint, war für Hillebrand nicht nur der Schlüssel zum Verständnis von Mensch und Kunstwerk, sondern wurde zur Forderung, zum Programm. Die Eigenart der hohen Kritik besteht nach Hillebrand nicht darin, möglichst viele Geister zu verstehen, sondern darin, das Artgemäße aufzufassen und zum Leben zu erwecken; und als artgemäß empfand Hillebrand alles, was seinem eigenen Wesen, der eigenen Organhaftigkeit entsprach.

Das Wesensgemäße war für Hillebrand mit dem Intellekt allein nicht zu erkennen und zu erfassen. Er sah es tiefer angelegt. Daher meinte er auch, daß der Kritiker einem viel mächtigeren Gesetz folgen müsse als etwa dem der Logik: dem des Geistes, des Gefühles, der Sympathie und der Antipathie. Was bei einer derartigen Betrachtung entsteht, kann nicht ein System von Ideen oder Gedanken, sondern nur ein Bild sein: Das Bild einer Persönlichkeit, eines gesellschaftlichen oder eines literarischen Zustandes. Um dieses Bild entwerfen zu können, geht der Kritiker scheinbar unsystematisch vor; aber nur scheinbar, fügt Hillebrand hinzu: In Wirklichkeit setzt er, wenn er „hinter die Tatsachen" schauen will, seine ganze Persönlichkeit ein. Dabei folgt er der höchsten Systematik, die es überhaupt gibt, nämlich seinem Lebensgesetz. Tatsachen und Daten sind ihm nicht mehr als Hinweise, als Mittel. Nie können sie ihm Zweck sein. „Sainte-Beuve senkt seine Sonde in alle Tiefen und Untiefen der menschlichen Natur, prüft, vergleicht, wägt ab, sieht die kleinste Nuance und trägt ihr Rechnung." (VI, 17). So wird aus einem historischen Tatsachenbericht Leben. Der ganze Mensch ersteht. Er wird Gegenwart. Programmatisch legt Hillebrand das Wesen der Kritik fest: „Kritik und Literaturgeschichte selbst sollen eine Kunst sein, und daß sie es sein können, hat Sainte-Beuve in seinen wundervollen Porträts bewiesen; aber das setzt voraus, daß der Kritiker seinen Gegenstand behandle wie ein Künstler, ohne den besonderen Zweck der Belehrung, Besserung oder Bekehrung, und daß sein Gegenstand gleichsam ein Ding außer ihm geworden sei... Der Kritiker, welcher eine These verficht, der Kritiker, welcher den Professor oder Apostel spielt, ist kein Kritiker mehr, sondern ein Schulmeister oder ein Missionär, ebenso wie Komödien- oder Romanschreiber keine Dichter mehr sind, wenn sie ihrem persönlichen Ärger Luft machen oder auf Befriedigung ihrer persönlichen Eitelkeit ausgehen. Sainte-Beuve, der so viele Lobredner, so wenige Nachahmer gefunden hat, zeichnet sich zumal dadurch aus, daß er nie etwas beweisen will, daß er vielmehr einfach seinen Gegenstand darstellt, in dem er ihn meist für sich selber sprechen läßt und seine Zitate, seine Anekdoten und Streiflichter weise auswählt und verteilt." [11] Erkennen ist ein Teil der kritischen Auseinandersetzung, D a r stellung die andere. Erst in der Darstellung wird die kritische Aussage vollkommen. Die Darstellung, die formale Bändigung des Stoffes und des Gedankens ist ein integrierender Bestandteil des kritischen Werkes. Erst in der gelungenen Wiedergabe wachsen die Einzeltatsachen und die Einsichten und Ideen zu einem Bilde zusammen.

Kritik ist Darstellung. Sie ist schöpferische Tätigkeit. Das kritische Werk ist ebenso ein Kunstwerk wie das erzählende eines ist. Die Kritik folgt keinem Schema vergleichender Betrachtung oder logischer Beweisführung: Die Anschauung muß ihr zu Hilfe kommen, Gefühl und Empfinden müssen mitspre-

---

[11] VII, 239—40. Vgl. UE, 351; IV, 9—10; IV, 23—24.

chen. Und wie in jedem Kunstwerk müssen auch im kritischen Form und Gehalt untrennbar miteinander verbunden sein. Das Kleid der Sprache und die Komposition sind Teile der kritischen Aussag. Durch sie wird Tieferes erahnbar. Unmerklich fügen sich die einzelnen Aussagen des Kritikers zu einer streng geformten Einheit zusammen. Wörter, Ausdrücke und Wendungen werden unauswechselbar. So ist es in der Tat kaum möglich, den Text von Sainte-Beuves oder Hillebrands Essays zu berühren, ohne das Gesamtbild zu zerstören oder zu beeinträchtigen.

Damit wird der Kritik, wie jeder Form der Kunst, zugestanden, daß sie subjektiv sei. Nicht aber subjektiv, um einem willkürlichen, persönlichen Geschmacksurteil Platz zu machen. Sie wird subjektiv, weil sie erst so dem Menschlichen gerecht werden kann. Jenseits des subjektiven Versuchs, den Gegenstand zu verstehen und zu vergegenwärtigen, wird die kritische Aussage durch die Bändigung des Stofflichen, durch die gelungene Darstellung in einem höheren Sinne objektiv. „Dies Richter- und Sichteramt auszuüben mit eignem Blick auf den Rohstoff ohne vorgegebene methodische Einstellung, aus der alle Vorurteile stammen, ist die einzige Objektivität, d. h. Gerechtigkeit, die der begrenzte Mensch sich zutrauen darf" [13] sagte Gundolf, mit dessen Betrachtungsweise jene Hillebrands in vielem übereinstimmt. Kritik im höheren Sinne, Verstehen und Vergegenwärtigen, beruht also nicht wie so oft mißverständlicherweise gemeint wird, auf der einfachen Anwendung poetischer oder anderer Kategorien, sondern allein auf der eigentümlichen Sehweise des Betrachters. Kritik ist daher zugleich Wesensäußerung des schaffenden Geistes, des schöpferischen Menschen. Sie ist nicht erlernbar und im Einzelfall auf ein begrenztes Gebiet beschränkt. Kein Mensch hat zu allen geistigen Schöpfungen Zutritt. Er soll nach Sainte-Beuve eine möglichst große Anzahl von Geistern verstehen, es ist aber wesentlich, daß er sich darüber im Klaren bleibt, daß er nicht dazu berufen ist, jedes geistig-menschliche Schicksal zu verstehen und zu vergegenwärtigen. Wo der Kritiker keine innere Beziehung zum Gegenstand spürt, ist er in seinem Bemühen zum Scheitern verurteilt. Er kann Intelligentes sagen, aber es bleibt dahingestellt, ob das dann auch das Angemessenste und Treffendste ist.

Trotz der Überzeugung vom Wert und der Bedeutung der Kritik im geistigen Schaffen seiner Zeit, ist es für Hillebrand bezeichnend, daß er den kritischen Grundzug seines Jahrhunderts nicht als reines Glück empfindet. Gelegentlich spricht er vom „Sauerteig der Kritik" (VII, 144), der jedes unmittelbare Schaffen und Aufnehmen hemmt, weil viele Zeitgenossen nicht mehr imstande sind, sich beim ‚Genuß' eines Kunstwerkes von den poetischen und künstlerischen Vorurteilen und Kategorien zu befreien. Wer dieser Zeitkrankheit verfallen ist, hat aber längst aufgehört, mit echtem kritischen Geist an die Kunstwerke heranzutreten, sondern arbeitet mit einem überholten, in jeder Hinsicht schädlichen Formelsystem.

---

[13] GUNDOLF, Shakespeare, S. VIII.

In Hillebrands Auffassung vom Wesen der Kritik und der Literaturbetrachtung liegt die Wurzel seiner Polemik gegen die ‚Zünftigen', gegen jene unter den Professoren, die auf Grund ihrer Stellung und Überzeugung glaubten, in der Lage zu sein, über alles und jedes urteilen zu können. Sie kommen von der naturwissenschaftlichen Methode her, meinte Hillebrand, und sind der Ansicht, daß es genüge, die Dinge benannt und systematisiert zu haben. Ihnen gegenüber vertrat Hillebrand bewußt das Ideal des ‚Unzünftigen', des Denkers, Literaten und Kunstfreundes, der sich mit ganzem Herzen jenen Menschen und Werken widmen kann, mit denen er sich durch innere geistige Beziehung verbunden fühlt.

Hillebrands Unzünftigen-Stolz hatte tiefere Ursachen. Wie Sainte-Beuve und später Hofmiller hat auch Hillebrand sein Wesenhaftes in seinen kritischen Schriften übermittelt. Von wenigen Ausnahmen abgesehen — und bei diesen war er ich darüber im klaren, daß es sich nicht um Kritik, sondern um Polemik handelte — verwirklichte er in seinen Essays das Ideal des kritischen Literaten, die Welt verstehen und darstellend vergegenwärtigen zu wollen. Man betrachte einige seiner Essays: ‚Montesquieu', ‚Balzac', ‚Tasso', ‚Capponi', ‚Lorenzo il Magnifico' und andere, um sich von der kritischen Begabung Hillebrands zu überzeugen. Jeder Satz, jedes Wort dient der Gesamtwirkung, dem Gesamtbild. Das Gesamtbild ist es ja, nicht die einzelne Tatsache, was der Kritiker geben will. Uhde-Bernays hat die Absicht Hillebrands sehr schön erkannt und bei Gelegenheit des Herder-Essays in folgende Worte gefaßt: „Sie (seine Kritik) nimmt Abstand von theoretischen oder mechanischen Zergliederungen von Aussagen in Büchern und Briefen, Abstand auch von naheliegenden symbolischen oder transzendentalen Vorstellungen, sogar von dem Versuch, ein Grundgesetz der Existenz Herders aufzufinden und dessen Rätsel zu lösen, weil eben ein solches nicht auffindbar ist. Um so freier, wahrer, lebendiger steht Herder als Mensch und Dichter, als ein Eigener und ein Mittler, als ein unübertrefflicher Lehrer, Weltbürger und Apostel in Hillebrands Essay vor uns." (UE, 351). Nicht sezierender Verstand, sondern Leidenschaft und menschliches Fühlen geben Hillebrand die Möglichkeit, den Menschen so vor das lesende Auge zu stellen wie er ist: als handelnden, als leidenden, als duldenden, aber auch als triumphierenden Menschen.

Kritik im Sinne von Verstehen und Vergegenwärtigen beruht auf Auswahl. Die Richtschnur für diese Auswahl mag im Interesse des Liebhabers liegen. Hinter diesem Interesse, diesem Angesprochenwerden verbirgt sich aber die Weltanschauung des Kritikers. Kritik ist also nicht nur einfache Vergegenwärtigung, sondern zugleich Bewußtmachung im Hinblick auf ein Ideal. Ohne Weltanschauung gibt es keine Kritik. Ohne Wertsystem kein Verstehen. Ohne Maßstab keine Vergegenwärtigung. Darüber war sich Hillebrand im klaren. Seine Weltanschauung, sein Wertsystem wuchsen aus der Welt des deutschen Idealismus. Lessing, Herder, Winckelmann, Goethe, Humboldt und Schopenhauer vermittelten ihm Ansichten und Überzeugungen, auf die er sein Urteil über Menschen und Kunst gründen konnte. Harmonie, Einheit, höchstes Menschentum waren ihm das Maß für Vergangenes, Gegenwärtiges und Grundsätzliches. Nicht aber, daß Hillebrand jedes literarische oder künstlerische Phänomen mechanisch an diesen Idealen gemessen hätte. Sie stellten jedoch seine Bildungsgrundlage dar und waren so die Hauptelemente seiner Weltanschauung. Im Schaffensakt, der mit der Auswahl beginnt, waren sie ständig gegenwärtig. In der Sicherheit seiner Überzeugungen lag Hillebrands kritische Stärke, aber auch seine Begrenztheit. Was seine Welt überschritt, blieb ihm zeitlebens verschlossen. Zu den ihm unverständlichen Dingen, wie etwa der modernen Kunst oder Dichtung, konnte er nur als Theoretiker oder Polemiker, nicht aber als wahrer Kritiker Stellung nehmen.

Das Kunstwerk

Hillebrand war nicht nur als Kritiker einer der bedeutendsten, die Deutschland in der zweiten Hälfte des 19. Jahrhunderts hatte; er war auch Theoretiker, und dies vor allem auf dem Gebiet der Literatur und der Kunst. In zahlreichen Schriften theoretisch-polemischer Natur ging es ihm nicht darum, Kritikeramt im höchsten Sinne des Wortes zu üben, sondern sich über Probleme und Ideen, Mängel und Verfehlungen seiner Zeit, über Kunst und Künstler, über Wissenschaft und tätiges Leben auszusprechen. Diese meist in Form von Aufsätzen verbreiteten Äußerungen haben wenig künstlerischen, dafür aber unbestreitbaren historischen und biographischen Wert. An der Spize aller theoretischen Erörterungen stehen seine ‚Zwölf Briefe eines ästhetischen Ketzers', die zuerst anonym erschienen, deren Verfasser aber nicht unbekannt blieb.

Bildung des Menschen war Hillebrands erstes und größtes Anliegen. Gesellschaft und Geschichte, Politik und Religion fanden ihre Deutung und Wesensbestimmung im Hinblick auf das hohe Ideal der menschlichen Vervollkommnung. Auch auf dem Gebiet der Kunst stand für Hillebrand der M e n s c h im Mittelpunkt des Interesses. Die Natur an sich, meinte Hillebrand, ist neutral. Erst in dem, was der Mensch aus ihr macht oder in ihr sieht, wird sie für ihn bedeutsam. Hier liegt der Schlüssel für Hillebrands Auffassung von der Kunst, deren Wesen er als „deutende Darstellung der Natur" (VII, 34) bezeichnete. Die Hand, die die Natur deutend nachzubilden versucht, darf sich nicht beirren lassen „durch abstrakte Regeln und Vorschriften", sondern muß „das Wesen selber zu durchdringen" suchen (KB, 4). Das Wesen aber, das wirkliche Leben äußert sich nur im Besonderen (VII, 175). Nicht der Gegenstand des peloponnesischen Krieges macht das Interesse desselben aus, sondern die großen Menschen, die ihn geführt (VII, 148). Die Wissenschaft versucht, aus der Kenntnis der Welt und der ursächlichen Zusammenhänge Gesetze abzuleiten. Sie zerstört das einzelne Leben, um das Gesetz rein erkennen zu können. Die Kunst dagegen „eliminiert das Allgemeine, um das Besondere besser zu fassen". Da nun aber, folgert Hillebrand weiter, „das Allgemeine bloß eine Abstraktion unseres Verstandes ist, das wirkliche Leben sich nur im Besonderen äußert", ergibt sich,

„daß die Kunst, in einem Sinne, wahrer ist als die Wissenschaft." (VII, 175). Diese Wahrheit beruht aber nicht allein auf der Richtigkeit des Besonderen, sondern zugleich und vor allem auf der allgemeinen Idee, die aus dem einzelnen leuchtet, das Ganze überstrahlt und dem Werk Leben, Bedeutung und Sinn verleiht. Die künstlerische Wahrheit liegt nicht im Äußerlichen, sondern in der inneren Richtigkeit, in der „einfachen Wahrhaftigkeit" (KB, 40). Auf ihr beruht jede große Poesie.

Die innere Wahrheit, von der Hillebrand so oft spricht, ist im Grunde nichts anderes als Lebensnähe, Echtheit, Natürlichkeit. „Wir sind ja alle so satt der Formeln, mit denen wir umzuwerfen glauben und die uns lenken, gleich als ob sie einen eigenen Willen hätten, des Kramens in Anderer Worten, des Schauens mit Anderer Augen, des Denkens mit Anderer Gedanken." (KB, 4). In fremden Worten und Gedanken kann man weder echt, noch natürlich und wahr sein. Genau so steht es mit dem Kunstwerk. Die künstlerische Wahrheit ist die Wirklichkeit, die höhere Wirklichkeit im Sinne einer idealen Einheit von Geschautem, Gefühltem und Gedachtem. Der wahrhaft künstlerische Blick ist umfassend. Er bleibt nicht am Äußerlichen hängen. Die vielen Erscheinungsformen der Wirklichkeit schaut er als Einheit. Was andere nur getrennt und schrittweise zu erfassen vermögen, faßt er zusammen und zwingt er ins Bild. In diesem Sinne sah Hillebrand in Goethes Werther „... ein unvergängliches Denkmal der Macht, mit welcher der Genius die Wirklichkeit beherrscht." (VII, 142).

Wirklichkeit heißt also nicht nur äußere Realität allein, sondern harmonischer Zusammenklang der materiellen, seelischen und geistigen Sphäre. „Eine Kunst, die nicht realistisch wäre, d. h. nicht von der Wirklichkeit ausginge, oder gar mit der Wirklichkeit im Streit läge, ist geradezu undenkbar. Selbst Fra Angelico, der Spiritualist, ist ein echter Realist, wenn er die naivsten Attituden aus dem Leben greift... Wiederum, eine Kunst, die nicht idealistisch wäre, würde aufhören, eine Kunst zu sein, denn das Ideal ist ja der Kunstbegriff selber. Wenn ein Kunstwerk nicht zugleich die volle Individualität des Gegenstandes *und* die platonische Idee desselben, vor allem, wenn es nicht zugleich die Individualität *und* die Idee des Künstlers selber vor den Augen des Beschauenden heraufzaubert, so ists eben kein wahres Kunstwerk." (KB, 14). Jede einseitige Betrachtung schafft nicht nur kein Kunstwerk, sondern führt auch zu völlig verdrehten Urteilen des Betrachtenden. „Es kann wohl auch kommen, daß Apostel und Tribune Dichter sind und ich will weder Jesajas noch Tyrtäus vom Parnaß vertrieben sehen; aber nach dem schönsten Kranz dürfen sie die Hand nicht ausstrecken; der gehört dem nur, der sich über unsere Eintagsinteressen erhebt, nicht Partei nimmt in den Kämpfen um dieselben, sondern die Welt schaut und zeigt, wie sie ist, wie sie war." [15] Erst die künstlerische Zusammenschau ist imstande, eine Gestalt zu schaffen, die „lebt und die Harmonie der Natur offenbart." (KB, 42). Die wahre Weltschau, die einzige, die

---

[15] H. in der Einleitung zu: GIOSUÈ CARDUCCI: Ausgewählte Gedichte. Leipzig 1880, S. XXIV.

imstande ist, die Wirklichkeit voll zu erfassen, ist daher nicht jene des Philosophen, oder gar jene des Naturwissenschaftlers, sondern einzig und allein jene des Künstlers, und vor allem die des Dichters, weil der Dichter die Einheit von Geschautem, Gefühltem und Gedachtem am schönsten zu verwirklichen vermag.

Kunst ist Wahrheit. Um sie erfassen zu können, muß der Künstler vor allem Mensch sein. „Celui-là seul est artiste dans le sens plus grand du mot, qui est le plus homme: sa divise sera éternellement le vieil adage de Térence: Homo sum: humani nihil a me alienum puto." (DC, 362). Der Künstler muß alle Gefahren, alle Tiefen, alles Glück und alles Leid des menschlichen Lebens erfahren haben. Schwächen, Fehler, ja sogar Schuld dürfen ihm nicht fremd sein. Zugleich muß er den Mut besitzen, das Erfahrene und Erlebte nicht hinter einer rationalistischen Morallehre zu verbergen, sondern seinem Wesensgehalt nach mitzuteilen. Der große Künstler ist frei, ungebunden, nur sich selbst verpflichtet. Sein einziges und höchstes Ziel ist die Wahrheit.

Der Künstler, der vollkommenste Mensch, soll, so meinte Hillebrand, „mit seinen Wurzeln ganz in der heimischen Erde stecken, mit seiner Krone aber die ihn umgebende Vegetation überragen, so daß er noch von den fernsten Betrachtern erblickt und erkannt werden könne, wie er ja auch in seiner Zeit wurzeln und sie doch übersehen soll. So verleugnen Goethe und Lessing nie ihren deutschen Ursprung, obschon sie der Welt angehören." (IV, 217). Menschliche Wahrheit offenbart sich dem Künstler schon im kleinsten Kreis. Manche Wahrheit, mancher Zug des eigenen Wesens zeigt sich ihm aber erst im umfassenden Blick auf Menschen und Schicksale. So sind es Heimat- und Volksgebundenheit, zugleich aber auch das Erleben der großen Welt, die den Menschen und vor allem den Künstler zu sich selber und auf seine eigentliche Bahn führen.

Zum Wesen des Kunstwerkes gehört auch, daß seine F o r m nicht zufällig, sondern geworden sei. Sie ist vom Gehalt nicht zu trennen, denn sie ist nicht nur Hülle, sondern selbst Erkenntnis, Teil der Welterfassung. „Künstlerisch", schrieb Hillebrand, „nenne ich im weitesten Sinne alle Erzeugnisse, in denen die Form sich vom ausgesprochenen Gedanken oder Gefühle nicht trennen läßt, ohne daß dieser Gedanke oder dieses Gefühl ihren Eindruck auf den Leser, Zuschauer oder Zuhörer verfehlen." (III, 304). Wahrheit im Kunstwerk, höchste Wirklichkeitsnähe ist daher nur dann erreicht, wenn Form, Idee und Gefühl als harmonische Einheit erscheinen. Harmonische Einheit heißt für Hillebrand: organisch gewachsen. Sie dürfen nicht „zufällig, isoliert, unorganisch" (KB, 29) nebeneinanderstehen, sondern müssen aus innerer Notwendigkeit zueinander finden. „Lernen wir nur erst wieder natürlich empfinden, natürlich denken, natürlich schauen vor allem, und die Kunst wird nicht ausbleiben." (VII, 196). Die Kunst wird nicht ausbleiben: Die Sprache wird sich von selbst ergeben, wird leicht, lebendig, farbenreich, einfach, klar und genau im Ausdruck sein [16].

---

[16] III, 370; IV, 218—19; III, 356.

Die so entstandene Literatur wird unterhalten, aber das Vergnügen, das sie gewährt, wird nicht „um den Preis der Sittlichkeit und der Natur erkauft" sein (III, 135). Der schreibt keinen guten Stil, der nur „halb den Zauber einer vollendeten Sprache fühlt, welche nicht die seine ist." (VII, 147). Wer aber, wie z. B. Mérimée, Thierry, Miguet, Tocqueville, alle seine Gedanken, auch die „tiefsten und neuesten, auszudrücken weiß, der bringt eben Vollendetes" (IV, 218), auch wenn er nur als sogenannter Schriftsteller tätig ist. Das treffende Wort allein tut es aber nicht. „Ausdruck und Tonfall" müssen das Erfassen des Gedankens erleichtern. (III, 186; KB, 40). Nur dann ist es möglich, die „künstlerische Konzeption auf die knappste, prägnanteste, präziseste Weise mit den einfachsten Mitteln wiederzugeben." (KB, 40). Denn das Reizvolle liegt in der Kürze, im „Für-sich-behalten-können", im Andeuten, anstatt im Ausführen. Dazu gehört „L'art de transition" ebenso wie „le secret de fondre les nuances et d'enchaîner les idées." (DC, 359). Heftig tadelte Hillebrand die Art Taines, der alles zu sagen pflegt, jeder Gedankenkette nachgeht, anstatt dem Leser das „Hauptvergnügen" an der Lektüre zu belassen, „das Vergnügen, einen Gedanken selbst weiterzudenken." (IV, 214). „Victor Hugo ist ein großes Genie, aber er hat wenige lesbare Gedichte geschrieben, weil er sich nie zu beschränken gewußt. Die Amplifikation ist die verführerischste Gefahr bedeutender Köpfe." [17] Frische und knappe Form des Ausdrucks müssen schließlich mit der „Klarheit der Komposition" (IV, 218—19) Hand in Hand gehen. Ebenmaß, Harmonie und organischen Aufbau rühmte Hillebrand besonders an Tocquevilles Schriften, an Fieldings ‚Tom Jones', an Mérimées und an Mussets Werken, ganz allgemein bei den Schriftstellern des 17. und 18. Jahrhunderts, vor allem in Frankreich. Hillebrand stellte die Forderung nach Gleichklang zwischen den einzelnen Gliedern und dem Ganzen nicht nur für Dichtungen und künstlerische Prosa auf, sondern für jede sprachliche Darstellung, für jedes Buch überhaupt. „Ein Buch sollte immer in einem gewissen Sinne Kunstwerk sein. Es sollte immer wenigstens einen Plan haben, organisch gegliederte Teile, Ebenmaß und Harmonie zwischen den Gliedern. Der Stoff sollte immer verarbeitet, geordnet sein; die einzelnen Elemente sollten verschmolzen, eine Wahl getroffen, das Wichtige hervorgehoben, das Unwichtige geopfert, Wiederholungen vermieden, die Erzählung nicht zufällig chronologisch zerhackt werden." (III, 136—37). Um dieses Ziel zu erreichen, darf sich der Darsteller nicht nur dem Gefühl und Empfinden, dem augenblicklichen Einfall und den vergänglichen Impressionen hingeben. Künstlerisch schaffen heißt bilden, formen. Auch das Genie schafft nicht in einem Rausch. Es wirft Vorstellungen, Eindrücke, Bilder und Empfindungen nicht einfach hin. Auch das Genie verarbeitet. An Musset sehe man, meinte Hillebrand, „daß die größten Gaben der Natur nicht hinreichen, einen großen Dichter zu machen; daß auch die sittlichen Eigenschaften des Mutes und des Willens dazu nötig sind und daß auch von der Kunst, wie von jeglichem Schönen, des alten Hesiod Worte gelten: Vor den Lohn setzen die unsterblichen Götter die

---

[17] H. in: CARDUCCI, Ausgewählte Gedichte, S. XI.

Arbeit." (VII, 141). So wenig wie ein Dilettant dürfe ein Genie Unfertiges bringen, nicht Blöcke, sondern ein festgefügtes Gebäude, an dessen Harmonie nicht zu rütteln ist. (III, 284—85). Daß diese Forderung nicht nur in reinen Kunstwerken erfüllt werden kann, sondern auch in geistes- und naturwissenschaftlichen Schriften, glaubt Hillebrand an den Werken Sybels erkennen zu können, die „gediegen" sind, ohne „oberflächlich" zu sein [18]. An Nietzsches ‚Zarathustra' dagegen kritisierte Hillebrand vor allem die nachlässige unharmonische Form, die mit dem Gedankenreichtum schroff kontrastiere [19]. Hillebrand scheute auch nicht davor zurück, die ‚Nibelungen' als „spröde", als innerlich unharmonisch zu bezeichnen (III, 182). In Renans „Repräsentativstil" sah er vor lauter „Schattierungen" die bestimmten Linien der Zeichnung verschwimmen (IV, 185). Und in dem damals so berühmten ‚Oncle Benjamin' von Claude Tillier glaubte er „weder die unbewußte naive Simplizität noch das künstlerische Haushaltungsgefühl, weder die Kadenz noch die Präzision, welche die Sprache erst zum Stil machen"[20], finden zu können.

Geschautes, Gefühltes, Erdachtes müssen sich im Kunstwerk harmonisch vereinigen. Harmonisch vereinigen (und darauf hinzuweisen, wurde Hillebrand nicht müde), heißt nun aber nicht, eine formale Einheitlichkeit konstruieren. Das Maß für die innere Einheit des Kunstwerkes liegt im Menschen. Sie ist rein subjektiv. Treten uns die Leute, tritt uns das Dargestellte menschlich nahe? Fühlen wir uns „erwärmt", innerlich angesprochen, bewegt? — so wie uns die Novellen Gottfried Kellers, die Werke Goethes, Fieldings und der vielen Großen des 17. und 18. Jahrhunderts, trotz ihrer jeweiligen konventionellen Form, rühren, während uns die modernen Schriftsteller wie Zola, Dahn, Ebers kalt lassen oder uns dort, wo sie uns zum Denken anregen, dies nur auf das Kranke und Unnatürliche lenken [21].

Hillebrands Forderung nach „Wärme", nach „Harmonie", nach Menschlichem im Kunstwerk stand mit der Forderung nach I r o n i e keineswegs im Widerspruch. Geschautes, Gefühltes, Gedachtes müssen sich im Kunstwerk möglichst gleichmäßig vereinigen. Keine der Komponenten darf vorherrschen (von gattungsbedingten Notwendigkeiten abgesehen), keine die andere verdrängen, wenn nicht der Wahrheitsgehalt leiden soll. Die glückliche Einheit der drei Elemente, jene, aus der sich Lebensnähe und Menschlichkeit ableiten, läßt sich aber nur dann erreichen, wenn der Schaffende (vor allem der kritisch Schaffende) über den Dingen steht, wenn er sich eine gewisse Distanz zum Darzustellenden bewahrt. Dieses Abstandnehmen vom Gegenstand nannte Hillebrand ‚Ironie'. „Alles auf dieser Welt muß mit einer gewissen Ironie behandelt werden", aller-

---

[18] H. an Sybel, 29. Nov. 1874. In: SMh 1914, Jg. 12/1, S. 100.
[19] Vor allem II, 302 f; aber auch sonst häufig: vgl. SMh 1909, Jg. 6/2, S. 135.
[20] H. an Schott. In: Corona 1934, Jg. 4, S. 570. Vgl. dazu HOMBERGER, Selbstgespräche, S. 48—49.
[21] Vgl.: VII, 168—96; H. an Hans von Bülow, 20. Aug. 1880. In: PJb 1931, Bd 226, S. 48; H. an Guerrieri-Gonzaga; H. an Rodenberg, 15. Juni 1883, In: Corona 1934, Jg. 4, S. 573,

dings, fügte er hinzu: „französische Dinge mehr noch als irgend welche, wenn man sie voll erfassen und zu der vérité vraie gelangen will." (VII, 231). Ohne Ironie gibt es Hillebrands Meinung nach keine wahre Kunst, aber auch keine „wahre Intelligenz". Dabei spielt es keine Rolle, wie diese Ironie beschaffen ist. Sie kann „boshaft sein wie bei Sainte-Beuve, oder gutmütig wie bei Walter Scott, oder in einem breiten Strom von Humor daherfließen wie bei Fielding; fehlen darf sie aber nicht, wenn wir der Langeweile entgehen und den Eindruck gewinnen sollen, daß der Schriftsteller einen vollen Einblick in die Welt hat." (VII, 240). Einschränkend meinte Hillebrand über die Ironie Gino Capponis: „... sie bewegte nur leise seine Lippen, sie verzerrte seine Züge nie; denn auch in der Ironie gibt's ein Maß, das man nicht überschreitet, ohne die richtige Beleuchtung der Dinge zu verrücken." (IV, 281). Das Über-den-Dingen-stehen, die Ironie, darf nicht zu Hochmut und dem Gefühl der Überlegenheit führen, wenn man andere Völker richtig beurteilen will. Sie muß die einfache, aber unerläßliche Grundlage jeder Darstellung bleiben, wenn es darum gehen soll, wahres Wesen im Kunstwerk einzufangen.

Der Künstler

Wie, fragt nun Hillebrand, geht der Künstler am besten ans Werk? Wie gelingt es ihm, die Wahrheit zu erfassen? Wo kann er sich zu diesem Zwecke schulen? Wo findet er Vorbilder? Wo liegen die Gefahren, die seinen Weg bedrohen?

Hillebrands Antwort war eindeutig. Die künstlerische Schau, die Wirklichkeitserfassung im höchsten Sinne des Wortes, wird dem am leichtesten zuteil, der sich an den Alten, den „Rivalen der Natur" (KB, 39), geschult hat. „Das Lesen und das Sehen des einfach Guten ist wie das Forschen und Schauen in der Natur; das verdirbt niemanden, schärft den Blick, bildet den Sinn." (KB, 4). Mehr als die rohe Natur veredelt der Umgang mit den Werten der griechischen Blütezeit. Aus den Werken der griechischen Klassiker spricht die Natur selbst. Eine Natur freilich, die im höchsten Sinn des Wortes vermenschlicht wurde, d. h. veredelt und gereinigt. Sie ist daher nicht roh und unzulänglich, sondern schön und harmonisch. Aus den Ideen Winckelmanns, die Hillebrands Denken in dieser Hinsicht stark beeinflußten, zog er die Konsequenz: „Das Geheimnis des Stils wird nur solchen Geistern zu Teil, die eine kräftige, klassische Bildung geschult und geschliffen hat." (III, 356). Hillebrand erkennt aber an, daß die Formen der Antike nicht die einzig gültigen seien. Jede Zeit hat die ihr angemessenen. Nie aber fand die Natur einen so mächtigen und zugleich so reinen Eingang in das Schaffen des Menschen wie in der Antike. In keiner Zeit erwuchs daraus so ideales und wahres Menschentum. Nichts schien daher Hillebrand natürlicher, für den einzelnen wie für die

Allgemeinheit, als „einen geistigen, gesellschaftlichen und sittlichen Zustand, wie der griechische es war, herbeizuführen oder abzuwarten, der dann notwendig ebenso vollendete, obwohl von den griechischen ganz verschiedene Kunstwerke hervorbringen würde als jene antiken Zustände; wie denn das 15. Jahrhundert in Italien unter ähnlichen Bedingungen wirklich Ähnliches leistete." (KB, 12).

Für den Künstler, dem es in Verfallszeiten nicht obliegen kann, dem „geistigen, gesellschaftlichen und sittlichen Zustand" entsprechend zu schaffen, bleibt angesichts der Verworrenheit seiner Zeit nichts anderes übrig, als sich am naivumfassenden Blick der Alten zu schulen. Nicht das Formkönnen, sondern der naive Blick ist den Modernen abhanden gekommen. „Heureux les âges qui n'ont point connu la réflexion en matière de poésie, les âges où le poète créait sans songer qu'il existât des lois auxquelles il obéissait à son insu, où le public approuvait et condamnait les œuvres de l'esprit sans consulter d'autre critérium que son impression et son instinct! Cet âge d'or dut nécessairement prendre fin le jour où, pour la première fois, le poète touchait à l'arbre de la science pour donner naissance à la poésie réfléchie." (EI, 6). In vielen Schriften versuchte Hillebrand der Frage nachzugehen, warum es dem modernen Künstler an natürlicher Heiterkeit, Einfachheit, unmittelbarer Anschauung und als Folge davon an Gestaltungskraft mangle. Warum sind die Alten fast vergessen? fragte er sich. Warum dienen sie nicht mehr als anzustrebendes Idealbild menschlicher und künstlerischer Vollendung? Und dort, wo man sich ihrer vage erinnert, warum üben sie da nicht mehr jene formende Kraft, die ihnen doch von altersher innewohnt?

Zwei Dinge vor allem sind es, nach Hillebrand, die das künstlerische Empfinden und damit den Schaffensdrang und die Schaffensweise des Künstlers beeinträchtigen: der Rationalismus, der in der französischen Revolution seine sichtbarste Form gefunden hat, und die Ideen Winckelmanns, auf die das unselige Literatur- und Kunstgeschichtenunwesen und die allgemeine ‚Museomanie' zurückgeht.

Im einseitigen Rationalismus, der Hillebrand für die allgemeine Menschenbildung so schädlich und gefährlich schien, sah er die Ursache für vielerlei Übel des 19. Jahrhunderts. Am schlimmsten wirkte er sich aber für die naive, natürliche Betrachtungsweise aus, denn er raubt dem Künstler das unmittelbare Empfinden und die reine Anschauung und damit die Grundlage seines künstlerischen Schaffens. In Verbindung damit ist auch der Idealismus verloren gegangen. „... der Idealismus hat eine gewaltige Erschütterung erlitten in unserem Jahrhundert, und da der Idealismus im Sinne des selbstvergessenen Anschauens der Idee die eigentliche Lebenssphäre der Kunst ist, spürt diese mehr als alle anderen Lebenserscheinungen die üblen Nachwirkungen davon." (KB, 48). An die Stelle des Idealismus ist ein nüchtern berechnender Egoismus getreten, der sich hinter Schlagworten wie ‚Individualismus', ‚Gleichheit', ‚Menschenrechte' zu tarnen sucht. Niemand, so klage Hillebrand, orientiert sich in seinem Schaffen mehr an höheren Ideen, an menschlichen Idealen.

Jeder einzelne, stolz auf sein Menschentum, fängt im Leben und Schaffen bei sich selber an. Diese Einstellung verdirbt aber Kunst und Philosophie, denn beide sind „schaffend sowohl als aufnehmend", beide beruhen auf „dem Zusammenhange in der Zeit und im Raume, mit der Menschheit, mit der Natur, mit dem Weltall." (KB, 57). Diesen Zusammenhang nennt man Tradition. Seit der französischen Revolution ist sie aber, und dies nicht nur in Frankreich, empfindlich gestört. Die Tradition ist nicht imstande, dem Menschen Individualität oder Talent zu verschaffen, wo diese mangeln, aber sie kann „das Talent lehren, seinen Platz zu finden, das Genie zu begreifen, sich ihm unterzuordnen, sich in seine Dienste zu begeben, und damit ist schon unendlich viel gewonnen." (KB, 80). So aber irren die modernen, selbstgefälligen Künstler, die so ganz ihrem Geiste und ihrem Sendungsgefühl vertrauen, im Dunkeln und geben sich mit dem Scheine zufrieden, so wie heute, fügte Hillebrand hinzu, „die reichsten Fürsten falsches Silberzeug gebrauchen, weil es kaum möglich ist, es vom wahren zu unterscheiden." (KB, 60). Die Folge davon ist, daß auf künstlerischem Gebiet, das Kunstinteresse zu bloßem Stoffinteresse wird. (KB, 23). Der Stoff ist aber immer neutral. Entscheidend ist, was der Künstler daraus macht. Im Geringsten, im Unscheinbarsten kann sich eine große Künstler-Individualität spiegeln, welche in sich den intuitiven Weltzusammenhang birgt. (KB, 21). Die Rationalisten geben sich mit dem zufrieden, was dem Verstande zugänglich ist, übersehen dabei aber, daß sie so am wirklichen Kunstwerke vorübergehen. „Da sucht man in einem Bilde erst ‚Ausdruck', dann Witz oder Sentimentalität; endlich wird die Kunst gar sittlich, christlich, heidnisch, ja selbst national, alles Dinge, die mit der Kunst als solcher gar nichts zu tun haben." Auf diese Weise kommt es aber nur zu Theorien, wie jenen Gottscheds oder Breitingers, die sich stritten, „ob die Poesie allegorisieren, moralisieren, didaktieren oder deskribieren solle", während niemand „auf den Gedanken kam, daß die Poesie vor allem poetisch sein solle." (KB, 20).

Das Stoffinteresse ist aber nicht die einzige Folge davon, daß man den Idealismus zerstört hat und das Individuum verherrlicht, daß sich dann selber aus der großen geschichtlichen Abfolge herausreißt, um ‚frei' zu sein. „Die große Revolution hat, indem sie das Individuum emanzipierte, das Kind mit dem Bade ausgeschüttet." (KB, 48). Der Rationalismus hat das persönliche materielle Interesse so sehr gefördert und den materiellen Fortschritt in so einseitigem Maße gutgeheißen, daß darüber nicht nur die Freude an der idealen Tätigkeit fast völlig verlorengegangen ist, sondern sich auch das menschliche Organ dafür in erschreckender Weise zurückgebildet hat. „Die platonische Idee der Dinge, welche doch eigentlich das Objekt aller Kunst ist", so argumentiert Hillebrand weiter, und die sich nur der bedeutenden Individualität offenbart, d. h. derjenigen, die imstande ist, „sich selber im Anschauen der Objekte zu verlieren", ist der unbedeutenden, gewöhnlichen Natur unzugänglich, denn diese bleibt ewig nur „in persönlicher Beziehung zu den Gegenständen" und sie sieht sie immer „mit Augen der Begierde, der Furcht, des Mitleidens" an, wohingegen „das künstlerische Schaffen immer ein Resultat des subjektiven Erkennens ist, einer Art von Stimmung." (KB, 49). Der moderne, in erster Linie materiell orientierte Mensch ist daher überhaupt nicht mehr imstande, Kunst und künstlerische Betrachtung zu üben. Er vermag sich selber nicht mehr „im Anschauen der Dinge zu vergessen". Die gehetzte, ganz auf materielle Vorteile ausgehende Welt erlaubt es ihm nicht mehr, sich einer Art von Stimmung hinzugeben. So wird das Kunstwerk, auch wo es nicht reines Mittel und mit einem Zweck verbunden ist, doch immer ein Produkt getrübter Anschauung bleiben: „Es ist lasziv oder prüde, es ist nie naiv, d. h. keusch und sinnlich zugleich, wie ein Werk reiner Anschauung." (KB, 49).

Mit der rationalistischen Einstellung und dem reinen Stoffinteresse Hand in Hand geht die Überwertung des rein Technischen und Wissenschaftlichen. Geschicklichkeit, absichtliche Originalität treten in den Vordergrund. Die „wissenschaftliche Richtigkeit" wird zum Maß für den Wert eines Kunstwerkes. „Was sie anstreben (vor allem Zola und seine Schüler, Nachahmer und geistigen Brüder), ist mit den Werkzeugen der Wissenschaft und an Stoffen, welche Resultate der Wissenschaft sind, Kunstwerke herzustellen, weil ihnen die Werkzeuge der Kunst abhanden gekommen und sie den Maßstab für Beurteilung des Stoffes verloren haben." (VII, 176). Dieses Prinzip führt aber bestenfalls zu einer Aufzählung von Tatsachen. Damit, meint Hillebrand, ist aber nichts getan, denn „die Teile machen ja den Menschen nicht, sondern der Zusammenhang; sobald aber dieser aufhört, hört das Leben auf." (VII, 178). Den inneren Zusammenhang, die harmonische Einheit in der Vielfalt, das erfaßt der bewußte mathematische Verstand nie. „Die haarkleine methodische Aufzählung aller Bewegungen ... ist künstlerisch ganz wirkungslos" (VII, 182) und im Grunde unwahr, weil sie nur einen Teil der Wirklichkeit, das Geschaute, bestenfalls noch das Gedachte bietet, nicht aber jene unbedingte Einheit von Geschautem, Gefühltem und Gedachtem, die in ihrem harmonischen Zusammenwirken den freien Blick auf das Leben gewähren: das wahre Kunstwerk.

Der Kunst gefährlicher als die „wissenschaftliche Weltbetrachtung" erachtete Hillebrand die „moralische". „Bis zur Mitte des vorigen Jahrhunderts nahm jeder Stand und jeder einzelne die Welt wie die Natur als ein Gegebenes, an dem wenig zu ändern ist. Man lebte und handelte, dichtete und genoß naiv, ohne Reflexion." (VII, 184). Die persönlichen Gaben allein begründeten in Gesellschaft und Kunst die Rechtsansprüche des einzelnen, nicht aber die „sogenannte Gerechtigkeit", die jeder Mittelmäßige glaubte anrufen zu können, und die ihn dann dazu verführte, seinen eigentlichen Stand aufzugeben und sich in einen höheren, dem er nicht gewachsen ist, hineindrängen zu wollen. „Die heutigen Erzähler sehen die Menschen nicht mehr einfach als die, sie sind, wie es noch im vorigen Jahrhundert Lesage, Fielding, Prévôt (Manon-Lescaut) getan haben, sondern machen ihnen den Prozeß, weil sie nicht die sind, die sie sein sollten; die Dichter hadern mit ihren Helden, statt sie zu lieben. Es ist dies derselbe mit Rousseau in Politik und Gesellschaft gekommene Zug, welcher aus den verschiedenen Klassen etwas Anderes machen möchte, als was dieselben sind, welcher einem abstrakten Ideal zuliebe der Natur Gewalt antut." [23] „Sie haben denselben Familienzug", meinte er an anderer Stelle: Zola, Flaubert, Turgenjeff, William Dean Howells, George Eliot, Gustav Freytag, Scheffel, Heyse, ja manchmal sogar Gottfried Keller: „Die Unzufriedenheit mit dieser Welt, wie sie ist, und die nächste Folge davon ist die Trübseligkeit dieser ganzen Literatur." (VII, 190). Dieses ständige Vergleichen zwischen Verstandespostulaten und der gegebenen Welt hat das Leben der Nation angekränkelt. Am schlimmsten wirkt es sich in der Kunst und Literatur aus, wo man dem Menschen „Gedanken und Gefühle" leiht, die er in Wirklichkeit gar nicht hat. (VII, 185). Ganz wenige Schriftsteller sind imstande, sich von dieser neuen Moderichtung fern zu halten: Jeremias Gotthelf und Gottfried Keller in einigen Novellen und vor allem in den Legenden.

Dieses „Moralisieren", wie Hillebrand das unablässige Messen der menschlichen Natur und der gesellschaftlichen Zustände an Verstandesnormen nannte, hielt er nicht nur für schädlich, sondern auch für höchst unkünstlerisch. Die Natur allein ist Grundlage der Kunst. In ihr, nicht in einem Rechtsanspruch oder Gleichheitsideal liegt die Wahrheit. Daher ist es falsch, vom Kunstwerk Weltverbesserung zu verlangen. „Die Kunst ist sittlich indifferent." (VII, 35). Ihr Zweck liegt nicht in der Moral. Sie besteht um ihrer selbst, um des Menschentums, um des Ewigen willen, das sich in ihr spiegelt. An diesem universellen Wesen der Kunst kann auch die Moral Anteil haben, ohne jedoch je der Zweck des Ganzen zu sein; aber hier auch nur die „natürliche, gesunde welche im Kultus der Wahrheit gipfelt" und nicht die „krankhafte, welche die menschliche Eitelkeit zur Mutter, die Lüge zur Gevatterin hat." (VII, 189). Wo der geniale, schöpferische Mensch am Werk ist, da sieht Hillebrand ‚Moral'. Er wurde nicht müde, die ‚Großen' gegen die Kritik der Mittelmäßigen zu verteidigen, wenn sie auch mit der Moral im herkömmlichen Sinne in Konflikt standen. So trat er für Byron ein, als dieser wegen Immoralität angegriffen wurde. „Personne ne fut plus fidèle en amitié que lui; personne ne sut s'imposer de plus grands sacrifices en vue d'un but élevé. On se rapelle son enthousiasme, sa mort héroique, capable de rachater des fautes plus grandes que les siennes; il ne faut pas que, sous prétexte d'amitié et de moralité on vienne dégrader cette grande et noble image", und er fuhr fort: „enfin il ne doit pas être permis au premier venu de jeter l'insulte sur la tombe de l'auteur de Don Juan et du héros de Missolonghi." [24] In ähnlicher Weise verteidigte Hillebrand Rahel Varnhagen und die Berliner Gesellschaft, deren Leben und Handeln mit den Maßstäben des Moralkodex der Zeit nicht zu beurteilen seien: Die Weite des Geistes, der Idealismus, der Wahrheitsdrang, die Natürlichkeit, der Schönheitssinn, das Genie des Künstlers und das allgemeine menschliche Empfinden, das sie beseelte, stelle diese Erwählten weit über die breite Masse der Mittelmäßigen. In der Enge ihrer primitiven Moral und Weltschau können sie sich

[23] HOMBERGER, Selbstgespräche, 1928, S. 43.
[24] JdD, 21. November 1869.

nicht selbst Gesetz sein, weil ihnen natürliche Anmut und unmittelbare Einsicht fehlen. Was der Mittelmäßige als Richtlinie benötigt: das Moralgesetz, das kann der großen Persönlichkeit, dem schöpferischen Menschen unter Umständen Hemmnis auf dem Weg zur letzten Entfaltung sein. Denn Moral, so meinte Hillebrand, ist im Grunde nichts anderes als Konvention. Sie bekommt dem Schwachen, kann aber nie das Maß für den Starken sein. Der Mächtige folgt seinen eigenen Gesetzen. Dort wo er sich dem Zwang der Gesellschaftsordnung fügt, verbildet oder entkräftet die Konvention sein Talent in keiner Weise. Die Kunst „kann sich in ihren Formen ungestraft allen Launen der Mode fügen; sie darf klassisch-akademisch sein und romantisch-gotisch, ja auch konventionell wie in den Tragödien Racines und den Pastoralen Guarinis, oder in den viel fragwürdigeren Dramen Victor Hugos und den Dorfgeschichten George Sands; immer muß ihr Gehalt ein ewig menschlicher, wahrer sein wie bei den ersteren, nicht ein künstlicher, falscher, wie bei den zwei letzteren." (VII, 215). Konvention, freiwillige Übernahme zeitbedingter äußerer Formen, die sich aus dem menschlichen Zusammenleben ergeben, sind der Kunst nicht schädlich. Dies allerdings nur dann, wenn Gefühl und Wahrheitsstreben dahinterstehen, wenn sich der Mensch selbst als schaffender und duldender, aber auch als siegender und leidender darin ausspricht. Zu dieser Konvention kann das Moralisieren im Sinne La Fontaines ohne weiteres gehören, nicht aber jenes moderne, das aus überspitztem Rationalismus wächst, aus falschverstandenen Gleichheits- und Brüderlichkeitsidealen. Denn „die höchste Stufe der Gerechtigkeit" stützt sich nicht auf ein Verstandespostulat, sondern findet in der „Weltanschauung des Künstlers" ihren Ausdruck (VII, 240).

Gefahr droht der Kunst aber nicht nur von Seiten des immer mehr überhand nehmenden Rationalismus. Auch das Überwiegen h i s t o r i s c h e r Gesichtspunkte gefährdet die einzig wahre und einzig gerechte Schauweise: die des Künstlers. „Winckelmann aber und sein Freund Mengs haben es auf dem Gewissen, wenn das Geschlecht der Stürmer und Dränger vom rechten Wege abgelenkt wurde, der zu einem naiveren Standpunkte der Natur gegenüber hätte führen können, wenn Goethe, der noch 1771 bewundernd vor dem Straßburger Münster stand, fünfzehn Jahre später in Italien dem ausschließlichsten Klassizismus huldigte." (KB,12). Winckelmann hat als erster jener großen deutschen „Heldenplejade", meint Hillebrand im Zusammenhang mit Winckelmanns ‚Geschichte der Kunst und des Altertums', den „Begriff der geschichtlichen Entwicklung" in die Betrachtung der Welt eingeführt und damit die Grundlage der deutschen Bildung gelegt, die im Gegensatz zur artistischen Italiens, zur autoritativen Spaniens, zur realistischen Englands, zur rationalistischen Frankreichs, eine weitgehend historische geworden ist. (KB, 11). Diese historische Betrachtungsweise hat aber in Dingen der Kunst dazu geführt, daß man die Alten nachahmte, anstatt der griechischen Welt ihre innere Gesetzlichkeit abzulauschen und zu sehen, wie weit sie in der Gegenwart zu verwirklichen und in welcher Form und in welchem Ausmaß sie erneuert werden könne. Nicht nur Deutschland, ganz Europa hat in Winckelmanns Folge begonnen, das Ideal aufzugeben und an dessen Stelle einen dürren Klassizismus zu setzen, der in seinen akademischen Formen „reinlich" war, und oft den Anschein gab, auch edel, einfältig, still und groß zu sein, in Wirklichkeit aber oft des Grundlegendsten, der inneren Wahrheit nämlich, entbehrte. (KB, 13). Winckelmann hat so unwissentlich einen „einseitigen Idealismus" gefördert, indirekt auch einen ebenso einseitigen Realismus, der dem ersteren als Reaktion folgte (KB, 16), während erst die harmonische Einheit von beiden die Grundlage eines wirklichen Kunstwerkes bilden kann. Ein solches Kunstwerk ist dann notwendig klassisch und von derselben inneren Struktur wie das so sehr bewunderte griechische.

Früh erkannte Hillebrand die Gefahr des Historismus. In seinen ‚Italiennes' wies er darauf hin: „Pourtant on a le droit et, peut-être, le devoir, tout en s'associant au mouvement de sa génération, de ne pas marcher sans cesse à l'avant-garde, et il est toujours permis de signaler les voies difficiles où s'engage un ordre d'études. Il est évident aujourd'hui, ce me semble, que l'intérêt de l'érudition menace d'envahir la critique et que la valeur littéraire des œuvres tend à disparaître devant leur intérêt historique, à ce degré que l'insignifiant, le mauvais même, au point de vue de l'art, acquiert une importance exagérée." (EI, 8). Und er meinte, daß man einen Mittelweg zwischen der historischen und der ästhetischen Methode suchen müsse, wenn man einem literarischen Werk näher kommen wolle. Denn es ist falsch, wenn man, wie viele, die der historischen Schule folgen, glaubt, daß eine mehr oder weniger eingehende Aufzählung historischer Tatsachen genüge, das Wesen des Gegenstandes zu erfassen. Literatur- und Kunstgeschichte allein tun es nicht. Zum Werk selbst muß man vorstoßen. „Nicht das Shakespeare-Lesen, sondern das Lesen der Herrn Ulrici, Gervinus und Konsorten, die über Shakespeare geschrieben, das umschleiert unser geistiges Auge." (KB, 4—5). „Nicht das Nachdenken über die Kunst ist's, welches unsere Schöpfungskraft (man muß hinzufügen: unser Verständnisvermögen) lähmt: die größten Künstler, Michel Angelo, Leonardo, Goethe, haben nie aufgehört, über ihre Kunst, über alle Kunst nachzudenken; es ist das nicht durch die Wirklichkeit, nicht durch das sinnlich Erfaßte angeregte Denken, das inhaltslose Denken nicht nur nach, sondern von Rubriken, wenn's hoch kommt, von leeren Kategorien, das Denken im anschauungslosen, von Allgemeinheiten angefüllten Hirne." (KB, 5). Das Wissen aus zweiter Hand nimmt dem Blick jede Natürlichkeit und setzt an die Stelle eines gesunden Urteilsvermögens eine Fülle von Vorurteilen, die nur halb oder gar nicht stimmen. Hegels „geistreiche Ästhetik" hielt Hillebrand für das künstlerische Schaffen für „ganz unbrauchbar, ja irreleitend." Aber nicht nur Hegels, alle Systeme und alle historischen Darstellungen sind für den Künstler und Kunstliebhaber „nicht nur ganz überflüssig, sondern auch geradezu schädlich." (KB, 16—17). Die einzige Literaturgeschichte, die Hillebrand anerkannte, war die Hettners, denn Hettner gibt nicht eine Aufzählung von Tatsachen, sondern eine Geschichte des geistigen Werdens und der großen geistigen Zusammenhänge. Es ist schlimm, meinte Hillebrand, wenn „Kunstkenner" von Beruf an ihrem Wissen ersticken; der Liebhaber, noch mehr der Künstler muß sich davon freihalten, historisches Wissen aufzustapeln und zu viel aus dem historischen Ablauf des Geschehens verstehen zu wollen. Hillebrands Forderung für die Zukunft war weit gespannt: „Sobald der Deutsche sich dazu wird entschließen können, alle Literatur- und Kunstgeschichten, Ästhetiken und Kritiken beiseite zu lassen, sobald er ohne Anleitung seinen Goethe wird lesen, seinen Dürer schauen, seinen Mozart hören wollen, braucht er nichts weiter." (II, 336). Der Blick für das Gesunde und Echte bildet sich nur am Genuß der Originalwerke. Sie allein tragen zur Schärfung des künstlerischen Urteils bei und darüber hinaus zur wahren Menschenbildung.

Nicht weniger schädlich als das „Literatur- und Kunstgeschichtenunwesen" erschien Hillebrand der krankhafte Drang seiner Zeitgenossen, Kunstgegenstände in Museen zu sammeln und zu speichern. Wo ein Kunstwerk neben dem anderen steht, ist man nicht imstande, das einzelne zu genießen, weil sich ständig ein anderes zur Betrachtung aufdrängt. Schlimmer und verwerflicher ist die „Museomanie" vom künstlerischen Standpunkt aus. Ein Kunstwerk gehört in eine bestimmte Umgebung, in eine bestimmte Atmosphäre. Das Werk nun aber aus seiner natürlichen Umgebung herauszureißen und inmitten einer großen Zahl anderer Werke an einem nichtssagenden, bestenfalls neutralen Ort anzubringen, heißt das Werk mißverstehen und in seiner Wirkung schmälern. Den Einwand, daß das Kunstwerk im Museum einer viel größeren Zahl von Menschen zugänglich sei, ließ Hillebrand nicht gelten: Die Beeinträchtigung der Kunstwerke in Museen und die daraus sich ergebende allgemeine Verflachung im Kunsturteil kann nicht dadurch wettgemacht werden, daß man möglichst viele Leute durch die Ausstellungsräume schleust. Die Berufung auf die Massen in Fragen der Bildung und des Geschmacks führt nur zur weiteren Verbreitung der Halbbildung, die gerade in Kunstsachen so üble Folgen zeitigt. Die Zufälligkeit, die bei allen musealen Anordnungen eine große Rolle spielt, stört ja nicht nur den jeweiligen Eindruck im Betrachter, sondern trägt in starkem Maße dazu bei, das Gefühl für eine natürliche, dem inneren Wesen des Werkes entsprechende Anordnung verkümmern zu lassen und damit überhaupt das Gefühl und Empfinden für harmonischen Zusammenhang und inneren Einklang der Dinge.

Der Ästhet

„Die Kunst in jeder Form — als Poesie und Musik, Skulptur und Malerei — ist die Reproduktion oder Darstellung des Ewigen in der Natur, im Menschen, in der Gesellschaft." (VII, 215). Aus ihr sprechen Wahrheit und Gerechtigkeit. Sie ist das Höchste im Leben, jedes Opfer wert. In der künstlerischen Tätigkeit erscheint der Mensch in seiner höchsten erreichbaren Gestalt. Neben dem Künstler gibt es keine Stufe größerer menschlicher Vollendung. Für Schopenhauer stand über dem Künstler noch der Heilige. Für Hillebrand ist der Künstler in seiner schönsten Vollendung zugleich Heiliger, Priester der Humanität. Und das Verhältnis des einzelnen Menschen zur Kunst, zu dieser zentralsten und zugleich umfassendsten aller menschlichen Betätigungen klären, heißt tieferes Verständnis des Menschseins suchen, heißt ein priesterliches Amt verwalten.

Künstler und Liebhaber treten somit in engste Beziehung zueinander. Beide, sowohl den schaffenden Künstler wie auch den nacherlebenden, einseitig aufnehmenden Menschen, sah Hillebrand in zwei Grundsituationen menschlichen Daseins: in der des Arbeitens und der des Genießens. Keine Stunde des Lebens hielt Hillebrand für verloren, die er der Lektüre oder der Kunstbetrachtung widmete, sei es allein oder in Gesellschaft. Lesen war für Hillebrand ‚Arbeit' im höchsten Sinn des Wortes. Das Wort ‚Arbeit' hat im Zeitalter der Arbeitsteilung und Arbeitsorganisation seine wahre Bedeutung verloren. Arbeit ist nicht mehr Weihe. Sie wird mit Mühe, Plage und etwas gleichgesetzt, was man, wenn möglich, vermeiden soll. Genau so hat das Wort ‚Genuß' seinen eigentlichen und tieferen Sinn verloren. Es hat heute den Beigeschmack des Sich-Hingebens an gemeine, des Menschen unwürdige Instinkte und Leidenschaften. Ganz anders bei Hillebrand. Er glaubte nicht, daß das Genießen gemein mache. Für ihn stand der Begriff ‚Genießen' in unmittelbarer Nähe des Begriffes ‚Arbeiten'. Bedauernd stellte er fest: „Ein naives Schaffen existiert so wenig mehr als ein naives Genießen." (KB, 24). Betätigung, die den ganzen Menschen ausfüllt, die jeden Teil des Körpers und der Seele in einen Zustand der Vibration versetzt, diese Betätigung ist zugleich Genuß. Bei niedrigeren Tätigkeiten mag das Empfinden des Genusses aus dem Kraftgefühl, aus dem Gefühl einer überwundenen Schwierigkeit, aus dem Gefühl der Selbstbejahung und Ähnlichem kommen. Rein und herrlich ist es dagegen beim Künstler. Er vereinigt Arbeit und Genuß wie kein anders Tätiger. Diese letzte Einheit von Arbeiten und Genießen ist wiederum Bedingung für die Kunst. Ohne das eine wie das andere ist sie undenkbar. „Das Leichtmachen und Fördern ist überhaupt ein gar sonderbares Ding bei Schaffenden wie bei Genießenden, im Grunde profitieren doch nur die Gleichgültigen und Mittelmäßigen davon" (KB, 32), denn „alle Kunst ist Aristokratie", meinte Hillebrand erklärend. Aristokratie verstand er aber nicht im Sinne privilegierten Geburtsadels, sondern im Sinne des arbeitend erworbenen Könnens und des schaffend und nachschaffend erlernten Genießens. Diesen Adel sah Hillebrand in seiner inneren Einheit nur von ganz wenigen Personen gelebt.

Hillebrand glaubte nicht nur an ein Ethos des Arbeitens, sondern auch an ein Ethos des Genießens. Er fühlte sich zu jedem echt Genießenden hingezogen. Er war Genießer wie vor ihm Anakreon, Hafis und vor allem Goethe. Und er scheute nicht davor zurück, in einer Zeit philosophischer Systematisierungen und positivistischer Rechtfertigungsversuche den Genuß als den wahren und letzten Zweck der Kunst anzusehen. Und wie in so vielen Dingen konnte er auch hier auf Goethe verweisen: „... nicht insofern der Mensch etwas zurückläßt, sondern insofern er wirkt und genießt und andere zu wirken und zu genießen anregt, bleibt er von Bedeutung." [25] Goethe genoß naiv, ohne Reflexion über Gesetz, Regel und Weltanschauung. Auch Hillebrand vermochte naiv zu genießen (das bezeugt sein Tagebuch), Kunst ebenso wie Natur, ihm aber fehlte die umfassende und zugleich formende Persönlichkeit Goethes. Was Goethe seinem Genie dankte, mußte sich der Nachfahre hart erarbeiten, erst theoretisch klarlegen, dann praktisch in die Tat umsetzen. Daher auch die umfangreichen theoretischen Erörterungen und programmatischen Forderungen Hillebrands. Die Zerstörung der idealen Einheit von Arbeit und Genießen, die für die folgenden Jahrzehnte steigender Orientierung an logisch oder psychologisch aufgebauten Systemen und an Verstandespostulaten so bezeichnend ist, tritt bei Hillebrand aber noch nicht in ihrer Schroffheit zutage. Er schuf und genoß noch naiv in dem Sinne, daß weder das eine noch das andere (von polemischen Schriften abgesehen) mit Absicht und Zweck verbunden war. Sein Geben und sein Aufnehmen waren von Vergnügen begleitet. Das Erzwungene, das der Absicht entspringt, kennt keinen reinen Genuß, höchstens Interesse. Und mehr als Interesse kann es auch im Aufnehmenden nicht erregen. Bis ins einzelne und Tiefste ist also der Rationalismus an den gewaltigen Veränderungen schuld, die den modernen Menschen nicht nur von den Idealen der Antike, sondern auch vom eigenen Menschsein weggeführt haben. Denn wenn Männer, deren eigentliches Schaffensgebiet die Kunst ist, eine rationalistische und analytische Anschauungsweise mitbringen, statt einer intuitiven und synthetischen, wenn sie die Welt mit einem Organ zu erfassen suchen, das bestimmt ist, den schöpferischen Geist in seinen Bewegungen wohl zu regeln, niemals aber zu ersetzen (VII, 226), dann muß jede menschliche und ideale Einheit des Kunstwerkes fallen, muß das ästhetische Empfinden zurücktreten, muß die Einheit von Arbeit und Genuß auseinanderbrechen. Eine ‚intelligente' Weltanschauung oder eine praktische Orientierung lösen die rein ästhetische und humane im Schaffenden und Nacherlebenden ab. Absicht und Weltanschauung des Künstlers treten in den Mittelpunkt. An die Stelle des einfachen Genießens tritt der Wunsch, im Werk religiös-philosophische Begriffe zu klären, Trost oder Ratschlag zu geben oder zu suchen, überhaupt: Probleme statt Leben darzustellen. Rationales, Weltanschauliches, Religiöses, meinte Hillebrand, können in der Dichtung wie in jedem Kunstwerk vorhanden sein; sie dürfen aber nicht den bestimmenden Teil an ihr ausmachen.

Im Gegensatz zu seiner Zeit und vor allem zu den folgenden Jahrzehnten stand für Hillebrand das Ästhetische obenan. „Non", rief er aus, „la poésie n'est point un passe-temps, c'est un culte, culte amoureux, patient, discret et respectueux, presque religieux, culte réservé aux happy few, aux heureux de la terre dont on peut anvier, mais dont on ne sauraint nier les privilèges." (EI, 27). Dichtung und Kunst sind Kult. Sie haben religiösen Charakter. Nicht allein, weil die Kunst das höchste Wahrheitsorgan ist, sondern weil es ebenso zum Wesen des Kunstwerkes gehört, schön zu sein. Wahres,

---

[25] GOETHE, W. A., 1. Abt., Bd 27, S. 100. — Vgl. ERNST ROBERT CURTIUS, Kritische Essays, S. 55.

das nicht zugleich im schönen Kleide erscheint, war für Hillebrand unvorstellbar. Das ist Ästhetizismus. Wie Goethe, Schiller oder Humboldt legte Hillebrand ebenso viel Gewicht auf das Wahre wie auf das Schöne. Die Schönheit war ihm die erste und natürlichste Folge des wahren Gehaltes. Das Übel seiner Zeit sah er darin, daß die wenigen Künstler, die noch bemüht waren, schöne Formen zu schaffen, eben mit der Absicht, Schönes darzustellen, ans Werk gingen, anstatt sich damit zu begnügen, wahre Formen im höheren Sinne des Wortes zu studieren und zu trachten, sie festzuhalten (KB, 39).

Dieses klassisch-ästhetische Ideal beherrschte nun nicht nur Hillebrands künstlerische Auffassungen, sondern lag seinen ganzen Bildungsbestrebungen zugrunde. Sein Ideal des wahren, humanen, allseits geformten, vollendeten Menschen ist nichts anderes als der Versuch, das Vorbild des griechischen Menschen, dem die Harmonie zum Grundgesetz des Lebens geworden war, in seiner eigenen Zeit zu verwirklichen. Seiner ästhetischen Lebensanschauung entspricht es aber auch, daß er Geschichte, Philosophie und vor allem Kritik nicht als Wissenschaften aufgefaßt haben wollte. Erst dort schienen sie ihm das Höchste an wahrer Einsicht zu vermitteln, wo sie das Gebiet reiner Wissenschaft überschreiten und mit den Mitteln des Künstlers, mit intuitiver Anschauung ans Werk gehen. Die Beurteilung der Religionen als fördernde oder hemmende Kräfte am Wege zur Vervollkommnung des Menschen, die Ansichten über die Politik, in der der individuelle Freiheitswille zum Grundgesetz erhoben wird, und die Meinung, daß sich in der Geschichte das freie Individuum aussprechen und verwirklichen solle, all das geht im Grunde auf Hillebrands ästhetisch-individualistische Einstellung zum Leben und zur Welt zurück: Gesellschaft, Politik, Geschichte und Kunst beruhen auf der inneren Wahrheit des Menschen. Die Wahrheit ist das Höchste in der Welt. Das sichtbarste Kleid der Wahrheit ist das Schöne. Bis ins Kleinste läßt sich die ästhetische Orientierung Hillebrands verfolgen. In seinem Urteil über Rom (S. 105) ist sie ebenso sichtbar wie in seiner Forderung nach Takt, Rücksicht und menschlichem Verständnis. Und wenn es darauf ankam, war ihm sein ästhetisches Empfinden von stärkerer Beweiskraft als ein objektiv anerkannter Grundsatz allgemeiner Art. Dies beweisen die vielen Urteile über Menschen. Es schwingt aber auch in den bittern Worten mit, die Hillebrand anläßlich der Auseinandersetzung zwischen Homberger und Treitschke aussprach. „Glauben Sie mir", schrieb er an die Marchesa Guerrieri-Gonzaga, „nur die Leichtsinnigen haben wahren Ernst; nur die Skeptiker wahren Glauben." [26] Und wie wenig programmäßig, intellektuell oder oberflächlich, sondern wie gelebt und erlitten Hillebrands Ästhetentum war, das zeigen die Worte, die er sich und leidend der Gemahlin Otto Gildemeisters anvertraute: „Prosaischer kann nichts sein als das Leben, das ich friste; eigentlich ganz animalisch und ich bin nur nach Florenz zurückgekehrt, weil hier das Tiertum noch einen Schein von Poesie hat." [27]

---

[26] H. an Guerrieri-Gonzaga, 29. März 1874.
[27] H. an Felicie Gildemeister, In: Corona 1934, Jg. 4, S. 571—72.

ESSAYSCHAFFEN

Die Theorie des Essays ist noch nicht geschrieben. Wir besitzen kaum mehr als Ansätze dafür. Essayisten, Literaten, Literatur- und Zeitungswissenschaftler, Herausgeber von Enzyklopädien und Handbüchern haben sich um eine Definition des Essays bemüht. Gültiges und Fragwürdiges wurden dabei, meist in essayhafter Form, ausgesagt. Gleichen-Rußwurm faßte als erster die Hauptmerkmale des literarischen Essays zusammen: „Anmutiges Gleiten über schwere Probleme, kühne überraschende Ideen, die ebensogut Widerspruch wie Beifall erwecken dürfen, schillernde Funken eines selbständig urteilenden Geistes nehmen ihm (dem Essay) das unverdauliche Gewicht gelehrter Arbeiten und bilden so einen schönen Edelstein im Kronschatz der Literatur. Was ein Essay auch behandeln mag, er ist immer der Ausdruck einer Persönlichkeit." [1] *Hugo Friedrich* hat dann an Hand von Montaignes Essays auf tiefer liegende Formungsgesetze und Zusammenhänge hingewiesen [2]. Wertvolle Ansätze sind inzwischen von der *Denk-* und *Sozialpsychologie* hergekommen [3], während gegen den Versuch *Herbert Fischers*, den Essay aus der Krisensituation der Zeit zu erklären [4], Bedenken angemeldet werden müssen. Im Folgenden kann es nicht um eine Theorie des Essays gehen, es soll vielmehr den tieferen Impulsen, der Form und der Zeitbezogenheit von Hillebrands Essayschaffen nachgespürt und Hillebrands Leistung als Essayist aufgezeigt werden.

Amor intellectualis

Warum schrieb Hillebrand Essays? Bei oberflächlicher Betrachtung könnte die Antwort lauten: um des Honorars willen. Aus vielen seiner Briefe geht hervor, wie sehr ihn die Frage des Honorars beschäftigte. Als freier Schriftsteller mußte er an die rein materielle Seite des Lebens denken. So verpflichtete sich Hillebrand unter anderem, im Jahre vier Essays für die ‚Deutsche Rundschau' zu schreiben [5]. Ein anderes Mal teilte er Rodenberg mit: „Rechnen können Sie, daß Sie noch im Laufe des Jahres einen sorgfältig geschriebenen Essay für Ihre Zeitschrift von mir erhalten." [6] Abmachungen dieser Art, die häufig in Briefen Hillebrands zu finden sind, betreffen in der Regel die Zahl der Arbeiten und deren Qualität. Nie ist von einem bestimmten Gegenstand

---

[1] ALEXANDER VON GLEICHEN-RUSSWURM: Der Essai. In: Das literarische Echo 1904, Jg. 6, Sp. 747.
[2] HUGO FRIEDRICH: Montaigne, Bern 1949.
[3] GEORG NEGWER: Essay und Gedanke. Beitrag zur Erforschung der Problematik des Essays am Beispiel der französischen Essayistik. Diss. FU Berlin 1953; URSULA BRANDES: Der Essay als psychologische Quelle. Eine quellenkritische Untersuchung der Wissenschaftlichkeit essayistischer Darstellungen. Diss. Heidelberg 1951.
[4] HERBERT FISCHER: Die literarische Form des Essays und seine besondere geistesgeschichtliche Bedeutung. Diss. München 1950.
[5] H. an Julius Rodenberg, 6. Juni 1879.
[6] H. an Julius Rodenberg, 2. Juni 1874.

die Rede, es sei denn in der Form eines Vorschlages an die Redaktion einer Zeitschrift. Der Gegenstand der Betrachtung blieb also dem Autor überlassen. Nicht ein einziges Zeugnis hat sich gefunden, das auf die Bestellung eines Essays von Seiten einer Zeitung schließen lassen könnte, was dagegen bei einem Feuilletonisten oder bei einem beruflichen Journalisten, der ein Thema in Auftrag nimmt, von großer Bedeutung ist. Unter den Vorschlägen, die Hillebrand seinem Freund Rodenberg zur Verbesserung der ‚Deutschen Rundschau' machte, steht folgender Hinweis: „Vor allem knüpfen Sie so viele Verbindungen an als nur immer möglich, sodaß man Ihnen nicht schreibt, um 600 Kr. zu verdienen oder damit Sie berühmte Namen haben, sondern daß, wenn einer etwas auf dem Herzen hat, das er sagen möchte, gar nicht dächte, es anderswo als zu Ihnen zu bringen. Auf Bestellung macht niemand gute Aufsätze." (lies: Essays) [7] Bei näherer Betrachtung sehen wir also, daß das Honorar, wenn vom Schöpfungsakt die Rede ist, in seiner Bedeutung völlig zurücktritt: Auf dem Herzen muß man etwas haben.

Nicht im Auftrag oder in der Aussicht auf das Honorar liegt der tiefere Anlaß für die Abfassung eines Essays. Dies zu klären ist um so wichtiger, als dem Essay immer noch der Geruch des reinen Zeitungsgenres anhaftet und damit der der Oberflächlichkeit, der Flüchtigkeit und der Unverbindlichkeit. Viele Essayisten waren von Beruf Staatsmänner, Wissenschaftler, Politiker oder auch Männer der Wirtschaft, die ein Stück essayistischer Prosa niederschrieben, ohne sich zu überlegen, ob es je gedruckt und bezahlt werden würde. Dem, der die Welt geistig zu erfassen sucht, gibt sie sich nicht materiell, spielen Vorteil, Ertrag und der Dünkel, sich gedruckt zu sehen, keine Rolle. Er erfaßt und urteilt nach anderen Kategorien: „Im Fühlen, im Vorziehen, letzten Endes im Lieben und Hassen baut sich alle Wert-Erschauung und Wert-Erkenntnis auf." [8] Etwas auf dem Herzen haben, Lieben, Hassen, das ist die Grundlage der menschlichen Wertung. In diesen Bereichen wurzelt auch der Essay. Die Liebe zum Geist, die geistige Liebe zur Welt, sie sind es, die den Menschen führen und seiner höheren Tätigkeit zugrunde liegen. Sie sind es auch, die die Dinge auf kürzestem Wege zur Fülle ihrer Bedeutung bringen. In der Liebe zum Geist, in der geistigen Liebe zur Welt, im amor intellectualis hat auch der Schaffensakt des Essayisten seine Wurzel.

Dieser **amor intellectualis** war es schon, der Montaigne dazu anregte, Lesefrüchte zu sammeln und mit immer umfangreicheren Verbindungstexten aneinanderzuklammern, bis das entstand, was man heute den Essay Montaignes nennt. Bacons Grübeln über Tugend und Laster hatte keine andere Grundlage. Diese ‚geistige Liebe zur Welt' stand auch Pate, als Hamann seine ‚Sokratischen Denkwürdigkeiten' aufzeichnete und damit einen der ersten großen deutschen Essays schrieb. Für Justus Mösers ‚Harlekin oder die Verteidigung des Grotesk-Komischen' oder für Goethes Ausführungen über die

---

[7] H. an Julius Rodenberg, 25. Feber 1877.
[8] ERNST ROBERT CURTIUS: Kritische Essays zur europäischen Literatur. Bern 1950, S. 433.

deutsche Baukunst war sie nicht weniger das treibende Moment. Von Montaigne, Bacon, Macaulay, Emerson, Sainte-Beuve und Arnold bis herauf zu Hofmannsthal, Hofmiller und Ortega y Gasset beruht das ganze europäische Essayschaffen letzten Endes auf nichts anderem als der Kraft des amor intellectualis.

Von einer geistigen Liebe zur Welt als Grundimpuls für das Schaffen des Essayisten zu sprechen, heißt nun nicht, jeden anderen Antrieb leugnen. Schon Montaigne trug sich mit der Absicht zu lehren, ein Beispiel zu geben, das anderen nützlich sein könne. Hillebrand spricht an mehreren Stellen von Absichten, die er mit seinem Schaffen verband: „Erklärung allbekannter Ereignisse, Zustände und Anschauungen" (III, 88). „Theorie auseinandersetzen, besprechen, bekämpfen" (III, 322). „Neue Freunde anwerben" (Balzac) (IV, 47). „Die bleibende Bedeutung der vorübergehenden Ereignisse ins Licht zu stellen, oder doch wenigstens ihr nachzuforschen" (III, 63). Neben diesen klaren Absichten des Autors darf das jeder Kunst zugrunde liegende Spielmoment nicht übersehen werden. Alles das ändert aber nichts an der Tatsache, daß der Autor nur dann etwas in der Form eines Essays auszusagen vermag, wenn er in innerer Beziehung zum Gegenstand steht. Was er sagt, mag dann belehren, warnen, aufzeigen; das intime Verhältnis zum Gegenstand wird dadurch nicht berührt.

Diese Objektverbundenheit des Essayisten ist nichts anderes als menschliche Zuneigung zu den Dingen, die ihn umgeben, innere Anteilnahme, Interesse im ursprünglichen Sinne des Wortes. Sie erfüllt sich zunächst in der B e g e g n u n g , der eine liebevolle Beschäftigung mit dem Gegenstand folgt. In seiner Vertrautheit mit dem Gegenstand erfährt der Essayist Steigerung, Bereicherung, Selbsterhellung. Begegnung heißt also nicht Antreffen, sondern Getroffen-Werden, Sich-Entzünden und Mitschwingen. Die Begegnung ist schon Teil des schöpferischen Aktes. In diesem Sinne ist auch der Titel von Stefan Zweigs Essaysammlung ‚Begegnung mit Menschen, Büchern und Städten' gemeint. Im Titel von Hillebrands Essaywerk ‚Zeiten, Völker und Menschen' schwingt im Grunde dasselbe mit. Aber es kann auch eine Begegnung mit Ideen sein, wie sie in Hillebrands Wort an Hans von Bülow anklingt, der Hillebrand geraten hatte, einen Vergleich der Konfessionen Rousseaus und Marmontels zu schreiben: „Du hast den Samen in mich geworfen; nun muß ichs nach meiner Art in mir wachsen lassen. Vielleicht siehst Du's dann in Jahren, wenn Du's längst vergessen, aufgehen." [9]

Von geistiger Liebe zur Welt, von Begegnung zu sprechen, ist nur im Bereich absoluter F r e i h e i t sinnvoll. Man muß sich dem Gegenstand zuwenden können, mit dem man sich wesensverwandt fühlt. Aber noch mehr: Damit überhaupt ein Mensch sich entwickeln kann, der imstande ist einen Essay zu schreiben, bedarf es Epochen geistiger Freiheit, in denen es nicht nur gestattet ist, frei zu denken und frei zu reden, sondern in denen persönliches

---

[9] SMh 1909, Jg. 6, Bd 2, S. 135.

Freisein, Interesse am Einzelschicksal, ja eine gewisse Selbstgefälligkeit und Selbstgenügsamkeit des Menschen bestehen. Ohne unmittelbare Anteilnahme am Menschen selbst, ohne Interesse für seine Originalität gibt es keinen Essay; wie auch das Wort ‚Begegnung' nur in Hinsicht auf die sich Begegnenden etwas bedeutet. Dies gilt nicht nur für die Entstehung des Essays, sondern auch für dessen ‚Konsum'. In Zeiten, in denen das Interesse am originellen Blick des Autors zugunsten einer überindividuellen Orientierung zurücktritt, werden Essays weder geschrieben noch gelesen. Es ist daher kein Zufall, daß der Essay eine ausgesprochen abendländische Literaturgattung ist. In keinem uns bekannten Kulturkreis spielen die Einzelpersönlichkeit und das Ideal der höchsten Vollendung aller in ihr ruhenden Anlagen eine so große Rolle wie im Abendland. Nicht in jeder Epoche der abendländischen Geistesgeschichte aber kam die freie, nur sich selber verpflichtete Persönlichkeit in gleichem Maße zur Geltung, nicht in jeder Epoche wurden Essays geschrieben. Kaum eine zweite literarische Gattung ist so sehr vom geistigen Aggregatzustand der Zeit abhängig wie der Essay. Jahrhunderte hindurch läßt sich nur auf Essayhaftes hinweisen, bis in der zweiten Hälfte des 16. Jahrhunderts, in der Spätrenaissance, der Essay plötzlich in seiner vollen Kraft und schillernden Breite da ist. „Car c'est moy que je pains." Es ist der Geist des homme suffisant, der aus diesen ersten Essays spricht, der Geist der gebildeten Persönlichkeit, die auf Grund ihrer Freiheit, ihrer inneren Unabhängigkeit und ihrer Vollkommenheit imstande ist, über die Welt zu urteilen, und die das nötige Selbstvertrauen besitzt, das persönliche Urteil auch auszusprechen. Mit der Erneuerung des humanen Geistes im Zeitalter des deutschen Idealismus, kam der Essay zu neuer Blüte. Hillebrands Forderung, nur dann zu schreiben, wenn man wirklich eigene Ideen, eigenes Empfinden, eigene Anschauungen mitzuteilen hat (IV, 357), wurzelt in dieser abendländischen Tradition humanen Geistes.

Denkleistung

Geistige Liebe zur Welt liegt dem Essay zugrunde. Der Essay stellt aber nur eine der vielen Erscheinungsformen des amor intellectualis dar. Im historischen Interesse kann sich dieser genau so äußern wie in einem geistvollen, leidenschaftlichen Gespräch. Hillebrand fand auch erst allmählich zum Essay. Seine Liebe zum Gegenstand ist nicht die einzige Voraussetzung dafür, eine zweite ist ebenso grundlegend: ein bestimmtes Verhältnis zwischen tätigem Geist und Darstellung.

Hugo Friedrich faßte in seinem Montaigne-Buch den Wesenskern der essayistischen Darstellungsweise treffend zusammen: „Der Essay ist das Organ eines Schreibens, das nicht Resultat, sondern Prozeß sein will, genau wie das Denken, das hier schreibend zur Entfaltung kommt." [10] Das essayistische Schreiben ent-

---

[10] HUGO FRIEDRICH: Montaigne. Bern 1949, S. 430.

spricht also dem essayistischen Denken. Wer darangeht, einen Roman, eine Novelle, einen Aufsatz, Memoiren, oder Ähnliches zu schreiben, folgt einem vorgefaßten Plan. Er hat ein Ziel vor Augen, das er erreichen will. Vor Beginn der Ausführung liegt das Werk in seiner Grundkonzeption fest. Die Arbeit folgt selbstgeschaffenen oder übernommenen Regeln oder Grundsätzen. Anders liegen die Dinge beim lyrischen Gedicht und beim Essay. Beide werden spontan geschaffen. Beide entspringen dem Augenblick: das Gedicht entwächst dem Gefühl, der Essay dem Verstand, der denkerischen Auseinandersetzung mit der Welt. Aus dieser ähnlichen Grundsituation erklärt sich auch, daß beide literarischen Formen gewisse Ähnlichkeiten besitzen.

Die Feststellung, daß der Essay dem Verstand, der Denkfähigkeit des Menschen entspringe, heißt nun nicht, ihn in das Gebiet der reinen Logik zu verweisen. D e n k e n ist hier im weiteren Sinne gemeint: als aktives seelisches Verhalten des Menschen im Unterschied zu Fühlen, Empfinden, Hingegebensein an Eindrücke und Sinneswahrnehmungen. Die Entstehung des Denkens ist nicht geklärt. Seine Grundlagen und Gesetze sind außerordentlich komplex. Der gesamte Bildungs- und Erlebnishintergrund des Menschen wirkt im Denkvorgang mit: Herkunft, Umwelt, Erziehung, Ausbildung, Fähigkeiten, Wille, Absicht, sogar psychische und psychopathische Zustände. Als charakteristische Funktion des Denkens gelten: Verbinden, Trennen, Unterscheiden, Vergleichen. Die Erforschung der Denkgrundlage, des Denkvorganges und der Beziehungen zwischen Denken und anderen psychischen Erscheinungen gehört in das Gebiet der Denkpsychologie, der es gelungen ist, wesentliche Punkte aufzuhellen. Sie ist aber noch weit davon entfernt, etwas so Komplexes wie eine Denkleistung bis in alle Einzelheiten zu erklären.

Betrachten wir Hillebrands Essay *Torquato Tasso*. Hillebrand stellt fest: Ferrara war eine Fürstenstadt, eine echte und die erste. Sie läßt sich mit Stuttgart und Karlsruhe vergleichen. Man baute sie um einen Fürstenpalast. Auch in Versailles geschah das. Aber Ferrara sieht anders aus: Wuchtige Tore, hohe dicke Türme und tiefe Gräben umgeben den alten Teil der Stadt. Warum? Die Idee der Monarchie ist hier unter Gefahren entstanden, hat sich hier erfolgreich durchgesetzt. Diese Monarchie barg aber schon das Gift aller Monarchien: den modernen Nationalstaat, nur ist es hier noch nicht zur Wirkung gekommen (IV, 340—41).

Das ist die Wiedergabe dessen, was Hillebrand im ersten Absatz seines ‚Torquato Tasso' bietet. Im Grunde ist es nicht mehr als das, was sich Hillebrand denkt, wenn der Name ‚Tasso' fällt. Richard Hönigswald hat mit Hilfe von Tests den Denkvorgang im Menschen zu erforschen versucht. Das Ergebnis ist erstaunlich. Hönigswald schreibt: Das Subjekt (die Versuchsperson) „macht Angaben über seine ‚Denkerlebnisse', es entwirft Schilderungen von ihnen. Es erzählt nicht sowohl von seinen Gedanken als vielmehr von den Erlebnissen beim ‚Denken' seiner Gedanken. Und es kleidet seine Erzählung, wie man mit Recht bemerkt hat, in die Sprache des Alltags. Es redet nicht von Assoziationen, Reproduktionen oder Apperzeptionen, sondern von Staunen und

Stutzen, von Überraschtwerden und Verblüfftsein, von plötzlichen Einfällen und aufsteigenden Zweifeln... Durch die Sprache des Alltags offenbart sich eben in seiner Urprünglichkeit und Irreduktibilität, zugleich als letzte greifbare Tatsache des Erlebens von Gedanken, das ‚Denken' selbst."[11] In Hillebrands Essays liegen die Dinge ganz ähnlich. Hillebrand führt keine Experimente durch, er spricht auch nicht in der Terminologie der Denkpsychologie. In seiner Prosa aber werden nicht nur die Denkinhalte, sondern auch Denkerlebnisse greifbar. Nicht nur was er denkt, sondern auch wie er dazu kommt, teilt Hillebrand mit. Im Essay ‚Der Verstorbene' (Pückler-Muskau) wird besonders gut sichtbar, wie der Geist Hillebrands arbeitet, wie in der Darstellung Gegenstand und Lebenserfahrung des Autors ineinanderfließen: „Fürst Pückler war eine bedeutende Persönlichkeit, er lebte in einer bedeutenden Zeit, war verbunden mit allen bedeutenden Männern dieser Zeit und durch seine Geburt in eine Lebenslage gestellt, die ihm erlaubte, ohne Hindernis den Weg einzuschlagen, auf den es seinem Genius beliebte, ihn zu rufen. An politischem Blick fehlte es dem Fürsten nicht... sein erstes Auftreten als Schriftsteller brachte ihm wohlverdienten... Ruhm. Und doch blieb alles nur bei einem ersten Anlauf. Es will eben alles gelernt sein, denn in allem und jeden ist ein Teil Handwerk, und Pückler wollte nie lernen" (II, 385). Gelegentlich teilt Hillebrand die näheren Umstände des Denkerlebnisses mit: „Hierbei fällt mir eine Bemerkung ein, die ich nicht unterdrücken will, weil ich daraus einen Schluß zu ziehen gedenke." (III, 384). „Er ist nicht mehr. (Alessandro Manzoni). Fast wollte es einem bedünken, er wäre schon lange nicht mehr, so ferne liegt uns die Zeit, in welcher der einzige Mann gedichtet und gedacht" (II, 59). Ähnlich wird an anderen Stellen im Werk Hillebrands sichtbar, wie sehr der Essay eine „literarische Transmutation des Denkens"[12] darstellt. Zum essayistischen Denken gehört, daß es sich eigengesetzlich selbständig vollzieht. Seine Grundlage ist die Freiheit. Die Persönlichkeit muß imstande sein, ihre Eigengesetzlichkeit voll zur Entfaltung zu bringen, ihren Denkwegen zu folgen und ihre Denkerlebnisse darzustellen. Der essayschaffende, frei urteilende Geist muß daher unabhängig sein von denkfremden Begriffen wie: Dogmen, Systemen, Ideologien und a-priori-Vorstellungen. Ein ‚ausgerichteter' Intellekt, ein geknechteter Geist kann keinen Essay zustandebringen. Denn der Essay „ist wie ein leichtes anliegendes Kleid, das den lebhaften und leisen Atemzügen des Geistes nachgibt. Er lebt aus der Zeugungskraft der Momente, von denen jeder einzelne auftritt, als gäbe es keinen anderen."[13]

Das Essayschreiben beruht also nicht, wie Max Bense meinte, auf einer ‚ars combinatoria'[14], die Absicht des Essayisten besteht nicht im „Herausstellen

---

[11] RICHARD HÖNIGSWALD: Die Grundlagen der Denkpsychologie. Leipzig 1925, S. 3—4.
[12] NEGWER, Essay, S. 10.
[13] FRIEDRICH, Montaigne, S. 430.
[14] MAX BENSE: Über den Essay und seine Prosa. In: Merkur 1947, Jg. 1, S. 418. Benses Ideen wurden weiter ausgeführt in der Dissertation von Herbert Fischer.

einer Konfiguration" [15]. Die Dinge liegen vielmehr so: Wem sich auf Grund seiner geistigen Fähigkeiten im Denkprozeß neue Erkenntnisse, neue Beziehungen, neue Verbindungen und neue Einsichten ergeben und wer die Kraft besitzt, die Ideen in der Sprache festzuhalten, der wird Essays schreiben. Wem aber Denkfähigkeit und Darstellungsgabe fehlen, der wird trotz aller Mühe, trotz aller „Kombinationen" und „Konfigurationsversuche" keinen Essay zustande bringen. Zum Gedanken muß sich also das Wort gesellen, denn das Wort ist das ursprüngliche und eigentliche Korrelat des Gedankens [16]. Ohne Wort ist er ‚undenkbar'. In der Umsetzung des Denkerlebnisses und der Denkinhalte in die ihnen gemäßen Worte entfaltet der Essayist seine ganze Kraft und Dynamik, entsteht in ihm jene schöpferische Erregung, die auch für den dichterisch Schaffenden bezeichnend ist.

Die S p r a c h e ist also unmittelbarer Ausdruck des Denkens. Sie ist im Hinblick auf die Wesensbestimmung des Essays bedeutsamer als die Wahl des Stoffes. Im Stil entfaltet sich die ganze Kraft der im Gedanken schlummernden Bedeutungswerte. „Le style n'est que l'ordre et le mouvement qu'on met dans ses pensées." [17] In dem Ausmaß, in dem es dem Essayisten gelingt, seine Gedanken in der Sprache nachzuzeichnen, steigt der Wahrheitsgehalt des Dargestellten. Hillebrand war von dieser Ansicht fest überzeugt. Daraus erklären sich auch seine Forderungen an den Stil, sein unablässiges Arbeiten und Feilen. „Die Wahrhaftigkeit alles Stiles besteht in der Richtigkeit der Worte" (II, 296). Nur dort, wo das Wort dem Denkinhalt entspricht, kann dieser zu letzter Bedeutung aufsteigen, kann die Persönlichkeit des Autors voll zum Ausdruck kommen, ist essayistische Schreibweise möglich.

Die enge Verbindung von Gedanke und Wort hat eine ungeahnte Mannigfaltigkeit und Farbigkeit essayistischer Darstellungen zur Folge. Interesse, Talent, Bildungsgrad, landschaftliche Zugehörigkeit sind mit ihm Spiel, wenn sich Gedankliches im Wort objektiviert. Ein dichterisch veranlagter Essayist setzt seine Gedanken in andere, bildhaftere Worte um, wenn er seinem Denkweg darstellend folgt, als ein philologisch oder naturwissenschaftlich vorgebildeter Mensch. Dem Gaskogner Montaigne, dem Österreicher Hermann Bahr, dem Ostpreußen Hamann, dem mitteldeutschen Flüchtling und Wahlfranzosen Karl Hillebrand stellen sich jeweils die der Eigenart ihrer Landschaft, aber auch ihrer Zeit, ihres Bildungs- und Erlebnishintergrundes, ihres Wissens und ihrer Überzeugungen entsprechenden sprachlichen Ausdrucksmittel ein, wenn sie ihre Gedanken in Worte kleiden. Nicht die Stoffwahl, sondern die eigenwillige, in jedem Augenblick für sich selbst bestehende Einheit von Gedanken und Wort weist den Weg zum tieferen Verständnis eines Essays und eines Essayisten. Hillebrands sprachliche Mittel, so wird sich zeigen, stehen trotz ihrer individuellen Eigenheiten mit dem Sprachgebrauch der gebildeten Gesellschaft seiner

---

[15] BRANDES, Essay, S. 168.
[16] HÖNIGSWALD, Denkpsychologie, S. 22.
[17] GEORGES-LOUIS LECLERC DE BUFFON: Discours sur le style, 1753.

Zeit in auffallend enger Beziehung. Sie zeigen dadurch an, woher starke bildende Einflüsse auf Hillebrand gewirkt haben und aus welchem Erlebnisgrund sein Essayschaffen genährt wurde.

Essayistisches Denken und essayistisches Schreiben sind nicht erlernbar. Sie stellen eine **natürliche Funktion** des Geistes dar. Vom ersten denkenden Menschen an sind sie potentiell in der Welt vorhanden. Wo ein Essay entsteht, hat der Autor darauf verzichtet, seine Darlegungen dem Gesetz strenger logischer Beweisführung zu unterwerfen, folgt er vielmehr dem freien ungehemmten Fluß seines Denkens und zeichnet er die Wege und Umwege des Geistes nach. Wenn Hillebrand in seinem ‚Torquato Tasso' auf den modernen Nationalstaat, auf den historischen Sinn Goethes, auf den italienischen Nationalcharakter, auf Dante und Ariost zu sprechen kommt, so nicht, weil er den Faden verloren hat. Die sogenannten Abschweifungen gehören ebensogut zur inneren Form des Essays wie die absolute thematische Ungebundenheit. Sie sind nichts anderes als die „flüssige Ausdruckslinie der fließenden Subjektivität." [18] Äußere Freiheit und freiwilliges Gehorchen einem inneren Gesetz sind Grundelemente essayistischen Schaffens. Hugo Friedrich vergleicht den Essay mit einem Spaziergang [19] und Hofmiller meint in geistreicher Weise, daß das Wandern „eine Tätigkeit der Beine und ein Zustand der Seele sei." [20]

Innerer Rhythmus

Im Schaffensakt zeichnet Hillebrand den Gang seiner Gedanken darstellend nach. Der Reiz seiner Essays liegt aber nicht allein darin. Zur Erfassung der Fülle, der Farbe, des Reichtums und der Wirkung seiner Essays muß die Analyse tiefer gehen. Werfen wir wiederum einen Blick auf ‚*Torquato Tasso*' (IV, 340—59). Wie gestaltet Hillebrand den Renaissancedichter? Erzählt er seinen Lebensweg? Berichtet er die Meinungen anderer über Tasso? Schreibt er eine Studie über die Psyche des Dichters? Spürt er den Wirkungen seiner Persönlichkeit und seines Werkes nach? Weder das eine noch das andere, und doch ist von all dem Angedeuteten in Hillebrands Essay etwas da.

Der Essay beginnt unvermittelt mit einem Zitat Leonore von Sanvitales, das sich Hillebrand beim Gedanken an die Stadt Ferrara einstellt: „Das Volk hat jene Stadt (Florenz) zur Stadt gemacht, Ferrara ward durch seine Fürsten groß." [21] Damit ist Ferrara schlagartig beleuchtet. Von der Fürstenstadt springt Hillebrand auf ähnliche Beispiele in der Geschichte über: Karlsruhe und Stuttgart. Damit vermittelt er dem deutschen Leser nicht nur eine historische Tatsache, sondern auch eine Vorstellung. Sofort eilen seine Gedanken zurück nach

---

[18] FRIEDRICH, Montaigne, S. 414.
[19] Ebenda, S. 413.
[20] JOSEF HOFMILLER: Wanderbilder und Pilgerfahrten. 5. Auflage. Dessau 1942, S. 126.
[21] JOHANN WOLFGANG GOETHE: Torquato Tasso. WA., 1. Abt., Bd 10, S. 107.

Ferrara. Ein anderer Vergleich stellt sich ein: Versailles. Diesmal weist er auf die Gegensätze: „Wuchtige Tore, hohe dicke Türme, tiefe Gräben". Dieses Bild führt ihn zur Idee der modernen Monarchie, die unter Kampf und Gefahren entstanden ist und sich zur Blüte entfaltet hat. „Freilich", wendet er gleich ein, „die Blüte barg auch das Gift": den modernen Nationalstaat. Bei dieser Erkenntnis verweilt der Autor kurz. Die Este waren das einzige Fürstenhaus Italiens, das national und legitim war. Alle anderen italienischen Fürstenfamilien stammten von fremden Eroberern, Emporkömmlingen oder Ausbeutern ab. Ihre Herrschaft trug daher den Charakter einer Tyrannis. Nicht so in Ferrara. So wurde der kleine Hof Vorbild für ganz Europa. Hillebrand wendet aber gleich dagegen ein: Ganz gelang die Nachahmung freilich nur in Versailles. In England und Deutschland blieb sie „hinter dem Original zurück." In Deutschland hat aber der größte Dichter der neueren Zeit die „letzte Blüte der dem Untergange geweihten Flora" noch geschaut: Goethe. Goethe und Tasso, das führt Hillebrand auf ein neues Problem: Goethe und die Geschichte, der Dichter und die Geschichte. Goethe hatte den „nach rückwärts gekehrten Seherblick des Historikers", stellt Hillebrand fest. „Trägt der Dichter nicht die ganze Menschheit mit allen ihren Verhältnissen in seiner Brust?" (Max Klinger) Hillebrand stimmt zu: „Wer hätte sie vollständiger in sich getragen als Goethe?" Der Dichter ist auch Historiker: Goethes Bild von Ferrara, in dem Tasso lebte und litt, ist das historisch wahrhafteste, das wir finden können, meint Hillebrand.

Im Folgenden zeichnet Hillebrand mit wenigen Strichen die Bildung und den Charakter Tassos, die beide mit der Zeit und der Umgebung in Einklang standen. „Und doch ging er zugrunde?", denkt Hillebrand sich selbst fragend, wie das möglich sei? Die Antwort kommt aus der Tiefe seiner Lebenserfahrung: „Das Ausschlaggebende für das Glück des Menschen ist eben weder Geist, nicht einmal Charakter, noch weniger die Umstände, sondern das Temperament." Tasso war schuldig, nicht allein seine Umgebung, ist Hillebrands Schluß. Ariost und Leonardo erging es nicht anders als Tasso, sie hatten aber nicht das Temperament der ‚Herdernatur' Tasso, die sich überall unglücklich gefühlt hätte, doppelt in einem Lande wie Italien, dessen Menschen bei aller Zivilisation sinnlich, natürlich, anmutig und leidenschaftlich sind. Diese Charakterzüge der Italiener kamen ganz besonders in der Zeit der Renaissance zur Wirkung, zuvor waren sie unterdrückt. Tasso ist nun jener Held, der am Konflikt zwischen Freiheit und Gesetz zugrundegeht. „Es ist das Tragische und Charakteristische in Tasso, daß er, der im Staate, in der Religion, in der Dichtkunst vor allem, das Gesetz so unbedingt anerkannte, sich ihm so unbedingt unterwarf, dem gesellschaftlichen Gesetze sich nicht unterzuordnen vermochte." (IV, 352) Gleich hält Hillebrand Racines Beispiel dazu: „Korrekter, klassischer, akademischer war wohl kein großer Dichter mit Ausnahme Racines, und wie herrlich gelang es ihm, in diesen Grenzen sein ganzes Genie zu entfalten." Dann wird Tassos „keuscher, fast nüchterner Ausdruck" mit der „Kühnheit Dantes" verglichen. Man glaubt, meint Hillebrand, „Virgil neben

Homer" zu lesen, „und doch welche Macht des Affekts, welche Kraft der Erscheinung weiß der Dichter mit diesen anscheinend so verbrauchten Mitteln hervorzubringen." (IV, 353): „Er braucht sich eben den Ausdruck nicht erst zu schaffen wie Homer und Dante". Und von hier wiederum der Sprung ins Allgemeine: „Nur Dichter des Verfalls glauben im Ausdruck innovieren zu müssen, eben weil sie die ihnen abgehende Originalität durch eine erzwungene zu ersetzen das Bedürfnis fühlen."

Korrektheit und Ordnung im Ausdruck führen Hillebrand weiter zur Betrachtung von Tassos damit kontrastierendem, bewegtem, abenteuerlichem Leben. Kurz deutet er die Stationen an: Rom, Bergamo, Urbino, Venedig, Padua, Bologna, Padua, Ferrara, Paris und wieder Ferrara, Neapel, Rom. „Nur der Tod konnte die wilde Seele bändigen". Nicht Armut, nicht Liebe, nicht Freundschaft, nicht Reichtum, nicht Ehre trieben ihn von Ort zu Ort, sondern der Drang nach Freiheit. Seine Freiheit aber war nicht von dieser Welt. Und den, der ohne diese Freiheit nicht leben kann, „zermalmt die Welt langsam aber sicher mit ihrem unwiderstehlichen Räderwerk."

Aus dieser kurzen Betrachtung der ‚Hauptstationen' von Hillebrands ‚Torquato Tasso' ergeben sich grundlegende Erkenntnisse. Im Mittelpunkt der Betrachtung steht der Gegenstand, steht Torquato Tasso. Tasso macht aber keine Entwicklung durch, er wird lediglich b e t r a c h t e t, d. h. an seinem Bild entzündet sich der Geist Hillebrands und gerät er in Tätigkeit. Es handelt sich also um ein Stück Prosa, dem jeder epische Zug fehlt. Im Epos, aber auch im Roman, in der Novelle und in der Kurzgeschichte ist ein ‚Held' vorhanden (Hillebrands Tasso ist nicht Held), der auch in der Form einer Gruppe von Menschen erscheinen kann. Dieser ‚Held' bewegt sich handelnd fort, er macht eine gewisse Entwicklung durch oder steht zumindest im Mittelpunkt von Geschehen oder Handeln. Selbst in einem epischen Extremfall, wie ihn die Romane Virginia Woolfs oder James Joyces darstellen, erscheint im Bewußtsein der Romanfigur eine Spiegelung von Geschehen. Sogar bei der Reduzierung der erzählten Zeit auf vierundzwanzig Stunden oder noch weniger bleibt die Längsrichtung des Geschehens bestehen, ein dem Film vergleichbares Fortschreiten: Es steigt auf, fällt und strebt einem Ziele zu, das es im allgemeinen auch erreicht. Retardierende, vor- und zurückgreifende Elemente mögen den Eindruck der Entwicklung verwischen, auch kann die Längsrichtung des Geschehens vom Erzähler unterbrochen werden, in keinem Fall aber erscheint sie aufgehoben. Der Eindruck erzählten Geschehens, an dem die Kategorien Zeit und Raum unbestrittenen Anteil haben, bleibt bestehen.

Anders in der e s s a y i s t i s c h e n P r o s a. Die erzählte Zeit, die Zeitenfolge im Sinne von Entwicklung oder Ablauf fehlt ganz. Hier handelt es sich nicht um abrollendes Geschehen, um eine Handlung, die vorwärtsgetrieben wird, sondern um einen Gegenstand oder eine Person, die in den Mittelpunkt des Interesses rückt. Das Bild vom ablaufenden Film paßt nicht mehr. Ein Essay ist nicht zu verfilmen, es sei denn, man denke an eine bestimmte Art von Dokumentar- oder Kulturfilm. Auch das für Montaignes Essays so treffende Bild vom ‚Spaziergang ins Blaue' trifft für Hillebrands straffere Form nicht mehr zu, denn die Abschweifungen sind in Hillebrands Essays nicht das Eigentliche. Nicht selten wird der Essay mit einem Mosaik verglichen, das Essayschreiben mit dem Zusammensetzen von Mosaikfiguren. Doch auch dieser Vergleich geht am Wesentlichen vorüber. Fügt Hillebrand in seinen Essays wirklich Stein an Stein, Bild an Bild, Tatsache an Tatsache, Eindruck an Eindruck? Oder ist nicht auch hier geistige Bewegung vorhanden? Ferrara - Karlsruhe - Monarchie - Nationalstaat - Goethe - Weimar - Geschichte... ist es nicht geradezu bezeichnend für den Essay, daß er sich in mächtigen geistigen Schwingungen dahinbewegt, jedes statische Moment verleugnend? Die Bewegung ist hier aber eine andere als in der epischen Prosa. Sie verläuft nicht nur auf einer Geraden, sondern, sozusagen, im Kreise um den Gegenstand. Aufstieg, Abstieg und Ziel der Handlung als Elemente der Erzählform haben hier keine Geltung. Auch die Kategorien des Raumes im Sinne einer dichterischen Wirklichkeit sind nicht vorhanden. Wo spielt der Essay? Man ist nicht imstande diese Frage zu beantworten, während man sehr gut anzugeben vermag, wo ein Drama oder ein Roman ‚spielen'. Nicht nur Handlung und Entwicklung fehlen: im Essay gibt es keine dichterische Wirklichkeit, weder gedichteten Raum noch gedichtete Zeit. Der Essay baut keine Illusion auf. Das im Essay Dargestellte wird nicht vom Dichter geschaffen. Etwas an sich und für alle Bestehendes wird lediglich betrachtet. Es ist also nicht so, daß im Essay ein Gegenstand erst entstünde, sich aus dem Experiment ergäbe und ihm verpflichtet bliebe. Tasso! Es wäre ein unnötiges Bemühen, seine Gestalt erst erfinden zu wollen. Nie in der Geschichte der Literatur ist eine literarische Gestalt von einem Essayisten geschaffen worden, immer nur von einem Epiker oder Dramatiker. Montesquieu? Das Glück? Die Höflichkeit? Alle diese Dinge und Personen sind dem gebildeten Leser bekannt. Er will auch gar nicht erst zusehen, wie sie der Essayist neu erschafft, er will sie betrachten, aber nicht so wie ein Mosaiksetzer seine Steinchen zusammensetzt, sondern etwa so wie man um eine einem lieb gewordene Statue schreitet, indem man sie ständig aus einem neuen Gesichtswinkel betrachtet und ständig zum eigenen Wissen, zur eigenen Erfahrung und zum eigenen Empfinden in Beziehung setzt. Im Essay haben wir auch keine deskriptive Prosa vor uns, wie etwa in einer Landschafts- oder Bildbeschreibung. Ein Essay kann deskriptive Elemente enthalten, niemals dürfen diese aber der vorherrschende Teil sein. Denn entscheidend für die essayistische Prosa ist die innere Teilhabe des Autors, der in jedem einzelnen Augenblick mit seinem Urteil, seiner Meinung, seinem persönlichen Empfinden anwesend ist und daher nicht objektiv darstellt oder ‚malt', sondern durch seine Urteilskraft und seine Fähigkeit, Denkinhalte in sprachliche Gestalt umzusetzen, jeder Aussage den Stempel seiner Persönlichkeit aufdrückt.

In der oben angeführten Untersuchung von Hillebrands Essay ‚Torquato Tasso' zeigte sich, daß im ersten Abschnitt von Tasso selbst kaum die Rede war, daß der Autor nicht nur abschweifte, sondern scheinbar unvermittelt von einem Gegenstand zum anderen sprang: Politik, Geschichte, Literatur, Persönliches, Menschliches fließen ineinander. Ist hier Willkür am Werk? Läßt sich hier der Autor einfach treiben? Sicher nicht. Fürstenstadt — Karlsruhe/Stuttgart; wuchtige Tore, dicke, hohe Türme, tiefe Gräben — Monarchie; Monarchie — Nationalismus; Ferrara — Goethe; Goethe — Geschichte; Tasso, Feind der Gesellschaft — Racine, tiefe Aussage im Rahmen der Konvention... Das Denken läuft hier nicht in den Bahnen der Logik, sondern fußt auf Assoziationen, auf Gedankenverbindungen, die sich aus Ähnlichkeit, Gegensätzlichkeit, Parallelität ergeben. Diese Form assoziativer Verbindung ist die unwissenschaftlichste und zugleich individuellste. Sie ermöglicht es Hillebrand, alles, was ihm bei der Nennung des Namens Tasso in den Sinn kommt, innig miteinander zu verbinden: Tassos Leben, den Hof von Ferrara, europäische Bezüge, sein eigenes Erleben und Empfinden. Im Mittelpunkt der Betrachtung bleibt Tasso, auch wenn von ihm nicht die Rede ist; im Gegensatz zu Montaigne, der von seinen Abschweifungen häufig nicht zurückkehrt, ja, dessen Essays oft nichts als eine Folge von Abschweifungen darstellen. Um die Aussagen über Tasso ordnen sich assoziativ hereingezogene Hinweise an: Tasso und der Hof, Tasso und Italien, Tasso und die Geschichte, Tasso und die Politik, Tasso und die Literatur. Jeder dieser einzelnen Beziehungspunkte besitzt seinen eigenen Assoziationsbereich: Ferrara und die deutschen Höfe, Ferrara und Versailles, Ferrara und die Monarchie, Ferrara und der Nationalismus, Ferrara und Weimar, Ferrara und Goethe (als Darsteller Weimarer Zustände). Diese im weiteren Kreise um das zentrale Element angeordneten Tatsachen und Feststellungen stehen aber nicht für sich. Durch die assoziative Bindung an den eigentlichen Gegenstand des Essays treten sie in unmittelbare Beziehung dazu. Die Gestalt Tassos erfährt auf diese Weise eine unerhörte Vertiefung. Ihr werden historische und menschliche Perspektiven verliehen, die etwas von dem aussagen, was der Name Tasso für das abendländische Schicksal bedeutet. Durch dieses ständige Spiel der Beziehungen zwischen Zentralpunkt und Allgemeinerem nach jeder Richtung hin wird das eigentlich Tatsächliche überschritten. Für den gebildeten Leser (aber nur für diesen!) schwingen unzählige Obertöne mit, die weit über das Gesagte hinausreichen, die vom einmaligen Konkreten hinüberführen in den Bereich dauernder Wahrheit. Die Prosa des Essays wird eine Prosa der Erkenntnis. Sie transzendiert. Und in diesem Überschreiten, doch nicht nur darin, wird der Essay zum Kunstwerk.

Das eigentliche Gestaltungsprinzip liegt also in der Assoziationsfähigkeit eines historisch, kulturgeschichtlich und menschlich gebildeten Europäers. Das Fortschreiten der Gedankenverbindungen beruht nicht auf der dichterischen Phantasie des Autors, sondern auf Wissen, Erfahrung, Verstand, common sense, Temperament, auf dem ganzen Erlebnishintergrund des Betrachters. Angesichts dieser breiten Basis, auf der diese Verbindungen beruhen, erscheint das Wort ‚Assoziation' zu dürr, zu leblos, zu rein psychologisch, wo es darum geht, feinste Bewegungen des schöpferischen Geistes zu erkennen. In der Tat, was hier die Feder zur Darstellung führte, sind nicht nur Assoziationen eines wissenden Historikers, dem bei der Nennung eines Namens zahlreiche historische

Tatsachen in den Sinn kommen. Hillebrands assoziative Verbindungen sind tiefer angelegt. In seinem Hinweis auf das „Gift des Nationalstaates", auf Goethes „rückwärts gekehrten Seherblick", auf das Glück des Menschen, für das „weder Geist, nicht einmal immer der Charakter, noch wengier die Umstände, sondern das Temperament ausschlaggebend sind" und in vielen anderen Feststellungen und Forderungen schwingt der ganze Mensch Hillebrand mit, der liebt und haßt, der Erfahrung gesammelt und Werte erschaut hat und der mit der Sicherheit und Überzeugtheit eines Wissenden beurteilend und richtend in der Betrachtung des Gegenstandes fortschreitet. Nationalismus, das Wesen der Geschichte, die Bedeutung des Glücks für das Schicksal des Menschen, das sind Dinge, die Hillebrand sein Leben lang bewegten. Hier im Blick auf Tasso fließen sie mit dem Gegenstand zusammen, werden sie untrennbar eins damit. Es scheint also treffender, nicht von einfachen Assoziationen als Formungsprinzip zu sprechen, sondern von einem i n n e r e n R h y t h m u s, in dem sich die ganze Persönlichkeit Hillebrands ausspricht und dem Gegenstand mitteilt. Die feste Einheit, die so entsteht, mag man als „einheitliche Stimmung" [22] oder als „central mood" [23] bezeichnen, in Wirklichkeit ist sie Ausdruck innerer, gerundeter Form, die ähnlich wie im Gedicht, nicht logisch-rational erfaßbar und mit scharfen Begriffen umreißbar ist, die aber einen unerläßlichen Bestandteil eines Essays darstellt.

Seinem inneren Rhythmus zu folgen, das ist Hillebrands ‚Methode'. Aber nicht nur seine. Gleichgültig, wessen Essays wir untersuchen, letztlich vermögen wir uns immer nur auf diese innere Rhythmik als Formungsgesetz festzulegen. Sie nährt sich am Gegenstand und entzündet sich immer wieder von neuem daran. Sie bleibt aber nicht an das ‚Thema' im engeren Sinne gebunden, sondern bannt eins ums andere ins Wort und fügt es zu einem Gebilde. Diese innere Rhythmik ist nicht amorph. Sie beruht auch nicht auf einem reinen Willensakt. Sie wächst aus Besitz, aus unbestreitbarem, geistigem, seelischem, kulturhistorischem, menschlichem Eigentum. Im Schaffensakt gerät dieser Besitz in Bewegung, gliedert er sich, ordnet er sich ein und wird er im denkend darstellerischen Verfahren objektiviert. Diesem ordnenden Rhythmus liegt bei Hillebrand ein Gesetz zugrunde, das sich mit den Begriffen Systole und Diastole umschreiben läßt: Tasso — Ferrara, Tasso — Italien, Tasso — Zeitgenossen, Tasso — Renaissance, Tasso — Gesellschaft, Tasso — Reisen, Tasso Freiheit. Dieser Rhythmus differenziert sich in den einzelnen Unterabschnitten: Ferrara — Stuttgart, Ferrara — Versailles, Ferrara — Monarchie, Ferrara — Nationalstaat, Ferrara — Goethe (Weimar). Von innerer Rhythmik, von Systole und Diastole zu sprechen, heißt nichts anderes, als das Formungsgesetz des Essays als Selbstaussage des denkenden, frei urteilenden Menschen bei Gelegenheit der Betrachtung eines bestimmten Gegenstandes zu verstehen.

[22] OTTO STÖSSL: Der Essay. In: Lebensform und Dichtungsform. München 1914, S. 67.
[23] ALEXANDER SMITH: In: HUGH WALKER: The English Essay and Essayists, London 1915, S. 3.

Nicht nur als Denkender und Urteilender lebt Hillebrand in seinen Essays, seine ganze Persönlichkeit ist voll anwesend. Auch der Erzähler der epischen Prosa ist gegenwärtig, aber in anderem Sinne. In der Epik steht der Erzähler sozusagen still. Er überschaut den gesamten Ablauf des Geschehens und erzählt ihn. Dabei ist er nicht einfach Mitteilender, sondern nimmt er eine Pose an. Im Märchen spricht er nicht als Herr X, sondern als Naiv-Gläubiger. Im Epos erscheint er als unpersönlicher, von der Muse ergriffener Sänger. Im Roman kann er mancherlei Gestalt annehmen. In jedem Falle aber (auch bei James Joyces objektivem Bericht) spüren wir seine Anwesenheit, berühren uns die Ruhe, die Gelassenheit oder die Ironie, mit der er berichtet. Der Erzähler ist Teil des gedichteten Werkes. Diese Teilhabe des Autors wird vom Leser aber nicht als die des Herrn X empfunden, sondern als Ausdruck einer Erzählsituation, die sich als solche beliebig oft wiederholen kann und nicht an eine bestimmte Einzelperson gebunden ist. Auch der Essayist geht in sein Werk ein, aber in ganz anderem Sinne. Er nimmt keine Erzählhaltung an. Er ist nicht g e d i c h t e t e Einheit mit dem Werk. Seine Werkbezogenheit ergibt sich nicht aus der Pose, die er annimmt, sondern aus der spontanen, ihm natürlichen, denkerischen und menschlichen Auseinandersetzung mit dem Gegenstand. Hillebrand schreibt weder als naiv-gläubiger Erzähler, noch als ein von der Muse ergriffener Sänger. Ihm geht es nicht darum, die Illusion eines Geschehens oder einer Handlung aufzubauen, noch einfach Bericht zu erstatten. Hillebrand schreibt immer als der, der er auch im Gespräch, im Brief, im Unterricht ist: als Herr Hillebrand. Als solcher beurteilt, richtet und entscheidet er, wägt er ab und fällt er ein Urteil über den Gegenstand, den er gerade betrachtet. Sein Wille schaltet sich dabei auf ganz bestimmte Weise ein. Er wirkt nicht so sehr im Hinblick auf die objektive Richtigkeit des Gedachten, sondern auf die sprachlich-darstellerisch genaue Wiedergabe des individuell gefundenen Denkinhaltes. Das Maß für die Richtigkeit des Gedachten ist weder der Philosophie oder Psychologie, noch der Geschichte entnommen, sondern beruht auf der Fähigkeit, Denkinhalte und Denkerlebnisse fehlerlos in die Sprache umzusetzen. Das Wahrheitskriterium des Essays liegt also im I n d i v i d u u m . Wo Hillebrand darstellend dem eigenen Denken folgt, kann er gar nicht anders als von seinem persönlichen Blickpunkt aus urteilen. In dieses Urteil fließt alles mit ein, was in ihm an Bewußtem und Unbewußtem, an Wissen und Empfinden, an Vorurteilen und Komplexen lebendig ist. Der ganze ‚background' ist da. Hillebrand hat es daher auch nicht nötig, seine Ansichten unter Beweis zu stellen. Seine persönliche Überzeugung genügt. Sie gilt mehr als eine lange Kette logischer Begründungen. Was den Leser anzieht, ist ja nicht vor allem das Thema oder das Wissenswerte, das mitgeteilt wird; er fragt sich vielmehr: Wie sieht Herr Hillebrand das Problem der ‚Wertherkrankheit', die Beziehungen zwischen Napoleon und Madame de Rémusat oder zwischen Katharina II. und Grimm? Wie beurteilt er die großen Gestalten der

Renaissance (Petrarca, Dante, Tasso, Macchiavelli, Borgia), die bedeutenden Engländer des 18. Jahrhunderts (Burke, Fielding, Defoe, Milton), die ‚Geisteshelden' des deutschen Idealismus (Winckelmann, Herder, Goethe)? Wie steht er zu den Zeitgenossen (Sainte-Beuve, Chasles, Guizot, Bersot, Circourt, Settembrini, Pasolini, Taine, Renan, Capponi, Pückler-Muskau)? Was schätzt und bewundert er an der Berliner Gesellschaft (Rahel, Varnhagen, Henriette Herz) und an den Pariser Salons (Madame d'Agoult, Circourt)? Was sagt er zur modernen Romanliteratur? Was denkt er von der Erziehung? Wo sieht er die Mängel in der Ausbildung der Jugendlichen? Wie beurteilt er die Franzosen (er hatte doch so lange in Frankreich gelebt), die Engländer und die Italiener? Das persönliche Urteil, der unabhängige Geist, die Kraft, die Fülle, die Menschlichkeit und die Weisheit Hillebrands sind letzte Instanz. Sie interessieren, sprechen den Leser an, fordern ihn zum Mit- und Nachdenken heraus, beschäftigen ihn ganz. Um der geistigen und menschlichen Qualitäten willen greift der Leser zu Hillebrands Essays und liest er heute über Montesquieu, morgen über ‚Die Entwicklungsgeschichte der abendländischen Weltanschauung' und ein anderes Mal über die ‚Gymnasialreform', ohne daß weder das eine noch das andere Gegenstand seines besonderen augenblicklichen Interesses oder seiner Forschung sein muß.

Die Stärke, die Überzeugungskraft und die Verbindlichkeit des persönlichen Urteils können in keinem Fall durch die Evidenz einer wissenschaftlichen Erkenntnis, durch den Zeitgeist oder durch die Meinung eines großen Vorfahren oder Zeitgenossen ersetzt werden. Eine Arbeit, deren A u t o r i t ä t auf einer allgemeinen wissenschaftlichen Erkenntnis beruht und nicht auf der persönlichen des Verfassers, kann kein Essay sein, sondern immer nur eine Abhandlung oder ein Aufsatz. Der Autor darf nicht zurücktreten. Die Verantwortung für das Gesagte kann er niemandem abschieben. Selbst dort, wo Hillebrand zitiert, gibt er zu erkennen, ob er mit der Meinung des anderen übereinstimmt oder ob er sie ablehnt. Das Zitat ist Mittel des Stils und des Ausdrucks, nie aber Autorität. Die Autorität bleibt beim Verfasser. Autorität heißt nicht beherrschen, sondern herrschen. Sie stützt sich nicht auf das größere Wissen des Verfassers (wie in der Abhandlung), auch nicht auf seine Stellung in einer staatlichen oder gesellschaftlichen Hierarchie, sondern einzig und allein auf seine Persönlichkeit, auf sein umfassendes Menschentum. Hier liegt die Berechtigung für die immer wieder vorgebrachte Forderung: der Essayist müsse ein „origineller Kopf" [24] sein, ein selbständiger Denker und Betrachter, dessen Aussagen in erster Linie auf dem „charm of personality" [25] beruhen und schon durch die sich darin aussprechende Einmaligkeit ihre Bedeutung haben. Nur

---

[24] JOSEF HOFMILLER: Über den Umgang mit Büchern. München o. J. S. 26; UE, 368; HEINRICH HOMBERGER: Essays und Fragmente (Ausgewählte Schriften Bd 1). München 1928, S. 81.

[25] ARTHUR CHRISTOPHER BENSON: The Art of the Essayists. In: C. H. Lockitt: The Art of the Essayists. London—New York—Toronto 1949, S. 139—50; Zitat auf S. 139.

dann, meinte Hillebrand, solle der Essayist schreiben, „wenn er wirklich eine Idee, einen Eindruck, eine Tatsache zu melden hat." (IV, 357) Nur in diesem Falle wird er den Leser fesseln und anregen.

Ist es angesichts der Erkenntnisse, die sich aus den vorliegenden Überlegungen ergaben, richtig, vom Essay als einem „Experiment" und von seiner Methode als einer „wissenschaftlichen Methode" zu sprechen? In seiner sonst aufschlußreichen Arbeit über den ‚Essay' schreibt Klaus Günther Just, daß das Wort ‚Essay' mit ‚Versuch' zu übersetzen sei und daß sich schon im Namen der Experimentalcharakter der Gattung ausspreche [26]. Kann man Hillebrands ‚Tasso', ‚Montesquieu' oder die ‚Entwicklungsgeschichte der abendländischen Weltanschauung', kann man Hamanns ‚Sokratische Denkwürdigkeiten', Goethes ‚Winckelmann', Thomas Manns ‚Künstler und die Gesellschaft', Hofmannsthals ‚Tasso', Rychners ‚Deutscher Weltliteratur' gerecht werden, wenn man von der Grundeinstellung ausgeht, daß diese Werke ‚Versuche' seien? Experimente?

Das Wort *Versuch* sagt im allgemeinen deutschen Sprachgebrauch nur aus, daß von einer „Unternehmung, Handlung" die Rede ist, „die etwas prüfen und unter Umständen beweisen will (Experiment)" (Sprachbrockhaus). Auf die Literatur übertragen, bezöge sich das Wort ‚Versuch' auf eine bestimmte Einstellung des Autors zu dem, was er gerade schreibt oder geschrieben hat. Wäre es da nicht ebenso angebracht, Goethes erste Fassung der ‚Iphigenie' oder Kellers erste Fassung des ‚Grünen Heinrich' einen ‚Versuch' oder gar einen ‚Essay' zu nennen? Goethe wie Keller haben sich am Gegenstand versucht, haben den ‚Versuch' verworfen, um in einem neuen Unternehmen den Stoff in reinere, angemessenere Form zu gießen. Der Essay ist aber, wie gezeigt wurde, nicht der Ausdruck oder das Ergebnis des Versuchens, des Probierens; er ist etwas Endgültiges, inhaltlich sowohl als formal etwas Abgeschlossenes. Von vorneherein darauf hinzuweisen, daß die Aussage im Essay vorläufig sei, der Ergänzung oder der Richtigstellung bedürfe, heißt die literarische Form des ‚Essays' in ihren inneren Gesetzen und in ihrer Leistung verkennen.

Der Name ‚Essay' (oder ‚Essai') scheint darüber hinaus weder das Versuchen, noch das Experimentieren klar anzudeuten. Montaigne nannte als erster seine Schriften ‚essais', ohne deshalb der Erfinder dieser literarischen Form zu sein und ohne die Absicht zu haben, damit einen Formbegriff zu schaffen. Titel ähnlich allgemeiner Art waren zu seiner und in späterer Zeit gang und gebe: discours, observations, sermons, variétés, mélanges, diversités, mots dorés, entretiens, examens, remarks, considerations usw., aber nicht nur in Frankreich und England, sondern auch in Deutschland: Prüfungen, Untersuchungen, Beobachtungen, Anmerkungen.

Davon abgesehen wurde der Begriff *essai* zur Zeit Montaignes keineswegs eindeutig und nicht nur als Synonym des deutschen ‚Versuch' gebraucht. Bei Clément Marot z. B. heißt ‚coup d'essai' so viel wie ‚Erstlingswerk'. Herman

[26] KLAUS GÜNTHER JUST: Der Essay. In: Deutsche Philologie im Aufriß. Bd 2, Berlin 1954, Sp. 1691.

Grimm ist auf dem richtigen Weg, wenn er das lateinische ‚exagium', das im italienischen ‚saggio' (Teil einer größeren Menge, die auf die Beschaffenheit des Ganzen schließen läßt; Essay), im französischen ‚essai' und im englischen ‚essay' weiterlebt, nicht im Sinne von ‚Versuch', sondern im Sinne von ‚Probe' deutet. Über Montaignes Essays schreibt Grimm: „Proben seiner Denkungsart, seines geistigen Wesens also, aus denen man auf den Mann schließen möchte, wie richtig ist das Wort gewählt! Montaignes Art ist, leidenschaftlich von der eigenen Denkungsart Rechenschaft abzulegen." [27] „Selbsterfahrung" [28], Lebenserfahrung, „un registre des essais de ma vie" [29], das Seine in der ihm eigenen Form darzubieten, das war das Anliegen Montaignes. Die Absicht, „in aller Bescheidenheit seine Gedanken in einer ihm gemäßen Form" darzulegen [30], ist keinem so geglückt wie Montaigne, keiner war imstande, dem Weg seiner Gedanken so treu zu folgen und sein Denken so unmittelbar und genau ins Wort zu fassen wie er. Dieses Vermögen Montaignes hat dem Namen ‚Essay' sein Gewicht gegeben, hat ihn über Jahrhunderte erhalten und zum Formbegriff werden lassen. Daß Josef Hofmiller seine Essay-Sammlungen dennoch ‚Versuche' und ‚Letzte Versuche' und nicht ‚Essays' nannte, ändert nichts an dieser Einsicht, umsoweniger, als Hofmiller selbst die Bezeichnung ‚Versuch' zur Verdeutschung der Bezeichnung ‚Essay' ablehnte. Bei Gelegenheit von Goethes ‚Essays' meinte er zu diesem Problem: „ ‚Aufsatz' wäre zu schulmeisterhaft, ‚Abhandlung' zu gelehrt, und ‚Versuch' zu nichtssagend. Warum aber dann ‚Essay', das doch nichts anderes heißt als ‚Versuch'(!)? Aus dem einfachen Grunde, den gewalttätige Eindeutscher freilich nie Wort haben wollen: daß es bei einem Wort oft nicht auf den Sinn ankommt, sondern auch auf die mit anklingenden geschichtlichen Obertöne." [31] Hofmiller hat also sehr richtig eingesehen, daß das Wesen des ‚Essays' von der Etymologie des Wortes her nicht zu erfassen ist, sondern aus den großen Beispielen der Literaturgeschichte lebt.

Das Wesen des Essays wird auch mißverstanden, wenn man dem Essay zumutet, er habe wissenschaftliche Probleme v o l k s t ü m l i c h darzustellen. Oder wie Just es formuliert: „Der Essay stellt ein schmales, aber überaus bedeutsames Gebiet z w i s c h e n reiner Literatur und strenger Wissenschaft dar, gewissermaßen den Handelsplatz, wo alles geistig Erarbeitete freimütig ausgetauscht werden sollte." [32] An anderer Stelle spricht er vom „Umschlag-

---

[27] HERMAN GRIMM: Aus den letzten fünf Jahren. Fünfzehn Essays. Folge 4. Gütersloh 1890, S. vi. — Zur Etymologie des Wortes ‚essai' vergleiche: FRIEDRICH, Montaigne, S. 420—24; KURT WAIS und HANS HENNECKE: Essay — zum Wort und zur Sache. In: Neue literarische Welt 1952/4, S. 2; ANDREAS BLINKENBERG: Quel sens Montaigne a-t-il voulu donner au mot Essais dans le titre de son œuvre? In: Mélanges de linguistique et de littérature romanes offerts à Mario Roques. Bade et Paris 1950, S. 3—14.
[28] FRIEDRICH, Montaigne, S. 420.
[29] MICHEL DE MONTAIGNE, Essays III, 13.
[30] NEGWER, Essay, S. 40.
[31] HOFMILLER, Umgang, S. 26.
[32] JUST, Essay, Sp. 1689.

hafen zwischen Wissenschaft und Literatur." [33] Kann man Hillebrands großen Essays gerecht werden, wenn man sie vor allem in ihrer Stellung zwischen Wissenschaft und Literatur zu erfassen sucht, das ‚Vermittelnde' an ihnen in den Mittelpunkt rückt, zugleich aber den inneren, menschlichen Anteil des Verfassers übersieht? Auch in der Definition von Uhde-Bernays kommt das ‚Originelle', das Einmalige im Essayisten zu kurz: „Dieser Zug (des Essays; gemeint ist: das Mitdenken, das Nachdenken und die Bildung des Lesers zu fördern), der Gattung der Prosa angehörend, in die wir den Essay einordnen, hat im Schrifttum Hillebrands die äußerste, mit ungemeiner Klugheit wahrgenommene Grenze erreicht, genau jene Stelle zwischen Dilettantismus und akademischer Belastung, die dem Laien gestattet, sich den behandelten Problemen anzuvertrauen..." [34] Hillebrands Essays sind keine popularisierenden Darstellungen wissenschaftlicher Probleme oder Ergebnisse. Nicht ein Mehr oder Weniger an akademischer Belastung ist bezeichnend für den ‚Essay', sondern gerade die Freiheit von jeder akademischen Orientierung. Sicherlich, der Essay kann von einem Gegenstand handeln, und er tut es sehr oft, der häufig Objekt wissenschaftlicher Betrachtung und Untersuchung ist. Das genügt aber nicht, ihm selbst wissenschaftlichen Charakter zuzusprechen, oder ihn zwischen Wissenschaft und Literatur zu stellen. Der Gegenstand des Essays ist ja für die essayistische Form völlig gleichgültig. „Vom Banalsten bis zum Erhabensten, vom Winzigsten bis zum Gigantischsten, vom Primitivsten bis zum Sublimsten reicht die Skala." Wenn Just daraus aber übereilt Schlüsse zieht, geht er fehl: „Gerade deswegen aber ist", schreibt Just, „das Auswahlprinzip wesentlich. Nirgends sonst ist wie hier die Stoffwahl so sehr direkter und unmißverständlicher Ausdruck einer bestimmten geistigen Haltung. Eine Stoffgeschichte des Essays verfassen, hieße also recht eigentlich seine Wesensgeschichte schreiben." (!) [35] Just geht folgerichtigerweise daran, „durch den Stoff, der immer auch wesenhaft ist" [36], eine thematische Einteilung der Essays in sechs Gruppen vorzunehmen: er spricht von begrifflichen, kulturkritischen, biographischen, literatur-kritischen, sachlichen und ironischen Essays. Kann eine solche Systematisierung wirklich dazu beitragen, dem Wesen des Essays näherzukommen? Sicherlich, die Wahl des Gegenstandes ist für den einzelnen Essayisten bezeichnend und stellt „einen Akt vollverantwortlicher Entscheidung" [37], mehr, Teil des Schöpfungsaktes dar. Im Wesen des Essays liegt aber zugleich die vollkommene thematische Ungebundenheit, die Freiheit des Autors, von einem Wissens- oder Lebensbereich auf den anderen überspringen zu können, Begriffliches, Kulturhistorisches, Biographisches und anderes zu mischen, ohne den Rahmen der Darstellung zu sprengen. Hillebrands Essay ‚Torquato Tasso' würde nach Justs Einteilung etwa in die Kategorie ‚biographischer', vielleicht auch ‚literatur-kritischer', eventuell

[33] JUST, Essay, Sp. 1691.
[34] UE, 363.
[35] JUST, Essay, Sp. 1693—94.
[36] Ebenda, Sp. 1694.
[37] Ebenda, Sp. 1694.

sogar ‚kulturkritischer' Essays gehören. Damit ist aber noch nichts darüber ausgesagt, was Hillebrands Essay von Goethes Drama ‚Torquato Tasso' oder von Pier Leopoldo Cecchis literarhistorischer Abhandlung ‚Torquato Tasso e la vita italiana nel secolo XVI', die Hillebrand zu seinem Essay anregte (IV, 347), unterscheidet. Nicht im Objekt liegt das Essayistische, sondern in der Art und Weise, wie sich der Verfasser mit dem Gegenstand befaßt. In diesem Sinne kann der Essay genau so „bedeutsames Gebiet zwischen reiner Literatur und strenger Wissenschaft", „Handelsplatz", „Umschlaghafen", „Grenze zwischen Dilettantismus und akademischer Belastung" sein, wie es die romanhafte Darstellung von historischem Geschehen, von Erfindungen und Entdeckungen ist. Zwischen einem Essay, einer Abhandlung und einem Roman über ‚Anilin' (Schenzinger) liegt der Unterschied nur im Formalen. Die Wissenschaft will Vollständigkeit in der Analyse. Sie experimentiert mit dem Gegenstand und bietet die Ergebnisse ihres Experiments, von denen sie erwartet, daß sie Endgültigkeit und Dauer besitzen. Jeder Schritt ihrer Beweisführung unterliegt dem Gesetz von Ursache und Wirkung (in den historischen Wissenschaften der Belegbarkeit des Angeführten) und kann jederzeit nachgeprüft werden. All dies aber will und kann der Essay nicht bieten. In dem Ausmaße, in dem der Essay vom Ausdruck der frei urteilenden, selbständigen, sich selbst genügenden Persönlichkeit zu objektiver Aussage übergeht, den ‚inneren Rhythmus' des Verfassers zugunsten logisch-sachlicher Beweisführung unterdrückt, nähert sich der Essay dem Aufsatz und der Abhandlung, hört er auf, der Art ‚Essay' anzugehören, so wie der Roman ohne Erzähler und chronologische Fügung aufhört, Roman zu sein. Was wir in Hillebrands Essays antreffen, ist also das extreme Gegenteil der wissenschaftlichen Methode. Denn der Essay bemüht sich nicht um eine Darlegung von Beweisführungen oder Ergebnissen, sondern ist selbst Prozeß, Selbstentfaltung im Akt der Darstellung, oder wie Hugo Friedrich es nennt: „moralische Phänomenologie." [38]

Formbewußtsein

An die Seite von Hillebrands denkerischen und darstellerischen Fähigkeiten tritt ein klares, stets waches und kritisches Formbewußtsein. Von der Vollwertigkeit der essayistischen Darstellungsweise war Hillebrand fest überzeugt. „Wenn Männer wie Macaulay oder Treitschke sich dazu hergeben, solche kleine Kunstwerke zu schaffen, so wissen sie wohl, warum sie es tun... sie suchen die feinsten Gedanken in edelster Sprache auf Grund tüchtigsten Nachdenkens oder gründlichster Studien in diese zierlichen Schmuckkästlein einzuschließen, die dadurch oft gehaltvoller werden als manche dicke Bände." (IV, 4). Auf die Form kommt es an? „Muß alles, was in einem Tageblatt steht, auch Tagesarbeit sein?" (IV, 3). Als Julius Rodenberg die Deutsche Rundschau ins Leben rief,

---

[38] FRIEDRICH, Montaigne, S. 432.

um den deutschen Schriftstellern ein Forum zu geben, wie es die französischen in der Revue des deux mondes, die englischen in der Fortnightly Review und Quarterley Review und die italienischen in der Nuova Antologia hatten, da wurde Hillebrand nicht müde, Ratschläge zu geben und auf Gefahren hinzuweisen. „Strenge, Strenge, Strenge" schrieb er, „ja, Härte; nur Solides in leichter Form; unerbittlich gegen jeden Feuilletonismus und alle Stubengelehrsamkeit." [39] Feuilletonismus und Stubengelehrsamkeit, das sind die beiden Feinde des wahren Essays. Von ihnen wird er unablässig bedroht: „... ist ja der Essay die eigenste literarische Form unserer Zeit; aber er ist ein Genre, wo die Gefahr nahe liegt, entweder in den einfachen Bericht zu verfallen oder sich, im Halbbewußtsein der Vergänglichkeit des losen Blattes, auf dem man schreibt, und der Flüchtigkeit, mit welcher der Leser es durchlaufen wird, selber zu einer gewissen Flüchtigkeit verführen zu lassen." (IV, 23). Nichts haßte Hillebrand mehr als nachlässige Form, wobei er sich freilich darüber im klaren war, daß sie sich manchmal auch in seine eigenen Arbeiten einschlich. Nicht als Schulmeister, sondern als Schriftsteller und frei schaffender, hochgebildeter Literat gab er Hinweise und Ratschläge, wie man schreiben müsse. Hillebrand schuf also nicht ‚naiv', sondern war unablässig bemüht, im Schreiben geistige Disziplin zu wahren und sich an ästhetische Grundregeln zu halten. „Ein Buch sollte immer in einem gewissen Sinne Kunstwerk sein. Es sollte immer wenigstens einen Plan haben, organisch gegliederte Teile, Ebenmaß und Harmonie zwischen diesen Gliedern. Der Stoff sollte immer verarbeitet, geordnet sein; die einzelnen Elemente sollten verschmolzen, eine Wahl getroffen, das Wichtige hervorgehoben, das Unwichtige geopfert, Wiederholungen vermieden, die Erzählung nicht zufällig chronologisch zerhackt werden." (III, 136—37). Im Gliedern, im Ebenmaß, in der Harmonie, im Verschmelzen, in der Auswahl liegt für Hillebrand das Maß für alles Geschriebene, auch für die essayistische Prosa. So wie das Leben, die Geschichte und die Kunst soll sich auch das Geschriebene als O r g a n i s m u s darbieten. Es soll gewachsen sein und seine innere Bruchlosigkeit in jeder Zeile, in jedem Abschnitt bekunden. Deutlich ist hier das Nachwirken der historischen Betrachtungsweise spürbar. Ebenmaß, Organhaftigkeit, Verschmelzen der einzelnen Teile, das sind aber auch die einzigen Forderungen, die sich an den Essayisten stellen lassen. Die Erfüllung dieser Forderungen hängt nicht allein vom Verstand und vom Willen des Autors ab: Was organhaft erscheinen soll, muß auch organhaft, pflanzenhaft, aus sich selber gewachsen sein. Wer nach Goethe das klassische Formideal verwirklichen wollte, aber das Lebensideal des deutschen Idealismus schon aufgegeben hatte, mußte ins Dilemma geraten. Hillebrand war sich dessen bewußt. Seine Forderungen nach ebenmäßigem, harmonischem Stil richtete sich daher nicht nur an den Autor, sondern an den ganzen Menschen. Daher die unablässige Bemühung Hillebrands, durch Ermahnung und Beispiel eine Erneuerung und Vertiefung der Bildung der gesamten

---

[39] H. an Julius Rodenberg, 2. Juni 1874. In: Corona 1934, Jg. 4, S. 566.

gebildeten Schichte herbeizuführen. Was er in seinen Aufsätzen ‚Deutsche Stimmungen und Verstimmungen', ‚Über Halbbildung und Gymnasialreform' und in anderen als Ideal eines Gebildeten beschreibt, gilt nicht nur für Leben und Beruf, sondern für jede Form des menschlichen Ausdrucks, für Gesellschaft und Kunst ebenso wie für literarische Zeugnisse. Das Ideal universaler Harmonie, allumfassender Erhöhung des Menschen lag Hillebrands ganzem Denken zugrunde und äußert sich auch in seinem Stil. „Innere Rhythmik' darf daher bei einem lebendigen, wenn auch späten Vertreter des klassisch-humanistischen Bildungsideals nicht als unbestimmte, vage, gefühlsbetonte Hingabe verstanden werden. Der ordnende Geist, ‚Verarbeiten', ‚Auswählen' und ‚Verschmelzen' haben einen ebenso wichtigen Anteil daran wie Denken, Verstehen und Empfinden. Das Anbringen von Fußnoten dagegen hinderte ihn „am leichten Fluß des Stils und der Komposition." [40] Daraus erklärt sich Hillebrands wiederholte und entschiedene Ablehnung, Fußnoten anzubringen. Von seinen späteren Werken tragen nur die zwei Bände der ‚Geschichte Frankreichs' Fußnoten, aber auch hier stehen sie nur, weil Hillebrand glaubt, seiner ‚unwissenschaftlichen' Darstellung der französischen Geschichte auf diese Weise den Mantel der Wissenschaftlichkeit umhängen zu müssen.

 Der o r d n e n d e Geist des Essayisten verfährt nicht nach logischen Gesetzen. Für eine wissenschaftliche Abhandlung gibt es eine ‚ideale Komposition'. Zehn Verfasser würden sie, gleiches Wissen und gleiche Fähigkeiten vorausgesetzt, ungefähr gleich abfassen. Nicht so für den Essay. Für ihn gibt es keine ‚ideale' Komposition. Seine Gestaltung beruht auf dem Denk- und Lebensgesetz des Verfassers. Der Beurteilung des Essays müssen also Begriffe zugrundegelegt werden, die, bei aller Variationsbreite der Art, dieser angemessen sind: Gleichgewicht, Ebenmaß, Organhaftigkeit. Die Fragen nach der Form eines Essays müssen also lauten: Herrscht Gleichgewicht zwischen den einzelnen Teilen? Steht das Wichtige, wo es hingehört und wirkt? Sind Wiederholungen vermieden? Ist die Aneinanderfügung der einzelnen Abschnitte bruchlos? Gibt es eine gewisse Gesetzmäßigkeit, die allen Essays Hillebrands eigen ist und auf eine Formungstendenz schließen lassen? Aber auch Tieferes muß zur Sprache kommen: Entspricht der Ausdruck dem Gedanken? Folgt die Darstellung dem Weg des Denkens? Sind die Worte dem Denkinhalt angemessen? Vermag der Autor das zu geben, was in seiner Persönlichkeit liegt? Nicht um inhaltliche Kriterien, wie Just meint, muß es gehen, sondern um ästhetisch-formale und ethische (innere Wahrheit), wobei in manchen Fällen inhaltliche und formale Kriterien zusammenfallen, wie etwa in so einfach gegliederten Essays wie ‚Die Wertherkrankheit in Europa' oder ‚Zur Entwicklungsgeschichte der abendländischen Weltanschauung', die in manchem an Abhandlungen erinnern. In der Studie ‚Die Wertherkrankheit in Europa' schreitet Hillebrand in der Betrachtung folgendermaßen fort: Einleitung: Was ist die Wertherkrankheit? (VII, 102). Welche günstigen oder ungünstigen Verhältnisse bestanden dafür in den einzelnen

---

[40] H. an Julius Rodenberg, 12. Feber 1879.

Ländern? (Deutschland, Frankreich, Italien, England) (VII, 102—9) — Hauptteil: Symptome der Wertherkrankheit in Deutschland (VII, 109—114), in Italien (VII, 114—19), in England (VII, 119—24), in Frankreich (VII, 124—41). — Folgerung: Nur edle Naturen konnten so irren (VII, 142). — Ähnlich liegen die Dinge bei den oben erwähnten weltanschaulichen und gesellschaftlichen Studien, in denen sich das Essayhafte nicht so sehr in der Anlage des Ganzen, als in der Geistestätigkeit des Autors äußert.

Aufschlußreich für die Schaffensweise Hillebrands ist die Gestaltung der literarischen Porträts, die trotz der großen stofflichen Verschiedenheit eine gewisse formale Ähnlichkeit aufweisen. Einer der gelungensten ist der Essay über *Montesquieu*. Er besteht aus drei Teilen. Teil 1: Charakter der Stadt Bordeaux (Leben, Parlament, Gerichtsadel). Vor diesem Hintergrund steht (ähnlich wie Tasso vor Ferrara) die Gestalt des jungen Montesquieu. — Teil 2: Erste Erfolge (Lettres Persanes, Paris, Reisen, Geschäft, Geselligkeit, Landleben). — Teil 3: In der zweiten Lebenshälfte sind die Wesenszüge Montesquieu ausgebildet: Liebe zur Geselligkeit, Epikureertum, Geist, Takt, Eitelkeit, Häuslichkeit, Güte. — Schluß: Alles das sind zugleich Charakterzüge des 18. Jahrhunderts, das Montesquieu in typischer Weise vertrat.

Die äußere Gliederung des Stoffes in drei Abschnitte mag willkürlich erscheinen, in gewisser Hinsicht ist sie es auch, denn in keinem der Abschnitte bleibt Hillebrand ‚beim Thema', immer wieder kommt er vom eigentlichen Gegenstand ab, durchbricht er die stoffliche Geschlossenheit, ohne dabei die gehaltliche zu zerstören. An keiner Stelle aber vermag der Leser zu sagen: Hier klafft ein Riß, hier ist ein Sprung. In weichen Übergängen, in einem Reichtum von assoziativen Verbindungen fügt sich eins ins andere. Nicht Wissen, nicht Konkretes bleiben in der Erinnerung des Lesers, sondern ein Eindruck: das Bild einer Persönlichkeit. Dieses Bild steht aber nicht für sich allein, sondern immer in der Landschaft der Zeit, vor einem Hintergrund reicher geschichtlicher und menschlicher Bezüge. Lebendig, farbig und trotz der sparsamen Zeichnung in der Fülle seiner geschichtlichen Bedeutung steht der Gegenstand vor den Augen des Lesers. Fast nie folgt Hillebrand dem chronologischen Ablauf des Geschehens. ‚Herder', ‚Winckelmann', ‚Caroline Schlegel' und ‚Wieland' bilden Ausnahmen: hier ging es Hillebrand gerade darum, die Geschlossenheit und Folgerichtigkeit im Leben dieser großen Menschen zu zeigen.

Schwieriger ist es, aus Hillebrands abstrakten Essays eine ‚Gliederung' herauszulösen: ‚Über die Fremdensucht in England', ‚Deutsche Stimmungen und Verstimmungen', ‚Halbbildung und Gymnasialreform', ‚The Prospect of Liberalism in Germany', ‚Über Sprachvermengung'. Auffallend an diesen Essays ist, daß Hillebrand den jeweiligen Gesichtspunkt für sich bespricht und erst dann zum nächsten übergeht. Diese geistige Disziplin, die den Rhythmus der Darstellung lenkt, ist bezeichnend, andererseits aber auch grundlegend für einen guten Essay. Bei der Kürze der Darstellung darf es keine Wiederholungen geben, keine Überschneidungen, keine Unklarheiten. Keine Wiederholungen heißt aber nicht nur: keine Wiederholungen stofflicher Elemente. Auch Kompositionselemente, sprachliche Figuren und Redewendungen werden nicht wiederholt. Hillebrand verzichtet auf die tektonische Wirkung von Anspielungen auf schon Gesagtes, von Abwandlungen eines Themas und Ähnlichem. Das aus naheliegenden Gründen: Dort, wo die Intensität des Denkens und Empfindens so stark ist wie in einem Essay aus der Feder Karl Hillebrands, beruht die Form nicht auf äußerlichen Elementen, sondern in erster Linie auf inneren Gestaltungsprinzipien.

Wesentliche Formelemente in den Essays Hillebrands stellen Titel und Essayanfänge dar. Der Titel ist fast nie verschlüsselt wie im Roman oder im Drama, sondern weist klar auf den zu betrachtenden Gegenstand hin. In keiner literarischen Gattung ist der Titel von so entscheidender Bedeutung wie im Essay. Roman und Drama können einen völlig nichtssagenden Titel tragen, etwa einen Namen wie Emilia Galotti oder Wilhelm Meister. Diese Namen wurden erst durch das Werk des Dichters bedeutungsvoll, ja zu Begriffen oder gar zu Symbolen. Der Essay kann das nicht. Er arbeitet mit Titeln. Die Überschrift erregt im Leser vom ersten Augenblick an eine bestimmte Vorstellung (und sei es auch nur die eines Schweinebratens). Beim Lesen der Überschrift ‚Torquato Tasso' fühlt sich der gebildete Leser (und nur für diesen schreibt der Essayist) sofort in eine bestimmte historische oder allgemein menschliche Situation versetzt. Wissen, Erfahrung, Erlebnisbreite und -tiefe werden in ihm angesprochen. Er fühlt sich dazu eingeladen, beim genannten Gegenstand zu verweilen und dem Gedankengang eines anderen, dessen Urteil er schätzt, zu folgen. Ein Blick auf den Inhalt von ‚Zeiten, Völkern und Menschen' genügt, um sich nicht nur vom Reichtum der Thematik, sondern auch von der Bedeutung der Titelgebung eine Vorstellung zu machen. In den wenigen Fällen, in denen Hillebrand eine Überschrift setzt, die nicht unmittelbar auf den Inhalt weist, verband er damit bestimmte Absichten oder ergab es sich aus der Situation. Der Titel ‚Delirium tremens' (Flaubert: La tentation de Saint-Antoine) erklärt sich aus der klaren Absicht der Kritik und der Polemik. Überschriften wie ‚Der Verstorbene' (Pückler-Muskau) oder ‚Zur neuesten deutschen Memoirenliteratur' (Varnhagen) verstehen sich aus der Situation. Im Zeitpunkt des Erscheinens war man im Kreise der Gesellschaft wohl nicht darüber im Zweifel, wer gemeint sein könnte. Beim Neuabdruck in Buchform hätte Hillebrand wohl besser getan, den Titel zu ändern. Aufschlußreich ist die einfache Überschrift ‚Eine ostindische Laufbahn' (Oberst Meadows Taylor). Taylor war trotz seiner literarischen Erfolge in der gebildeten Gesellschaft Deutschlands wohl nicht sehr bekannt. Mit dem Titel ‚Oberst Taylor' hätten nur wenige Leser etwas anzufangen gewußt, während ‚Eine ostindische Laufbahn' den Leser unmittelbar in den Lebensbereich einführt, um den es in diesem Essay geht: In das Leben und Wirken in den englischen Kolonien. Die Schicksale des Obersten Taylor haben dabei nicht mehr als typischen Charakter. Der Titel erfüllt also seinen Zweck: Er weist unzweideutig auf den besprochenen Fragenkreis hin und ermöglicht es dem Leser, sich darauf einzustellen.

Diese unmittelbare Beziehung zum Gegenstand wird aber nicht nur durch die klare Titelgebung herbeigeführt, sondern auch durch die E s s a y a n f ä n g e. In der Mehrheit der Fälle führen die ersten Zeilen des Essays schon mitten in das Problem: „Petrarcas Ruhm war ein dreifacher..." (II, 3); Sainte-Beuves Tagebücher: „Sainte-Beuve war ein zu fleißiger Arbeiter, um viel Muße zum Schreiben von Briefen und Tagebüchern übrig zu behalten..." (VI, 1); Luigi Settembrinis Denkwürdigkeiten: „Luigi Settembrini, dessen Namen unauslöschlich in die Leidensgeschichte Italiens eingegraben ist, hat sich auch als Schriftsteller einen Namen erworben." (VI, 173). Häufig stehen Titel und Anfang miteinander in Beziehung: Lorenzo de Medici: „Es gibt zwei Namen in der Weltgeschichte, welche das Vorrecht haben, hell und heiter wie keine anderen an das Ohr der Menschen zu klingen: Athen und Florenz." (II, 17) — der gebildete Leser weiß sogleich, auf welche Zusammenhänge der Autor anspielt. Oder im Essay: ‚Zur Entwicklungsgeschichte der abendländischen Weltanschauung': „Wir dürfen das mittelalterliche Europa als eine große Familie betrachten..." (VII, 1) — der Leser schließt schon aus diesem ersten Satz, daß der Autor das Werden aus der mittelalterlichen Gemeinsamkeit heraus entwickeln wird. Oder: Katharina II. und Grimm: „Schade, daß die Briefe der Kaiserin..." (V, 107) — ohne den Titel, der dem Leser die Vorstellung der historischen Situation vermittelt, ist hier der Anfang gar nicht zu verstehen. Überschrift und Anfang haben auch dort eine große Bedeutung, wo der Verfasser im ersten Abschnitt des Essays, wie etwa im ‚Torquato Tasso' gar nicht vom eigentlichen Gegenstand spricht. Durch die genaue Bezeichnung des Gegenstandes, der betrachtet werden soll, ist der Leser aber imstande, alles, was einleitend gesagt wird, schon auf den Gegenstand zu beziehen.

Der sprachliche Zugriff

Ob ein Essay zustandekommt, hängt nun nicht nur davon ab, in welchem Maße es dem Autor gelingt, den Gang der Gedanken in seiner inneren Geschlossenheit ebenmäßig gegliedert darzustellen, sondern auch von den s p r a c h l i c h e n M i t t e l n, die ihm zur Wiedergabe der Denkinhalte zur Verfügung stehen. Hillebrand wußte das. Sein Leben lang arbeitete er mit Strenge und Sorgfalt an der Verbesserung seines Stils. Dabei dienten ihm die klassischen Werke der Franzosen als Vorbild. Er war davon überzeugt, daß die Franzosen, ähnlich den Griechen, die klarste, durchsichtigste und damit aufrichtigste Prosa schrieben. „Das Ziel alles Stils" liegt in der absoluten genauen Deckung der Idee durch den Ausdruck" (II, 196), „in der Richtigkeit der Worte" (II, 296). Häufig korrigierte Hillebrand am Manuskript, schrieb er Abschnitte neu, verbesserte er noch an den Druckbogen — und wenn dann doch eine unangemessene Form oder eine Saloppheit stehen blieb, hatte er die

Freude am ganzen Essay verloren [41]. „Sie sollten die Druckbogen sehen", schrieb er an Rodenberg, „alle zwei Zeilen ist ein unrichtiger oder halbrichtiger Ausdruck zu korrigieren, (sind) Wiederholungen abzuschneiden, Perioden in zwei oder drei Sätze aufzuteilen." Und sich entschuldigend, fügte er hinzu: „Alles durch Ihre Schuld, Treuester, mit Ihrem Drängen und Friststellen." [42] Das Geschriebene hat in erster Linie treffend zu sein. Darum scheute sich Hillebrand auch nicht, Fremdwörter aufzunehmen, oder gar das englische Wort ‚egotist' einzubürgern (IV, 40), weil es im deutschen Sprachgebrauch kein Wort gibt, das den Sinn des englischen ‚egotist' widergibt.

Die Forderung nach „Wahrhaftigkeit des Stils" (II, 296) geht den ganzen Menschen an. Nur wer klar denkt, ist imstande klar zu schreiben, das treffende Wort an die rechte Stelle zu setzen, dorthin, wo es in der ganzen Fülle seiner Bedeutung steht, wo es nicht nur Sinn gibt, sondern auch wirkt. Im „wahrhaftigen Stil" erschöpft sich die Sprache nicht im Zutreffendsein, in der reinen Übereinstimmung mit dem Denkinhalt. Im Essay ist die Sprache nicht nur ein Zeichen für Gedanken, sondern zugleich Trägerin der Individualität des Autors; nicht nur Aussage, sondern zugleich Gestalt; nicht nur Form, sondern zugleich Gehalt. Durch den sprachlichen Zugriff des Essayisten wird das Gedachte nicht nur mittelbar, sondern zugleich zum Ausdruck. Stufen logischer Beweisführung überspringend, zwingt der essayistisch schaffende Geist Auseinanderliegendes in die sparsame Sprache seiner Darstellung. Verwandtes und Verschiedenes, Gleiches und Wesensfremdes, Sich-Ausschließendes und Sich-Ergänzendes im Reich des Geistes werden in der individuellen Schau des Essayisten sichtbar. Die Gedanken folgen einander, lösen einander ab und stellen einander ins rechte Licht. Die Sprache gipfelt sich auf, und wird, aufs äußerste angespannt, zur Sentenz. Nicht immer ist dieser Vorgang so schön sichtbar wie in Hillebrands Essay *Lorenzo de' Medici*: „— Es gibt zwei Namen in der Weltgeschichte, welche das Vorrecht haben, hell und heiter wie keine anderen an das Ohr der Menschen zu klingen: Athen und Florenz. Die lichten Namen aber zaubern uns sofort eine bestimmte Zeit vor Augen: das fünfte Jahrhundert vor und das fünfzehnte nach Christus. — Es ist indes nicht allein der Glanz, den Kunst und Poesie über jene beiden Flecke und Momente ausgebreitet, welcher jenen einzigen Eindruck hervorbringt; — auch nicht die größere Menschlichkeit (an Blut hat's auch in Athen und Florenz leider nicht gefehlt). — Was jenen beiden kleinen Punkten den unwiderstehlichen und unvertilgbaren Reiz verleiht, den kein Großstaat der Geschichte je geübt hat, ist die Harmonie, in der hier Natur und Mensch, Geist und Materie, Inhalt und Form, Staat und Kunst auftreten. — Man wird gewahr, wie wenig auf die Ausdehnung ankommt, — (sondern) wie es die vollkommene Übereinstimmung der Verhältnisse ist, ... welche den mächtigsten Eindruck, die dauernste Wirkung hervorbringt: — Im kleinsten Punkte die größte Kraft." (II, 17—18).

[41] H. an Julius Rodenberg, 5. Mai 1877, 19. Feber 1878, 12. Feber 1879.
[42] H. an Julius Rodenberg (1879).

Oder im Essay *Die Borgia*, in dem Hillebrand von Rom spricht und abschließend zur gewichtigen Erkenntnis kommt: „Alles ist importiert in Rom!" (II, 41). Auch im *Montesquieu* wird klar sichtbar, wie der Denkweg sprachlich nachgezeichnet wird, wie Hillebrands Persönlichkeit Ausdruck findet. Seine denkerische Leistung gipfelt in der sprachlich und gedanklich gleich originellen Erkenntnis: „Das 18. Jahrhundert war ein wenig wie Montesquieu; gar strenge in der Theorie, in der Praxis gerne nachsichtig: in der Form war alles Konvention; im Wesen war oft das Menschliche allein giltig." (V, 21). Ohne den Gedanken, der sich im Vergleich ausspricht, im einzelnen zu begründen, stellt ihn Hillebrand hin: knapp, sentenzhaft, geballt, mit wenigen, aber treffenden Worten. Gemessen am Gewicht der Aussage erscheint er in viel zu gedrängter Form. „Das 18. Jahrhundert war ein wenig wie Montesquieu" — die Ausblicke, Erkenntnisse und Folgerungen, die sich aus diesem Vergleich ableiten, werden verschwiegen. Da geschieht aber das Überraschende: Der kurze prägnante Vergleich vertieft nicht nur die Gestalt des Montesquieu; das 18. Jahrhundert, ein an sich abstrakter Begriff, der gar nicht Thema ist, wird zugleich näher bestimmt. Er erhält menschliche, sinnliche und gedanklich erfaßbare Züge. Durch welchen ‚Kunstgriff' des Autors? Losgelöst vom Zusammenhang wäre die Feststellung „Das 18. Jahrhundert war wie Montesquieu" nichtssagend, nicht einmal geistreich. Eingefügt aber in den Denkweg, den Hillebrand um die Gestalt des Montesquieu zurücklegt, zieht der Vergleich alles schon Gesagte noch einmal ins Bewußtsein des Lesers. Der Vergleich, der sich nicht als Schluß einer logischen Kette, sondern assoziativ ergibt, offenbart die innere Einheit, die innere Zusammengehörigkeit des Ganzen. Der im Vergleich ausgesprochene Gedanke mutet wie ein Aussichtsturm an, der einen Blick über die ganze geistige Landschaft des Essay gewährt. Beziehungen, Perspektiven, Querschnitte und Einsichten ergeben sich von selbst. Diese kleinen sentenzhaften Sätze sind Ergebnis geistiger Hochspannung und sprachlicher Reaktionsfähigkeit. Sie haben nicht so sehr klärende als beschwörende Kraft. Sie lockern die Prosa nicht auf, sondern intensivieren sie, denn es handelt sich nicht um Folgerungen, um kräftige Schlußpunkte einer Betrachtung, sondern um den sprachlichen Ausdruck einer geistigen Verfahrensweise: der Fähigkeit und Leidenschaft geistiger Zusammenschau.

Die Sprache des Essayisten, die benennen und t r e f f e n d erfassen will, begnügt sich nicht damit, reine Denkinhalte wiederzugeben. In der Darstellung schreitet sie über diese erste Funktion hinaus, wird sie zur Vermittlerin, spiegelt sie Geist wieder. Der Geist will aber nicht nur da sein, er will wirken. Eine Erzählung, ein lyrisches Gedicht, ein Bild, ein Name, ein Schicksal stehen für sich. Der Geist kann das nicht. Er fordert zur Auseinandersetzung heraus, reizt zum Widerspruch oder zwingt zur Anerkennung. Die Sprache des Essayisten kann sich daher nicht damit zufrieden geben, anzudeuten, aufzuzeigen, hinzuweisen, mögliche Denkwege und Denkrichtungen zu erkunden; in der Darstellung wird sie zur Wirkkraft. Herman Grimm hat sehr schön gezeigt, wie essayistische Prosa wirken kann: „Ich las Emersons Essai über die Natur, und wie ich Satz für Satz weiter schritt, ward mir zu Mute, als sei ich dem einfachsten, wahrsten Menschen begegnet und hörte ich ihm zu, wie er mit mir spräche." [43] Diese geistig-menschliche Geladenheit der essayistischen Prosa erkennen, heißt nun aber nicht, wie Wuthenow meint, daß der Essayist „zugunsten der Wirkung auf die Wahrheit verzichten" solle [44]. Wahrheit, unverfälschte Wiedergabe des Denkinhaltes, ist die erste Forderung an die Sprache des Essayisten; die zweite ist die nach Wirksamkeit. Die Prosa der wissenschaftlichen Abhandlung ist wahr und sonst nichts. Die Prosa des Essays ist wahr, wirkungsvoll und, wie gezeigt werden wird, künstlerisch.

Die Sprache, die wirken soll, muß **unmittelbar und anschaulich** sein. Hillebrands Prosa ist beides in starkem Maße. Unter Unmittelbarkeit versteht Hillebrand stärkste Anlehnung an den Denkvorgang, klare Wiedergabe des Denkinhalts und der inneren Rhythmik, reines Zur-Geltung-Bringen der Persönlichkeit des Autors und seines originellen Blicks auf den Gegenstand. In den Essays ‚Cricket' (III, 47—53) und ‚Über die Konvention in der französischen Literatur' (VII, 143—167) die sich beide für eine trockene Untersuchung und eine wissenschaftliche Darstellung besonders eignen würden, zeigt Hillebrand seine Meisterschaft lebendiger und unmittelbarer Darstellung.

Hillebrands Erlebnis des unmittelbaren geistigen Zugriffs drückt sich am stärksten und unmißverständlichsten in den **Redefiguren** aus, die für seinen Stil außerordentlich charakteristisch sind. Im Essay ‚Über die Konvention in der französischen Literatur' stehen sie in großer Zahl: „Was Wunder, wenn..." (VII, 154); „Man sollte meinen..." (VII, 149). — Sehr schön wird in rhetorischen Fragen klar, wie sich Hillebrands Geist denkend fortbewegt: „... Was nennt Ihr Gedanken? Ist nur die raisonierende Abstraktion Gedanke? Sind nur allgemeine Ideen Ideen? Sind konkrete Anschauungen etwa keine Ideen mehr?... Sind überdies Fühlen, Wollen, Tun nicht ebenso wohl dazu angetan, in der Sprache ausgedrückt zu werden, als das Gedachte? Ist vor allem die Persönlichkeit, wo sie sich ganz ausspricht, nicht alle Gedanken der Welt wert?" (VII, 147). Und an anderer Stelle im Zusammenhang mit klassisch-akademischer Kultur: „Die klassisch-akademische Kultur war eine besonders strenge und enge. Möglich; aber war's etwa Chinesentum? Darauf kommt's ja allein an. Hat sie nur die Form, den Ausdruck bestimmt, oder hat sie auch das Wesen beeinflußt? Und wie weit ging dieser Einfluß? Wurden Sprache und Gedanken dadurch zum Gerinnen gebracht? In anderen Worten, hat jene Konvention die geistige Entwicklung Frankreichs gehemmt oder gefördert, oder aber unberührt gelassen? Hat sie die Menschen verhindert Wahrheit und Natur zu sehen?" (VII, 154—55). Rhetorische Fragen stehen auch hinter den vielen Konzessivformen, die einen Sprecher voraussetzen, der nicht anwesend ist, dessen Wort aber die Erörterung lebendig erhält und weiterführt: „Gewiß waren die Leute..." (VII, 149); „Wohl hatte..." (VII, 153). „Wohl erschie-

---

[43] HERMAN GRIMM: Emerson. In: Fünfzehn Essays. Dritte Folge. Berlin 1882.
[44] RALPH RAINER WUTHENOW: Josef Hofmiller als Kritiker und Essayist. Diss. Heidelberg 1953, S. 101.

nen..." (VII, 154) usw. Fragend schreitet der denkende Geist vorwärts, zieht er neue Gesichtspunkte, neue Bereiche in die Betrachtung. Zugleich nimmt er durch diese Form zu fragen die Antworten vorweg, die sich aus der Ausdehnung der Betrachtung ergeben könnten, und zwar in dem Sinne, den der Autor will. Die rhetorische Frage zwingt den Leser, mitzudenken, sich nicht mit dem geschriebenen Wort zufrieden zu geben, sondern zu entscheiden und dann erst dem Autor weiter zu folgen — oder mit ihm in Widerspruch zu bleiben.

Ganz ähnlich steht es mit den vielen A u s r u f e - und B e f e h l s f o r m e n , die aus Hillebrands Stil kaum wegzudenken sind: „Wie's dem Menschen doch ergehen kann!" (VII, 143); „Wie viel näher steht uns da doch das 18. Jahrhundert!" (VII, 146); „Als ob eine nationale Kultur ohne Konvention denkbar wäre!" (VII, 154); „Man lasse sich doch nicht durch die Oberfläche täuschen!" (VII, 167); „Man lese..." (VII, 154, 156); „Man stelle sich — sagen wir — vor..." (VII, 162); „— man erlaube den unedlen Ausdruck —" (VII, 160): „Man stelle ihn (den Ultramontanen) vor ein modernes Gemälde..." (VII, 162).

Alle diese r h e t o r i s c h e n Elemente helfen dem Essayisten eine stilistische Grundforderung erfüllen: Wenn Hillebrand von Taine sagt, daß er am „modernen Gebrechen" leide, „nichts für sich behalten zu können", meinte er damit die Forderung, daß der Essayist nicht alles sagen, sondern sich mit Hinweisen begnügen solle. „Wo eine Tatsache, eine Zitation genügte, um eine Behauptung zu begründen, schüttete er seinen ganzen Vorrat aus; wo eine richtig gewählte und richtig gestellte Andeutung dem verständlichen Leser — und der rechte Schriftsteller schreibt immer, als habe er nur den vor sich — genügt, um die ganze aufsteigende und absteigende Gedankenreihe zu erhellen, beleuchtet er alle Seiten eines Gegenstandes, zieht er alle letzten und allerletzten Deduktionen und Deduktiönchen aus seinem Grundgedanken. —" (IV, 213). Zu denken und zu schreiben wie Taine es tat, führt nicht zum Essay, sondern zur Abhandlung. Wer aber den Gang seines Denkens (und nicht eine Beweisführung) darlegt, der bringt nicht alle kausalen Zusammenhänge und die ganze Breite der Ursachen und Wirkungen, sondern begnügt sich mit Hinweisen, der übt, wie Hillebrand selbst, „die Kunst des weisen Verschweigens" (IV, 4). Das ohne starken logischen Zwang frei fortschreitende Denken stützt sich nicht in jedem Augenblick auf alle jeweils möglichen Kausalzusammenhänge, sondern schreitet von Denkinhalt zu Denkinhalt, von Gipfel zu Gipfel sozusagen, fort, ohne alle Talschaften mit seinem Lichte zu durchdringen.

Sich rhetorischer Mittel der Darstellung zu bedienen, wie es Hillebrand in so starkem Maße getan hat, heißt nun nicht, dem Essay ‚Gesprächscharakter' zu verleihen oder die Entstehung des Essays aus dem Dialog abzuleiten [45] und in Montaignes Essays etwa „erstarrte Gespräche" [46] zu sehen. Dem Wesen des

---

[45] RUDOLF HIRZEL: Der Dialog. 2 Bde. Leipzig 1895. Bd 1, S. 246. PETER M. SCHON: Vorformen des Essays in Antike und Humanismus (= Mainzer romanistische Arbeiten, Bd 1). Wiesbaden 1954; GEORGE S. MARR: The periodical Essayists of the 18th century. London (1923), S. 10.

[46] SCHON, Vorformen, S. 12.

Essays als literarischem Ausdruck eines individuellen Denkvorganges ist der Dialog, in dem sich zwei voneinander unabhängige Persönlichkeiten aussprechen, fremd. Das schließt aber nicht aus, daß sich ein Autor eines fiktiven Dialogs zur Darlegung seiner Gedanken bedienen kann. (‚Über das religiöse Leben in England', VII, 245—309). Selbst in dem so redenahen Essay ‚Über die Konvention in der französischen Literatur' ist es nicht etwa so, daß Hillebrand Partner miteinander ins Gespräch brächte. Im Essay heißt es: „... hör ich ihn einwerfen..." (VII, 154); „... ruft der Franzose alter Observanz..." (VII, 146); „... entgegnet der hartnäckige Deutsche..." (VII, 147); „Schon recht, aber was nennt ihr Gedanken...?" (VII, 147); „Unstreitig sind die Ideen..." (VII, 148); „Wer wollte leugnen..." (VII, 150); „Höre ich fragen, worauf ich freilich antworten möchte..." (VII, 150); „Sagt Montesquieu selber..." (VII, 153). — Bei einem Menschen wie Hillebrand, der im Gespräch in der gebildeten Gesellschaft, in der Unterhaltung im Salon Anregung, „Nahrung" und innere Befriedigung fand, verbinden sich mit dem Denkinhalt Bilder, Vorstellungen und Erinnerungen an Erlebnisse. Wäre Hillebrand Philosoph, gäbe er die Denkinhalte in überindividueller, in zeitloser Form wieder, als Ausdruck reinen Geistes. Hillebrand ist aber Essayist. Der Denkinhalt ist für ihn untrennbar verbunden mit Bild und Erlebnis. Wenn er sagt, daß die Form und nicht der Inhalt das Wesentliche sei, stellt sich ihm das Bild des „Franzosen alter Observanz" ein (VII, 146). (Gemeint ist dabei der Franzose des 18. Jahrhunderts, dem Konvention alles war, der darunter aber ein reines Herz und herrlich naiven Geist spürbar werden ließ). Wenn er dagegen sagt, daß doch der Inhalt entscheidender sei als die Form, so kommt Hillebrand die Vorstellung vom „hartnäckigen Deutschen". Hillebrand verzichtet nun nicht darauf, diese assoziativ auf ihn einstürmenden Bilder und Vorstellungen zu unterdrücken — im Gegenteil: er stellt sie mit Freude dar, denn erst dadurch, daß neben den Gedanken der Träger des Gedankens hereingezogen wird, erhalten die Ideen Kraft, Farbe und Unmittelbarkeit. Wesentlich ist dabei, daß keine der dargestellten Stimmen, keiner der herangezogenen ‚Sprecher' um ihrer selbst willen da sind. Sie treten nur als Elemente von Hillebrands Urteilsvermögen auf. Im Dialog, im echten Gespräch sind die Gesprächspartner dichterische Wirklichkeit, auch wenn sie nur in der Vorstellung einer einzelnen Person existieren. Im Essay dagegen handelt es sich selbst dann, wenn der Essay in der Form eines Zwiegesprächs abgefaßt ist, um keinen echten Dialog, um kein Zwiegespräch dichterisch wirklicher Personen. Im Essay wird nicht die Illusion eines wirklichen Gesprächs erzeugt. Die Aussagen dienen nicht der Charakterisierung der einen Person oder beider, sondern bestehen einzig und allein im Hinblick auf den erörternden Gegenstand. Nicht also der zeitlich-räumliche Wirklichkeitsanteil des Gesprächselementes ist entscheidend, sondern dessen Bedeutung für die Erfassung des Gesprächsgegenstandes. Der Autor kann so viele ‚Sprechende' einführen wie er nur will, Bedingung ist, daß sie zum Gegenstand, zum Thema etwas zu sagen haben. Leonore von Sanvitale: Interessieren uns eigentlich die Worte, die Goethe dieser gescheiten Dame über Florenz und

Ferrara in den Mund gelegt hat? Werden sie wenigstens unter Beweis gestellt? In keiner Weise. Es ist ja nicht die Autorität des Sprechers, die im Essay entscheidend ist, sondern die suggestive Kraft, die vom gesprochenen Wort ausströmt. Das Zitat, eingestreut in die essayistische Prosa, fasziniert, wird geglaubt, ohne bewiesen zu sein, aber nicht nur, weil es eine glückliche Formulierung darstellt und von einer ‚Autorität' herrührt, sondern vor allem deswegen, weil der Leser darin den Herzschlag eines Menschen zu spüren glaubt, weil ihn Lebens- und Erfahrungsnähe des Urteilenden ansprechen. Daher haben Zitate und direkte Rede im Essay eine andere Bedeutung als etwa in einer Anhäufung von Lesefrüchten, wie sie die Kompilationsliteratur des Mittelalters in Exempeln, Diverses Leçons, Sentenzen, Florilegien pflegte. Im Essay handelt es sich nicht um eine Aufzählung innerlich sich widersprechender Aussagen, um eine Materialsammlung. Jedes Wort, wer immer es ausgesprochen haben mag, ist durch den Denkprozeß des Verfassers gegangen. Im Neudenken ist es angeordnet, zugeordnet, zur Neuaussage im Hinblick auf den zu betrachtenden Gegenstand geworden. Der Autor könnte auch darauf verzichten, Zitate, direkte Reden und dergleichen einzufügen und sich auf die Feststellung beschränken, daß diese oder jene Meinung einmal geäußert worden sei. Durch Zitat und Namensnennung aber wird die Aussage erst „wahrhaft", gibt der Essayist erst seinen vollen Denkinhalt wieder. Denn der Essayist denkt nicht allein: Ferrara war eine Fürstenstadt. Ihm kommt zugleich in den Sinn: Florenz war ein Werk des Bürgertums. Und auch die Formulierung Goethes fällt ihm ein. Und erst dadurch, daß er seinen Denkinhalt möglichst getreu wiedergibt, erstehen Personen, Örtlichkeiten, Zeit und Erlebnis lebendig, klar, unmittelbar vor den Augen des Lesers, wird der Denkinhalt in seiner individuellen Farbigkeit, Beziehungsfülle und Erlebnisbreite sichtbar, wird der Ausdruck des Denkens zur literarischen Form.

Hirzel und Schon [47] wiesen auf den inneren Zusammenhang zwischen Brief und Essay hin und meinten, daß der Essay vom Brief herkomme, weil beiden Gesprächscharakter zu eigen sei. Der Brief sei nichts anderes als ein „halbierter Dialog" [48], als ein „Gespräch mit einem abwesenden Menschen, der nur durch die räumliche Entfernung an der unmittelbaren Antwort gehindert ist. Er ist gleichsam das Bruchstück eines größeren Gesprächs, jedoch nicht die Gedanken schnell ausdrückend wie bei unmittelbarer Rede und Gegenrede, sondern der Gesprächspartner (d. h. der Briefschreiber) hat Zeit, seine Gedanken ruhig und anschaulich zu entwickeln. Dies nähert den Brief der Meditation, der ruhig dahinfließenden Abhandlung. Der Briefschreiber kann aber auch während des Schreibens sich die Person des Adressaten lebhaft vorstellen, er kann dessen etwaige Antworten vorwegnehmen, indem er sie selbst stellt und beantwortet." [49] Hillebrand hat eine Reihe von Essays in Briefform verfaßt.

[47] HIRZEL, Dialog, Bd 1, S. 243; SCHON, Vorformen, S. 12.
[48] FRIEDRICH, Montaigne, S. 442.
[49] HIRZEL, Dialog, Bd 1, S. 305.

So seine zwanzig ‚Briefe aus England', die ‚Zwölf Briefe eines ästhetischen Ketzers', die anonymen Briefe an die ‚Preußischen Jahrbücher' über die Zustände in Paris, den Brief an Phosphorus [50], ‚Über die Konvention in der französischen Literatur' und die Briefe an den Herausgeber der Nineteenth Century Review ‚Über die Fremdensucht in England'. Schon die Tatsache, daß diese ‚Briefe' zum Großteil Titel tragen, zeigt, wie wenig Hillebrand bei der Abfassung daran dachte, einen Brief im üblichen Sinne des Wortes zu schreiben. Häufig beschränkt sich das eigentliche Briefelement auf Anrede und Schluß. Das Innere des ‚Briefes' unterscheidet sich dann kaum von einem Essay. Die „etwaigen Antworten", die Hillebrand vorwegnimmt, sind in den wenigsten Fällen Hinweise der eigentlichen Gesprächspartner (des Herausgebers der Zeitung etwa), sondern „Einwände" irgendeiner, nicht unmittelbar, sondern nur durch das Thema beteiligten Person, oder aber „Einwände" des Lesers, der jedoch nicht der eigentliche Adressat ist. Durch diese Tatsache des doppelten Empfängers — Herausgeber der Zeitung und Leser — verlieren Hillebrands ‚Briefe' einen wesentlichen Zug der literarischen Briefform: jenes Etwas, das nur dem Verfasser und dem Empfänger zukommt und das die beiden innerlich verbindet: die Vertraulichkeit, das Gefühl der Zusammengehörigkeit, das die Zweiheit schafft. Dieses Etwas muß im echten Brief enthalten sein, auch wenn er eigentlich für eine breite Schichte von Lesern bestimmt ist. Hillebrands Briefen fehlt dieser Zug der Vertraulichkeit vollkommen. Um so mehr besitzen sie den allgemeinen Essay-Charakter, auf den wir oben hingewiesen haben.

Die zweite Forderung, von der Hillebrand immer wieder spricht, ist die nach A n s c h a u l i c h k e i t, nach Bildhaftigkeit der Sprache. Selbst bei der Besprechung eines so abstrakten Gegenstandes wie der ‚Konvention' versucht er, Begriffe und Ideen in B i l d e r und V e r g l e i c h e zu fassen. So etwa, wenn er vom „heilsamen Sauerteig" oder der „Verknöcherung" der Kritik (VII, 144) spricht. Oder aber: „... werft rhetorische Purpurlappen um euere Nichtigkeit!" (VII, 147), oder wenn er sagt, daß die Kultur ihre Formen „wie hohle Schalen schleppe." (VII, 152). In rein abstrakten Betrachtungen bleibt die Bildhaftigkeit naturgemäß mehr oder weniger beschränkt. Um so üppiger blüht sie aber in anderen Essays, vor allem in den Porträts. Im ‚Tasso' stehen unter anderem folgende Bilder und Vergleiche: Über Ferrara: „Blüte der zum Untergang geweihten Flora." (IV, 341). Tasso: Er vermochte „Liebe und Freundschaft gleich der Dichtkunst nur als reine hohe Flamme zu empfinden." (IV, 344). Barbardo: „Stolz wie ein spanischer Hidalgo unter seinen Lumpen." (IV, 346). Tasso: Er kehrt von Sorrent zurück „wie ein Schmetterling zur Flamme von Ferrara." (IV, 356). An anderer Stelle vergleicht Hillebrand das Leben Goethes mit dem Rhein, dem vollkommensten Flusse [51]. Es gibt keinen Essay Hille-

---

[50] ‚Phosphorus' ist eine Gestalt aus HOMBERGERS Essay ‚Wereschagins Katalog'. In: DR 1882, Bd 32, S. 92—101.

[51] JdD, 26. September 1866.

brands, in dem nicht überraschende Vergleiche wie Gipfel aus dem leichten Fluß der Darstellung ragten: „Es war ein schöner, blühender Egmont, dieses Geschlecht von 1820, liebend, singend, spielend, und doch im Innersten getragen von edlem, den Leichtsinn veredelndem Idealismus." (II, 60). „M. Buloz hat die französische Bildung des 19. Jahrhunderts in eine handliche Form geknetet und in hunderttausenden von schmackhaften Wecken ins ganze Bürgertum gebracht." (Revue des deux Mondes) (IV, 96). „Der Schritt aus dem Rom Alexanders in das Ferrara Ercoles und Alfonsos war wie ein plötzlicher Übergang aus der platten und wüsten Orgie des Directoire in die geistig angeregte, verhältnismäßig anständige Gesellschaft der ersten Jahre Louis Philippes" — dies über Lukrezias Einzug in Ferrara. (II, 52). Von Bulwer meinte Hillebrand: „... eine Mischung von Walpole und Chesterfield, zu der noch etwas deutsche Metaphysik und Byronsche ‚Pose' hinzugekommen." (III, 130). Manchmal wachsen Bilder und Vergleiche zu großer Schönheit heran. So etwa, wenn Hillebrand in seiner ausgezeichneten Florenz-Skizze („Lorenzo de' Medici') das mittelalterliche Florenz mit einem jugendlichen Helden Shakespeares vergleicht (II, 22). Daneben finden sich, wenn auch nur selten, Stellen, an denen Hillebrand das Bedürfnis, bilderreich darzustellen, übertreibt; so in der Einleitung zur Übertragung der Carducci-Gedichte: „Grazilste beinahe dürre, Giotto'sche Formen drängen sich hier oft mit Gliederkontorsionen, die an Michelangelo's Virtuosenschüler erinnern, knappster Dante'scher Ausdruck mit üppigstem Seicentismo." [52]

Neben Bildern und Vergleichen stehen A n e k d o t e n, deren Stilwert im Grunde derselbe ist. Den Essay über ‚Thiers' beginnt Hillebrand unvermittelt mit einer Anekdote: „Ein Rip van Winkel, der etwa am 31. Mai 1850 auf den Boulevards von Paris eingeschlafen und ebenda am 8. September 1877 wieder aufgewacht wäre, hätte wohl fortzuträumen gewähnt..." (IV, 107). Köstlich und wirkungsvoll ist die Anekdote aus einem lombardischen Dorf, mit der Hillebrand die Gespräche im Metaphysical Club in London parodiert: „Ein altes Weib sitzt an der Ecke und verkauft Haselnüsse. ‚Comment cela s'apelle?' fragt der französische Zuave. ‚Non si pelano, si schiacciano', ist die Antwort. ‚Comment?' — ‚Non colla man, col martel.' — ‚Ne comprends pas.' — ‚Se non vuol comprare, vada pure', erwidert die gute Italienerin und fügt schmunzelnd hinzu: ‚Con questi almeno c'è verso d'intendersi; è un altro paio di maniche che con quei Tedeschi che non capivano nulla'." (III, 25—26).

Bilder, Vergleiche und Anekdoten dienen nicht nur als Schmuck, sondern besitzen eine bestimmte Funktion im Essay. In überraschender Kürze und mit erstaunlicher Klarheit bringen sie den Gedanken zur vollen Geltung. Sie ermöglichen es Hillebrand, ohne Umschweife, ohne logische Ketten, ohne lückenlose Beweisführung, auf die Idee hinzusteuern und sie zugleich auf eindrucksvolle Weise zu vermitteln. Das Bild ist klar. Zugleich aber steht es in der schillernden Breite, die Bildern und Vergleichen eigen ist, vor den Augen des Lesers. Bei aller Genauigkeit, mit der es den Gegenstand oder die Idee erfaßt, weist es über

---

[52] GIOSUÉ CARDUCCI: Ausgewählte Gedichte Leipzig 1880, S. x.

sich hinaus und trägt es dazu bei, Hillebrands stilistische Forderung an den Essayisten zu erfüllen: nur anzudeuten, anstatt bis ins Letzte auszuführen.

Dabei sind Hillebrands Bilder und Vergleiche höchst originell. Sie bleiben in der Erinnerung haften und werden dadurch zu Trägern von Ideen, zu Symbolen. Dies aber nicht nur innerhalb eines Essays. Ganze Essays, d. h. die darin dargestellten Persönlichkeiten werden zum symbolhaften Ausdruck einer Idee. So wenn Hillebrand am Schluß von ‚Tasso' zusammenfassend (aber nicht als Lehre) sagt: „Die Freiheit, die Tasso suchte, ist nicht von dieser Welt, und den, der ohne diese Freiheit nicht leben kann, zermalmt die Welt langsam aber sicher mit ihrem unwiderstehlichen Räderwerk." (IV, 359). Oder wenn Hillebrand in seinem Essay über Taylor den Typ eines englischen Charakters zeichnet. Das bedeutet aber, daß nicht nur Hillebrands Sprache, sondern auch seine Auffassung bildlich-symbolhaft ist. Bildlich-symbolhafte Auffassung, im Gegensatz zur exemplarisch-wissenschaftlichen, ist zugleich künstlerische Auffassung. Damit wird Hillebrand nicht nur seinen eigenen Forderungen gerecht, sondern zeigt er, daß der Essay als ‚geschlossene Form' zum Kunstwerk werden kann.

Essay und Gesellschaft

Gesprächselemente, wie wir sie im vorausgehenden Abschnitt feststellen konnten, haben nicht nur stilistischen Wert, sind nicht nur Ausdruck eines fragend fortschreitenden Denkens. Sie deuten zugleich auf tiefere Zusammenhänge hin. „Man lasse sich doch nicht durch die Oberfläche täuschen!" (VII, 167); „Als ob eine nationale Kultur ohne Konvention denkbar wäre." (VII, 154); „Wie's dem Menschen doch ergehen kann." (VII, 143); „Wie viel näher steht uns da doch das 18. Jahrhundert." (VII, 146). — Wer spricht so? In welchen Kreisen sind solche und ähnliche Wendungen zu hören? Im Gespräch der Kleinbürger? der Adeligen? der Soldaten? der Professoren? — Nicht verschiedenen Ständen oder Berufsgruppen lassen sich die Gesprächselemente in Hillebrands Prosa zuweisen. Hillebrand selbst hätte auch nie daran gedacht, die Masse des Volkes nach derartigen überholten Schemen aufzugliedern. Als Nachfahre Wilhelm von Humboldts waren für ihn andere Gesichtspunkte maßgebend. Für ihn gab es nicht Adelige, Bürger, Soldaten oder Professoren, sondern nur ‚Gebildete' und ‚Nicht-Gebildete'. Die G e b i l d e t e n — das war für Hillebrand aber kein verschwommener Begriff — setzen sich aus Männern und Frauen aller Stände und Berufsgruppen zusammen, ohne Rücksicht auf Geburt, Herkunft und Rasse. In ihnen sah er die eigentlichen Träger der Kultur und der staatlichen Aufgaben. Die Summe aller Gebildeten war für ihn die nationale Gesellschaft. Das Deutsch, das diese Gesellschaft sprach, war für ihn verbindliche Norm. Nicht die Sprache eines exklusiven Zirkels, einer mondänen Ferienkolonie, oder eines dozierenden Universitätslehrers spiegelt sich daher in seiner Prosa wieder, sondern das Deutsch eines gebildeten Deutschen. Wer viele Stunden seines Lebens im Kreis dieser Gesellschaft, in literarischen Salons, in wohlhabenden Handelshäusern, in Redaktionen großer Zeitschriften und Zeitungen, unter gebildeten und geistreichen Politikern, Professoren, Offizieren, Beamten und Leitern von Industrieunternehmen verbracht hat, wird etwa so sprechen, wie Hillebrand gesprochen hat [53]. In sein Deutsch wird er die bezeichnenden Redeweisen und Stilelemente dieser Gesellschaft aufnehmen; es wird zum Ausdruck dieser Welt werden.

In der Gesellschaft von Gebildeten spielen weder Rang noch Name, weder Herkunft noch Absicht eine Rolle. Das Maß für die Richtigkeit und die Bedeutung des Gesagten liegt allein in der Persönlichkeit, in der Denkfähigkeit und im Redetalent des Sprechenden. Das betrifft nicht nur den Inhalt, sondern auch die Form. Hillebrands Gefühl für die Form im menschlichen Zusammenleben zeigt sich etwa aus folgender Bemerkung: „Er (Saint-Simon) ist wie eine Frau aus der guten Gesellschaft, die lieber sagt: ‚il voudrait que je donne‘, als ‚que je donasse‘, obwohl sie weiß, es ist unrichtig; sie ist sich eben doch bewußt, daß sie recht hat gegen die Grammatik, wie Saint-Simon es weiß, wenn er sich die unglaublichsten Inkorrektionen erlaubt: tut er's doch immer mit sicherstem Sprachgefühl, oft mit Anmut, immer mit Stärke." (VII, 162). Durch Klarheit, Überzeugungskraft und treffende Formulierung erhält in der Gesellschaft das Gesagte Gewicht und Endgültigkeit, behält es gegen Regel und Gesetz recht. Damit wird eine innere Verwandtschaft zwischen der Grundhaltung des Essayisten Hillebrand und einem Mitglied der gebildeten Gesellschaft sichtbar. Hier wie dort stehen freies Denken, Umsetzen des Gedachten in Worte, die auf Anhieb treffen, und die Macht der selbstsicheren Persönlichkeit im Mittelpunkt. Causerie familière und Essay schöpfen aus derselben Quelle: dem freischaffenden Denken, das sich aus Erfahrung, Anschauung und aktiver Teilnahme am Leben nährt und mit erstaunlicher Leichtigkeit ins Wort fließt, ins gesprochene sowohl wie ins geschriebene.

Die Enge der Beziehungen zwischen Gesellschaft und Essay wird aber nicht erst bei Hillebrand sichtbar. Im 16. und 17. Jahrhundert wurde der Essay fast ausschließlich von Männern des Adels gepflegt (von Montaigne, Bacon, Philip Sidney, La Bruyère, Thomas Rymer und anderen), von einer kleinen homogenen Schichte, in der die Persönlichkeit der Schlüssel zum gesellschaftlichen Erfolg war. Und „it was only through the essay that the general public got a glimpse of the brilliant coteries at London or Versailles." [54] Die Essays jener Zeit wuchsen aus dem Geist der adeligen Gesellschaft und waren in erster Linie für sie bestimmt; häufig wurden sie auch nur in Abschriften verbreitet und erst später gedruckt.

Die große Blüte des Essays im 18. und in den folgenden Jahrhunderten beruhte dann auf einer neuen soziologischen Basis. Das Bürgertum war zu Geld

---

[53] Eine Untersuchung zeitgenössischer Essayprosa bei Grimm, Frenzel, Gildemeister und anderen zeigt eine auffallende Ähnlichkeit in den sprachlichen Ausdrucksmitteln, in Wortwahl, Tonfall und Syntax.

[54] MARR, Essayists, S. 10.

gekommen. Mit dem Reichtum, den es sich in den vorhergehenden Jahrhunderten langsam geschaffen hatte, wuchsen seine Forderungen. Der Zugang zur aristokratischen Gesellschaft, die auf Privileg, Tradition und Ehrenkodex beruhte, war dem Bürger im allgemeinen verschlossen. Auch die Bildung war weitgehend in den Händen des Adels und der Geistlichkeit. Sie war aber das einzige, worin das aufkommende Bürgertum mit Adel und Geistlichkeit wetteifern konnte. Es ist daher nicht überraschend, daß die Bildung das bestimmende Element der abendländischen bürgerlichen Gesellschaft wurde. Die Universalität des Mittelalters trat allmählich zurück. Fachwissen und das Ideal des ‚homme suffisant', der allein auf Grund seiner gebildeten Persönlichkeit in der Lage ist, über alles zu urteilen, werden entscheidend.

Mit der soziologischen Umschichtung parallel ging der technische Fortschritt, der es gestattete, Bücher und Zeitschriften in immer größerer Zahl herzustellen. Abhandlungen und Essays waren neben reinen Berichten schon ihrer Kürze und des allgemeinen Interesses wegen die geeignete Prosaform der Periodika. Das Aufblühen des Pressewesens in England, Frankreich und später in Deutschland und Italien brachte einen großen Aufschwung dieser Prosagattungen mit sich. Es wäre aber falsch zu sagen, daß der Essay blühte, weil das Zeitschriften- und Zeitungswesen florierte. Nicht weil der Essay ein ausgesprochenes Zeitungsgenre ist (von dort droht ihm die größte Gefahr), sondern weil die innere Freiheit und das Interesse an der Persönlichkeit, die sich in ihm aussprechen, der neuen liberalen bürgerlichen Gesellschaft aufs innigste entsprachen, fand der Essay so große Verbreitung. Konversation, unverholene Erörterung von Problemen und Meinungen, Bildung und Verfeinerung, freilich auch Bildungsdünkel und übertriebenes Selbstbewußtsein, das waren die charakteristischen Elemente der bürgerlichen Gesellschaft, in der die frei gewordene Persönlichkeit nach Selbstentfaltung und Aussprache drängte. Im Essay fühlte sich diese Gesellschaft am unmittelbarsten angesprochen. Daher brachte sie ihm größtes Interesse entgegen und förderte sie seine Verbreitung. In Deutschland geschah dies erst spät. Nicht weil es an essayistischem, d. h. dem freien Individuum verpflichteten Denken gefehlt hätte — Hamann, Herder, Lessing, Goethe, Forster sind Beweise dafür —, sondern weil sich in diesem Vielstaatenreich eine einheitliche Gesellschaft noch nicht ausgebildet hatte. Die Dinge lagen ähnlich wie mit der Komödie. Komödie und Essay können ohne eine starke nationale Gesellschaft wohl entstehen, nicht aber in die Breite wirken. Denn beide setzen einen großen verhältnismäßig einigen Kreis von Männern und Frauen voraus, die sich unmittelbar angesprochen fühlen, weil sie im Geschriebenen oder Dargestellten Ideen finden, die sie selbst auch hätten denken können. Während die Komödie, soziologisch gesehen, in erster Linie auf der gemeinsamen Konvention beruht, stützt sich der Essay auf die allgemeine Bildung der Gesellschaft. Nationale Konvention, nationale Bildung gab es in Deutschland aber erst spät. Sie kamen mit dem deutschen Idealismus, der wie kaum eine zweite geistig-literarische Strömung auf dem gesamten deutschen Sprachgebiet wirksam wurde und lange vor dem gemeinsamen Anliegen der Befreiungskriege Deutschland geistig-literarisch zusammenführte. Diese geistig-literarische Einheit war ein selten reines Zusammentreffen von Denktrieb, Sprachkraft, Vernunft und Humanität. Auf diesem fruchtbaren Boden wuchs der Essay zu später kaum mehr gekannter Üppigkeit. Die Generation, die den Geist des deutschen Idealismus und das gemeinsame politische Anliegen der Befreiungskriege als festen Besitz in sich trug, war zugleich die erste große deutsche Essayistengeneration, der auch Hillebrand angehörte. Es sind Männer, die zwischen 1820 und 1830 zur Welt kamen und zwischen 1850 und 1870 auf die Höhe der Wirksamkeit gelangten. Rudolf Valdeck (Wagner) (1822), Otto Gildemeister (1823), Ferdinand Kürnberger (1823), Ludwig Bamberger (1823), Eduard Hanslick (1825), Ferdinand Lasalle (1825), Friedrich Uhl (1825), Karl Frenzel (1827), Paul de Lagarde (1827), Herman Grimm (1828), Karl Hillebrand (1829), Ludwig Speidel (1830), Julius Rodenberg (Levy) (1831). Aus dem Kreis der genannten Essayisten ragen vier als Klassiker des deutschen Essays hervor: Otto Gildemeister, Herman Grimm, Karl Frenzel und Karl Hillebrand.

Jeder dieser vier Essayisten hatte starken ausländischen Einfluß in sich aufgenommen. Französische (Hillebrand, Frenzel), englische (Gildemeister) und amerikanische (Grimm) Tradition wirkten durch das Schaffen dieser Männer in Deutschland weiter. Die fremde Form wurde aber bald von deutschem Geist und deutschem Empfinden durchdrungen. Hillebrand hat in diesem Sinne Bedeutendes geleistet. Gleichen-Rußwurm meinte: „Seit den bahnbrechenden Werken dieser Autoren, (Frenzel, Grimm, Gildemeister) haben wir einen deutschen Essay, dessen Entwicklung sich auf dem Wege des Fortschritts befindet. Mir stehen die Werke Karl Hillebrands bereits höher als die Aufsätze Herman Grimms." [55] Die Eindeutschung des literarischen Essays war nur möglich, weil in Deutschland ein geistig-literarisch-gesellschaftlicher Boden entstanden war, auf dem der Essay gedeihen konnte.

Man hat wiederholt darauf hingewiesen, daß Karl Hillebrand als Essayist von *Sainte-Beuve* herkomme. Man glaubte mit dieser Feststellung Gültiges über das Wesen von Hillebrands Essays ausgesagt zu haben. Durch den Hinweis auf die Beeinflussung ist aber so etwas Komplexem wie einem Essaywerk nicht beizukommen. In seinen jüngeren Jahren, in seiner französischen ‚Lehrlingszeit', interessierte sich Hillebrand sehr für die Schriften des großen französischen Kritikers und Essayisten. Sainte-Beuves Fleiß, sein Mut, seine Unparteilichkeit, seine Gewissenhaftigkeit, seine sprachliche Sorgfalt und vor allem seine Rücksichtslosigkeit, auch sich selbst gegenüber, wenn es um die Wahrheit ging, — das waren Tugenden, die Hillebrand aufrichtig bewunderte und die ihn anzogen. Form und Wesen von Hillebrands Essays beruhen aber nicht auf einer einfachen Nachahmung von Sainte-Beuve, oder auch nur auf einer Orientierung an dessen Werk. Sie sind viel tiefer angelegt. Wer die führenden französischen Zeitungen und Zeitschriften der ersten Hälfte und der Anfänge der zweiten des vergangenen Jahrhunderts durchblättert, der sieht, wie sehr sich

---

[55] GLEICHEN-RUSSWURM, Essai, Sp. 751.

Sainte-Beuve in einer großen nationalen Tradition bewegte. Von seinen Zeitgenossen unterschied er sich nicht so sehr durch die Pflege des Essays, als durch seine überragende kritische Begabung und durch seine menschlichen Qualitäten wie Mut, Wahrheitsliebe und Freiheitssinn. Die Tradition, in der Sainte-Beuve und viele seiner französischen Kollegen standen und in die Hillebrand im Laufe der Jahre hineinwuchs, war nicht das Werk einer einzigen Person, sondern war die Leistung einer geistig-literarisch-gesellschaftlich hochaktiven Stadt, in der Kunst und Literatur Angelegenheit und Anliegen eines breiten Kreises gebildeter Menschen waren. „Paris ist für die Schriftstellerwelt wie ein großes Konvikt, etwa was ein Palast für Höflinge, ein Schiff für Amerikareisende, ein Kloster für Mönche und Nonnen sein soll." (VI, 14). „Man kann sich nicht ausweichen", klagte Hillebrand. Geselligkeit, Anteilnahme an den brennenden Fragen der Zeit, Freude am selbständigen Urteil, Interesse an allem, was der Geist schuf und vertrat, kettete die Gebildeten der Stadt aneinander: Publizisten, Professoren, Kritiker, Literaten und Leser. Keine Zeile von allgemeinem Interesse ging verloren. Alles, was den Wasserspiegel der Gesellschaft berührte, schlug Wellen und Kreise und wirkte in den Salons und in der breiten gebildeten Schichte fort. Auf diese Weise fand sich jeder geistig Wirkende in einem ständigen Rhythmus von Geben und Nehmen, der von Büchern und Menschen ausging und in Presse und Gesellschaft weiterklang. Diese auf Begegnung, Gespräch und Autorität der Persönlichkeit beruhende Gesellschaft fand ihren Niederschlag nirgends schöner als in den Essays, die damals entstanden und von der breiten Schichte der Gebildeten gelesen wurden.

Nicht aus der Nachahmung Sainte-Beuves, sondern aus der unmittelbaren T e i l h a b e a m g e i s t i g - g e s e l l s c h a f t l i c h e n L e b e n s r h y t h m u s der Stadt Paris und damit Frankreichs wuchs der Essayist Karl Hillebrand heran.

Weder im Erlebnis noch im Wirken blieb Hillebrand aber auf Frankreich beschränkt. Deutschland, England und Italien nahm der nimmermüde Geist in seinen Interessenbereich auf. Schritt für Schritt drang er in den Kreis der Gebildeten dieser Länder ein. Die Basis für sein Schaffen wuchs von Tag zu Tag, beschränkte sich bald nicht mehr auf das geistig so lebhafte Frankreich, sondern umspannte Europa von London bis Berlin, von Paris bis Wien, von Rom bis Hamburg.

In der leidenschaftlichen Auseinandersetzung mit allem, was Geist ist, reifte das ihm eingeborene Talent. Die etwas steife Wissenschaftlichkeit, die Hillebrands Dissertation und ‚Dino Compagni' noch beherrschte, lockerte sich im Lauf dieser Jahre. Das Erlebnis des schöpferischen Geistes beeinflußte und formte in steigendem Maße sein Schaffen, gleichgültig in welcher Sprache er schrieb oder für welche Zeitschrift seine Arbeit gedacht war. Oft macht es den Eindruck, als hätte Hillebrand unmittelbar im Anschluß an ein anregendes Gespräch, an eine geistige Auseinandersetzung den Essay niedergeschrieben, freilich, nicht ohne das Hingeworfene sprachlich zu verbessern und auszufeilen. Es ist daher kein Zufall, daß Hillebrand die Form des literarischen Porträts so sehr pflegte. Im Porträt konnte er Menschen darstellen, die er in vielen Fällen persönlich gekannt, mit denen er viele Stunden gemeinsamen Gesprächs verbracht, oder mit deren Werken er sich eingehend auseinandergesetzt hatte. Die Konvention, der er sich dabei unterwarf, blieb äußerlich. Sie verdeckte weder sein menschliches Empfinden, noch die Unmittelbarkeit der Darstellung. Im vielfachen und vielfältigen Umgang mit ‚Zeiten, Völkern und Menschen' wuchs seine Menschen- und Gesellschaftserfahrung. Sie lehrte ihn rohe Wissens- und Kulturmassen bändigen. In der Reibung des Geistes an anderen Geistern, in der Rechtfertigung, Vergewisserung und Bewährung wurde seine Urteilsfähigkeit geläutert, wurde ihm die Bahn zu freier Subjektivität gewiesen. Hier liegt die Bedeutung der Gesellschaft und des Gesellschaftlichen für den Essayisten Hillebrand. Eremiten schreiben keine Essays. Gespräch, menschliche Berührung und seelisches Berührtwerden, Anregung und Weiterdenken, das sind unerläßliche Grundlagen für den Essay. Die vibrierende, geistig-nervöse Bewegung im Schoß einer einheitlichen, zugleich aber lebendigen und aktiven Gesellschaft hat sich Hillebrand mitgeteilt und hat in seinen Essays Gestalt angenommen.

Es ist nun aber nicht so, daß der Geist der Zeit nur auf den Essayisten wirke, der Essayist selbst trägt zur Ausformung des geistigen Antlitzes seiner Zeit mit bei. Kraft ihrer geistigen Geladenheit stellt die essayistische Prosa an den Leser Ansprüche. Sie wirkt auf ihn. Roman, Novelle und lyrisches Gedicht wollen gelesen und aufgenommen werden. Der Essay dagegen fordert heraus. Er will S t e l l u n g n a h m e , er will, daß der Leser sich mit dem Geist und den Gedanken auseinandersetze, daß er zustimme oder ablehne, daß er seine eigene Persönlichkeit ins Treffen führe. Was als geistvolle Aussage erscheint, tritt zugleich — gewollt oder ungewollt — mit dem Anspruch auf Unbedingtheit auf, lenkt die Aufmerksamkeit auf sich. Wie auf den Sprecher im Salon oder in irgendeiner anderen Gemeinschaft — fällt auf den Denker im Essay Licht. Er kann nicht unbeteiligt bleiben. Anonyme Essays sind ein Widerspruch in sich. Weder der Gesellschaftsmensch noch der Essayist dürfen hinter ihre Aussage zurücktreten. Wer seine Aussage für so wichtig hält, daß er sie der Öffentlichkeit übermitteln will, kann und darf seine Person nicht verleugnen, der gehört als Mensch, als Sprecher und als Schreiber der Gesellschaft an, für die seine Aussage bestimmt ist. Die persönliche Beziehung von Verfasser und Lesergemeinde ist für Hillebrands Essays bezeichnend. Sie äußert sich, wie gezeigt wurde, in der sprachlichen Form, kommt aber auch inhaltlich zum Ausdruck. „Dieser Aufsatz", schreibt Hillebrand, am Beginn seines Essays über den ‚Alten und neuen Roman', „— die dürftige Frucht einer langen Muße, welche nur leichte Lektüre und Nachdenken über diese Lektüre in etwas verkürzten — sollte anfänglich den Titel führen: ‚Warum sind die alten Romane so unterhaltend und die neuen so langweilig?' Da begegnete der Verfasser noch zur rechten Stunde einer hochgebildeten, auch vorurteilslosen englischen Dame, die ihm gestand, sie hätte ‚Tom Jones' nie auslesen können, während ihm ein junger Diplomat von literarischen Prätensionen versicherte, der ‚Nabob' sei viel unterhaltender als der ‚Don Quichote'. Nun erst begann der Verfasser einzusehen, welch' relativer Begriff das Wort ‚unterhaltend' ist und daß vielleicht der moderne Leser ebensoviel als der moderne Romanschreiber damit zu tun hat, wenn der heutige Roman so — nun, so verschieden ist vom alten. So möge denn auch nur von dieser Verschiedenheit die Rede sein." (VII, 168). Oder wenn Hillebrand bei der Darstellung von Circourts Persönlichkeit eigenes Erleben einfügt: „Seine Sprechweise war eintönig und farblos: aber was lernte man nicht alles von ihm! Wie oft habe ich ihn nicht ausgefragt über Dinge, Verhältnisse, Menschen, über die man aus den Büchern eben absolut nichts lernen kann." (VI, 99). In das Bild, das Hillebrand von Bersot entwirft, rückt er ganz Persönliches ein: „Lernen Sie nur erst ordentlich Französisch und Sie werden noch dahinter kommen (daß Shakespeare nicht zu überschätzen und Racine nicht zu verachten sei), pflegte er zu mir zu sagen, und in der Tat, ich kam dahinter, aber freilich erst spät, und nachdem ich endlich glücklich den August Wilhelm Schlegel hinausgeworfen hatte, der sich in jedem jungen Deutschen meiner Generation eingenistet hatte. Und da ich einmal von mir gesprochen und da in Bersot der Mensch soviel interessanter war als der Schriftsteller, so sei ihm hier auch noch ein letzter Dank gesagt für alle die Teilnahme und Hilfe, die er mir in schweren Zeiten hat zuteil werden lassen, namentlich während des Sommers 1863, den ich im täglichen Umgange mit ihm in Versailles verlebte. Doch auch nachher noch unterstützte er mich mit Rat und Tat: Bersot vermittelte meinen Eintritt ins ‚Journal des Débats', der — for better or for worse, das mögen andere beurteilen — meiner ganzen schriftstellerischen Tätigkeit eine andere Richtung gegeben." (VI, 95). Hillebrand ist davon überzeugt, daß man in dem Kreis, für den er schreibt, seine Person kennt, daß man von seiner Mitarbeit am ‚Journal' weiß, daß man seine Essays gelesen hat und imstande ist zu beurteilen, ob der Eintritt ins ‚Journal', der Hillebrand auf die publizistische Linie führte, für ihn von Vorteil oder von Nachteil gewesen sei. In keiner Kunstform der Dichtung, auch nicht in den lyrischen Dichtarten, ist ein so enger persönlicher Kontakt zwischen Schriftsteller und Leser möglich. In keiner anderen literarischen Form steht die Persönlichkeit des Autors so sehr innerhalb jener Gemeinschaft, für die er schreibt, wie im Essay. Ganz besonders kommt die Autor-Publikum-Bezogenheit in den fiktiven Briefen zum Ausdruck: „Denk Dir, lieber Phosphorus [56], während Du im Gewühle der Großstadt Dich am Allermodernsten ergötztest und ereifertest, habe ich in meiner Waldeinsamkeit eine Entdeckung gemacht auf dem Felde der Prähistorie: die Entdeckung, daß das grand siècle wirklich ein großes Jahrhundert war. Wie's dem Menschen doch ergehen kann! Da lebt einer zwanzig Jahre in Frankreich, präpariert alle seine Examina wie ein guter Collégien, lernt seinen Racine hübsch auswendig und macht Auszüge aus dem Discours sur

---

[56] H's Essay knüpft an HEINRICH HOMBERGERS ‚Wereschagins Katalog. Ein Gespräch' an, der die Entwicklung der französischen Literatur aus dem Konventionellen ins Naturalistische darlegt. In: DR 1882, Jg. 32, S. 92—101. ‚Phosphorus' ist eine dort sprechende Person. Unter ‚Waldeinsamkeit' ist Arcachon bei Bordeaux gemeint, wo H., bereits schwer krank, den Winter 1881/82 verbrachte.

l'histoire universelle, promoviert an der Sorbonne, wird am Ende gar wohlbestallter Ordinarius-Publikus an einer französischen Fakultät, und — bei alledem kommt er nie recht dahinter, daß eine gescheite Nation wohl weiß, was sie tut, wenn sie einstimmig und dauernd eine Zeit, einen Menschen, ein Werk groß nennt." (VII, 143—44). Wie sehr Leben und Schicksal des Autors mit seinen Erkenntnissen in Beziehung stehen, kommt hier klar zum Ausdruck. Das Anekdotenhafte wird nicht nachträglich eingefügt, um das Geschriebene anziehender zu machen, es geht vielmehr von der Person des Verfassers selbst aus. Ähnliches geschieht im Gespräch in gebildeter Gesellschaft, wo der Sprecher eine Erkenntnis, eine Einsicht, etwas Originelles mitteilt, zugleich aber zum besten gibt, wie er darauf gekommen ist. Menschliches, oft Allzumenschliches findet in den Essay Eingang, damit aber auch menschliche Eitelkeit und Nichtigkeit. Die vanitas ist aus dem essayistischen Schaffen ebensowenig wegzudenken wie frei schaffender Geist und Macht der Persönlichkeit.

Gesellschaft und Essay haben weitere Berührungspunkte. Wie in der Gesellschaft so verletzt auch im Essay der Mensch nie den guten Ton und den guten Geschmack. Es gibt keinen naturalistischen Essay, auch keinen surrealistischen. Die äußeren Formen, die in einer bestimmten Gesellschaftsschichte die Grundlage jeder menschlichen Verständigung sind, werden auch im Essay nie verletzt. Denn der Autor selbst besitzt jene Qualitäten, die man im Kreis geistig und seelisch gebildeter Menschen schätzt. Er ist aufgeschlossen, zurückhaltend, von gewinnender, aber nie aufdringlicher Offenheit, unsentimental, dabei aber doch bereit, auf jedes tiefe Gefühl und Empfinden einzugehen. Er ist Herr der Situation, vergibt sich nie etwas, verletzt nie und findet über scheinbar unüberbrückbare Hindernisse hinweg Verbindendes und Versöhnendes. Hillebrand war der Typ dieses Menschen. Die ‚causerie familière' im besten Sinne des Wortes war für ihn mehr als Anregung, sie war ihm Lebenselement. Dies aber nicht nur dann, wenn sie Ernst und Tiefe mit Gefälligkeit, Annehmlichkeit und Anmut zu verbinden wußte.

Man würde aber dem Menschen und Essayisten Hillebrand nicht gerecht werden, wollte man seine geistige Gestalt einzig und allein aus Gespräch und gesellschaftlichem Umgang zu verstehen suchen. Das Gespräch war ihm viel. Im Essay fühlte er sich so recht zu Hause. Letzten Endes genügte er ihm aber nicht. In einem Essayband sah er trotz aller Sorgfalt, die er darauf verwendet hatte, nicht das eigentliche Werk, nicht die letzte geistige Leistung und Probe des Menschen, die ihn anspannt und ihm zugleich tiefe Befriedigung gibt. Höchsten und letzten geistig-menschlichen Einsatz glaubte und hoffte er in einem umfangreichen Werk, in seiner ‚Geschichte Frankreichs' finden zu können. Das Überraschende ist nun aber, daß dieses historische Monumentalwerk, das Fragment geblieben ist, vor allem durch jene Qualitäten glänzt, die seine Essays auszeichnen: Die unerhörte Materialmenge, die Hillebrand dafür zusammengetragen hatte, ist verarbeitet, gegliedert und gestaltet; die Darstellung ist lebendig, anschaulich und, wenn auch nicht so frei wie ein Essay, so doch weit von einer reinen Abhandlung entfernt. Manche der abgerundeten Kapitel des

Geschichtswerkes sind auch (manchmal in gekürzter Form) zuerst als Essays und dann erst in Buchform erschienen. Es scheint also, als führe die Darstellungsform eines Autors, der aus dem Erlebnis der Gesellschaft wächst und der das ‚freie Denken' nicht nur für eine Tugend, sondern für die einzige Form der Wahrheitssuche hält, mehr oder weniger direkt zum Essay. Dabei ist freilich Voraussetzung, daß der Autor über die sprachlichen Mittel und über die Kraft des Ausdrucks verfügt, ohne die ein Essay Dilettantismus bleiben muß.

Essay und Geschichte

Aus der Charakterisierung des Essays ergibt sich, daß rein historische Betrachtungsweise und essayistische Darstellungskunst einander ausschließen. Der Geschichtswissenschaftler ist bei seinen Ausführungen an das historische Geschehen gebunden. Richtige und vollständige Erfassung der früheren Zustände, lückenlose Erforschung des geschichtlichen Ablaufs, Wahrscheinlichkeit und innere Wahrhaftigkeit im Schluß auf Verlorenes und in der Deutung des Vorhandenen, das sind die Grundsätze, an die er sich halten muß. Nicht Vermutungen hat er zu geben, sondern ein Höchstmaß an Gewißheit. Seine Erkenntnisse müssen jederzeit nachprüfbar sein und sich widerspruchslos ins Gesamtbild einfügen. Ganz anders steht es mit dem Schaffen des Essayisten. Nicht das Tatsachenmaterial, sondern der originelle Blick des Darstellers ist in erster Linie von Interesse. Seine Denk- und Urteilsfähigkeit ist letzte Instanz. Nicht was geboten wird, sondern wie es dargestellt erscheint, ist wesentlich. Dieser Erkenntnis gegenüber drängt sich die Frage auf: Warum herrschen bei Hillebrand und so vielen anderen Essayisten historische Themen vor? Hillebrand war Historiker, er kam von der Geschichtswissenschaft zum Essay. Es ist naheliegend, daß sein Interesse hauptsächlich auf vergangene Zustände gerichtet war. Geschichtliches dem Leser vorzulegen, lag auch im Geiste der Zeit. Das war aber nicht immer so. Montaigne und Bacon etwa verfuhren noch ungeschichtlich. Weder ihr Gegenstand, noch ihre Methode standen der Geschichte oder der Geschichtswissenschaft nahe. Ihre Themen lagen auf anderem Gebiet. Montaigne: ‚De l'Oisiveté', ‚Des Menteurs', ‚Du Pédantisme', ‚C'est folie de rapporter le vrai et le faux au jugement de notre suffisance', ‚De l'Art de conférer', ‚De ménager sa volonté'. Bacon: ‚Of Truth', ‚Of Death', ‚Of Love', ‚Of Wisdom for a Man's Self', ‚Of Followers and Friends', ‚Of Ceremonies and Respects'. Die wenigen Beispiele zeigen, daß es Montaigne und Bacon weder darum ging, geschichtliche Abläufe zu verstehen, noch sie darzustellen. Ihr Interesse am Menschen war auf das Moralische gerichtet. Nicht Historiker waren sie, sondern Moralisten. Ihr Denken verlief im Bereich der menschlichen Sittlichkeit und der Lebensklugheit. Das war kein Zufall. Der Mensch des 16. und 17. Jahrhunderts war nicht der Meinung, daß die Kenntnis der Entwicklung schon Einblick in das Wesen von Mensch und Ding gewähre. Ganz im Sinne und Interesse ihrer Zeit wollten Montaigne und Bacon über die Dinge

Aussagen machen, die für den Menschen von Bedeutung sein können. Schon aus der Form der Essayüberschriften, die fast alle mit ‚De...' bzw. ‚Of...' beginnen, geht das hervor. Montaigne äußert in keiner Zeile Freude darüber, daß ihm irgendein geschichtlicher Zusammenhang aufgegangen sei; er freut sich aber über die Entdeckung, daß die Philosophie das Sterben erleichtere, oder daß man erst nach dem Tode eines Menschen erkennen könne, was in seinem Leben ein Glück gewesen sei und was nicht. Klugheit, Geschicklichkeit, Lebensweisheit, Erfahrung — das ist es, was die Menschen im Zeitalter Shakespeares, Cervantes, Gracians und Grimmelshausens interessierte und was die Gesellschaft jener Zeit vom Essayisten zu erwarten hatte. Noch heute liest man die Seiten Montaignes und Bacons mit Vergnügen. Die Frische, Lebensnähe und Wahrheit ihrer Aussagen sprechen den heutigen Menschen stark an. Vom modernen Essayisten verlangt der Leser aber, daß er tiefer gehe, daß er nicht nur Weisheit und äußere Beziehungen aufzeige, sondern daß er innere Zusammenhänge erfasse. Das Denken des modernen Europäers verläuft nicht mehr in den Bahnen von Klugheit, Lebenstüchtigkeit, Geschicklichkeit und Sittlichkeit, es zielt auf Lebensgesetze, Wesenszusammenhänge und Entwicklungstendenzen ab. Gesteuert wird das Denken, wie schon in früheren Zeiten, vom I n t e r e s s e, sei es des schöpferischen Menschen, sei es der Lesergemeinde. Das geistige Interesse beruht auf Irrationalem. Warum interessierte sich Goethe für Iphigenie? Aus Interesse an ihrer menschlichen Größe. Warum interessierte ihn menschliche Größe? Weil er sah, daß sie aus Überwindung, Selbstbezwingung und innerer Harmonie floß. Warum interessierte ihn gerade diese Form menschlicher Größe? Wohl, weil er in ihr Beziehungen zu seinem eigenen Menschsein und Lebensideal fand. Analysiert man das geistige Interesse einzelner oder ganzer Gruppen, so stößt man als letzte Erklärung immer auf ein irrationales Moment: auf innerlich menschliche Beziehungen zum Lebensgesetz des einzelnen oder der Gemeinschaft. Daß Montaigne darüber nachdachte, wie die Menschen seiner Zeit das Leben führen und wie es überhaupt geführt werden müßte, und daß Hillebrand den Zusammenhängen innerhalb der geschichtlichen Welt nachspürte, findet in nichts anderem seine Erklärung, als im Interesse des einzelnen und der Gesellschaft, der er entwachsen. Hillebrands Zeitgenossen beschäftigten sich nicht so sehr mit dem Problem, ob es die Philosophie oder die Gleichgültigkeit sei, die das Sterben erleichtere, oder in welchem Zeitpunkt man das Glück am besten zu erkennen vermöge. Dagegen fanden sie Gefallen an der Darstellung von Tassos Leben, hörten sie gerne über Petrarca, Milton, Byron, Napoleon, Balzac, Taine, Macchiavelli und andere. Was die Gebildeten zu Hillebrands Zeit interessierte, stammte also vorwiegend aus einem bestimmten Lebens- und Bildungsbereich. Der Inhalt ihrer Bildung war anders geworden, war verschieden von der Bildung anderer Epochen. Der entscheidende Unterschied lag in der Vorliebe für historische Themen und Fragen. Das geschichtliche Interesse ruhte aber nicht auf umfangreichem Tatsachenwissen einer breiten Schichte oder auf dem Einblick in das Kräftespiel, das dem geschichtlichen Werden zugrundeliegt. Hillebrand und andere

Essayisten seiner Zeit (Grimm, Frenzel, Kürnberger) beschränkten sich bei ihren essayistischen Darstellungen auffallend auf zwei Themen: Auf die Darstellung bedeutender oder origineller Persönlichkeiten und großer geschichtlicher Zusammenhänge. Rahel Varnhagen, Pückler-Muskau, Buloz, Panizzi, Circourt — das waren nicht Menschen, die am Hebelwerk der Weltgeschichte standen. Sie fielen auch nicht durch ihre überragenden Tugenden oder Untugenden, durch ihre Leistung, durch Tiefe, Weitblick, menschliche Größe oder durch Genialität auf, sondern waren Menschen besonderer Art, eigentümlicher Prägung und allein dadurch für die Gesellschaft interessant. Xavier Doudain war seinen Zeitgenossen völlig unbekannt. Hillebrand hatte in ihm aber eine große selbständige Persönlichkeit entdeckt; das genügte, um ihn der Mitwelt vorzustellen und um ihm ein Denkmal zu setzen. Individualität war alles, bedeutete mehr als Größe und Tiefe. Deutlich ist hier sichtbar, wie das Bildungsideal des deutschen Idealismus in die Breite gedrungen, vereinfacht und verflacht, zugleich aber auch Kult und Dünkel geworden war. Neben die Hochschätzung der überragenden Einzelpersönlichkeit trat das Interesse an großen geschichtlichen Linien, am Überblick über den historischen Entwicklungsgang. Im Essay ‚Zur Entwicklungsgeschichte der abendländischen Weltanschauung‘, ‚Zur Entwicklungsgeschichte der abendländischen Gesellschaft‘, ‚Wertherkrankheit‘ und in anderen Arbeiten überschaut Hillebrand souverän den Ablauf mehrerer Jahrhunderte. Die Gewißheit des Lesers, auf wenigen Seiten Jahrhunderte überblicken zu können, vermittelt ihm das Gefühl, den Stoff zu beherrschen, über ihm zu stehen. Es stärkt in ihm das Gefühl und die Überzeugung, zu den Gebildeten zu gehören, auf der Höhe der Zeit zu sein und schmeichelt seinem Selbstbewußtsein. Individualismus und Persönlichkeitskult der Nachklassik erscheinen hier nicht als Interesse an großen Vorfahren und Mitmenschen, sondern in der angemaßten Fähigkeit, weite Bereiche zu überschauen und dadurch selbst zu Größe aufzusteigen. In dilettantenhafter Weise glaubt der Leser im ‚geistigen Erlebnis‘ die Enge der bürgerlichen Welt durchbrechen, ihr durch Bildung entfliehen und selbst Bedeutung annehmen zu können.

Es zeigt sich also, daß alles das, was in Hillebrands Essays und im Essayschaffen der Zeit als historisches Interesse erscheint, nur in beschränktem Maße Interesse am geschichtlichen Sosein ist. In sehr vielen Fällen ist das historische Tatsachenmaterial, das mitgeteilt wird, nur Stoff, an dem das Interesse am großen Individuum sichtbar gemacht werden kann. Die Geschichte verliert dadurch ihre selbständige Macht; sie wird zu einer einfachen Exempelsammlung. Dies gilt aber nicht nur für den Gebildeten, für den Leser des Essays, sondern in gewissem Maße auch für Hillebrand selbst. Wo er volles Menschentum, in manchen Fällen freilich auch menschliches Gebrechen spürt, da setzt sein Interesse, sein Denken, sein Darstellen ein. Dabei blieb ihm manche geschichtliche Erscheinungsform unverständlich. Denn nicht immer sind seine Essays aus intensiver und ständiger Beschäftigung mit der betreffenden Epoche und geschichtlichen Situation hervorgegangen. Das selbstsichere Urteil, das sich auf die Kenntnis des Lebens und auf das nachklassisch-humanistische Bildungsideal stützte, ließ ihn auch Dinge beurteilen und aburteilen, zu denen er kein inneres Verhältnis hatte und haben konnte (Metternich, Rabelais, Flaubert, Carducci). Wo die innere Beziehung zum Gegenstand aber fehlt, da muß sich der Essayist des Urteils enthalten. Daß Hillebrand in manchen Fällen das nicht getan hat, erklärt sich aus seinem Glauben an die Macht der Bildung. Die humanistisch-historische Bildung ist von grundlegender Bedeutung für den Menschen, sie gibt ihm aber nicht das Recht, über alles zu urteilen. Kein Mensch vermag alle Dinge und alle Erscheinungsformen des Geistes zu verstehen. Dort, wo sich der Essayist auf Grund seiner Kenntnis und seiner Einsicht berufen fühlt, sein Urteil und seine persönliche Meinung der Öffentlichkeit mitzuteilen, wird er sich davor bewahren, aus dem Rahmen seiner literarischen Gattung zu fallen. Macaulay, dem es bei allem geschichtlichen Detailwissen doch stets um seine persönliche Ansicht ging, gibt in der Einführung zu seinem Essay ‚Warren Hastings' eine Erklärung seiner Absicht, die die Situation des Essayisten kennzeichnet: „We are inclined to think that we shall best meet the wishes of our readers if, instead of minutely examining this book, we attempt to give, in a way necessarily hasty and imperfect, our own view of the life and character of Mr. Hastings." [57]

Bei wenigen Autoren ist der Punkt, wo der **essayschaffende Geist** ansetzt, wo der Historiker zum Essayisten wird, so klar sichtbar wie bei Hillebrand. Wo die Tatsachen fehlen, schrieb Hillebrand in seinem ‚Dino Compagni', soll der Historiker (!) „les supposer en applicant sa connaissance de la nature humaine et des lois historiques." (DC, 289). Hillebrand meinte also, daß der Historiker zur Erreichung der „vérité idéale" nicht nur deutend vorgehen, sondern auch das Fehlende auf Grund seiner menschlichen und geschichtlichen Erfahrung ergänzen müsse. Mit dieser Forderung löst sich Hillebrand von der strengen Wissenschaftlichkeit, die über die Urkunden nicht hinauszugehen wagt. An die Stelle des historischen Rohmaterials, auf dem sich das Geschichtsbild aufbaut, setzt er die Kenntnis und Erfahrung des Historikers und des Menschen. Individuelle Schau tritt damit an die Stelle objektiver Wahrheit. Der erste Schritt weg von der Geschichtswissenschaft ist getan. Der Weg zum Essay ist nicht mehr weit. Hillebrand selbst hat eine Reihe von Arbeiten veröffentlicht, die zwischen Geschichtswerk und essayistischer Prosa stehen. ‚Dino Compagni', Teile von ‚La Prusse contemporaine' und von ‚De la Réforme de l'enseignement supérieure' und vor allem die ‚Geschichte Frankreichs' waren als historische Werke gedacht, tragen aber auf weiten Strecken starke essayhafte Züge. Um so dringlicher erscheint es, eine begriffliche Unterscheidung zwischen historischer Abhandlung und Essay vorzunehmen. Dort, wo auch bei glänzender sprachlicher Darstellung (wie im ‚Dino Compagni' und in der ‚Geschichte Frankreichs') der historische Sinn überwiegt, wo Hillebrand in der Darstellung in erster Linie den historischen Tatsachen folgt, da gibt er Geschichte. Wo er

---

[57] THOMAS BABINGTON MACAULAY: Warren Hastings. In: The works of Lord Macaulay. Bd 3. London 1898, S. 408.

dagegen über die geschichtlichen Tatsachen hinausgeht und ins allgemein Menschliche vorstößt, wo in seiner Betrachtung die historischen Daten nur Elemente des individuellen Denkvorganges sind, das Wesentliche aber im individuellen Blick auf den Gegenstand, im freien Urteil liegt, da schreibt er einen Essay. Die innere Geschlossenheit der einzelnen Abschnitte, die lebendige, unmittelbare und bilderreiche Sprache, das selbständige Urteil in Werken wie ‚Dino Compagni' oder die ‚Geschichte Frankreichs' stellen essayhafte Elemente dar. Diese Merkmale genügen aber nicht, die einzelnen Abschnitte dieser Werke als echte Essays zu bezeichnen, auch dann nicht, wenn sie zuerst in Zeitschriften erschienen sind. Denn es besteht kein Zweifel darüber, daß es Hillebrand hier in erster Linie um die Vermittlung historischen Stoffes gegangen ist. Im ‚Tasso', im ‚Montesquieu', im ‚Petrarca', im ‚Milton' und in den vielen anderen Porträts und Studien haben wir dagegen echte Essays vor uns, denn hier hält Hillebrand seinen eigenen Gedankengang fest, verfährt er unwissenschaftlich. Dem eigenen Gedankengang zu folgen, den inneren Rhythmus darstellend nachzuzeichnen, heißt im wissenschaftlichen Sinne jede Methode verleugnen. Geschichte ohne Methode sinkt jedoch zum Geschichtenerzählen oder zum einfachen Moralisieren herab. Was in der Geschichtswissenschaft amethodisch ist, ist aber zugleich ahistorisch. Und das ist seinem Wesen nach auch der Essay, gleichgültig was er darstellt.

Essay und Kritik

Die Tatsache, daß Hillebrand meist durch das Erscheinen von Büchern zu seinen Essays angeregt wurde, ja, daß in manchen Fällen die Grenze zwischen Essay und Rezension auf den ersten Blick gar nicht sichtbar ist [58], legt die Frage nahe, wie weit Essay und Kritik in innerer Beziehung miteinander stehen. Dies umso mehr, als Hillebrand selbst vom Kritiker verlangt, daß er sich in tadelloser Form ausspreche, ja daß Kritik Kunst sein müsse.

Wir stellten fest, daß es im Essay um die Wiedergabe eines Denkvorganges geht. Da der Gedanke ein „ursprüngliches, funktionelles Korrelat des Wortes" [59] darstellt, besteht eine innige Verbindung von Denkprozeß und literarischem Werk, von freiem Gedankengang und essayhafter Prosa. Freiheit des Denkens ist aber nur dort möglich, wo das Denken ungestört verlaufen kann, wo es frei bleibt von denkfremden Begriffen [60]. Hier setzt *Georg Negwer* mit seiner Behauptung ein, daß das kritische Verhalten der essayhaften Darstellungsweise zuwiderlaufe, weil die Kritik notgedrungen mit denkfremden Begriffen wie Logik, Methodik, Systematik arbeiten müsse [61]. Mit dieser Feststellung wird

---

[58] Vor allem in den Essays ‚Goethe' (Le Temps), ‚Hemsterhuis' (Le Temps), Carducci (II, 95—113), Flaubert (II, 172—90), Faust-Übersetzung (II, 114—127), Voltaire (Le Temps).
[59] HÖNIGSWALD, Denkpsychologie, S. 243.
[60] Vgl. S. 218.
[61] NEGWER, Essay, S. 12.

aber weder das Wesen der Kritik noch die Beziehung zwischen Kritik und Essay erfaßt oder klargestellt.

Im Abschnitt ‚Kunst und Kritik' [62] dieser Arbeit wurde versucht, das Wesen der Kritik und Hillebrands Bedeutung als Kritiker festzulegen. K r i t i k war als Verstehen und Vergegenwärtigen aufgefaßt, als Beurteilung, Einsicht, Aufdeckung von Wert und Unwert. Neben den drei ‚Naturformen der Dichtung', neben der epischen (mit erzählender Grundhaltung), der dramatischen (mit objektiver Darstellung geschlossener Handlung) und der lyrischen (die innerlich-seelische Vorgänge erschließt) zeichnet sich eine vierte Grundform des Erlebens und Dichtens ab: die kritische, die beurteilende und vergegenwärtigende. Sie drückt nicht ein Grundverhalten zur Natur, sondern zu Menschengeschaffenem aus (Literatur, Kunst, Musik usw.). Diese Grundhaltung dichterisch-künstlerischer Aussage unterscheidet sich dadurch von Drama und Lyrik und vor allem auch von der Epik, daß sie auf Handlung und auf Schaffung einer Wirklichkeits-Illusion verzichtet, aus dem Denkerischen wächst und sich an die Denkfähigkeit des Lesers wendet. *Werner Milch* bezeichnet die Kritik als ‚Gattung' [63], und weist dabei auf den wesenhaften Unterschied zwischen Kritik, Epik, Lyrik und Dramatik hin.

Kritik als Fähigkeit des Verstehens, des Vergegenwärtigens und des Beurteilens ist Ausdruck persönlichen Geschmacks und individueller Denkleistung. *Ernst Robert Curtius* faßt das Wesen der Kritik treffend zusammen: „Kritik bleibt immer ein Wagnis. Wertung ist unbegründbar. Der Grund ist wohl da, aber nur als Intuition. Sie kann überspringen als Funke. Mitteilbar ist sie nicht, nur vermittelbar. Das ist das Schöne an der Kritik. Sie ist ein Akt schöpferischer geistiger Freiheit. Freilich läßt sich die Intuition nachträglich motivieren. Aber diese Motivierung ist nur für den Mitfühlenden überzeugend. Grundakt der Kritik ist irrationaler Kontakt. Echte Kritik will nie beweisen, sie will nur aufweisen. Ihr metaphysischer Hintergrund ist die Überzeugung, daß die geistige Welt sich nach Affinitätssystemen gliedert." [66] Affinität, innere geheimnisvolle Beziehung zum Gegenstand, das ist die Grundlage einer kritischen Erkenntnis und einer kritischen Aussage.

Erst in unserer Epoche ist die Kritik zu universaler Bedeutung gelangt. Seitdem die Möglichkeit besteht, in kürzester Zeit Druckschriften herzustellen

---

[62] Vgl. 187—195.

[63] WERNER MILCH: Kleine Schriften zur Literatur- und Geistesgeschichte. Herausgegeben von Gerhard Burckhardt (= Veröffentlichungen der Deutschen Akademie für Sprache und Dichtung, Darmstadt, Bd 10) Heidelberg-Darmstadt 1957, S. 9—46. Vgl. FRITZ MARTINI: Poetik. In: Aufriß Bd 1, 2. Aufl. 1957, Sp. 248; GÜNTHER MÜLLER: Bemerkungen zur Gattungspoetik. In: Philosophischer Anzeiger 1929, Jg. 3, S. 129 ff.; KARL VIËTOR: Die Geschichte literarischer Gattungen. In: Geist und Form, Bern 1952. S. 292—309; Vgl. auch die Einleitung zu: EBERHARD LÄMMERT: Bauformen des Erzählens. Stuttgart 1955, S. 13—14. SIGMUND VON LEMPICKI: Über literarische Kritik und die Probleme ihrer Erforschung. In: Euphorion 1924, Bd 25, S. 501—517.

[66] CURTIUS, Kritische Essays, S. 300.

und sie in weite Kreise zu bringen, ist die Kritik zu immer größerer Bedeutung und auch zu Macht herangewachsen, begleitet sie deutend, beurteilend und verstehend das Schaffen und Wirken des schöpferischen menschlichen Geistes. Rezensionen, Besprechungen, Abhandlungen und Essays sind aus dem heutigen Literatur- und Kunstbetrieb nicht mehr wegzudenken. Kritik hat es aber immer schon gegeben. In allen Dichtungsarten sind kritische Aussagen anzutreffen, etwa so wie sich Lyrisches auch in Roman, Epos oder Drama finden kann. Schon im Mittelalter sind gelegentlich kritische Aussagen in epischen Werken anzutreffen, so im ‚Tristan' Gottfrieds von Straßburg und im ‚Alexanderlied' Rudolfs von Ems. Im Humanismus und Barock erscheint die kritische, die beurteilende und wertende Aussage häufig in Epigrammen (Logau), in Satiren (Christian Weise, Lichtenberg), im Roman (Grimmelshausen), aber auch in der Vorrede zu Werken (Hofmannswaldau, Gryphius, Wernicke). In der Aufklärung zeigt sich dann der Versuch, kritische Aussagen in Systeme zu schließen: Gottscheds ‚Buch von der deutschen Poeterei' ist das erste bedeutende Ergebnis solchen Bemühens. Bei Wieland („Der Teutsche Merkur'), Bodmer, Breitinger, Lessing und anderen Zeitgenossen tritt das kritische Interesse immer mehr in den Vordergrund. Ins Reich der Literatur findet die Kritik als Ausdruck einer menschlichen Grundeinstellung erst mit dem Aufkommen des Zeitschriftenwesens Eingang. Zeitungen und Zeitschriften sind ihr eigentliches Organ. Mit der Verbreitung des periodischen Schrifttums konnten sich Arten kritischer Aussage ausbilden. Auf Sainte-Beuves Bedeutung in der Entwicklungsgeschichte der literarischen Kritik wurde schon hingewiesen [67]. Das humanistisch-individualistische Bildungsideal im Gegensatz zum universalistischen Dogmenglauben spielte für das Aufkommen der Kritik als literarischer Gattung eine wesentliche Rolle. Es ist aber wichtig, sich darüber klar zu werden, daß von l i t e r a r i s c h e r Kritik erst dort gesprochen werden kann, wo das persönliche Verstehen, Vergegenwärtigen und Beurteilen in bestimmten literarischen Formen erfolgt. *Albert Dresdener* hat das für die Kunstkritik schon sehr richtig erkannt: „Das Kunsturteil ist zu allen Zeiten da gewesen und hat wohl auch immer seinen Einfluß ausgeübt, allein zu einer rationalen, historisch erkennbaren Größe wird es uns erst von dem Augenblick an, wo es, wenn dieser Vergleich statthaft ist, seinen Aggregatzustand wechselt. Ich meine hiemit den Vorgang, daß das Kunsturteil sich auf Grund bestimmter historischer Voraussetzungen zu einem bestimmten historischen Zeitpunkt organisiert hat. Diese Organisation erfolgte in der Weise, daß das Kunsturteil sich eine eigene literarische Vertretung und Form schuf; es entstand eine neue literarische Gattung — und diese nennen wir, in Übereinstimmung mit dem gemeinsamen Sprachgebrauch, die Kunstkritik." [68] Erst dann also, wenn das Urteil über das Menschengeschaffene oder über die menschliche Tätigkeit in einer bestimmten Form geschieht und die Veröffentlichung in einer bestimmten Art und Weise

[67] Vgl. 189—191.
[68] ALBERT DRESDENER: Die Kunstkritik, ihre Geschichte und Theorie. 1915, Bd 1, S. 8.

vor sich geht, kann von literarischer Kritik die Rede sein, ist es möglich, von Arten der Kritik zu sprechen. Der literarische Begriff ‚Art' ruht ja wesentlich im Formalen. Arten der Kritik wären etwa: Rezension, Besprechung, Abhandlung und Essay. Die Beziehungen zwischen Essay und Kritik entsprechen dem Verhältnis, das zwischen Lied und Lyrik oder zwischen Roman und Epik besteht.

Wie unrichtig es wäre, den Essay aus dem Bereich der literarischen Kritik auszuschließen und diese allein auf Rezension, Besprechung und Abhandlung zu beschränken, läßt sich bei Hillebrand eindringlich zeigen. In seinem *Torquato Tasso* vergegenwärtigt Hillebrand die Gestalt Tassos. Er versucht aber zugleich, den Dichter zu verstehen: „Und doch ging er zugrunde. Das Ausschlaggebende für das Glück des Menschen ist eben weder Geist, nicht einmal immer der Charakter, noch weniger die Umstände, sondern das Temperament. Und furchtbar hatte das Geschick den armen Tasso heimgesucht... die letzte Ursache seines furchtbaren Schicksals war sein Temperament." (IV, 344). Im Versuch, den Dichter und Menschen Tasso zu verstehen, schwingt Hillebrands persönliches Urteil mit: „In solchen Zuständen (am Fürstenhof) war nichts, was Tasso hätte verletzen können." (IV, 343). „Das Eigentümliche des italienischen Charakters ist eben immer die unverwüstliche Natürlichkeit und Anmut bei höchster Zivilisation, oft sogar bis in die Korruption hinein." (IV, 348). — „Es ist das Tragische und Charakteristische in Tasso, daß er, der im Staate, in der Religion, in der Dichtkunst vor allem, das Gesetz so unbedingt anerkannte, sich ihm so unbedingt unterwarf, dem gesellschaftlichen Gesetze sich nicht unterzuordnen vermochte." (IV, 352). — „Die Freiheit, die Tasso suchte, ist nicht von dieser Welt, und den, der ohne diese Freiheit nicht leben kann, zermalmt die Welt langsam aber sicher mit ihrem unwiderstehlichen Räderwerk." (IV, 359). Aus diesen wenigen Sätzen geht klar hervor: Hillebrand stellt Tassos Leben nicht nur dar, er vergegenwärtigt es nicht nur und versucht nicht nur, es zu verstehen, sondern er beurteilt es gleichzeitig und bezeugt damit seine kritische Einstellung zum Gegenstand.

In einem weiteren Sinne sind Hillebrands Essays kritisch. So wie sie uns heute in der Sammlung ‚Zeiten, Völker und Menschen' vorliegen, sind sie ursprünglich nicht erschienen. Sie waren umfangreicher. Sie bestanden meist aus zwei Teilen. Wenn neue Bücher herauskamen, die Hillebrand anregten oder sein engeres Interessengebiet betrafen, legte er seine Meinung über die Neuerscheinungen häufig in umfangreicheren Besprechungen nieder, in die er auch Einzelheiten sachlicher, formaler und technischer Art einfügte. Diesen eigentlichen Besprechungen folgte meist ein zweiter Abschnitt, in dem Hillebrand den Gegenstand darstellte, wie er ihn sah. Diese „zweiten Abschnitte" waren keine polemischen Auseinandersetzungen mit anderen Autoren und keine Abgrenzungen des eigenen Standpunktes, sondern in sich geschlossene Darstellungen von Menschen, Epochen oder Problemen. Den Schluß, der sich aus diesen Zusammenstellungen und Gegenüberstellungen ergab, die Bestätigung oder die Korrektur der Meinung und Ansicht eines anderen, überließ Hillebrand dem

Leser. Der Grund dafür liegt in seiner Weltauffassung. Gestalten, Epochen, gesellschaftliche Zustände sind das Ergebnis organischer Entwicklung, sind selbst Organismen, deren Wesen nicht durch eine einfache Beschreibung, sondern nur durch Darstellung erfaßt werden kann. Wesenhafte Unterschiede in der Auffassung kann der Kritiker daher nicht durch mehr oder weniger unverbindliche Werturteile und Einzelbeobachtungen anzeigen, sondern nur durch eine neue Darstellung, durch eine neue Wesenserhellung. Dadurch, daß nun Hillebrand in den Sammelbänden jeweils die ersten Abschnitte, die eigentlichen Rezensionen, wegließ und nur die Darstellungen abdruckte, verlieren seine Essays den unmittelbar kritischen Charakter, den sie in ihrer ursprünglichen Gegenüberstellung zu einer zeitgenössischen Publikation hatten. Die klare kritische Absicht ist heute oft kaum mehr sichtbar, da die Werke, die Hillebrand zu Rezension und Essay anregten, in vielen Fällen vom Büchermarkt verschwunden sind.

Jene Arbeiten, in denen Hillebrand keine scharfe Trennung zwischen Besprechung und Essay durchführte, in erster Linie also eine, wenn auch umfangreiche R e z e n s i o n bot, nahm er nicht in seine Sammlung auf. Spätere Leser, denen die Ausgaben, die ihn zu seinen Äußerungen anregten, nicht mehr vorliegen, wüßten, so meinte Hillebrand, mit solchen Schriften kaum etwas anzufangen. In wenigen Fällen ist Hillebrand von der Gepflogenheit, nur reine Essays in seine Sammlung aufzunehmen, abgekommen, so vor allem im zweiten Band der Sammlung ‚Wälsches und Deutsches': ‚Giosuè Carduccis neueste Gedichte', ‚Bei Gelegenheit einer italienischen Faustübersetzung', ‚Delirium Tremens' (Flauberts ‚La Tentation de Saint-Antoine'). Er rechtfertigt sein Vorgehen im Vorwort: „Es wäre ihm ein Leichtes gewesen, die Sammlung um vieles umfangreicher zu machen, hätte er (der Autor) alle in diesen fünf Jahren (gemeint ist 1870—1875) von ihm geschriebenen Aufsätze [69] mit aufnehmen wollen; allein er hat es vorgezogen, alle eigentlichen Rezensionen, soviel Arbeit sie auch gekostet haben mögen, hier auszulassen, sobald sie eben nur Rezensionen waren, d. h. das betreffende Werk in der Tat Gegenstand, nicht nur Anlaß des Aufsatzes war, dieser also nur die mehr oder minder ausführliche Analyse und die mehr oder minder eingehende Beurteilung desselben enthielt. Ja, selbst in den hier von ihm ausgewählten Artikeln hat er den kritischen und analytischen Teil, wo immer tunlich, weggeschnitten und sich beinahe nur auf die Titelangabe der Werke beschränkt, die ihm die Gelegenheit geboten, seine Ansichten über Epochen, Nationen, Persönlichkeiten, historische und literarische Fragen auszusprechen; denn er ist der Meinung, daß eine Rezension ihre Bestimmung erfüllt hat, wenn sie den Leser einer Zeitung oder Zeitschrift auf ein neuerschienenes Buch aufmerksam gemacht, ihm dessen Lektüre anempfohlen, oder davon abgeraten, vor allem ihm eine möglichst treue Idee vom Inhalte, der Form und dem Geiste desselben gegeben hat." (II, ix—x).

---

[69] Hillebrand verwendet die Begriffe ‚Essay', ‚Aufsatz' und ‚Artikel' ohne Unterschied.

Rezensionen schienen Hillebrand nicht des Sammelns wert, wohl aber Essays. Das mit Recht, denn von allen kritischen Arten ist der Essay die mächtigste, die einflußreichste und die künstlerischste. Die Abgrenzung des Essays von den anderen kritischen Arten ergibt sich aus der Definition des Essays. Dort wo „das betreffende Werk ... Gegenstand, nicht Anlaß ist" (II, ix), handelt es sich um eine Rezension, eine Besprechung oder eine Abhandlung. Dort aber, wo ein Kunstwerk oder irgendeine Schöpfung oder Tätigkeit des Menschen Anlaß für eine persönliche Betrachtung gibt, wo also die Persönlichkeit des Betrachters zumindest ebenso wichtig und interessant ist wie der Gegenstand, da kommt bei einem idealen Zusammenwirken von Denktrieb, originellem Blick und Sprachkraft ein Essay zustande.

SCHLUSSBETRACHTUNG

Auf dreierlei Wegen versuchten wir, uns der Gestalt Karl Hillebrands zu nähern. Im ersten Abschnitt stand der Mensch im Mittelpunkt. Entschlossen, mutig und zielbewußt vertrat Hillebrand seine Ideen und führte er aus, was er für richtig und gerecht hielt. Zweimal in seinem Leben bewies er, daß er bereit war, für seine Überzeugungen Heimat, Beruf, Rang, Wirkungskreis, Freundschaft und materiellen Vorteil zu opfern. Dennoch war an diesem offenen und festen Charakter nichts von Härte und Maßlosigkeit. Wie wenige Menschen verband Hillebrand Beharrlichkeit und zielsicheres Streben mit Gewandtheit, Anpassungsfähigkeit und Einfühlungsvermögen. Dazu wäre er nicht imstande gewesen, hätte über seinen starken Überzeugungen, über Vorliebe und Ablehnung, über Wert- und Geschmacksurteil nicht ein Höheres gestanden, das erhellte, erwärmte und menschlich berührte. Hillebrands Urteil wuchs nicht so sehr aus philosophischer Erkenntnis oder aus geschichtlicher Einsicht, sondern aus menschlicher Erfahrung. Wer viel verstehen, verzeihen, dulden und bewältigen, aber auch im Unabwendbaren resignieren gelernt hatte, und wer wie Hillebrand in der damals noch bestehenden Gesellschaft des bürgerlichen Zeitalters lebte und wirkte, dem bot sich die Welt nicht historisch, philosophisch oder psychologisch dar, sondern menschlich. Wo immer Hillebrand ansetzte, erfaßte sein Geist die Beziehungen und das Spiel der Kräfte, die das Dasein des Menschenlebens beherrschen, das schicksalhafte Zusammentreffen von Mensch und Gemeinschaft bestimmen und im Zusammenleben der Völker und Nationen von entscheidendem Einfluß sind. Aus den Porträts und aus den geschichtlichen Längs- und Querschnitten spricht Hillebrands origineller Blick ebenso eindringlich zu uns wie aus den völkervergleichenden Studien.

Lebenserfahrung in den führenden europäischen Kulturvölkern und ein waches Auge für all das, was verbindend und trennend zwischen Menschen und Völkern steht, bestimmte das schriftstellerische Talent Hillebrands und führte es einer Tätigkeit zu, der wir im neueren Europa höchste Bedeutung zumessen: der Vermittlung zwischen Parteien und Völkern. Hillebrands Freiheitsbewußtsein, das sein Denken und Wirken bestimmte, war nicht von der Art Tocquevilles. In der Analyse und im Verständnis sah er nicht die letzte Weisheit; das Erkannte mußte zur Tat werden, mußte wirken. Würde und Selbstbewußtsein des Menschen bedeuten nichts, solange sie nicht zur Handlung im Sinne der humanen Tradition Europas führen.

Ging es im ersten Abschnitt darum, den Charakter und das Talent Hillebrands aus seinem Streben und aus seinem Schicksal abzuleiten, so sollten im zweiten die Ideen und Überzeugungen dargestellt werden, die sein Denken und Wirken bestimmten. In seiner Einstellung zu den bewegenden Kräften des 18. und 19. Jahrhunderts wurden die Konturen seiner Welt- und Kunstanschauung sichtbar. Als Nachfahre Goethes und Wilhelm von Humboldts war Hillebrand ein später aber überzeugter Verfechter des humanistischen Bildungsideals. Das geschichtliche Leben sah er wie Herder pflanzenhaft verlaufen. Sein geschichtliches Verstehen trug aber nicht, wie jenes Herders, den Glanz des Neuen; vielfach ist es mit dem Gefühl verbunden, geistiges Gut des Volkes vor dem aufkommenden Rationalismus und Materialismus retten zu müssen.

Bewahrend wollte Hillebrand auch im Gesellschaftlichen wirken. Seine Zeit war reich an kulturellem Erbe. Was der deutsche Geist im 18. Jahrhundert geschaffen hatte, war Besitz einer breiten Volksschichte geworden. Wie nie zuvor war das Bürgertum Träger geistiger Werte. In dieser Gemeinschaft des Geistes und der Konvention sah sich Hillebrand stehen, für sie setzte er seine ganze Kraft ein, ihre Ideale wollte er bewahrt sehen vor dem Aufkommen der ungebildeten und traditionsarmen Massen. Daß der einzelne durch Bildung hinein wachsen könne in diese Gemeinschaft, schien ihm natürlich und wünschenswert; daß gegen die gebildete und kulturtragende Schichte des Staates aber vom demokratischen Recht der Masse Gebrauch gemacht werden sollte, das war in seinen Augen Barbarei und Ungeist. Freiheit, Gerechtigkeit und Menschlichkeit waren ihm höchste Werte, die Gleichheit und die Brüderlichkeit aber lehnte er als naturwidrig und als rationalistische Konstruktionen ab.

Am schönsten kommt Hillebrands individualistisch und humanistisch gefärbter Idealismus in seiner Auffassung von Kunst und Künstler zum Ausdruck: Der frei schaffende, schöpferische Mensch ist die höchste Form irdischer Vollendung. Sein Tun und Lassen ist absolutes Gesetz. Der Darstellung des Wahren und des Schönen ordnet sich das Moralische unter, denn das Wahre ist das Schöne. Der Künstler ist Priester, freilich aber nur dort, wo es seine Absicht ist, nicht die naturwissenschaftliche Wahrheit darzustellen, sondern die menschliche und künstlerische: das Schöne.

Den dritten Ansatzpunkt zur Erfassung von Hillebrands Gestalt stellte sein Essayschaffen dar. Hier finden sein Freiheitsbewußtsein und sein Glaube an die Macht und das Recht der Einzelpersönlichkeit — die beide den Geist der gebildeten Gesellschaft beherrschten — starken und unmißverständlichen Ausdruck. Im Essay nimmt die Persönlichkeit literarische Form an. Er stellt den literarischen Niederschlag des Denkprozesses eines frei urteilenden Geistes dar. Eine unhistorisch-individualistische Betrachtungsweise, eine beurteilende und vergegenwärtigende Einstellung zur Welt und sprachliches Können, das nach treffendem Ausdruck, nach Anschaulichkeit und Unmittelbarkeit des Gedachten sucht, fließen im Essay zusammen. In ihrer Einmaligkeit und in ihrer Einheit von Form und Gehalt erscheinen die Essays Hillebrands als Kunstwerke, die sich von der Dichtung nur durch ihre Art und Form, nicht aber durch das Maß an künstlerischer Geschlossenheit unterscheiden.

Wenn es gilt, zusammenfassend zu sagen, was uns Hillebrand als Mensch und Künstler bedeutet, so seien die Worte angeführt, mit denen Heinrich Homberger die Gestalt seines Freundes beschwor: „So hat er in einer Zeit, in welcher die Religion nicht länger die nationalen Grenzen aufhebt, dafür aber die Nationen mit religiösem Eifer daran sind, Grenzsteine festzurammen, hinter welchen nicht nur ihre politische Existenz, sondern auch ihre Sprache und Gesittung geborgen sein soll, in dieser Zeit eines engen und geräuschvollen Nationalismus hat Karl Hillebrand seine ruhige Rede getan für die große Gemeinschaft der Geister, hat er sein Leben gelebt unter mehr als einem Volk und für mehr als ein Volk, für die Freundschaft der Völker, für ihre von den staatlichen, ja selbst den sprachlichen Grenzen unabhängige, darüber hinwegreichende europäische Gesittung; „der Ruhe schönes Heiligtum" im Herzen, aber auf alle Stimmen lauschend, die von wo immer her etwas Gutes zu künden hatten, hat Karl Hillebrand für jene im Besitze keines einzelnen Volkes stehenden Güter gelebt, von denen sein geliebtester Dichter sagt, daß sie die allerhöchste Freude gewähren, weil sie allen gemein sind,

An die uns eine gütige Natur
Ein gleiches Recht gegeben, —

hat er das „Studium" des Menschen getrieben und gefördert in dem doppelten Sinne des lateinischen Wortes — als Menschenkenntnis und als Menschenliebe." [9]

[9] HOMBERGER, Essays und Fragmente, S. 106—107, und: I, 462.

SCHRIFTTUM

Die Schriften Hillebrands sind, soweit möglich, in zeitlicher Reihenfolge angeordnet. Dabei wurden die Essays der Sammlung ‚Zeiten, Völker und Menschen' nach dem ersten Erscheinen in B u c h f o r m angeführt. Soweit es festzustellen war, sind in Klammern frühere oder spätere Erscheinungsorte angegeben. Titel in Klammern stammen vom Verfasser; die betreffenden Arbeiten erschienen ohne Titelangabe. Trotz aller Bemühungen um Vollständigkeit ist das Schrifttumsverzeichnis lückenhaft. Einige Zeitschriften und Zeitungen, in denen Hillebrand vorübergehend mitarbeitete, waren dem Verfasser nicht zugänglich, so vor allem: Deutsche Zeitung, Spener'sche Zeitung, Nationalzeitung, Weserzeitung, New York Herald. Von La Gironde waren dem Verfasser nur Teile des Jahrganges 1863 erreichbar; der Rest ist an der Nationalbibliothek Paris nicht mehr vorhanden. In der ‚Allgemeinen Zeitung, Augsburg', in der ‚Pall Mall Gazette' und in der ‚L'Independance Belge' hat Hillebrand nachgewiesenerweise eine große Zahl von Korrespondenzen, Berichten und Buchbesprechungen veröffentlicht, die nicht gezeichnet wurden und daher heute nicht eindeutig als Arbeiten Hillebrands festzustellen sind.

A) *Schriften Karl Hillebrands*

1861

De sacro apud Christianos carmine epico, dissertationem seu Dantis, Miltonis, Klopstockii, poetarum collationem. Facultati litterarum Parisiensi proponebat ad Doctoris gradum promovendus. Paris 1861
Dino Compagni. Étude historique et littéraire sur l'époque de Dante. Paris 1861

1862

Dino Compagni. Étude historique et littéraire sur l'époque de Dante. 2. Ausgabe. Paris 1862

1863

Des conditions de la bonne comédie. Réponse à la question posée par l'Académie de Bordeaux: ‚Quels étaient l'état des mœurs et la disposition des esprits aux époques où brilla la bonne comédie? — Des éléments analogues existent - ils aujourd'hui en France? Mémoire couronné. Paris 1863
(Konflikt zwischen Kammer und Krone in Preußen) In: La Gironde, 27. Januar 1863

1864

Lectures allemandes élémentaires réunies et annotées. Paris 1864

1865

De l'apostolat de Dante et de son influence. In: RCL 1865, Jg. 2, 371—77
Otfried Müller: Histoire de la littérature grecque, traduite annotée et précédée d'une étude sur Otfried Müller et sur l'école historique de la philologie allemande. 3 Bde. Paris 1865 (Einleitung Vorabdruck ‚L'école historique' In: RM 1865, Bd. 33, 239—68. Später gekürzt: UE, 184—214)

1866

Otfried Müller: Histoire de la littérature grecque. 2. Auflage. Paris 1866
Goethe. In: Le Temps 26. September 1866, 28. September 1866 und 3. Oktober 1866 (Unter dem Pseudonym: Ch. Fuxelles)

Rezensionen:

— La correspondance de l'Abbé Galiani, Paris 1866. In: RCr 1866/1, S. 77—78
— Il libro de' sette savj di Roma, Pisa 1864; Traduzione del libro de' sette savj di Roma di Emilio Teza, Bologna 1865; Intorno al libro de' sette savj di Roma di Comparetti, Pisa 1865. In: RCr. 1866/1, 89—90
— F. T. Perren: Histoire de la littérature italienne, Paris 1866. In: RCr. 1866/2, 171—175
— Franz Wegele: Dante Alighieris Leben und Werke. Jena 1865. In RCr. 1866/2, 378—81

1867

La Prusse contemporaine et ses institutions. Paris 1867. (Stellt eine Zusammenfassung und Erweiterung von fünfzehn Aufsätzen dar, die zwischen dem 20. Juli und 24. November 1866 im JdD erschienen waren. Der Aufsatz über ‚Bismarck' — JdD, 26. Juli 1866, im Buche Abschnitt I, 5 — erschien in Deutsch: Schweizer Rundschau, Zürich, NF 1951, Jg. 19, 67—77; später: UE, 274—282)
Ludwig Häusser. In: RM 1867, Bd 43, 57—90 (Später: UE, 242—73)
Ludwig Häusser. Nekrolog. In: JdD, 5. April 1867
La jeune Allemagne de 1775. In: RCL 1867, Jg. 4, 497—503
Henri Heine. In: JdD, 24. März 1867
Le Christianisme moderne. Lessing. In: JdD, 21. und 23. November 1867
François Hemsterhuys. In: Le Temps, 4. Februar 1867 (Unter dem Pseudonym: Ch. Fuxelles)
Lectures allemandes élémentaires, Paris 1867 (Neuausgabe).

Korrespondenzen

— (Deutschlands politische Parteien). In: JdD, 2. März 1867
— (Die Lage in Deutschland). In: JdD, 29. März 1867
— (Deutsche Einigung). In: JdD, 4. August 1867

1868

Études historiques et littéraires. Tome I, Études Italiennes. Paris 1868. (Vorabdrucke: La politique dans les Mystères du XVe siècle — Laurant de' Médicis. In: RCL 1868, Jg. 5, 370—73 und 419—23; später daraus abgedruckt: Savonarola. In: JdD, 24. August 1868)

De la réforme de l'enseignement supérieure. Paris 1868. (Vorabdrucke großer Teile: RM 1868, Bd 45, 193—220; RM 1868, Bd 46, 589—610; RM 1868, Bd 47, 282—298)

La storia dell'Unità Alemana dal 1815—1867. In: NA 1868, Bd 8, 5—43 und 504—40; NA 1868, Bd 9, 211—256

De l'instruction publique en Italie. In: JdD, 24. Februar 1868

Korrespondenzen:

— (Bancroft Brief). In: JdD, 8. Februar 1868
— (Allgemeines Wahlrecht in Deutschland). In: JdD, 28. Februar 1868
— (Wahlergebnis Zollparlament). In: JdD, 7. April 1868
— (Abrüstung in Norddeutschland). In: JdD, 28. April 1868
— (Les Fêtes de Vienne). In: JdD, 16. August 1868
— (Österreich). In: JdD, 26. August 1868
— (Dezentralisation in Preußen). In: JdD, 13. November 1868
— (Affäre Twesten). In: JdD, 11. Dezember 1868

Rezensionen:

— V. Courdaveaux: Caractères et Talens, Paris 1867. In JdD, 3. Januar 1868
— Ludwig Bamberger: Vertrauliche Briefe an seine Wähler über das erste deutsche Zollparlament, 1868. In: JdD, 27. Juli 1868
— Fritz Reuter: In the year '13, traduit du bas-allemand en anglais par Charles Lee Lewis, Leipzig 1867. In: JdD, 1. Dezember 1868
— Antonio Pucci: Dante. Pisa 1868. In: RCr 1868/1, 135—36
— Nuova Antologia, rivista mensile, Firenze. In: RCr 1868/1, 327—28
— Heinrich Düntzer: Aus Goethes Freundeskreis, Braunschweig 1868. In: RCr 1868/2, 90—96
— Karl Frenzel: Neue Studien, Berlin 1868. In: RCr 1868/2, 174—76
— Lettere di Luigi Pulci a Lorenzo il Magnifico e ad altri, Lucca 1868. In: RCr 1868/2, 269—71
— Antonio Poliziano: Prose volgari inedite e poesie latine e greche edite e inedite par Isidoro del Lungo, Firenze 1867. In: RCr 1868/2, 300—03
— Rinaldo Fulin: Studi nell'Archivio degli Inquisitori di Stato, Venezia 1868. In: RCr 1868/2, 311—14
— Pasquale Villari: Savonarola, Leipzig 1868. In: RCr 1868/2, 364—65

1869

(L'enseignement primaire, gratuit ou non?). In: JdD, 25. Februar 1869

Wilhelm von Humboldt. In: JdD, 13. Mai und 1. Juni 1869

Une énigme de l'histoire. La captivité de Jeanne la Folle, 1506—1520. In: Rddm 1869, Bd 81, 663—90

Histoire de l'Europe pendant la Révolution Française (1789—1795). In: JdD, 9. Okt., 13. Okt. und 23. Okt. 1869

Lord Byron et les révélations de Mme Beecher-Stowe. In: JdD, 21. November 1869

Die französische Krisis, 14. Juni 1869. In: PJb, 1869, Bd 24, 102—110 (anonym)

Korrespondenzen:

— (Die deutsche Landwehr). In: JdD, 10. Januar 1869
— (Der Prozeß Ewald). In: JdD, 14. Januar 1869
— (Kirche und Staat in Preußen). In: JdD, 2. Juli 1869

Rezensionen:

— H. Schmidt: Étude sur la littérature allemande, Paris 1869. In: JdD, 10. Februar 1869
— d'Alton-Shee: Mes Mémoires I, Paris 1869. In: JdD, 20. Februar 1869
— Mémoires d'une idéaliste. Genf-Basel 1869. In: JdD, 8. Juli 1869
— German Popular Stories. Illustr. of George Cruikshank, edited by Edgar Taylor, introduced by John Ruskin, London 1869. In: JdD, 11. Juli 1869
— Alphonse Royer: L'Histoire universelle du théâtre. Bd 1 und 2. Paris 1869. In: JdD, 19. Juli 1869
— La materia del Morgante in un ignoto poema cavalleresco del secolo XV. Ed. di Pio Rajna, Bologna 1869. In: RCr 1869/2, 347—50

1870

Drei Briefe aus Paris, 15. Januar, 23. Januar und 30. Januar 1870. In: PJb 1870, Bd 25, 185—211 (anonym)
(La Revue Critique). In: JdD, 13. Februar 1870
La société de Berlin de 1789 à 1815
    I Le monde Isréalite et les idées nouvelles. In: Rddm 1870, Bd 86, 447—86
    II Les originaux. In: Rddm 1870, Bd 87, 67—113
    III Le reveil d'une nation. In: Rddm 1870, Bd 90, 5—26.
    (Eine deutsche Übersetzung von Hermann Uhde-Bernays in: UE, 13—81; ein kurzer Vorabdruck unter dem Titel ‚Rahel' erschien in DR 1955, Bd 81, 257—65).
Wieland. In: JdD, 5. Mai, 13. Mai und 22. Mai 1870
L'organisation de l'armée prussienne. In: RCr 1870, Jg. 7, 538—41

Korrespondenzen:

— (Die Lage in Bayern). In: JdD, 20. Februar 1870
— (Bismarck und die Nationalliberalen). In: JdD, 13. März 1870
— (Italien und Rom). 35 Korrespondenzen über die Einnahme Roms. In: The Times, 15. September 1870 bis 6. Februar 1871. (anonym). — Wichtig darunter: Italy and Rome (15. September); Italy and the Pope (24. September); The siege of Rome (27. September); The Italians at Rome (29. und 30. September und 3., 4. und 8. Oktober); The Pleviscite at Rome (10. Okt.); The Italians in Rome (11. Okt.); The Roman Pleviscite (12. Oktober); Italy and Nice (13. Oktober); The Italians in Rome (17. Oktober); The capital of Italy (18. Oktober).

Rezensionen:

— Heinrich Sybel: Histoire de l'Europe pendant la Revolution Française II. Trad. Mlle Dasquet. In: JdD, 8. Juni 1870
— Jean d'Heurs: La Charmeuse, Paris 1870. In: JdD, 27. Juni 1870
— C. Humbert: Molière, Shakespeare und die deutsche Kritik, Leipzig, 1869. In: RCr 1870/1, 9—13
— Hermann Hettner: Literaturgeschichte des 18. Jahrhunderts, Braunschweig 1869/70. In: RCr 1870/1, 70—78 und 163 und RCr 1870/2, 140—44
— F. H. Jacobis Nachlaß, Briefe von und an F. H. Jacobi, Leipzig 1869. In: RCr 1870/1, 133—38
— Goethes Unterhaltungen mit dem Kanzler Friedrich von Müller, herausgegeben von C. A. H. Burckhardt, Stuttgart 1870. In: RCr 1870/1, 208—09
— Hugo Delff: Dante Alighieri und die göttliche Komödie, Leipzig 1869. In: RCr 1870/2, 86—88

- J. A. Scartazzini: Dante, seine Zeit, sein Leben und seine Werke, Bielefeld 1869. In: RCr 1870/2, 147—49
- M. Bergmann: Les prétendues maîtresses de Goethe, Straßburg 1870. In: RCr 1870/2, 150—52
- Isidoro del Lungo: La patria e gli antenati d'Angelo Poliziano, Firenze 1870; Isidoro del Lungo: Uno scolaro dello studio fiorentino des secolo XV, Firenze 1869. In: RCr 1870/2, 152—53
- Briefe politischen Inhalts von und an Friedrich von Gentz, herausgegeben von Clemens von Klinkowstroen, Wien 1870. In: RCr 1870/2, 158—60

1871

The Prospects of Liberalism in Germany. In: FR 1871, Bd 16, 387—420
La società Berlinese sessant'anni addietro secondo memorie e corrispondenze del tempo recentemente pubblicate. In: NA 1871, Bd 16, S. 5 — 43 und 568—99 (Fortsetzung von ‚La société de Berlin' in Rddm 1870)
La chute du pouvoir temporel. Souvenirs et impressions d'un spectateur.
    I Les Préliminaires. In: JdD, 24. Juli 1871
    II La campagne. In: JdD, 14. Juli 1871
    III La Prise de Rome. In: JdD, 27. Juli 1871
    IV Le Pleviscite. In: JdD, 27. August 1871
    V Roma capitale. In: JdD, 1. September 1871
(Stellt eine Zusammenfassung der Times-Korrespondenzen von 1870 dar. Erschienen unter dem Pseudonym: Ch. - A. Fuxelles)
Dante et Goethe. In: JdD, 18. September 1871 (Unter dem Pseudonym: C.-A. Fuxelles)

1872

Caroline Schlegel. In: FR 1872, Bd 17, 408—27 und 549—76
Herder. In: NAR 1872, Bd 115, 104—38 und 235—87, und NAR 1873, Bd 116, 389—424. (Etwas gekürzt und ins Deutsche übertragen erschienen in: UE, 82—183; der letzte Abschnitt als Vorabdruck in: Merkur 1953, Jg. 7, 1127—35)
Laboulaye über die freie Kirche im freien Staat. In: AZB 308, 3. November 1872
Deutsche Erzieherinnen (im Ausland). In: AZB 363, 28. Dezember 1872
Voltaire. In: JdD, 3. Juni 1872 (Unter dem Pseudonym: Ch. Fuxelles)

Rezensionen:

- V. Courdaveaux: Éschyle, Xénophon et Virgile, Paris 1872. In: JdD, 30. Juni 1872 (Unter: Ch.-A. Fuxelles)
- Caroline Michaelis: Briefe an ihre Schwester, ihre Tochter Auguste, an die Familie Gotter und andere, herausgegeben von G. Waitz, Leipzig 1871. In: RCr 1872/1, 30—32
- Georg Zimmermann: Johann Heinrich Merck, seine Umgebung und seine Zeit, Frankfurt 1871. In: RCr 1872/1, 78—80
- Henry Crabb Robinson: Aufzeichnungen über deutsches Geistesleben im ersten Drittel dieses Jahrhunderts, Weimar 1871. In: RCr 1872/1, 106—07
- Briefwechsel von Katharina Elisabeth Goethe, Leipzig 1871. In: RCr 1872/1, 126—28
- Alfred Mézières: Goethe. Les œuvres expliquées par la vie. Paris 1872. In: RCr 1872/2, 13—16

— Ferdinand Lotheissen: Literatur und Gesellschaft in Frankreich zur Zeit der Revolution 1789—94, Wien 1872. In: RCr 1872/2, 94—96

1873

Zwölf Briefe eines ästhetischen Ketzers. Berlin 1873 (anonym)
Frankreich und die Franzosen in der zweiten Hälfte des 19. Jahrhunderts. Berlin 1873. (Dreizehn Abschnitte, erschienen zuerst als Essays in der AZB zwischen 1. Sept. und 15. Okt. 1872 und zwar folgend: Familie und Sitte, Unterrichtswesen, Die Provinz und Paris, Geistiges Leben, Politisches Leben [Titel: Das Ideal und seine Verwirklichung], Die Herrscher [Titel: Napoleon III. und die Republikaner], Thiers und die Konstitutionellen, Französische Stimmen über Deutschlands Gegenwart und Zukunft. — (Ein Teil des Abschnittes ‚Die Herrscher' wurde unter dem Titel ‚Le centre gauche et le bonapartisme' in französischer Übersetzung gedruckt in: RPL 1874, Jg. 3, 886—90)
Italiens ‚Undankbarkeit' (Reaktion auf den Tod Napoleons III.) In: AZ 17, 17. Januar 1873

1874

Zwölf Briefe eines ästhetischen Ketzers. 2. Auflage. Berlin 1874. (anonym)
Frankreich und die Franzosen in der zweiten Hälfte des 19. Jahrhunderts. 2. umgearbeitete und vermehrte Auflage. Berlin 1874. (Vermehrt um: ‚Schlußbetrachtung', S. 287—314; sonst stilistische Änderungen und z. T. neue Kapitelüberschriften)
Italia, Hrsg. von Karl Hillebrand, Bd 1, Leipzig 1874 (Darin K. H.: Übersicht über die politische Lage Italiens im Jahre 1874. S. 297—306)
Winckelmann. In: FR 1874, Bd 15, 760—784 und FR 1874, Bd 22, 27—51
Die italienische Kirchenpolitik. In: AZ 143, 23. Mai 1874
John Stuart Mill (Selbstbiographie). In: AZB, 19. März 1874, Nr. 78; 29. März 1874, Nr. 88; AZ, 4. April 1874, Nr. 94.

1875

Frankreich und die Franzosen in der zweiten Hälfte des 19. Jahrhunderts. Berlin 1875. 3. Auflage, im Text stark erweitert u. geändert. (Statt: ‚Französische Stimmen über Deutschlands Gegenwart und Zukunft' zwei neue Essays: ‚Renan als Politiker' und ‚Pariser Arbeiterzustände')
Italia, Hrsg. von Karl Hillebrand. Bd 2, Leipzig 1875 (Darin K. H.: Übersicht der politischen Lage Italiens; S. 327—35)
Wälsches und Deutsches (= Zeiten, Völker und Menschen, Bd 2), Berlin 1875. Enthält: Petrarca (vorher: NFP 3553, 18. Juli 1874; später: VM, 66—77; GG, 15—22). — Lorenzo de' Medici (vorher: NFP 3623, 27. Sept. 1874 und NFP 3628, 2. Oktober 1874; später: VM, 78—96; GG, 23—35). — Die Borgia (später: VM, 97—109; GG, 36—44). — Alessandro Manzoni. Ein Nachruf. — Guerrazzi (vorher: AZB 273, 30. September 1873). — Niccolò Tommaseo. Nekrolog. (vorher: AZB 126, 6. Mai 1874 und AZB 132, 12. Mai 1874). — Giosue Carduccis neueste Gedichte (vorher: AZB 305, 1. November 1873; später: Voce del Popolo, Bologna, 5. November 1873 in italienischer Übersetzung.) — Bei Gelegenheit einer italienischen Faustübersetzung (vorher: NFP 3449, 2. April 1874). — Über einige revolutionäre Gemeinplätze. — Jules Michelet (vorher: NFP 3405, 17. Februar 1874). — Prosper Mérimée und die Unbekannte (später: GG, 251—60; FGS, 103—116). — E. d'Alton.

— Delirium tremens. — Stil- und Gedankenmoden. — G. G. Gervinus (vorher: PJb 1873, Bd 32, 379—428). — Einiges über den Verfall der deutschen Sprache und der deutschen Gesinnung (vorher: AZ 265, 22. September 1873 und AZ 266, 23. September 1873; später: AB, 86—100). — Über historisches Wissen und historischen Sinn (vorher: NFP 3542, 7. Juli 1874 und NFP 3544, 9. Juli 1874; später: AB, 100—120). — Über Sprachvermengung (vorher: NFP 3495, 19. Mai 1874). — Schopenhauer und das deutsche Publikum (vorher: AZB 352, 18. Dezember 1874; später: AB, 120—129). — Zur neuesten deutschen Memoirenliteratur. — Der Verstorbene (Pückler-Muskau) (vorher: NFP 3763, 16. Februar 1875 und NFP 3764, 17. Februar 1875; später: GG, 232—50). — Rahel Varnhagen und ihre Zeit (vorher: GW 1875, Bd 7, 36—39, 58—60 und 86—89).

Die Kriegsbefürchtungen und ihre Ursachen. In: AZ 135, 15. Mai 1875

Sizilianische Zustände. In: AZB 16, 16. Januar 1875

Süditalienische Zustände. In: AZ 216, 4. August 1875; AZ 218, 6. August 1875 und AZ 222, 10. August 1875

Joseph Hillebrand: Die deutsche Nationalliteratur seit dem Anfange des 18. Jahrhunderts, besonders seit Lessing bis auf die Gegenwart. 3 Bde. Gotha 1875. Dritte Auflage besorgt von Karl Hillebrand. (1. Auflage 1845, 2. Auflage 1850; Karl Hillebrand hat die letzten Abschnitte des dritten Bandes überarbeitet und zum Teil neu geschrieben)

An den Herausgeber der ‚Gegenwart'. In: GW 1875, Bd 8, 75 (Gezeichnet: ‚Ästhetischer Ketzer') (Mit diesem Schreiben führte Hillebrand einen langen Essay ein: ‚Über Publikum und Quellen der Popularität' GW 1875, Bd 8, 76—78, 92—93 und 118—121)

1876

Italia, Hrsg. von Karl Hillebrand, Bd 3, Leipzig 1876 (Darin K. H.: Übersicht der politischen Lage Italiens; S. 290—298).

Aus und über England (= Zeiten, Völker und Menschen, Bd 3) Berlin 1876. Enthält: Briefe aus England I—XX (Sommer und Herbst 1873) (vorher unter dem Titel: ‚Völkerpsychologisches aus England' in AZB, und zwar: Brief II in AZB 201, 20. Juli 1873; III in AZB 224, 12. August 1873, später: EG, 25—29; IV in AZB 225, 13. August 1873, später: EG 30—36; V in AZB 221, 9. August 1873, später: EG, 17—23; VI in AZB 231, 19. August 1873, VII, später: EG, 37—42; VIII in AZ 244, 1. September 1873, später: EG, 42—48; X, später: EG, 49—55; XI, später: EG, 57—68; XIII in NFP 3481, 5. Mai 1874 [Titel: Liberty, Equality, Fraternity]; XV—XIX in AZB 70, 11. März 1875 und AZB 71, 12. März 1875 [Titel: Dickens; später: GG, 206—231; EG, 69—73]). — Pariser Zustände im Lichte des englischen Romans (vorher unter dem Titel ‚Französische Zustände und englische Beobachter' in: DR 1875, Bd 2, 89—110, vgl. dazu DR 1875, Bd 3, 134). — Englische Beobachtungen über französisches Familienleben (vorher: AZB 259, 16. September 1875; AZB 261, 18. September 1875; AZ 263, 20. September 1875; AZB 265, 22. September 1875; AZB 267, 24. September 1875). — John Morleys Studien über das 18. Jahrhundert in Frankreich (Voltaire, Rousseau, Diderot) (Der Abschnitt über Rousseau vorher: AZB 261, 18. September 1874 und AZB 266, 23. September 1874). — Fieldungs ‚Tom Jones' (vorher: RCL 1866, Jg. 3, 655—662; später: VM, 169—192). — Lawrence Sterne (vorher: JdD, 12. April 1872 und 16. April 1872 unter dem Pseudonym Ch. A. Fuxelles; später: VM, 193—211) — Zur Wirkung des Bandes vgl. AZ 231, 8. Sept. 1873.

Zur Kunstliteratur (Fiedler: Über die Beurteilung von Werken der bildenden Kunst, Leipzig 1876). In: AZB 68, 8. März 1876

Eine Anklageschrift gegen Neu-Deutschland (Paul de Lagarde: Über die gegenwärtige Lage des deutschen Reiches, Göttingen 1876). In: AZ 108, 17. April 1876

Die parlamentarische Revolution vom 18. März 1876 in Italien (N. Marselli: La rivoluzione, Torino 1876). In: AZ 205, 23. Juli 1876; AZ 206, 24. Juli 1876; AZ 208, 26. Juli 1876; AZ 211, 29. Juli 1876)

1877

Italia, Hrsg. von Karl Hillebrand, Bd 4, Leipzig 1877. (Darin K. H.: Übersicht der politischen Lage; S. 292—306).

Geschichte Frankreichs von der Thronbesteigung Louis Philipps bis zum Falle Napoleons III. Teil 1: Die Sturm- und Drangperiode des Julikönigtums (1830—1837). (= Geschichte der europäischen Staaten, herausgegeben von A. H. L. Heeren, F. A. Ukert und W. v. Giesebrecht; Geschichte Frankreichs 1830—1837). Gotha 1877. — (Folgende Teile des Buches waren schon vorher als Essays erschienen: ‚Europa nach der Julirevolution, Oktober 1830 bis März 1831' gekürzt in: PJb 1876, Bd 38, 494—524 und 608—41; ‚Die Herzogin von Berry und die Anfänge der legitimistischen Partei in Frankreich, 1832 bis 1833, nach meist ungedruckten Quellen', gekürzt in: DR 1877, Bd 10, 31—61; ‚Louis Napoleon Bonapartes erstes Auftreten' gekürzt in: DR 1876, Bd 10, 209—213)

Adolf von Hildebrands ‚Adam' im Leipziger Museum. In: GW 1877, Bd 12, 426—27 (Unter dem Pseudonym: Ch. Arnold Fuxelles)

1878

Profile (= Zeiten, Völker und Menschen, Bd 4). Berlin 1878. Enthält: Ein Wort über moderne Sammelliteratur und ihre Berechtigung. — X. Doudain (später: FGS 13—27). — H. de Balzac (später: GG, 183—205; FGS, 28—58). — Gräfin d'Agoult. — M. Buloz (später: FGS, 59—68). — M. Thiers (vorher: DR 1877, Bd 13, 418—49; später: FGS, 123—159). — Ernest Renan als Philosoph. — H. Taine als Historiker (vorher: DR 1877, Bd 12, 12—33 unter dem Titel: Das vorrevolutionäre Frankreich und sein neuester Geschichtsschreiber). — Die gefürsteten Mediceer. 1537—1737. — Ein fürstlicher Reformer des 18. Jahrhunderts (Leopold I. 1765—1790). — Gino Capponi (vorher: AZB 40, 9. Februar 1876; später: GG, 261—272). — N. Macchiavelli (später: VM, 110—19; GG, 45—51). — François Rabelais (später: GG, 52—66). — Torquato Tasso (später: VM, 120—132; GG, 67—74). — John Milton (vorher: GW 1878, Bd 13, 40—43 unter dem Titel: Über John Milton und seine neuesten Biographen; später: VM, 133—43; GG, 75—81)

Enrico Heine (Briefe, Paris 1877; Atta Troll, übersetzt von Giuseppe Chiarini, Bologna 1878). In: RS 1878, Bd 1, 334—36

Herder (Sämtliche Werke, Bd 1—3, Berlin 1877—78). In: RS 1878, Bd 1, 25—28

Enrico Heine: L'Atta Troll, tradotto di Giuseppe Chiarini, con prefazione di Giosue Carducci e note di Karl Hillebrand, Bologna 1878.

Rezensionen:

— Louis Vian: Histoire de Montesquieu, sa vie et ses œuvres d'après des documents nouveaux et inédits. Préface de Ed. Laboulaye, Paris 1878. In: DLB 1878 Bd 1, 61—62

- Ernesto Masi: La vita, i tempi, gli amici di Francesco Albergati, Bologna 1878. In: DLB 1878, Bd 1, 93—95
- Un homme d'autrefois. Souvenirs recueillis par son arrière-petit-fils le Marquis Costa de Beauregard, Paris ³1878. In: DLB 1878, Bd 1, 116—117
- Indiscrezioni d'un interviewer (Nassau William Senior: Conversations with M. Thiers, M. Guizot and other distinguished persons, London 1878). In: RS 1878, Bd 2, 319—22

1879

Geschichte Frankreichs von der Thronbesteigung Louis Philipps bis zum Fall Napoleons III. Teil 2: Die Blütezeit der parlamentarischen Monarchie (1837—1848). (= Geschichte der europäischen Staaten usw.). Gotha 1879. (Teile des Buches waren als Essays erschienen: ‚Die belletristische Bewegung im Julikönigtum, 1830—1848' in: DR 1878, Bd 16, 60—81; ‚Die Anfänge des Sozialismus in Frankreich, 1830—1848', in: DR 1878, Bd 17, 368—402; ‚Das Ende des Julikönigtums, nach meist ungedruckten oder jüngst veröffentlichten Quellen', in: DR 1878, Bd 19, 361—392)
La démiculture et la réforme des gymnases en Allemagne. In: RCL 1879, Bd 16.

Rezensionen:

- W. H. Mallock: The new Paul and Virginia or Positivism on an Island, London 1878. In: DLB 1879, Bd 1, 144—145
- Ernest Legouvé: L'art de la lecture à haute voix, Paris ¹⁵1879; Ernest Legouvé: Petit traité de lecture à haute voix à l'usage des écoles primaires, Paris 1878. In: DLB 1879, Bd 1, 150—151
- Conversations with M. Thiers, M. Guizot and other distinguished persons during the second Empire. By the late Nassau William Senior. Ed. by his daughter M. C. M. Simpson. 2 Bde, London 1878. In: DLB 1879, Bd 1, Beilage 4, 165—66
- William Eduard Hartpole Lecky: A History of England in the 18th century. 2 Bde. London 1878. In: DLB 1879, Bd 2, 75—76
- Leslie Stephen: English Thought in the 18th century. 2 Bde. London 1879. In: DLB 1879, Bd 2, 88—89
- Mémoires de la Mme de Rémusat, 1802—1808, Paris 1880. In: RS 1879, Bd 4, 424—27
- Graf Bismarck und seine Leute während des Krieges mit Frankreich, nach Tagebuchblättern von W. Busch. Leipzig ³1878. 2 Bde. Übersetzt ins Englische unter dem Titel: Bismarck and the Franco-Prussian War, New York 1879. In: International Review 1879, Jg. 6, 425—42

1880

La France et les Français pendant la seconde moitié du XIXe siècle, impressions et observations, ouvrage traduit de l'allemand sur la 3me édition par E. Minoret, Paris 1880

Six Lectures on the History of German Thought from the Seven Year's War to Goethe's death; delivered at the Royal Institution of Great Britain, May and June 1879, London 1880

Giosue Carducci: Ausgewählte Gedichte, metrisch übersetzt von B. Jacobson, mit einer Einleitung von Karl Hillebrand, Leipzig 1880

Napoleone Bonaparte, primo Console, a proposito delle Memoire de Mme de Rémusat. In: RS 1880, Bd 5, 12—16

Rezensionen:

— John Morley (Hrsg.): English Men of Letters. 7. Bde. London 1879. In: DLB 1880, Bd 2, 110—11, 117—19
— T. H. S. Escott: England, its people, policy and pursuits, London 1880, 2 Bde, In: DLB 1880, Bd 3, 10—11
— C. Dareste: Histoire de la Restauration, Paris 1880, In: DLB 1880, Bd 3, 28—29
— A. Edmond-Blanc: Napoléon Ier, ses institutions civiles et administratives, Paris 1880. In: DLB 1880, Bd 3, 56—58 und in RS 1880, Bd 6, 88—91

1881

Geschichte Frankreichs von der Thronbesteigung Louis Philipps bis zum Fall Napoleons III. Ergänzungsheft zum 1. Band: ‚Die Julirevolution und ihre Vorgeschichte' (1814—1830) (= Geschichte der europäischen Staaten usw.) Gotha 1881
France and the French in the second half of the nineteenth century, translated from the third German edition. Ed. by George Cornwall-Lewis, London 1881
Aus dem Jahrhundert der Revolution (= Zeiten, Völker und Menschen, Bd 5) Berlin 1881. Enthält: Montesquieu (später: VM, 258—82; GG, 82—98). — England im 18. Jahrhundert (vorher: DR 1879, Bd 21, 371—98 und CR 1880, Bd 37, 1—30 unter dem Titel: England in the 18th century; später: VM, 212—57 und in der dritten Auflage von GG, 99—123 unter dem Titel: Edmund Burke und sein Freundeskreis). — Francesco Albergati, ein vornehmer Dilettant des 18. Jahrhunderts. — Katharina II. und Grimm (vorher: DR 1880, Bd 25, 377—405; später: GG, 124—54). — Siebzehnhundertneunundachtzig. — Henri Costa de Beauregard. — Mme de Rémusat und Napoleon Bonaparte (vorher: DR 1880, Bd 23, 358—82); später: GG, 155—82). — Metternich (vorher: DR 1880, Bd 22, 432—459 und CR 1880, Bd 37, 644—672). — Nach einer Lektüre (Vergleich zwischen dem 18. und dem 19. Jahrhundert) Erschienen auch in Italienisch: RS 1880, Bd 6, 358—61)
Auslieferungsverträge, Sicherheitspolizei und Nihilismus. In: GW 1881, Bd 19, 241—43

Rezensionen:

— I. Grota: Pisma Imperatrizi Ekaterini II, K. Grimmon (1774—1796), St. Petersburg 1878 und 1880, 2 Bde. In: DLB 1881, Bd 3, 136—38
— R. Chantelanze: Louis XIV. et Marie Mancini d'après nouveaux documents, Paris 1880. In: FdD 1881, Jg. 3, 5

1882

Zeitgenossen und Zeitgenössisches (= Zeiten, Völker und Menschen, Bd 6) Berlin 1882. Enthält: Zur Charakteristik Sainte-Beuves (vorher: DR 1878, Bd 15, 200—21 unter dem Titel: Aus dem Leben Sainte-Beuves; später: FGS, 69—102). — Guizot im Privatleben (vorher: DR 1881, Bd 26, 343—54 und CR 1881, Bd 39, 478—90 unter dem Titel: Guizot in private life). — Philarète Chasles. — Ernest Bersot. — Graf Circourt (später: FGS, 117—22). — Eine ostindische Laufbahn (colonel Meadows Taylor; später: EG, 87—97). — Ein englischer Journalist (Antonio Gallenga; später: EG, 75—85). — Antonio Panizzi (vorher: DR 1881, Bd 29, 235—52). — Luigi Settembrinis Denkwürdigkeiten (vorher: NZ, Mai 1880, zugleich in Italienisch: RS 1880, Jg. 5, 275—78 unter dem Titel: Le ricordanze di Luigi Settembrini giudicate all'estero). — Giuseppe Pasolini. — Das belgische Experiment I und II (vorher: DR 1880, Bd 24, 258—78 und 397—416, vgl. DR 1883, Bd 37, 268). — Deutsche Stimmungen und Verstimmungen (vorher: CR 1880, Bd 38, 40—54 und: Littell's Living Age, Boston, 146, 497 unter dem

Titel: On the sources of German discontent; später: gekürzt in: AB, 62—72). — Halbbildung und Gymnasialreform (vorher: DR 1879, Bd 18, 422—51, RCL 1879, Bd 16 und CR 1881, Bd 39, 877—903 unter dem Titel: On half-culture in Germany, causes and remedies; später gekürzt: AB, 73—85)

Die Anfänge der Republik in Frankreich (1848). In: DR 1882, Bd 30, 221—45 und 409—19. (Sollte in den dritten Band der ‚Geschichte Frankreichs' aufgenommen werden.)

1883

Otfried Müller: Histoire de la littérature grecque. Dritte Auflage, verbessert und erweitert. Paris 1883

Gambetta. In CR 1883, Bd 43, 179—89 (Gezeichnet: A. German. Wurde von Isolde Kurz ins Deutsche übersetzt und in die vierte Auflage von ‚Frankreich und die Franzosen' aufgenommen)

1884

Theodor Heyse. Ein Nachruf. In: GW 1884, Bd 25, 183—85.
Zum Schopenhauerdenkmal. In: GW 1884, Bd 25, 277—79

1885

Kulturgeschichtliches. Aus dem Nachlasse herausgegeben von Jessie Hillebrand, mit einem Holzstich nach der Büste von Adolf Hildebrand. (= Zeiten, Völker und Menschen, Bd 7) Berlin 1885. Enthält: Zur Entwicklungsgeschichte der abendländischen Weltanschauung (vorher: SL, 4—36 unter dem Titel: On the part of the five great European Nations in the work of modern culture, 1450—1850; Zeitschrift für allgemeine Geschichte 1885, Bd 2, 97—111 in der Übersetzung von Isolde Kurz; später: VM, 1—23; AB, 7—26; Deutscher Geist. Ein Lesebuch aus zwei Jahrhunderten. Revidierte und erweiterte Neuausgabe, Berlin und Frankfurt 1953 und 1959, Bd 2, S, 326—44). — Zur Entwicklungsgeschichte der abendländischen Gesellschaft (vorher: DR 1881, Bd 27, 260—83 unter dem Titel: Über die Entwicklungsgeschichte der Gesellschaft bei verschiedenen Nationen Europas; CR 1881, Bd 39, 877—903 unter dem Titel: On some national characteristics of European society; später: VM, 24—65; AB, 26—62; EG, 105—115 gekürzt). — Jungdeutsche und Kleindeutsche, 1830—1860 (vorher: SL, 264—90 unter dem Titel: Young Germany and Little Germany; GW 1881, Bd 19, 117—19 und 133—36). — Die Wertherkrankheit in Europa (später: VM, 283—320 und gekürzt in: Deutscher Geist. Ein Lesebuch aus zwei Jahrhunderten. Berlin 1940. Bd 2, S. 665—74). — Über die Konvention in der französischen Literatur (vorher: DR 1885, Bd 44, 196—208). — Vom alten und vom neuen Roman (vorher: DR 1884, Bd 38, 422—35; CR 1884, Bd 45, 388—402 unter dem Titel: About old und new novels). — Über die Fremdensucht in England (vorher: NCR 1879, Bd 6, 615—38 unter dem Titel: Familiar letters on modern England). — Über das religiöse Leben in England (vorher: NCR 880, Bd 7, 995—1019 unter dem Titel: Familiar conversations in modern England). — Der Engländer auf dem Kontinent (später: EG, 99—103, gekürzt). Vgl. K. H. In: Zs. für allgemeine Geschichte. Hrsg. von Zwiedineck-Südenhort 1885, Bd 2, 97—111.

Neuauflagen und Neuausgaben nach Hillebrands Tod

1886

Profile (= Zeiten, Völker und Menschen, Bd 4). Zweite Auflage, Berlin 1886
Aus dem Jahrhundert der Revolution (= Zeiten, Völker und Menschen, Bd 5). Zweite Auflage, Berlin 1886
Zeitgenossen und Zeitgenössisches (= Zeiten, Völker und Menschen, Bd 6). Zweite Auflage, Berlin 1886

1892

Wälsches und Deutsches (= Zeiten, Völker und Menschen, Bd 2). Zweite Auflage. Berlin 1892 (Vermehrt um: ‚Zum Schopenhauerdenkmal' aus GW 1884, Bd 25, 277—79)
Aus und über England (= Zeiten, Völker und Menschen, Bd 3). Zweite verbesserte und vermehrte Auflage, Straßburg 1892. (Vermehrt um ‚Robinson Crusoe und Defoe'; dieser Essay wird von Jessie als ‚ungedruckt' angeführt, er war aber schon in Französisch erschienen: RCL 1865/66, Bd 3, 640—647; später: VM, 144—168)

1894

Lectures allemandes élémentaires. Nouvelle édition. Paris 1894

1898

Frankreich und die Franzosen in der zweiten Hälfte des 19. Jahrhunderts. Vierte verbesserte und vermehrte Auflage, Straßburg 1898. (Erweitert um den Essay ‚Gambetta' aus: CR 1883, Bd 43, 179—189, dort gezeichnet: A German. Übersetzt von Isolde Kurz). Im Anhang an diese Ausgabe: Heinrich Hombergers Essay ‚Karl Hillebrand', der als Nekrolog in der ‚Nation' Berlin erschienen war
Geschichte Frankreichs während des Julikönigtums (1830—1848), Register, Gotha 1898

1902

Aus dem Jahrhundert der Revolution (= Zeiten, Völker und Menschen, Bd 5). Dritte Auflage, Straßburg 1902

1907

Profile (= Zeiten, Völker und Menschen, Bd 4). Dritte Auflage, Berlin 1907
Zeitgenossen und Zeitgenössisches (= Zeiten, Völker und Menschen, Bd 6). Dritte Auflage, Berlin 1907

1914

Völker und Menschen. Volksausgabe. Auswahl aus dem Gesamtwerk ‚Zeiten, Völker und Menschen', nebst einem Anhang ‚Briefe eines ästhetischen Ketzers'. Einführung von M. G. Gerhard. Straßburg 1914. Enthält: Zur Entwicklungsgeschichte der abendländischen Weltanschauung, Zur Entwicklungsgeschichte der abendländischen Gesellschaft, Petrarca, Lorenzo de' Medici, Die Borgia, Macchiavelli, Torquato Tasso, John Milton, Defoë und Robinson Crusoe, Fieldings Tom Jones, Lawrence Sterne, England im 18. Jahrhundert, Montesquieu, Die Wertherkrankheit in Europa, Zwölf Briefe eines ästhetischen Ketzers

1924

Abendländische Bildung (= Bücher der Bildung, Bd 8). München o. J. (1924) — Enthält: Zur Entwicklungsgeschichte der abendländischen Weltanschauung, Zur Entwicklungsgeschichte der abendländischen Gesellschaft, Halbbildung oder Bildung?, Sprachverfall und Gesinnungsverfall?, Überschätzen wir die Geschichte?, Was ist uns Schopenhauer?, Unser Verhältnis zur Kunst (Entspricht: Briefe eines ästhetischen Ketzers). Nachwort von Josef Hofmiller

1941

Geist und Gesellschaft im alten Europa. Literarische und politische Porträts aus fünf Jahrhunderten. Ausgewählt und eingeleitet von Julius Heyderhoff. Leipzig 1941. Enthält: Petrarca, Lorenzo de' Medici, Die Borgia, Macchiavelli, François Rabelais, Torquato Tasso, John Milton, Montesquieu, Katharina II. und Grimm, Madame Rémusat und Napoleon Bonaparte, Honoré de Balzac, Charles Dickens, Fürst Pückler-Muskau, Prosper Mérimée und die Unbekannte, Gino Capponi.

1942

Geist und Gesellschaft im alten Europa. Zweite Auflage. Leipzig 1942

1946

Englischer Geist, englischer Charakter. Eindrücke und Beobachtungen aus der viktorianischen Zeit. Hrsg. von Julius Heyderhoff. Düsseldorf 1946. Enthält: Englische Lebensfülle (vorher: III, 32—39). — Englische Strukturen von 1873 (vorher: III, 16—31). — Englische Wettkämpfe, englische Schulen (vorher: III, 47—62). — Lord Palmerston (vorher: III, 72—86). — John Stuart Mill, Jugendentwicklung (vorher: III, 87—102). — Englische Wesenszüge bei Dickens (vorher: III, 158—167). — Ein englischer Journalist (vorher: VI, 120—135). — Eine ostindische Laufbahn (vorher: VI, 104—119). — Englisches Auftreten auf dem Kontinent (vorher: VII, 310—335 gekürzt). — Entwicklung der englischen Gesellschaft (vorher: VII, 49—62).

1947

Französischer Geistesspiegel 1830—1880. Hrsg. von Julius Heyderhoff. Düsseldorf 1947. Enthält: X. Doudain, Balzac, Buloz, Sainte-Beuve, Mérimée, Graf Circourt, Thiers.

1948

Daniel Defoe und Robinson Cruseo. Eine kulturpolitische Sinndeutung für Mütter und Erzieher. Eisenach 1948 (= Die goldenen Schriften)

1954

Geist und Gesellschaft im alten Europa. Dritte erweiterte Auflage. Stuttgart 1954.
(Erweitert um den Essay: ‚Edmund Burke und sein Freundeskreis', ursprünglicher Titel: England im 18. Jahrhundert)

1955

Unbekannte Essays aus dem Französischen und Englischen übersetzt und mit einem biographischen Nachwort ‚Joseph und Karl Hillebrand' hrsg. von Hermann Uhde Bernays. Bern 1955. — Enthält: Die Berliner Gesellschaft in den Jahren 1789 bis 1815 (Aus der Rddm 1870); Otfried Müller (Einleitung zur Übersetzung der griechischen Literaturgeschichte von Otfried Müller, Paris 1865, Bd 1); Ludwig Häusser (Aus RM 1867); Herder (Aus NAR 1872/73); Bismarck (Aus JdD, 1866 und ‚La Prusse contemporaine', Paris 1867). [Vgl. dazu vor allem: Franz Schnabel: Erinnerungen an K. H. In: DR 1955, Bd 81, 1202—03; K. H. In: The Times, Literary Supplement 1955, S. 774; Jacob Peter Mayer: K. H. in: Merkur 1956, Jg. 10, 1122; Wolfram Mauser: K. H. In: Rivista di Letterature Moderne e Comparate 1955, Jg. 8, 286—88; K. C. Hayens. In: Erasmus, Brüssel 1957, 10, S. 283—86].

B) Nachlaß

Der literarische Nachlaß Karl Hillebrands fiel in Bremen den Bomben zum Opfer. Im Nachlaß befanden sich: Das Manuskript zu „La société de Berlin" (soweit nicht erschienen) (L. Bamberger, DR 1884, Bd 41, S. 448) und sechsundzwanzig „dem deutschen Publikum bisher unbekannt gebliebene Arbeiten" (vgl. Zeitschrift für allgemeine Geschichte, 1885, Bd 2, S. 97), von denen neun im Band 7 ‚Kulturgeschichtliches' erschienen.

C) Die Briefe Karl Hillebrands

Hillebrand hat den Abdruck seiner Briefe ausdrücklich verboten (ADB, Bd 50, S. 339), aber schon O. Crusius hat sich darüber hinweggesetzt.

1. Gedruckte Briefe (in zeitlicher Reihenfolge):

Hermann Hüffer: Aus dem Leben Heinrich Heines. Berlin 1878, S. 156—63 (Brief Hillebrands an Hüffer über sein Verhältnis zu Heine, datiert 7. Januar 1876, häufig abgedruckt)
Academy 1878, Bd 13, 118—19. (Brief an Gabriel Monod über die politische Einstellung)
Alfred von Reumont: Charakterbilder aus der neueren Geschichte Italiens. Leipzig 1886, S. 587—88 (Brief Hillebrands an Reumont über seine Einstellung zum Katholizismus)

Pasquale Villari: Uno scritto ineditto. In: RSI 1886, Bd 3, 968—970. (Brief Hillebrands an G. H. Desbats, undatiert, über den dritten Band der ‚Geschichte Frankreichs')
Gino Capponi: Lettere di Gino Capponi e di altri a lui, raccolte e pubblicate da Alessandro Carraresi. 6 Bde. Florenz 1890, in Bd 6, S. 336—37 (Langer Brief Hillebrands aus Bordeaux, datiert 1. Dezember 1861)
Sigmund Schott: Karl Hillebrand über das Lesen als Bildungsmittel. In: Biographische Blätter. Herausgegeben von Anton Bettelheim. 1895, Bd 1, S. 452—55; später erschienen in: Deutscher Bibliophilenkalender für Wien 1916, Bd 4, 132—36
Hans von Bülow: Briefe und Schriften, Bd 4—7, Leipzig 1899—1908.
La Mara (Marie Lipsius): Briefe hervorragender Zeitgenossen an Franz Liszt. Nach den Manuskripten herausgegeben von La Mara. Leipzig 1904 (1836—1886), S. 189—90 und 197—198. (Briefe Hillebrands an Franz Liszt)
Friedrich Nietzsche und Karl Hillebrand. Unveröffentlichte Briefe mit einem Begleitwort von Otto Crusius. In: SMh 1909, Jg. 6/2, 129—42 (4 Briefe Hillebrands, 2 Briefe Nietzsches, im Anhang ein Brief Hillebrands an Hans von Bülow)
Bamberger, Ludwig: Gesammelte Schriften I, Berlin 1913, S. 303.
Julius Heyderhoff: Briefreihen an Sybel und Treitschke. In: SMh 1914, Jg. 12/1, 96—104
Alessandro D'Ancona: Pagine Sparse di letteratura e di Storia con appendice ‚Dal mio carteggio'. Florenz 1914, S. 392—94 und 428. (Zwei Briefe Hillebrands über seine Lage in Frankreich, 22. Februar 1869 und 17. März 1878)
Julius Heyderhoff: Aus der Werkstatt eines guten Europäers. Ausgewählte Briefe Karl Hillebrands. In: PJb 1931, Bd 226, S. 39—50 (Briefe an Treitschke, Rodenberg, Wilhelm Sattler, Alfred von Reumont, Hans von Bülow, Sigmund Schott)
Julius Heyderhoff: Briefe Karl Hillebrands. In: Corona 1934, Jg. 4, S. 562—575 (Briefe an Malwida von Meysenbug, Julius Rodenberg, Alfred von Reumont, Paul Heyse, Sigmund Schott, Frau Felicie Gildemeister, Julius Rodenberg)
Geist und Gesellschaft im alten Europa. Hrsg. von Julius Heyderhoff, 1941 und ³1954 (In der Einleitung wird ein Brief an Paul Lindau angeführt).

2. Ungedruckte Briefe (nach Empfängern geordnet):

Empfänger	Anzahl	Jahr	Aufbewahrungsort
Barzellotti, Giacomo	1	1884	Giuseppe Fatini, Florenz
Braun, Otto, Chefredakteur der ‚Allgemeinen Zeitung, Augsburg'	5	1873—1876	Braun'sche Autographensammlung; Schiller-National-Museum, Marbach a. N.
Capponi, Gino	2	1860—1861	National-Bibl., Florenz
Carducci, Giosué	8	1871—1877	Casa Carducci, Bologna
Cotta-Verlag	21	1868—1876	Schiller-National-Museum Marbach a. N.
Döllinger, Ignaz von	1	1879	Bayrische Staatsbibliothek, München, Döllingeriana II.
Fransoni, Domingo	5	1873—1880	National-Bibl., Florenz
Gladstone, William, Premierminister	1	1875	British Museum, London

Empfänger	Anzahl	Jahr	Aufbewahrungsort
de Gubernatis, Alessandro	7	1872—1876	National-Bibl., Florenz
Guerrieri-Gonzaga, Anselmo	1	1862	Familien-Archiv Guerrieri-Gonzaga-Bertolini, Mantua-Florenz
Guerrieri-Gonzaga, Emma	6	1874—1884	Familien-Archiv Guerrieri-Gonzaga-Bertolini Mantua-Florenz
Hartwig, Otto	14	1873—1882	Nassauische Landesbibl., Wiesbaden
Heine, Heinrich	2	1850	Heine-Sammlung Strauß
Heyse, Paul	11	1873—1880	Bayrische Staatsbibliothek, München
Hildebrand, Adolf von	12	1881—1883	7 Nachlaß Hildebrand 5 Verfasser
Krahnstroever	1	?	Verfasser
Kurz, Isolde	1	?	Schiller-National-Museum, Marbach a. N.
Lagarde, Paul de	2	1877, 1878	Niedersächsische Staats- u. Universitätsbibliothek Göttingen
Loë, Frh. von, Generalfeldmarschall	1		Privatarchiv der von Loë, Schloß Wissen, Niederrhein
Liszt, Franz	4	1875—1876	Nationale Forschungs- und Gedenkstätten, Weimar
Martini, Ferdinando	4	1880—1881	National-Bibl., Florenz
Unterrichtsministerium Paris	1	1868	Luigi Villari, Rom
Paris, Gaston	23	1866—1878	National-Bibl., Paris
Meyer, Paul	1	?	National-Bibl., Paris
Peruzzi, Ubaldino	17	1872—1880	National-Bibl., Florenz
Pratesi, Mario	1	18'9	Giorgio Bandini, Florenz
Rajna, Pio	2	1876—1877	Bibl. Marucelliana, Florenz
Reumont, Alfred von	9	?	Universitäts-Bibl., Bonn
Rodenberg, Julius	38	1872—1884	Nationale Forschungs- und Gedenkstätten, Weimar
Rosselmini-Gualandi	3	?	Universitäts-Bibl., Pisa
Sattler, Meta (Brief in Versen über die Flucht aus Rastatt, 22 S.)	1	1880	Staatsarchiv, Bremen

Empfänger	Anzahl	Jahr	Aufbewahrungsort
Scherer, G.	1	1874	Bayrische Staatsbibliothek München, Sohereriana VIII
Sybel, Heinrich von	26	1866—1881	Deutsches Zentralarchiv I, Merseburg
Teza, Emilio	7	1862—1877	Bibl. San Marco, Venedig
Villari, Pasquale	30	1866—1884	Luigi Villari, Rom
Vieusseux, Gian Pietro	1	1860	National-Bibl., Florenz
Wagner, Richard	1	1877	Richard-Wagner-Archiv, Bayreuth

D) Tagebücher

Im Nachlaß Adolf von Hildebrands fanden sich zwei Tagebücher:
I. 11. September 1860 (Turin) bis 18. Oktober 1860 (Florenz)
II. 14. Dezember 1881 (Arcachon bei Bordeaux) bis 30. März 1882.
(Beide Tagebücher befinden sich im Besitz des Verfassers).

E) Darstellungen zu Leben und Werk

ANDREAS, WILLY: Ludwig Häusser und Karl Hillebrand. Eine geistesgeschichtliche Studie. In: Zs. für die Geschichte des Oberrheins 1957, Bd 104, 489—507
BAMBERGER, LUDWIG: K. H. In: DR 1884, Bd 41, 443—456. Später: L. Bamberger: Charakteristiken (= Gesammelte Schriften, Bd 2) Berlin 1894, S. 137—69
BARZELLOTTI, GIACOMO: Carlo H. In: FdD, 2. November 1884
BARZELLOTTI, GIACOMO: Carlo H. In: Studi e ritratti. Mailand o. J. S. 208—235. (Gedruckte Abschiedsrede, gehalten am 22. Dezember 1884 im Circolo Filologico von Florenz). Abgedruckt auch in: ASI 1885, Serie 4, Bd 15, 291—310 und Revue Internationale 1885, Bd 5, 668—690
DERNBURG, HEINRICH: Erinnerungen an K. H. In: Nationalzeitung, Berlin, März 1885
FECHTER, PAUL: K. H. In: Neue deutsche Hefte 1956, Heft 24, 911—21
GIESEBRECHT, WILHELM VON: K. H. In: Sitzungsberichte der philos. philol. und hist. Klasse der köngl. bayr. Akademie der Wissenschaften zu München. 1885, 220—226
GOLDSMITH, ULRICH K.: K. H., Bekehrter Revolutionär. In: Symposium, Syracuse University 1957, Bd 11, 25—45
HARTWIG, OTTO: K. H. In: AZB 1885, Nr. 98, 1433—1435; AZB 99, 1885, 1450 —1452; AZB 100, 1885, 1466—1468. Später: Otto Hartwig: Aus dem Leben eines

deutschen Bibliothekars. Erinnerungen und biographische Aufsätze. Herausgegeben von Erich Leisegang. Marburg 1906, S. 131—177

HAUPTS, LEO: K. H. als Publizist und Politiker. Diss. Köln 1959.

HEYDERHOFF, JULIUS: Einführung zu: Karl Hillebrand: Geist und Gesellschaft im alten Europa. 3. Auflage, Stuttgart 1954, S. 5—13

HEYDERHOFF, JULIUS: Einführung und Nachwort zu: K. H.: Englischer Geist, Englischer Charakter, Düsseldorf 1946, S. 7—16, 117—120.

HOFMILLER, JOSEF: K. H. In: Die Bücher und wir. München 1950, S. 76—83

HOMBERGER, HEINRICH: K. H. In: Die Nation, 29. November, 6. und 13. Dezember. 1884. Später: Heinrich Homberger: Essays und Fragmente. München 1928, S. 55—107 und als Anhang zu: Karl Hillebrand: Frankreich und die Franzosen. Vierte Auflage. 1898, S. 415—462. Eine Übersetzung ins Italienische von Giulia Weismann-Rigutini in: Nuova Rivista Internationale 1885, Bd 4, Heft 23 und 24. Zu Hombergers Aufsatz vgl.: Heinrich Homberger: Selbstgespräche. München 1928, S. 72

KLEIN, HEINZ WALTER: Studien zur Weltanschauung und Ästhetik K. Hs. Diss. Bonn 1949 (Masch.)

KURZ, ISOLDE: K. H. In: Florentinische Erinnerungen. Berlin und Stuttgart 1937, S. 102—107.

LEE, VERNON: K. H. In: Athenaeum, London 1884, Bd 2, 561 (1. November 1884)

LEPPLA, RUPPRECHT: K. H., ein Mittler zwischen Deutschland und Frankreich. In: Antares 1954, Jg. 2, Heft 2, S. 10—17

MAUSER, WOLFRAM: K. Hillebrands humanistisches Bildungsideal. In: Natalicium Carolo Jax septuagenario oblatum (= Innsbrucker Beiträge der Kulturwissenschaft) Innsbruck 1955, Heft 4, 31—38

MAUSER, WOLFRAM: Incontri Italiani di K. H. In: NA 1957, Bd 469, 541—550

MERK, HEINRICH: Deutsche Essayisten. In: Neue Jahrbücher für deutsche Wissenschaft. Herausgegeben von Friedrich Knorr. Berlin 1937, Jg. 13, 546—551

MEYER, RICHARD MORITZ: K. H. In: ADB, Bd 50, 333—339, später gekürzt in: Literarhistorische und biographische Aufsätze. Bd 2, Berlin 1911, 18—33

MORGENTHALER H.: Der Essayist K. H. Diss. Freiburg/Br. 1958. (Da diese Diss. bis zur Drucklegung der vorliegenden Arbeit nicht zugänglich war, konnte sie nicht herangezogen werden.)

MÜNZ, SIEGMUND: K. H. In: Revue Internationale. Herausgegeben von Alessandro de Gubernatis und Auguste Fantoni 1884, Jg. 2/4, 107—110

PRATESI, MARIO: K. H. In: Illustrazioni Italiane 11, 16. November 1884, 310—311 (mit einer Zeichnung nach Hillebrands Photographie S. 308)

REUMONT, ALFRED VON: K. H. In: Charakterbilder aus der neueren Geschichte Italiens. Leipzig 1886, S. 267—295

SALOMON, LUDWIG: K. H. In: Illustrierte Zeitung, 8. November 1884, Bd 83, 463—64 (Mit einer Zeichnung nach einer Photographie)

SPIERO, HEINRICH: Deutsche Köpfe. Leipzig 1927, S. 13—14

STÜBE, Rudolf: K. H. — R. Hildebrand — Heinrich von Treitschke. In: Die Tat 1913/14, Jg. 5, 159—69

UHDE-BERNAYS, HERMANN: Joseph und Karl Hillebrand. Nachwort zu: Unbekannte Essays. Bern 1955, S. 314—373

F) Wichtige Hinweise auf Karl Hillebrand

AUTOGRAPHENALBUM. Deutsche Dichter und Denker der Gegenwart. Berlin 1884. Vgl. DR 1885, Bd 42, 155—156
BRANDES, GEORG: Hauptströmungen der Literatur des 19. Jahrhunderts. Berlin 1924. S. 231, 336, 382, 501, 502
BÜLOW, HANS VON: Briefe und Schriften, 8 Bde, hrsg. von Marie von Bülow, 1895—1908.
CORVIN, OTTO VON: Erinnerungen aus meinem Leben. 1. Auflage. Berlin 1861. Bd 2, S. 240
GRIMM, HERMAN: Maifeste in Florenz. In: DR 1887, Bd 52, 139—44
HARTWIG, OTTO: Zur Erinnerung an Louise von François. In: DR 1893, Bd 77, 460
HAUPT, H.: Marie H. In: Hessische Biographien, 1918 Bd 1, S. 203 ff.
HEFFTER, HEINRICH: Die deutsche Selbstverwaltung im 19. Jahrhundert. Stuttgart 1950, vor allem S. 545
JACHMANN, GÜNTHER: Adolf von Hildebrands Briefwechsel mit Conrad Fiedler. Dresden o. J. (1927).
KAYSER, RUDOLF: Wege des Essays. In: Die neue Rundschau 1925/2 (Jg. 36 der Freien Bühne), 1314—15
LEPPLA, RUPPRECHT: Der Nachlaß Otto Hartwigs. In: Zeitschrift für Bibliothekswesen und Bibliographie 1954, Jg. 1, 257—65
MARTIN, ALFRED VON: Nietzsche und Burckhardt. München 1947, S. 182—83
MAYER, JACOB PETER: K. H. In: Merkur 1956, Jg. 10, S. 1122
MEYER, RICHARD MORITZ: Die deutsche Literatur im 19. Jahrhundert. Berlin 1900, S. 590
MOULIN ECKART, RICHARD GRAF DU: Hans von Bülow. Neue Briefe. München 1927
REUMONT, ALFRED VON: Gino Capponi e il suo secolo. Quadro storico bibliografico. Mailand 1881, Bd 2, S. 253—54
ROLAND, JEAN: Maria Hillebrand, ihr Leben und ihr erziehliches Werk. Frankfurt/M. 1894, S. 21—24
SAINTSBURY, GEORGE: A History of Criticism and Literary Taste in Europe. Edinburgh and London. 7. Auflage, London 1949, Bd 3, S. 579—81
SCHNABEL FRANZ: Neue Funde aus dem Lebenswerk von Karl Hillebrand. In: Das literarische Deutschland. Heidelberg, 5. August 1951, Nr. 15, S. 4
SCHREIBER, HANS ULRICH: Joseph Hillebrand, sein Leben und Werk. Eßlingen a. N., o. J. (1936), S. 18—20
SRBIK, HEINRICH RITTER VON: Geist und Geschichte, München-Salzburg 1950,
TAINE, HIPPOLYTE: Sa vie et sa correspondance. Paris 1908. Deutsch: Sein Leben und seine Briefe, Berlin 1911.
VILLARI, PASQUALE: Arte, Storia e Filosofia. Saggi critici. Florenz 1884. (Langes Widmungsschreiben Villaris, mit dem er Hillebrand den Band zueignet, S. v—ix)

G) Nekrologe

The Academy, London, 1884, Bd 26, S. 288—89 (L. Villari)
Berliner Tagblatt, 26. Oktober 1884
Archivio Storico Italiano, 1884, 4/14, 421
Illustrazioni Italiane, 1884, Bd 11, S. 258

Jahrbuch der Görresgesellschaft 1884, Jg. 4, 535
Journal des Débats, 20. Oktober 1884
Neue evangelische Kirchenzeitung 1884, S. 709
Revue Critique 1884/2, 401—02
Saturday Review, New York, 1884, Bd 58
The Times, London, 24. Oktober 1884, S. 8
Die Gegenwart, Dez. 1885 (W. Goldbaum)

H) Aufsätze zum 100. Geburtstag Karl Hillebrands am 17. September 1929

BERGER, K.: K. H. der Völkervermittler. In: Darmstädter Tagblatt, 17. Sept. 1929
HARNECHER, P.: K. H., Meister des Essays. In: Berliner Börsenzeitung, 18. Sept. 1929
HEYDERHOFF, JULIUS: Zu K. H. Andenken. In: Frankfurter Zeitung, 17. Sept. 1929
HOFMILLER, JOSEPH: Der ästhetische Ketzer. In: Münchner Neueste Nachrichten 1929, Nr. 258
KAYSER, RUDOLF: K. H. zum 100. Geburtstag. In: Kölner Zeitung. Unterhaltungsbeilage, 17. September 1929
KAYSER, RUDOLF: K. H. zum 100. Geburtstag. In: Die Literatur (Das literarische Echo) 1929/30, Jg. 32, 96
KNÖPP, F.: K. H. In: Volk und Scholle. Heimatblatt für beide Hessen 1929, Jg. 8, 114—18
LOEFEN, GEORG VON: K. H. In: Der Reichsbote, Berlin, 17. Sept. 1929
LOEFEN, GEORG VON: K. H. In: Der Tag 1929, Nr. 222
SCHRÖDER, WILHELM FREIHERR VON: K. H. zum 100. Geburtstag. In: Hamburger Fremdenblatt. 16. September 1929
SCHRÖDER, WILHELM FREIHERR VON: K. H. In: Leipziger Neueste Nachrichten 1929, Nr. 260
STERNTHAL, FRIEDRICH: Neue Badener Landeszeitung, 1929, Nr. 472
STERNTHAL, FRIEDRICH: K. H. In: Saarbrücker Zeitung 1929, Nr. 256
WALBROCK, CARL: K. H. In: Deutsche Allgemeine Zeitung 1929, Nr. 433
WALBROCK, CARL: K. H. In: Neue Züricher Zeitung, 17. September 1929

I) Schriften zur literarischen Form des Essays

BAUGH, ALBERT C.: A Literary history of England. New York 1948. Darin Abschnitt 9: The Essays and Allied Forms, S. 806—19
BECKER, KLAUS: Der Stil in den Essays von Thoreau. Diss. Marburg/Lahn, 1952
BENSE, MAX: Über den Essay und seine Prosa. In: Merkur 1947, Nr. 1, S. 414—24
BENTMANN, FRIEDRICH: Der Essay im Deutschunterricht 1955, Heft 5, 80—95
BLINKENBERG, ANDEAS: Quel sens Montaigne a-t-il voulu donner au mot Essais dans le titre de son œuvre? In: Mélanges de linguistique et de littérature romanes offerts à Mario Roques. Baden und Paris 1950, S. 3—14
BRANDES, URSULA: Der Essay als psychologische Quelle. Eine quellenkritische Untersuchung der Wissenschaftswertigkeit essayistischer Darstellungen. Diss. Heidelberg 1951
BROOKSBANK, F. H.: Essay and Letter Writing. London 1908

BUCHWALD, REINHARD: Vorwort zu: Herman Grimm: Das Jahrhundert Goethes. Stuttgart 1948, S. xxvi—xxvii

BÜDEL, MARIA: Der Essay Theodor Haeckers und T. S. Eliots als Beitrag zur abendländischen Literatur und Kulturkritik. Diss. Marburg 1949

CRANE, R. S.: Critics and Criticism, ancient and modern. Chicago 1952

DODERER, OTTO: Der dichterische Essay. In: Die Literatur 1926/27, Bd 29, S. 8—10

DONOVAN, ROBERT A.: The method of Arnold's Essays in Criticism. In: PMLA 1956, Bd 71, S. 922—31

DOVIFAT, EMIL: Essay. In: Handbuch der Zeitungswissenschaft, Bd 1, 1940

ERNST, PAUL: Der Essay als Form. In: Schaubühne, Jg. 7, Bd 2, S. 542

FECHTER, PAUL: Kleines Wörterbuch für literarische Gespräche. Gütersloh 1950, S. 80—81

FISCHER, HERBERT: Die literarische Form des Essays und seine besondere geistesgeschichtliche Bedeutung. Diss. München 1950

FRIEDRICH, HUGO: Montaigne. Bern 1949

GILDEMEISTER, OTTO: Essays. Bd 2. Zweite Auflage. Berlin 1897 bes. S. 55—70

GLEICHEN-RUSSWURM, ALEXANDER VON: Der Essai. In: Das literarische Echo 1904, Bd 6, Sp. 747—53

GOLDSCHMIDT, KURT WALTER: Essay und Aphorismus. In: Das literarische Echo 1907, Bd 9, Sp. 1715—26

GRIMM, HERMAN: Aus den letzten fünf Jahrzehnten. 4. Folge. Gütersloh 1890. Bes. S. v—ix

HAACKE, WILMONT: Handbuch des Feuilletons. 3 Bde. Emsdetten 1951—53. Bd 2, S. 172—74

HAAS, HELMUTH DE: Die Kunst des literarischen Essays. In: Hochland 1954/55, Bd 47, 569—76

HARTWIG, OTTO: Aus dem Leben eines deutschen Bibliothekars. Marburg 1906, bes. S. 166

HAUFLER, HERMANN: Kunstformen des feuilletonistischen Stils. Diss. Tübingen 1928, gedruckt: Stuttgart 1928

HEER, FRIEDRICH: Die Geburt des Essays. In: Furche 1950, Jg. 6, Beilage ‚Die Warte' S. 3

HENNECKE, HANS, siehe: Wais, Kurt

HENRICHS, HELMUT: Einwand gegen den Essay. In: Literatur 1932/33, Bd 35, Sp. 28—29

HIRZEL, RUDOLF: Der Dialog, ein literar-historischer Versuch. 2 Bde. Leipzig 1895. Bes. Bd 1, S. 243—47

HOCKE, GUSTAV R.: Vorwort zu: Der französische Geist; Meister des Essays. Leipzig 1938

HOFMILLER, JOSEF: Über den Umgang mit Büchern. München o. J. S. 26—27

HOMBERGER, HEINRICH: Essays und Fragmente. München 1928, Bes. S. 80—82

JALOUX, EDMOND: Der Essay und der Roman. In: Neue Rundschau 1925, 1954. Sp. 1689—1738 (Hier Hinweise auf weiteres Schrifttum).

JANCKE, OSKAR: Einige Grundsätze über den Essay. In: Neue literarische Welt, Heidelberg 1952, Nr. 3, 3

JENKEL, GERTRUD: Herman Grimm als Essayist. Diss. Hamburg 1948

JUST, KLAUS GÜNTHER: Essay. In: Deutsche Philologie im Aufriß. Bd 2. Berlin 1954. Sp. 1689—1738. (Hier Hinweise auf weiteres Schrifttum).

KAYSER, RUDOLF: Wege des Essays. In: Die neue Rundschau 1925, Jg. 36, 1313—18

LOCKITT, C. H.: The Art of the Essayist. London-New York 1949

LUKACS, GEORG VON: Über Wesen und Form des Essays, In: Die Seele und die Formen. Berlin 1911, S. 1—39.

MARR, GEORGE S.: The Periodical Essayists of the 18th century. London o. J. (1923)

MARTINI, FRITZ: Essay. In: Reallexikon der deutschen Literaturgeschichte. 2. Auflage 1958, Bd 1, S. 408—410. (Hier Hinweise auf weiteres Schrifttum).

MERK, HEINRICH: Deutsche Essayisten. In: Neue Jahrbücher für deutsche Wissenschaften 1937, Bd 13, 542—557

MEYER, RICHARD MORITZ: Die deutsche Literatur des 19. Jahrhunderts. Berlin 1900, S. 580—91

—: Die Weltliteratur im 20. Jahrhundert. Stuttgart-Berlin 1913, bes. 192

MUSIL, ROBERT: Literat und Literatur. In: Die neue Rundschau 1931, Bd 42, 390—412; jetzt im Bd: Tagebücher, Aphorismen, Essays, Reden, Herausgegeben von Adolf Frisé, Hamburg 1955, S. 698—718

MUTH, KARL: Über die Kunst des Essays. In: Hochland 1926/27 Bd 24, 345—47

NEGWER, GEORG: Essay und Gedanke. Beitrag zur Erforschung der Problematik des Essays am Beispiel der französischen Essayistik. Diss. Berlin FU, 1953

ROSENKRANZ, H.: Der Essay als Kunstform. In: Die Literatur 1932/33, Bd 35, 208

ROUTH, H. V.: Origins of the Essay in French and English Literature. In: Moderne Language Review 1920, Bd 15

SCHALK, FRITZ: Französische Moralisten. Leipzig 1938 (Vorwort)

SCHIRMER-IMHOFF, RUTH: Montaigne und die Frühzeit des englischen Essays. In: GRM 1952, Bd 34, S. 121—35

SCHON, PETER M.: Vorformen des Essays in Antike und Humanismus. Ein Beitrag zur Entstehungsgeschichte der Essays von Montaigne. (= Mainzer Romanistische Arbeiten Bd 1). Wiesbaden 1954

SPEIDEL, LUDWIG: Melodie der Landschaft. Essays. Ausgewählt und eingeleitet von Eduard Frank. Zweite Auflage. Prag 1943. bes. S. 7—13

SPIERO, HEINRICH: Deutsche Köpfe. Bausteine zur Geistes- und Literaturgeschichte. Darmstadt-Berlin 1927

STÖSSL, OTTO: Der Essay. In: Lebensformen und Dichtungsformen. München-Leipzig 1914, S. 65—70

UHDE-BERNAYS, HERMANN: Gedanken über den Essay. In: Neue literarische Welt 1952, Nr. 5, 2

VIETTA, EGON: Der Essay. In: Die Literatur 1937, S. 484

WAIS, KURT und HANS HENNECKE: Essay — zum Wort und zur Sache. In: Neue literarische Welt 1952, Nr. 4, 2

WALKER, HUGH: The English Essays and Essayists. London 1915

WITTKOWER, ELLY: Die Form des Essais von Montaigne, ein Ausdruck seiner Lebens- und Kunstanschauungen. Diss. Basel. Berlin 1935

WOLFHEIM, H.: Der Essay als Kunstform. In: Festgruß für Hans Pyritz. (Sonderheft des Euphorion) Heidelberg 1955, S. 27—30.

WUTHENOW, RALPH RAINER: Josef Hofmiller als Kritiker und Essayist. Diss. Heidelberg 1953

NAMEN- UND SACHWEISER

Abba, Giuseppe, 104
Aberdeen, Lord, 81
Absolutismus (aufgeklärter), 56, 84, 164—68
Aegidi, Karl Ludwig, 107
Agoult, Mme d' (Daniel Stern), 50, 51, 100, 102, 119, 121, 227
Ästhetizismus, 126, *178—80*, 191, *207—10*
Albergati, 121, 168
Alexander (Toskana), 176
Alfieri, Carlo, 102
Ampère, Jean Jacques, 62
Anakreon, 208
Antike, *45 f*, 143, 149, *200 f*
Ariost, Lodovico, 121, 220, 221— ‚Ariost' 70
Aristokratie, 22, 160, 164, *246 f*
Aristoteles, 136, 139, 145
Arnold, Mathiew, 122, 154, 189, 215
Assing, Ludmilla, 97
Aufklärung, 37, 141, 158, 176, 187
Aufstand (Baden), 24
‚Augsburger Allgemeine Zeitung', 77, 78, 80, 112, 117, 118

Bache, Walter, 87
Bacon, Francis, 81, 151, 214, 215, 246, 253 f
Bahr, Hermann, 116, 117, 219
Bain, Alexander, 41
Balzac, Honoré de, 35, 177, 190, 193, 215, 254
Bamberger, Ludwig, 48, 50, 64, 66, 248
Bancroft, George, 66, 116
Barbéra, Piero, 101
Bardeleben, Moritz, 22
Barzellotti, Giacomo, 37, 100, 102, 108, 129
Bayersdorfer, Adolf von, *91*, 108
Beaugard, Costa de, 121
Becker, August, 22
Bense, Max, 218
Bernays, Michael, 78
Berry, Herzogin von, 121
Bersot, Ernest, 53 f, 121, 227, *251*
Bertin, Edouard, 55

Bildung, 20, *135—52*, 153, 154, *159—61*, 162, 164, 172, 195, 207, 210, 232 f — Bildungsaristokratie, *152 f*, 164, — Bildungsdünkel, *150—52* — Bildungsideal, *135—45* — Bildungskrise (Halbbildung), 92, *111—14*, *145—47*, 158, 162
Billroth, Theodor, 95
Bismarck, Otto von, 65 f, 107, 121
Blanc, Charles, 50
Bode, Wilhelm, 87
Bodmer, Johann Jacob, 259
Böcklin, Arnold, 93, 96, 131
Bordeaux, 11, *26 f*
Börne, Ludwig, 22, 63
Bonghi, Ruggiero, 102, 108
Bopp, Friedrich Wilhelm, 22
Borgia, Lucrezia, 121, 227, 238, 244
Brahms, Johannes, 97
Brandes, Georg, 188, 190
Brassier de Saint-Simon, 58
Breitinger, Johann Jacob, 202, 259
‚Briefe aus Paris', 75
Brioschi, Francesco, 42
Buckle, Henry Thomas, 41
Bülow, Bernhard Fürst von, 97, 106, 119
Bülow, Hans von, 50, 86, 87, 98, 99, 110, 113, 215
Bürgerlichkeit, 138 f, 153
Buloz, François, 55, 73, 74, 85, 121, 179, 244, 255
Bulwer, Lord Lytton, 22, 82
Bunsen, Christian Frh. von, 102, 107
Buonaini, Francesco, 58
Buonamici, Giuseppe, 87
Burckhardt, Jacob, 49, 92, 108, 110, 143, 151, 155, 156, 168, 173, *175*, 197, 181, 182
Burke, Edmond, 14, 32, 37, 138, 164, 171, 174, 227
‚Byron', 70, *72*, 122, 204, 244, 254

Cadorna, General, 97
Caix, Napoleone, 108
Capponi, Gino, 50, 58, *100*, 104, 119, 121, 179, 200, 227 — ‚Capponi', 194
Carducci, Giosué, 40, 44, 58, 101, *102 f*, 107, 122, 244, 256, 261

291

Carlyle, Thomas, 179
Caro, Elme-Marie, 53
Cavalcaselle, Gian-Battista, 102
Cecchi, P. V., 231
Cervantes, Miguel de, 149, 254
Chasles, Philarète, 54, 121, 227
Chateaubriand, François-Auguste, 62
Chesterfield, Philip, 244
Chiarini, Giuseppe, 102, 103, 109
Chopin, Frédéric, 97
‚Le Christianisme moderne‘ (Lessing), 70
Circolo Filologico Fiorentino, 102
Circourt, Adolphe de, *50 f*, 121, 227, 251, 255
Circourt, Anastasia, 50, 102
Clifford, Isabella, 99
‚Comédie‘ *41 f*
‚Dino Compagni‘ *39—41*, 172, 174, 180, 182, 185, 256
Comparetti, Domenico, 102
Constant Benjamin, 62
‚Contemporary Review‘, 85
Cornelius, Peter, 87
Cornwall-Lewis, George, 47 Fußnote, 116
Corsini-Tresana, Marchesa, 104
Corvin, Otto, 24
Cousin, Victor, 62
Creighton, M., 82, 84
Curtius, Ernst, 102, 115, 186
Curtius, Ernst Robert, 189, 214, *258*

Dahn, Felix, 199
Dalwigk, Heinrich von, 23
D'Ancona, Alessandro, 58, 75, 76, 100
Dante, 96, 122, 143, 149 — ‚Dante‘ *39, 43, 44*, 58 *f*, 70, 73, 220, 222, 227
Darstellungskunst, 74, 115, *125—27*, 184, 185, *192 f*
Darwin, Charles, 12, 41
Defoë, Daniel, 43, 70, 121, 174, 227
De Gubernatis, Angelo, 32, 100, 108
Del Lungo, Isidoro, 39, 40, 100
Delprat, Edouard, 29
Demogeot, Jacques-Claude, 53
Demokrat, 32
Demokratie, 31, 92, *151 f*, *161—64*, 165 f, 167, 168
Depretis, Agostino, 106
Dernburg, Friedrich, 21, 110
Dernburg, Heinrich, 66
‚De Sacro apud Christianos‘ *38 f*

De Sanctis, Francesco, 101
Desbats, G. H., 29, 124
Deutschland, 11, 33, 57, 63 f, *65—67*, 75 f, *110—16*, 143 f, 147 f, 158, 165, 167, 169 f, 175, *187—89*, 207 — ‚Deutsche Stimmungen und Verstimmungen‘, 112, *147 f* — Deutsch-französische Beziehungen, *62—64, 74—76*, 119 f
Dezeimeris 30, 42
Dickens, Charles, 121
Didon, Père, 68
Diez, Friedrich, 109
Dilthey, Wilhelm, 31
Dohrn, Anton, 107 f
Doudain, Xavier, 121, 179, 255
Dresdener, Albert, 259
Dürer, Albrecht, 207
Dumas, Alexander, 62
Duruy, Albert, 68
Duruy, Victor, 42, 58, 59, 67
Duval, Ferdinand, 29

Ebers, Georg, 199
Einigungsbewegung, 22, 67, 101, *168 f*
Eliot, George, 204
Emerson, Ralph Waldo, 189, 215
England, 11, 78, *81—85*, 128, 143 f, 178, 181, 188, 189
‚Une énigme de l'histoire‘, siehe Jeanne la Folle
Entwicklung(sidee), 38, 40, 43, *46 f*, 85, 106, 138, 159 f, *167—69*, *171 f*, 176, *197 f*, *205—07* — ‚Zur Entwicklungsgeschichte der abendländischen Gesellschaft‘, 122, 127, *153 f*, 181 — ‚Zur Entwicklungsgeschichte der abendländischen Weltanschauung‘, 122, *136 f*, 181, 236
Epigonentum, 152
Erziehung, 20
Essay, 15, 81, 88, 98, *116—23*, 125, 190, *213—62*, 266 — Amor intellectualis, *213—16* — Denkleistung, *216—20* — Innere Rhythmus, *220—26* — Charm of Personality, *226—31* — Formbewußtsein, *231—36* — Der sprachliche Zugriff, *236—45* — E. und Gesellschaft *245—53* — E. und Geschichte, *253—57* — E. und Kritik *257—61*
‚Études Italiennes‘, 43, 44
Europäertum, 60, 136, *141 f*, 169

Fanfani, Pietro, 39
‚Fanfulla della Domenica', 99, 105
Ferry, Jules, 57
Feuerbach, Ludwig, 33
Fiedler, Conrad von, 89, *90*, 93, 97
Fielding, Henry, 22, 43, 70, 122, 149, 198, 199, 200, 203, 227, 250
Fischer, Herbert, 213
Flaubert, Gustave, 51, 114, 122, 204, 235, 254, 261
Florenz, 12, 40, *57—59*, 79, *86—106*, 155, 237 — Circolo Filologico Fiorentino, 102 — Deutsche Kolonie, *89—98*, 130 Fußnote
Flucht Hillebrands, *24 f, 76 f,* 79 f
Form(bewußtsein), 90, 148, *197 f, 231—36*
Forster, Georg, 247
‚Fortnightly Review', 82, 84
Fortunato Giustino, 107
Franchetti, Leopoldo, 102
Franchetti, Luigi, 97, 106
Franceschini, Pietro, 101
Frankreich, 29 f, 56, 62 f, *74—76*, 118 f, 157, 167, 188, 198, 202 — Staatsdienst Hs in F., 42 f, *58, 75 f* — Beziehungen zu Deutschland, siehe Deutschland — ‚Frankreich und die Franzosen', 61, 78, *118—20*, 121, 163, 181
Fransoni, Domingo, 105
Frau (in der Gesellschaft), 51, 142, 156 f
Freiheit, 22, 31, 33, 44, 68, 140, 161 f, 164, *165—67*, 177, *215—16*, 218
Frenzel, Karl, 15, 248, 255
Freytag, Gustav, 204
Friedrich, Hugo, 213, 216, 220, 231
Friedrich II., 167, 170, 175
Friedrich Wilhelm von Preußen (Kronprinz), 97
Fuxelles, Ch.-A., (Pseudonym für K. Hillebrand) *54, 55*

Galeotti, Leopoldo, 100
Gallenga, Antonio, 77, 102, 106, 121
Gambetta, Léon, 119, 121
Gardie, Horace de la, siehe Peyronnet
Gebildete (der), 150 f, *153 f, 158—60, 245—47*
Geffroy, Mathiew-Auguste, 30
‚Gegenwart', 117
Geibel, Emmanuel, 108
Geistesgeschichte, 181 f, 185

Genie, 72, 182, 198 f
Gentleman, 22, *143 f*
Gentz, Friedrich, 73
Gerechtigkeit, 136, 137 f, 205
Gervinus, Georg Gottfried, 20, 116, 186, 206 — ‚Gervinus' *113—15*
Geschichte, 35 f, 40, 46 f, 122, *125—27*, 137 f, 151, 152, 162, 182, *205—07* — Wesen der Gesch., *170—80* — Geschichtsschreiber, 69 f, 122, *180—87*, 221 — Essay und Gesch., *253—57* — ‚Geschichte Frankreichs', 83, 85, 98, 105, 106, 110, 121, *123—27*, 128, 163, 167 f, 177, 179, 185, 233, 252, 256 f
Geselligkeit, 27, 48 f, 99 f, 155 f, 190
Gesellschaft(sordnung), 42, 69, 74, 121, *142, 150—52, 153—61*, 166, 190, 219 f Essay und Ges., *245—53* — H. in Gesellschaft, 28, 31, *48—50*, 51, 57 f, 81 f, 88, 99 f, 101 f, 106, 246
Gespräch, 27
Giesebrecht, Wilhelm von, 78, 123
Gildemeister, Felicié, 129, 210
Gildemeister, Otto, 15, 24 Fußnote, 108, 110, 127, 248
Giorgini, Gian-Battista, 100
Girardin, Saint-Martin, 54, 62
‚La Gironde', 30 Fußnote, 38, 53, 65
Gladstone, William, 81, 82
Gleichen-Rußwurm, Alexander von, 213, 248
Gleichheitsideen, *162—64*
Glück, 177 f
Goethe, 11, 14, 20, 37, 41, 43, 44, 53, 55, 60, 69, 70, *71*, 72, 73, 84, 98, 99, 100, 108, 115, 121, 122, 131, 135, 136, 137, 138, 139, 142, 143, 147, 149, 151, 170, 172, 173, 174, 175, 178, 182, 183, 187,189 f, 194, 196, 197, 199, 205, 206, 207, 208 f, 210, 214, 220, 221, 224, 225, 227, 228, 229, 231, 232, 241, 242, 243, 247, 265
Gordigiani-Mendelssohn, Giulietta, 97
Gottfried von Straßburg, 259
Gotthelf, Jeremias, 204
Gottsched, Johann Christoph, 202, 259
Grabbe, Christian Dietrich, 12
Gramont, Herzog von, 75
Grant, Charles, 98 f
Grant Duff, 81
Gregorovius, Ferdinand, 79, 106, 108
Griechenland, 45 f, 142 f
Grillparzer, Franz, 116

Grimm, Balthasar, 121, 226, 236
Grimm, Brüder, 73, 182
Grimm, Gisela, 98, 131
Grimm, Herman, 15, 98, 108, 110, 229, 238, 248, 255
Grimmelshausen, H. J. Christoph, 259
Größe, 38, *178—80*
Großherzog von Weimar, 97, 98
Grote, George, 116, 143
Groth, Klaus, 100
Gryphius, Andreas, 259
Guerrazzi, Francesco Domenico, 121
Guerrieri-Gonzaga, Anselmo, 42, 105, 109, 122
Guerrieri-Gonzaga, Carlo, 105, 109
Guerrieri-Gonzaga, Emma (geb. Hohenemser), 104, 105, 210
Guizot, François, 63, 85, 121, 227
Gundolf, Friedrich, 14, 181, 183, 185, 193

Häusser, Ludwig, 121, 172, 186 — ‚Ludwig Häusser' *72 f*
Hafis, 208
Hahn-Hahn, Ida, 108
‚Halbbildung und Gymnasialreform', 112, 146
Hamann, Johann Georg, 173, 214, 219, 128, 247
Hanslick, Eduard, 248
Harmonie, 33, 137 f, 149, *198 f*, 207, 210
Hartwig, Otto, 83, 108
Hastings, Warren, 256
Hauptmann, Gerhart, 12
Havet, Ernest, 50
Hegel, Georg Wilhelm Friedrich, 11, 19, 20, 33 f, 35, 63, 152, 171, 174, 175, 178, 183, 206
Hehn, Viktor, 108
Heine, Heinrich, 12, 22, *25 f*, 27, 28, 31, 63, 70, 100, 103, 116 — ‚Heine' *72*, 122
Helmholtz, Hermann, 110
Hemsterhuis, Frans, 55, 70, 71 f, 122, 174
Herder, Johann Gottfried, 14, 33, 37, 38, 40, 45, 46, 53, 61, 62, 71, 72, 84, 85, 121, 135, 138, 139, 143, 152, 168, 171, 173, *174 f*, 176, 183, 187, 189, 194, 227, 234, 247, 265
Herodot, 40, 186
Herz, Henriette, 51, 227

Herzogenburg, Baronin Elisabeth von, 97
Hesiod, 198
Hettner, Hermann, 73, 206
Heyse, Theodor, 25, 49, *93 f*, 99, 105, 106, 117, 121, 129, 131
Heyse, Paul, 103, 108, 110, 204
Hildebrand, Adolf von, 70, 87, 88, *89 f*, 91, 92, 93, 95, 96, 97, 99, 110, 149
Hillebrand, Jessie, *28 f*, 77, 79 Fußnote, 82, 83, *86—88*, 90, 98, 103, 106, 118, 119, 128, 131
Hillebrand, Joseph, 12, *19 f*, 23, 24, 25, 34, 115, 116
Hillebrand, Julius, 23, 24
Hillebrand, Karoline (geb. Hoffmann), *21*, 23
Hillebrand, Maria, 23, 24, 25, 26
Hillebrand, Wilhelm, 23, 24
Hiller, Ferdinand, 98
Hirzel, Rudolf, 242
Historiker, siehe Geschichtsschreiber
Historische Schule, 39, *45—47*, 72 f, 174, 180
Historismus, 45 f, 175, 181, *205—207*
Hönigswald, Richard, 217
Hofmann von Hofmannswaldau, Christian, 259
Hofmannsthal, Hugo von, 116, 117, 215, 228
Hofmiller, Josef, 116, 194, 215, 220, 229
Homberger, Heinrich, 59, 70, 77, 89, *94 f*, 102, 103, 115, 119, 129, 131, 210, 243, 251, 266 f
Homer, 143, 149, 222
Hornstein, Frh. von, 97
Howells, William Dean, 99, 204
Hüffer, Heinrich, 25, 108
Hugo, Victor, 62, 198, 205
Huizinga, Johan, 181, 182, 185
Humanismus, 135, 136, 139 f, 161, 256
Humboldt, Alexander von, 50, 174
Humboldt, Wilhelm von, 14, 37, 40, 45, 60, 69, *70 f*, 72, 121, 135, 138, 139, 142, 143, 148, 150, 151, 166, 174, 180, 194, 210, 245, 265

Idealismus, 37 f, 111, 140 f, 152, 162, *165 f*, 176, 201, 206 — Deutscher I., 37 f, 126, 137, 162, 247
Ihering, Rudolf von, 37
Individualität, 20, 33, 177, 187, 202, *215—16* (im Essayschaffen), *226—28*
Ironie, *199 f*

,Italia', 102, *108 f*
Italien, 11, 68 f, 79 f, *86—110*, 142 f —
,Instruction publique en Italie' 68, 112
— ,Italy and Rome', 79

Jacobi, Friedrich Heinrich, 37, 72, 73, 174
Jaffé, Philipp, 53
Janet, Paul, 50
Janin, Jules, 54
,Jeanne la Folle' 43, 121, 172, 178
Joachim, Joseph, 87, 98
Joret, Charles, 53, 84, 123, 126
,Journal des Débats', 43, *54*, 55, 56, 60, 65 f, 70, 251
Joyce, James, 222
Just, Klaus Günther, 228, 229, 230, 233
Justi, Carl, 87

Kant, Immanuel, 84, 139, 187
Kapp, Fritz, 23
Katharina II., 121, 226, 236
Katholizismus, 19, *144 f*
Kayser, Rudolph, 15
Keller, Gottfried, 199, 204, 228
Keudell, Robert von, 97, 106
Klinger Max, 221
Klopstock, Friedrich Gottlieb, 39
Koberstein, August, 115, 116
Komödie, *41 f*
Konservativismus, *26 f*, 32, 164
Konvention, 118, 143, *157 f*, 205, 239, 241
Kopisch, August, 108
Krahnströwer, 97
Kritik, *115 f*, 142, *187—95*, *257—62*
Kunst, 35, *91—93*, 126, *157*, 178, 204, 208, 266 — Kunstwerk, *195—207* — Geschichtsschreibung ist Kunst, *183—86* — Kritik ist Kunst, *192—94*, 257, 262
Künstler, *183—86*, 266 — Geschichtsschreiber ist Künstler, *200—207*
Kürnberger, Ferdinand, 15, 248, 255
Kultur, 175, 181
Kurz, Edgar, 93, 95, 96
Kurz, Isolde, 91, *95*, 119

Laboulaye, Edouard-René, 47, *56 f*
La Bruyère, 246
Lacaita, Sir James, 81
Lagarde, Paul de, 110, 112, 146, 248
La Fontaine, 205

Lassalle, Ferdinand, 97, 248
Laun, Adolf, 30
Laussot, Eugène, 28, 29, 83, 86
Laussot, Jessie, siehe Hillebrand
Lavertujon, André-Justin, 29, 56
,Lectures allemandes' 67
Lee, Violet, 99
Legouvé, Ernest, 51
Léo, Auguste, 67
Leonardo da Vinci, 206, 221
Leopold I. (Toscana), 121, 167
Lesage, 203
Lespine, Jean, 29, 39
Lessing, Gotthold Ephraim, 37, 60, 61, 70, 84, 121, 143, 145, 151, 175, 180, 187, 189, 194, 197, 247, 259
Liberalismus, 29, 44, *54 f*, *56 f*, 60, 66, *84 f*
Lichtenberg, Georg Christian, 259
Liebig, Justus, 21, 22
Lindau, Paul, 110
Lindau, Rudolf, 50, 64, 74, 102
Liphart, Karl Eduard von, 97
Liszt Franz, 50, 86, 87, 98, 119
Literarhistorische Schriften, *69—74*, *113—16*, 121, *122 f*, *206 f*
Literaturkritik, *69—72*, *115 f*, *187—94*, *195—207*
Löwenthal, 25
Logau, Friedrich von, 259
,Lorenzo il Magnifico' 43, 73, 121, 177, 179, 194, 236, 237, 244
Lovatelli-Gaetano, 101
Ludwig, Heinrich, 87
Lützow, Carl von, 87
Luzzatti, Luigi, 108

Macaulay, Thomas Babington, 116, 122, 151, 154, 181, 215, 231, 256
Macchiavelli, 143, 166, 177 — ,Macchiavelli', 40, 44, 70, 104, 121, 227, 254
Mackenzie, Sir Alexander Campbell, 99
Maffei, Contessa, 101
Mahon (Stanhope, Philip-Henry), 116
Mann, Thomas, 116, 228
Manzoni, Alessandro, 121, 218
Marées, Hans von, 89, *90*, 91
Mariano, Raffaele, 102
Marmier, Xavier, 62
Marmontel, Jean-François, 215
Marot, Clément, 228
Martellini, Marchesa, 104

Martin, Alfred von, 14
Martini, Ferdinando, 105
Martin, Henry, 53
Marx, Karl, 12
Massenbewegung, 150 f, 160, 161, 266
Materialismus, *202 f*
Meinecke, Friedrich, 171, 185
Mendelssohn, Felix, 28, 86, 110
Mengs, Anton Raphael, 205
Menschlichkeit, 20, 37, 61, 104, 105, 111, 136, 138, 139, 159, 161, *169 f*, 170, 174, 176
Merck, Johann Heinrich, 73
Mérimée, Prosper, 51, 121, 198
Merlo, Giovanni, 29, 30
Methode (histor.), *46 f*, 114, 162, 180 f, 185, 199
Metternich, Fürst Clemens von, 121, 166, 256
Meyer, Marie-Paul, 55
Meysenbug, Malwida von, 75, 88, 106, 138, 173
Mézières, Alfred, 53
Michelangelo, 206
Michelet, Jules, 42, 57, 62, 121
Mignet, François-Auguste-Marie, 116, 139, 173
Milch, Werner, 258
Militärdienst, 65, 159
Mill, John Stuart, 41, 121
Milton, John, 39, 121, 145, 227, 254, 256
Minghetti, Marco, 102
Minghetti, Donna Laura, 101, 102, 106
Minoret, 120
Möser Justus, 183, 214
Molière, 149
Mommsen, Theodor, 186
Monod, Gabriele, 53, 62, 64, 78, 119, 120
Montaigne, Michel de, 31, 36, 81, 149, 151, 213, 214, *215*, 219, 222, *228—29*, 240, 246, 253 f
Montéguet, Émile, 62
Montesquieu, 27, 31, 121, 143, 171, 179, 194, 223, 227, 228, *234—38*, 241, 256
Morley, John, 82, 181
Motley, John Lothrop, 116
Müller, Kanzler, 73
Müller, Max, 37, 82, 100
Müller, Otfried, 30, *45—47*, 55, 122, 172, 186
Muratori, Lodovico Antonio, 39
Museomanie, 92, 207
Musset, Alfred de, 62, 198

Napoleon I., 12, 68, 121, 226, 254
Napoleon III., 31, 42, 47, 53, 56, 64, 74, 161
Nationalismus, 161, *169 f*
Neapel, 107
Nefftzer, A., 50
Negwer, Georg, 213, 257
Nerval, Gérard de, 62
Neue Freie Sresse, 112, 117
Nibelungen, 199
Niebuhr, Barthold Georg, 175
Nietzsche, Friedrich, 81, 93, 108, *112 f*, 114, 116, 120, 123, 172, 173, 175, 178, 199
Nikolaus, Prinz von Nassau, 102
‚Nineteenth Century‘, 85
Nisard, Jean-Marie-Napoléon, 53
Noiré, Ludwig, 37, 110
‚North American Review‘, 85
‚Nuova Antologia‘, 58, 73, 101, 109

Ollivier, Émile, 75
Organhaftigkeit, 232
Ortega y Gasset, José, 215

Paget, Violet, siehe Lee
‚Pall Mall‘, 80, 82
Panizzi, Antonio, 82, 121, 179, 255
Paris, 25, *48—57*, 249
Paris, Gaston, 55, 62, 64, 107
Pascal, Blaise, 31, 37
Pasolini, Giuseppe, 105, 121, 227
Pater, Walter, 117, 122, 154
Patriotismus, 21, 166 f, *169 f*, 197
Persönlichkeit, 47, 137 f, 147, 152, 177, *178—80*, 181, 192, 205, *214—16*, 218, 225, *226—31*, 246, 255
Pessimismus, 36
Peruzzi, Emilia, *101 f*
Peruzzi, Ubaldino, *101 f*
Petrarca, Francesco, 121, 165, 227, 236, 254, 256
Peyronnet, Mme de, 50
Philologie, 32, *45 f*
Planer, Maria, 29
Platen-Halbermünde, August Graf, 12
Plato, 136, 179
Politische Ideen, 53, *161—70*
‚Poliziano‘, 73
Praktisches Wirken, 71, *82 f*, 149
Pratesi, Mario, 30, 103 f
‚Presse (Neue Freie)‘, 112, 117

Preußen, *65 f*, *165*, 167 — ‚La Prusse contemporaine', 60, *65 f*
Prévot, Abbé, 203
Prévot-Paradol, Lucien-Anatol, 54
Professorentum, *113—16*, 172, 194
‚The Prospect of Liberalism', 84
Protestantismus, 19, 84, 135, *144 f*
Proudhon, Pierre-Joseph, 23
Publizistik, *54—57*, 60, *64—74*, 76 f, 80 f, 85, 86, 110, *112—23*
Pückler-Muskau, Hermann Ludwig, 97, 121, 218, 227, 235, 255
Puritanismus, 144, 145

Quinet, Edgar, 62, 63

Rablais, François, 121, 256
Racine, Jean, 205, 221, 224, 251
Ranke, Leopold, 40, 73, 82, 154, 155, 168, 174, 175, 176, 177, 182, 183, 186
‚Rassegna Settimanale', 99, 103, *107*
Rationalismus, 33, 103, 114, 118, *163 f*, *201—05*, 209
Realität (in der Kunst), 196
‚De la réforme de l'enseignement', 60, 67 f, 112, 147
Religion, 19, 139, *144 f*, 155
Rémusat, Mme de, 121, 226
Renaissance, 43 f, 57, 59, 92, 142, 143, 153, 156 f, 165, 179, 187
Renan, Ernest, 50, *52*, 62, 63, 64, 78, 100, 102, 119, 121, 147, 199, 227
Reumont, Alfred von, 58, *96*, 99, 108, 119, 144
Reuter, Fritz, 73
‚Revue des Cours Littéraires', 43, 54
‚Revue Critique', 55, 84, 109, 123
‚Revue Moderne', 54, 59, 67
‚Revue des deux mondes', 55, 56, 73
Rezensionen, 73, 257, *260 f*
Rickert, Heinrich, 184
Ristori, Adelaide, 58
Ritter, Julie, 28
Ritter Karl, 28
Rodenberg, Julius, 107, 111, 125, 127, 129, 213 f, 231, 237, 248
Roland de la Platière, Mme Jeanne-Marie, 23
Rom, 79, *105 f*, 210, 238
Roquette, Otto, 22
Roscoe, Henry, 120

Rosenkranz, Johann Karl Friedrich, 20
Rothan, Gustave, 77
Rousseau, Jean-Jacques, 146, 153, 203, 215
Rudolf von Ems, 259
Ruhmor, Karl von, 108
‚Rundschau, Deutsche', 107, 109, 110, 117, 124, 213 f, 231
Russel, Lord, 81
Rychner, Max, 228
Rymer, Thomas, 246

‚De Sacro apud Christianos', *38 f*
Sacy, Silvestre de, 54
Sainte-Beuve, Charles-Auguste, 31, 32, *52 f*, 62, 80, 116, 121, 122, 151, 154, *189—91*, 192, 193, 194, 200, 215, 227, 236, *248 f*, 259
Saintsbury, George, 114, 116, 142, 170, 189, 190
Saint-Simon, Claude-Henry, 246
Sallust, 186
Sand, George, 205
Sanvitale, Leonore von, 220, 241
Sattler, Meta, 24 Fußnote
Savigny, Friedrich Karl, 174
Savonarola, 104, 121 — ‚Savonarola', 43, 44, 70, 73
Schack, H. von, 90
Scheffel, Viktor, 204
Scherer, Wilhelm, 115, 116
Schérer, Édmond, 50, 55, 62
Schiff, Moritz, 95
Schiller, Friedrich, 37, 49, 84, 139, 174, 175, 210
Schlegel, August Wilhelm, 251
Schlegel, Caroline, 51, 73, 85, 234 — ‚Caroline Schlegel' 121
Schlegel, Friedrich, 182 Fußnote, 187
Schlosser, Friedrich Christian, 186
Schmidt, Adolf, 123
Schmidt, Heinrich, 64
Schon, Peter, 242
Schopenhauer, Arthur, *34—37*, 45, 87, 109, 148, 151, 187, 194, 207
Schott, Sigmund, 60
Schriftsteller, 36, 72, 120, *149*
Schulreform, 59 f, *67—69*, *147—49*, 158
Schumann, Franz, 98
Scott, Walter, 200
Sella, Quintino, 106
Settembrini, Luigi, 122, 227, 236

297

Sgambati, Giovanni, 87
Shakespeare, William, 145, 149, 151, 178, 206, 244, 251, 254
Sidney-Sonnino, Giorgio, 102, *106 f*, 108
Sidney, Philip, 246
Simon, Jules, 56
,Six Lectures', *83 f*, 121, 181
,La Société de Berlin', 43, *73 f*, 101, 121
Sommier, Stephan, 97
Sozialismus, 23, 159 f
Sozialreform, *151 f, 159—61*
Soziologie, *69 f*, 121, *153—155*, 181
Spaventa, Silvio, 102
Speidel, Ludwig, 248
Spengler, Oswald, 173
Sprache (im Essay), *219 f* — Sprachstudium, 68, 148
Staat, 35, 135, 153, 155, 175, 191 — Dienst am Staat, 159, 166
Staël, Mme de, 62
Stauffer-Bern, Karl, 93, 131
Stein, Frh. von, 175
Stephen, Leslie, 69, 181
Stern, Daniel, siehe D'Agoult
Sterne, Laurence, 43, 70, 121
Stil, 37, *200 f, 236—45*
Stockhausen, Clothilde von, 97
Strauß, David Friedrich, 12, 174
Svertschkoff, W. von, 93
Sybel, Heinrich von, 73, 77, 78, 110, 122, 125, 199

Tabarrini, Marco, 101
Tagebücher, 57 f, 128 f
Taillandier, Saint-René, 62
Taine, Hippolyte, 47, *52*, 63, 68, 121, 138, 186, 198, 227, 240, 254
Tasso, Torquato, 35, 121, 177 — ,Tasso' 194, *217—18, 220—25*, 227, 228, 230, 235, 236, 243, 245, 254, 256, 260
Taylor, Ann, 28, 29, 86
Taylor, Edgar, *28*, 82
Taylor, Jessie, siehe Hillebrand
Taylor, Meadows, 121, 235, 245
,Le Temps', 55, 70
Terenz, 197
Teza, Emilio, 100, 108, 109
Thierry, Augustin, 116, 186, 198
Thiers, Adolphe, 56, 57, 121, 137, 147, 244
Thukydides, 143, 183, 186
Ticknor, George, 51, 116

Tillier, Claude, 180, 199
,The Times', 77, 78, *79 f*, 84, 86
Tocqueville, Alexis de, 14, *31*, 37, 42, 56, 117, 138, 151, 162 f, 164, 171, 198, 265
Toleranz, 32, 38, 72, 137, 176
Tolstoj, Alexis, 99
Tolstoj, Véra, 50
Tommaseo, Nicoló, 58, 100, 121
Toynbee, Arnold J., 173
Tradition, *201 f*
Treitschke, Heinrich von, 66, 110, 113 Fußnote, 115, 125, 210, 231
Trollope, Anthony, 99
Turgenjew, Ivan, 204
Tyrtäus, 196

Uhde-Bernays, Hermann, 194, 230
Uhl, Friedrich, 248
Ulrici, Hermann, 206

Valdeck, Rudolf, 248
Vannucci, Atto, 100
Varnhagen, Karl August, 97, 227, 255
Varnhagen, Rahel, 51, 74, 88, 97, 121, 204, 227, 255
Vauvenargue, 169
Vermittlungsbestreben, 50, 61 f, *64 f,* 68, 83 f, *107—09*, 127, 141
Vico, Giovanni-Battista, 46, 171
Victoria von Preußen, 97
Vieusseux, Giovan-Pietro, 58, 100, 101, 124
Villari, Pasquale, 58, 75, 76, 77, 80, 87, 102, 104, 108, 129, 151
Viollet-le-Duc, Eugèn-Emmanuel, 154, 181
Visconti-Venosta, Emilio, 102, 106, 124 Fußnote
Volk, *175*, 177
Völkerpsychologie, siehe Soziologie
Voltaire, 122
Vorträge, *41 f, 79 f*, 102, 127
Voß, Johann Heinrich, 100

,Wälsches und Deutsches', 261
Wagner, Cosima, 29, 98
Wagner, Richard, 28, 29, 86, 87, 98, 110
Waitz, Georg, 53
Walpole, Sir Robert, 244

Wachsmuth, H., 123
Weber, Max, 14
Welcker, Hermann, 22
Weltbürgertum, 44, 49, 138, 141 f
Weise, Christian, 259
Weiß, Jean-Jacques, 53, 64
Wernicke, Christian, 259
‚Wertherkrankheit in Europa‘, 181, 233 f
‚Weserzeitung‘, 30, 65 Fußnote
Wieland, Christoph Martin, 70, 72, 121, 234, 259
Winckelmann, Johann Joachim, 37, 38, 45, 84, 85, 121, 171, 175, 189, 194, 200, 205 f, 227, 234
Windelband, Wilhelm, 185

Winfield, Kenelm Digby, 29
Witte, Karl, *96*, 108
Wolf, Friedrich August, 45, 174
Woolf, Virginia, 222
Wuthenow, Ralph Rainer, 239

‚Zeiten, Völker und Menschen‘, 95, *116—23*, 172, 235, *260 f*
Zitat, 227, 242
Zola, Émile, 12, 199, 203, 204
Zumbini, Bonaventura, 108
Zweig, Stefan, 116, 215
‚Zwölf Briefe eines ästhetischen Ketzers‘, *91—93*, *195 f*

ABKÜRZUNGEN

Werke Hillebrands

ZVM	Zeiten, Völker und Menschen; die einzelnen Bände dieser Reihe werden auf folgende Weise zitiert:
I¹	Frankreich und die Franzosen, 1. Auflage, 1873
I	Frankreich und die Franzosen, 4. Auflage, 1898
II	Wälsches und Deutsches, 1875
III	Aus und über England, 2. Auflage, 1892
IV	Profile, 2. Auflage, 1886
V	Aus dem Jahrhundert der Revolution, 3. Auflage, 1902
VI	Zeitgenossen und Zeitgenössisches, 1882
VII	Kulturgeschichtliches, 1885
AB	Abendländische Bildung, herausgegeben von Josef Hofmiller, o. J.
BC	Des conditions de la bonne comédie, 1863
DC	Dino Compagni, 2. Auflage, 1862
EG	Englischer Geist, 1946
EI	Études Italiennes, 1868
GF	Geschichte Frankreichs I und II, 1877 und 1879
GG	Geist und Gesellschaft im alten Europa, 3. Auflage, 1954
FGS	Französischer Geistesspiegel, 1947
KB	Ketzerbriefe, 1873
PC	La Prusse contemporaine, 1867
RE	De la réforme de l'enseignement supérieure, 1868
SL	Six Lectures on German Thought, 1880
UE	Unbekannte Essays, 1955
VM	Völker und Menschen, 1914

Zeitschriften und Zeitungen

AZ	Allgemeine Zeitung, Augsburg-München
AZB	Beilage zur Augsburger Allgemeinen, Augsburg-München
ASI	Archivio Storico Italiano, Florenz
CR	Contemporary Review, London
DLB	Deutsches Literaturblatt, Gotha
DR	Deutsche Rundschau
FdD	Fanfulla della Domenica, Rom
FR	Fortnightly Review, London
GW	Die Gegenwart, Berlin
HZ	Historische Zeitschrift
JdD	Journal des Débats, Paris
NA	Nuova Antologia, Florenz-Rom
NAR	North American Review, Boston
NCR	Nineteenth Century Review, London
NFP	Neue Freie Presse, Wien
NZ	Nationalzeitung, Berlin
PJb	Preußische Jahrbücher, Berlin

PMG	Pall Mall Gazette, London
RCr	Revue Critique, Paris
RCL	Revue des Cours Littéraires, Paris
Rddm	Revue des deux mondes, Paris
RM	Revue Moderne, Paris
RPL	Revue politique et littéraire, Paris
RS	Rassegna Settimanale, Florenz-Rom
RSI	Rivista Storica Italiana, Florenz
SMh	Süddeutsche Monatshefte, München

Karl Hillebrand, Jessie Hillebrand, Hans v. Bülow, vermutlich aus dem Jahre 1879

San Francesco di Paola, Mittelpunkt der deutschen Kolonie in Florenz

Adolf von Hildebrand im Jahre 1884. Nach einer Heliogravüre von Hans Thoma

Theodor Heyse † 1884.
Büste von Adolf von Hildebrand auf dem Friedhof Agli Allori in Florenz

Grabmal Karl Hillebrands auf dem Friedhof Agli Allori in Florenz